高职高专“十二五”规划教材

电子商务案例分析

（第2版）

王淑清　杨秀义　主　编
黄小燕　赵　靖　副主编

U0401330

化学工业出版社
·北京·

本书采用了作者在实践和研究中收集的国内外电子商务案例，旨在帮助读者理解电子商务商业模式和价值创造的原理；通过案例分析认识电子商务的商业模式和服务模式及其规律；通过案例分析掌握在中国的经济环境下如何正确地设计和运营电子商务的业务。通过分析和学习这些案例，读者会加强对电子商务知识的理解和掌握，特别是有关电子商务基本概念、商业模式、技术系统和实施方法的综合掌握。

图书在版编目（CIP）数据

电子商务案例分析/王淑清，杨秀义主编．—2版．—北京：化学工业出版社，2014.5（2025.3重印）
高职高专“十二五”规划教材
ISBN 978-7-122-20313-7

Ⅰ.①电…　Ⅱ.①王…②杨…　Ⅲ.①电子商务-案例-高等职业教育-教材　Ⅳ.①F713.36

中国版本图书馆CIP数据核字（2014）第070460号

责任编辑：李彦玲　　　文字编辑：王　爽
责任校对：徐贞珍　　　装帧设计：韩　飞

出版发行：化学工业出版社（北京市东城区青年湖南街13号　邮政编码100011）
印　　装：北京盛通数码印刷有限公司
787mm×1092mm　1/16　印张14　字数393千字　　2025年3月北京第2版第4次印刷

购书咨询：010-64518888　　售后服务：010-64518899
网　　址：http://www.cip.com.cn
凡购买本书，如有缺损质量问题，本社销售中心负责调换。

定　　价：39.80元

版权所有　违者必究

第 2 版前言

根据教育部 2006 年第 16 号《关于全面提高高等职业教育教学质量的若干意见》等文件精神，高职高专院校要积极构建与生产劳动和社会实践相结合的学习模式，把工学结合作为高等职业教育人才培养模式改革的重要切入点，带动专业调整与建设，引导课程设置、教学内容和教学方法改革。

本书是一本任务驱动型电子商务案例分析教材，通过对职业教育教学规律的深入研究，立足实际，以能力目标、核心能力、任务导入、任务分解、任务解析、课堂讨论、案例分析、知识加油站、任务小结作为主线进行教材内容编排。根据国内外一批知名企业电子商务发展的经验，选择了零售业、农业、国际贸易业、化学工业、旅游业、移动商务、物流业、服装业及电子商务法律等多个行业中一些最具代表性的案例进行了分析。结合笔者多年来与国内多家典型电子商务企业的密切联系，精心挑选了 48 个国内外成功的电子商务应用案例加以认真梳理和提炼，突出反映案例的应用过程、实际效果与经验体会。本书具有以下特色。

1. 强调学生主动阅读资料、分析问题、提出观点的能力，相互讨论，并且发展出一套对于问题的解决方案的能力，从而培养独立思考与问题分析解决能力，从而实现案例教学的主要目的。

2. 突出“以能力为本位”的特色。根据不同类型电子商务网站的特点，案例按照网站的基本情况、商业模式、技术模式、经营模式、管理模式、资本模式等分析模型对典型案例进行了系统分析。

3. 突出“实用、够用、实战”特色。本书没有大量的理论知识，更多的是案例分析的技巧和方法，按照案例分析的流程编写。本书严格按照电子商务专业人才能力需求编写，以具体工作项目为载体，设计、组织课程内容，形成以工作任务为中心、以案例分析能力为背景的课程内容结构，体现了对电子商务知识的优化重组。以电子商务案例分析为导向，对课程内容进行了设计，使独立、离散的知识点得到有机串接，实现了学科课程向任务体系课程的跨越。

4. 任务驱动统领教学过程。本书以任务驱动统领教学过程实施，提高了学生学习的自主性、积极性，可以使学生由被动听课变为主动探索行为（完成某项工作），从而进一步促使学生通过课程学习切实获取所需的职业能力。

5. 教材体例设计新颖。本书一方面吸纳了国外教材的优点；另一方面考虑到我国高职高专学生的文化背景和基础教育养成的吸纳知识的习惯，兼容并蓄，形成了本教材的功能体系。

本教材是集体合作的成果，许多内容是笔者在多年教学、科研实践中思考的结晶。任务 1、任务 2、任务 3 由河北能源职业技术学院的王淑清编写；任务 4、任务 5 由河北能源职业技术学院的马小微和开滦集团公司杨秀义共同编写；任务 6、任务 15 由内蒙古化工职业学院李根编写；任务 7、任务 8 由河北能源职业技术学院的王淑清和开滦集团公司杨秀义共同编写；任务 9、任务 11、任务 12、任务 13 由内蒙古工业大学黄小燕和内蒙古化工职业学院杨峰共同编写；任务 10、任务 14 由开滦集团国际物流公司赵靖和河北能源职业技术学院徐娜共同编写；任务 16 由开滦集团公司杨秀义编写。王淑清和杨秀义设计编写方案并担任主编，对全书进行了总撰。

在编写过程中，我们参阅了国内外一些专家学者的研究成果及相关文献，得到化学工业出版社的大力支持，在此一并表示衷心的感谢！由于水平和时间有限，本书难免有不足之处，敬请用书老师和广大读者指正！

编　者

2014 年 2 月

目　　录

任务1 如何进行电子商务案例分析

能力目标

了解电子商务案例分析的目的和方式，熟悉个案教学中的工作任务，掌握课堂讨论的过程与模式的选择。

核心能力

能够通过具体的电子商务网站分析，掌握电子商务案例分析的基本模式。

任务导入

案例教学法能够创设一个良好的、宽松的教学实践情境，把真实的典型问题展现在学生面前，让他们设身处地思考、分析、讨论，对于激发学生的学习兴趣，培养创造能力，以及分析问题、解决问题的能力极有益处。其具体表现如下。

1. 提高学生运用理论分析与解决实际问题的能力。案例教学要求学生在教师的指导下，独立自主地深入案例，充分体验角色，成为案例活动的主体，真正实现案例情境的"再现"，并设身处地地思考，学会运用理论探求解决问题的方案，从而较好地激发学生创新思维，培养学生分析问题及解决问题的能力。

2. 培养学生的表达能力。案例教学的重点在于讨论和相互交流，所以，学生要想在课堂上完成任务或有好的表现，就必须加强语言能力，加强与他人的沟通，并力争在讨论中说服对方。

3. 缩短理论和实际的距离。学校是学习的小课堂，社会是学习的大课堂。案例是现实问题的缩影，它能把大课堂中的真实生活引进小课堂，通过展现一些真实的典型问题，让学生在已经过实践的事件中充当角色，进行"实践"操演，以最快的速度、最高的效率使学生实现从理论向实践的转化，从而缩短理论和实际间的距离。

4. 提高教学效果。案例教学中的案例既有实际情况的描述，又包含着问题。它采取以学生为主进行课堂讨论的方式，让学生弄清案例中出现的问题并运用所学的理论知识进行分析，深刻理解课文知识。而且案例来源于现实，给学生身临其境的感觉。内容生动有趣，没有过多抽象、复杂的概念及理论。因此，学生参与的积极性比较高，容易产生学习兴趣，提高教学效果。

任务分解

分任务1　如何进行案例教学组织

分任务2　传统行业与电子商务行业的较量

课堂讨论

1. 未来社会电子商务和传统商业以什么样的比例存在？
2. 在中国，电子商务发展未来的趋势将是什么样的？
3. 如何进行电子商务案例分析？

1.1　如何进行案例教学组织

在个案教学的课程中，教师与学生共处于一个平等的地位，学生是经由参与课堂讨论而获得学习成长的，因此是一种团体学习的过程。由于教师在个案教学中并未提供过多知识的结晶，因此学习成果较多地来自于学生的参与及相互学习。也就是说，学生要主动地阅读资料、分析问题、提出观点、相互讨论，并且发展出一套对于问题的解决方案。而培养独立思考与问题分析解决能力，就是个案教学的主要目的。

1.1.1　学生在个案教学的工作任务

企业个案的种类极多，有简短的、冗长的、单一问题的、复杂问题的个案；有答案单一明确或答案多元化的个案；也有属于评论型或决策型的个案。由于种类多，教学目的各异，因此在使用方式上也有很大差异。

在案例教学方式中，有的教师将个案视为讲授教材中的一部分，因此主要由教师来评析个案。也有教师将个案视为作业，要求学生解答个案中的问题，并在课堂中报告解决方案，再由教师进行评论与补充。还有采用询问学生意见的方式，由教师主导个案的讨论与分析，并最后做出结论。不过最理想的个案教学方式，还是由学生来主导整个个案分析与讨论的过程，并由学生自主讨论产生决策方案。以下说明学生在个案教学课程中应承担的角色任务：当学生拿到一份个案讨论作业，首先要进行全文阅读，然后判定此个案讨论的重点议题是什么，分析时应持怎样的角色态度，以及是否有未指明的隐含问题。待明确上述问题后，就要决定拟采用的个案分析方法，以及如何产生强有力的分析成果，并与同学进行小组讨论，最后再决定课堂陈述的方式与技巧。

1.1.2　课堂讨论的态度

个案讨论是一种集合个人学习与团体学习的交互式教学，因此学生积极参与成为影响学习成效的重要因素。参与的方式包括：课前充分的准备、课堂中倾听他人的言论、对于他人观点适度的响应、增益课堂整体讨论的成果。

个案讨论也是一种培养沟通能力与表达能力的机会，同学应学习正确表达自己意见的方式、说服他人的方式、倾听他人的意见，以及修正自己的观点等。因此个案讨论的每一位参与同学，不能光听而不言，唯有说出自己的想法，才有机会面对大众的测试与考验。

由于中国人一般不习惯在公开场合主动表达意见，因此对于课堂讨论进行心理建设也是十分重要的工作。首先，教师要与学生沟通，使其充分了解课堂讨论进行的程序以及成绩评分的标准，尤其要建立自由发言的课堂氛围。其次，在课堂进行讨论时，每位同学都要有参与讨论的心理准备，并为发言的角色预先定位，以及时掌握发言机会。最后，还要养成积极参与、主动表现的态度，在不妨碍课堂讨论秩序的原则下，争取每一次的发言机会。

1.1.3　课堂讨论的过程与模式

个案讨论的过程大致分为三个阶段：确认个案背景与问题的情境；分析关键议题与可选择方案；建议可以采行的方案。虽然讨论的进度由教师引导，不过讨论的重点与方向，还是要视学生发言内容而定。因此仔细聆听课堂发言的内容，充分掌握讨论的重点议题，并适时提出自己预先准备的观点，就可以在个案讨论课程中获得满意的表现。

一般而言，当某位学生对于个案提出一些观点之后，进一步引发课堂讨论的模式，大致可归纳为以下几种类型。

① 师生询问式对话：教师提出问题，以进一步澄清学生所提出的观点。

② 师生挑战式对话：教师以不同立场的意见，挑战学生所提出的观点。

③ 师生假设式对话：教师对个案情境做不同的假设，来询问学生，借以扩大分析的范围。

④ 生生交流式对话：其他同学提出呼应的补充意见、挑战性意见，或询问式意见，进而带动课堂讨论的气氛。

⑤ 生生角色式对话：在教师指定下，学生分别扮演不同的个案人物进行对话，以突显角色立场间的观点差异。

有时为增加个案讨论的深度，教师提出较复杂的问题，可能造成全班一片缄默。这时教师可以提供进一步的信息以诱导分析或说明可能的答案。但更理想的方式，还是鼓励学生主动提出各种假设情境，并说明可能的分析架构。只要课堂呈现积极的讨论气氛，学生还是乐意参与困难问题的讨论，并协助教师发掘可能的解决方案。

个案讨论课堂中，学生可以从许多不同的角度或立场发言，来增益讨论的内容。因此，虽然每个人对于该个案没有专精的见解，仍然可以积极参与讨论，并提出具有启发性的意见。一般而言，课堂讨论常见到的学生角色有以下八种。

① 专家型：对个案分析曾下很大的工夫，能在课堂中主动提出全面详细的见解。

② 顾问型：对个案有深入研究，但在适当时机才会提出自己的见解。

③ 机会主义型：对个案虽无完整见解，但能注意倾听课堂意见，并掌握发言机会，适时表达自己的观点。

④ 问题引导型：能针对课堂讨论观点，适时地提出关键性问题或疑点，有助于引导讨论的深度。

⑤ 信息分享型：对于书面资料以外的相关个案背景信息有所研究，能在课堂上提出与大家分享，以扩大讨论的层面。

⑥ 经验分享型：过去曾有类似的实干经验，并能在课堂上提出与大家分享。

⑦ 角色扮演型：对于个案中关键人物角色有深入研究或有类似的背景经验，并能以该角色立场表达观点。

⑧ 综合归纳型：能倾听各方的讨论意见，适时在课堂提出一些综合性的见解。

但无论在个案讨论课程中扮演何种角色，采取积极参与的态度，才是最佳策略。在个案讨论课程，积极参与，主动发言，增加教师对发言者的认识，必然有助于课程成绩的表现。一般而言，只要是经过充分准备后提出的观点，无论是否正确，对于引发课堂讨论都会有正面的贡献，因此均会被教师肯定为有价值的发言。所以，与其被动等待教师提出问题，不如主动抓住机会发表预先准备的观点，争取表现的机会。

1.1.4　增进课堂表现的技巧

在个案教学课程中，能够充分运用课堂表现技巧的同学，往往会获得较高的成绩，同时个案讨论的收获也较丰富。以下介绍几点有助于增进课堂表现的技巧。

(1) 选择座位的技巧　为容易记忆学生姓名，教师一般均会采取固定座位的策略，因此每位学生有必要选择一个有助于课堂表现的位置。理论上，只要是教师视线所极，都是理想的座位。但居于教室中间略往前的座位，发言容易受到注意，且沟通的效果最佳，应该是第一选择。对于不习惯在大众眼光下发言的学生，可以选择最前排的座位，此时唯一需要面对的只有教师。至于因害怕发言而退居后排，是最不明智的决定，也会给课堂成绩带来负面影响。不过如果属于能够经常主动发言的学生，为避免锋头过盛而退居后排，也不失为明智的选择。

(2) 成为课堂讨论的要角　聪明的学生会设法在课堂讨论进行之初，创造在师生间的良好形象，并成为以后课堂讨论中不可或缺的要角。体型、外表、口才出众的学生，建立公众形象较具优势。在第一次个案讨论中的优异表现，往往容易使人印象深刻，以后被教师指名发言的机会也比较多。另外，当课堂讨论陷入缄默之际，经常能适时提出新观点的同学，其发言也比较受到全班的重视。总之，课堂就如同社会一般，用心准备的人比较能够掌握机会，也比较容易出人头地。

(3) 组成有默契的讨论小组　在个案分析课程中，课外小组讨论的重要性仅次于课堂讨论，甚至许多学生认为前者对于学习的贡献要大于后者。课外小组讨论成败的关键因素，在于成员是否形成团队默契，并能积极参与，做出贡献，而非成员分析表达能力的高低。一个好的讨论团队，能形成定期聚会，成员均会珍惜每一次的讨论机会，并毫无保留地交流意见。当讨论到一些非小组成员熟悉的议题，也能邀请具有专门知识的同学出席指导，分享经验，相互提高。

(4) 回答课堂问题的技巧　在个案讨论课程中，经常有许多回答问题的机会，能善加把握的同学，比较容易获得好的课堂表现。在被教师指名回答问题时，切忌以“不知道、无意见”回复，因为那可能会被他人误以为是“无知”或“未曾阅读个案”。纵然心中对此问题尚无明确的答案，也要分析所知的问题，提出一些建设性的意见。聪明的学生会猜测教师在课堂上可能提起的引言话题或问题，并预先加以准备，这样往往能抢先回答问题，并在教师心目中产生良好的印象。当同学在课堂中向教师提出问题时，也要预先准备一些对于该问题的分析观点，因为教师大都会先向提出问题的同学进行反问。

教师通常会要求学生课后撰写个案分析报告，作为成绩评定的一部分。一份好的书面报告，必须字迹工整、装订格式整齐，以显示撰写者的用心与重视。教师评阅个案分析报告，主要看报告结构是否有条理、是否掌握重要议题、分析方法是否适当、解决方案是否可行，以及观点是否具有创见。一般而言，个案书面报告只要能充分掌握课堂讨论的议题与观点，展现系统分析能力与归纳整理的撰写品质，大都能迎合教师要求，并获得不错的成绩。

经过长期阅读个案、小组讨论、课堂讨论、个案报告的训练过程，每位学生大都能逐渐发展出一套属于自己的个案讨论模式。不过由于个人学习体验的不同，因此在摸索中也有不少同学付出很多的时间代价。

由于文化、环境、教学方式、个案内容，以及人格特质的差异，并没有一套个案讨论课程进行的标准模式。因此，每位同学除了参考师长提供的经验建议以外，更重要的还是要发展出一套适合自己使用的个案讨论模式。

1.2　传统行业与电子商务行业的较量

2012 年 12 月 11 日，马云、王健林在中国企业家内部主题沙龙的对话栏目中，就电子商务（以下简称电商）发展趋势问题，进行了 1 亿元人民币的打赌。马云代表电子商务，王健林代表传统商务。王健林表示，10 年以后（即 2022 年以后）如果网上中国零售市场份额超过 50%，他就败了；如果超不过，马云败。

王健林是大连万达集团董事长。他认为，中国电子商务发展 10 年里不可能发展那么迅速，像美国电商发展了 30 多年，如今也仅占美国零售总额 9%左右。现在，中国电商的比例还很小。宅在家里上电商是一部分人的行为模式，但人的社会属性是第一位的，人一定要去公众场合，人一定还要去人多的地方玩，这样就可以让零售终端和零售渠道继续生存下去。

马云是中国企业家，浙江绍兴人，阿里巴巴集团主要创始人之一，曾任阿里巴巴首席执行官，一手缔造了电商帝国，是《福布斯》杂志创办 50 多年来成为封面人物的首位中国大陆企业家，曾获选为未来全球领袖。马云认为，未来社会离不开互联网，商业行为一样离不开互联网，且电子商务模式更节省成本，只要有一台能联网的电脑就可以从事电子商务活动。因此未来商务的竞争是低成本的竞争，成本越低意味着效益越高。

通过代表传统企业的王健林和代表电子商务企业的马云的一番较量，实则是传统行业与电商的较量。未来社会谁主沉浮？英雄所见略同。

李健林认为传统商业 10 年后仍占主流的理由如下。

首先，美国电商发展了30多年，才占美国零售总额9%左右，且美国办电商的公司都是全国排名前十的大零售企业，而中国电商的比例还很小。美国零售企业的物流系统非常好。但是中国零售企业不具备强大的配送能力。

正是由于中国物流配送不健全，加上大的零售企业没有出现，所以在电商代表淘宝网出现之后，会对一般的零售企业造成较大的冲击。

其次，电商永远不可能完全取代零售。现代人的消费早已脱离了实用主义阶段。人的消费行为学中有一个非常重要的理论，叫作“炫耀心理”，就是超过80%的消费不是为了自己，而是为了向他人炫耀。

当然，有一部分零售渠道一定会极其困难，也许最后就面临消亡。比如完全标准化的产品，例如电器、图书、家具，因为没有什么炫耀功能，也不需要再进行什么比较，完全是标准件。但是，稍微复杂一点或者稍微高档一点的商品，买的时候不完全为了实用，故不会被淘汰。电商发展很快，但最终一定会和零售实体店形成一种“竞争共存”的局面。

最后，中国的电商起步太晚，所占比例太小。起步期间，电商的发展空间非常大，但当电商市场份额达到10%左右的时候就会逐步减缓速度，出现瓶颈。

传统的零售行业的存在已经有两千年的历史了，这两千年中的变化很大，且各种变化都经历过，传统零售行业之所以还能存活下来，自有其生存的道理。

我国对电子商务也有了一个规划。2013年3月28日，国务院办公厅发布关于实施《国务院机构改革和职能转变方案》（以下简称《方案》）任务分工的通知。通知明确提出《方案》中各项改革和职能转变任务的分工和完成时间表，用3～5年时间完成《方案》提出的各项任务，加快建设职能科学、结构优化、廉洁高效、人民满意的服务型政府。

其中，2013年完成包括减少和下放一批投资审批事项、完善宏观调控体系、维护法制统一、政令畅通等在内的29项任务；2014年完成包括出台并实施不动产统一登记制度在内的28项任务；2015年完成包括出台并实施以公民身份号码为基础的公民统一社会信用代码制度在内的11项任务；此外，2017年还需要完成4项任务。从国家的最新政策中可以看出，国家要解决电子商务发展的瓶颈问题，即诚信体系不完善的问题。估计2015年成立个人诚信档案以后，电子商务将会有一个井喷式的发展。1亿元的对赌，指不定谁是赢家呢。

知识加油站

一、电子商务运营概念

由于电子商务运营是比较新的概念，在这之前一直没有一个明确的概念。要运营一个网站，首先要根据自身资源、资金（选择自己熟悉的领域，或可整合的领域，资金可承受的范围），准确选择适当的领域开展互联网业务（也就是网站定位），根据领域特性和互联网特性，选择或创新网站的盈利模式（会员、广告、差价，或其他），再根据盈利模式确定网站的内容（可以是围绕网站盈利的内容，也可以是不能盈利、但能吸引人气的内容），根据内容和宣传的需要制定网站的架构，选择适合的程序语言或网页风格，再根据需要制定详细的功能规划和网页设计，并根据用户的需求和网站盈利的需要，不断地调整网站内容、宣传方式和市场策略以满足用户需要，进而实现网站利益最大化的过程。网站运营就是不断调整、整合网站内外部资源，以适应网站用户需求、市场策略、盈利要求和发展战略需要的持续过程。

新网站运营的关键点是定位。网站首先要确定行业（此处讨论行业网站，门户网站另当别论）。要选择行业生态链条长、规模大的行业。一方面容易找到行业空白点；另一方面，容易形成规模，即便市场占有率不高，也能够继续存活。

网站准确定位关系网站生死存亡，但是，准确定位后，怎样有效地将自己的资源转化为网站现实的盈利，才是网站的核心——盈利模式。

1. 电子商务运营模式描述

互联网在商业上成功应用后，大量企业纷纷购置设备和软件与互联网联结，许多高技术企业投入大量资金建立网站大做广告时，有些问题引起许多从业者和研究人员的关注和反思。

① 个人和企业如何利用互联网获得财富？采用怎样的电子商务模式和策略才能不断取得成功？

② 电子商务有哪些基本模式？这些模式是根据什么体系来分类的？

③ 如何在基本的电子商务模式基础上创新，创造适合企业自己特殊情况的新型商务模式？

商务模式也许是网络经济中讨论最多而最不容易理解的方面。不过，它却是大多数网络公司在争取风险资金时，风险投资公司考察的核心内容之一。迈克尔·阿坡教授指出，商务模式就其最基本的意义而言，是指做生意的方法，是一个公司赖以生存的模式——一种能够为企业带来收益的模式。商务模式规定了公司在价值链中的位置，并指导其如何赚钱。

2. 电子商务运营模式分析

研究和分析电子商务模式的分类体系，有助于挖掘新的电子商务模式，为电子商务模式创新提供途径，也有助于企业制定特定的电子商务策略和实施步骤。

表 1-1 给出了一个基于互联网的企业商业模式的总体架构。由该框架可以知道，分析一个企业的电子商务模式，需要讨论以下内容：客户价值、商业范围、定价、收入来源、关联活动、实现、能力、持久性。

表 1-1　电子商务模式的总体架构

商务模式的 8 项内容	企业商务模式需要解决的问题	电子商务的商务模式需要解决的问题
客户价值	企业是否能够为客户提供差别性的或者成本更低的产品和服务	电子商务能够使企业为客户提供哪些差别性的产品或服务；企业能否借助电子商务为客户解决由此产生的一系列新问题
商业范围	企业需要为哪些客户提供价值；哪些产品和服务可以包含这些价值	电子商务能够使企业接触到哪些范围内的客户；电子商务是否改变了企业原有的产品和服务的商业范围
定价	企业如何为提供产品和服务的价值定价	电子商务如何使企业提供的产品和服务的价值形成差别化从而差别定价
收入来源	企业的收入来自何方；哪些客户何时为企业提供了哪些价值付款；每个细分市场的利润率如何；哪些是企业利润的决定因素；在各种收入来源中哪些收入是决定性的或关键性的	电子商务如何影响企业的收入来源；在电子商务环境中企业的收入来源发生了什么变化，是否出现了新的收入来源，或在原有收入来源中是否出现了结构性的收入转移现象
关联活动	企业应该在什么时候进行哪些关联活动来提供价值；这些活动是如何关联的	在电子商务环境中，企业必须推动哪些新的活动；电子商务将如何提高原有活动的操作水平
实现	企业需要什么样的组织结构、制度机制、人力资源和环境来执行和实施这些活动；它们之间如何协调适应	电子商务对企业的经营战略、竞争策略、组织结构、业务流程、人力资源和发展环境有什么影响；企业如何通过自我创新来适应这些变化的要求
能力	企业拥有什么能力；需要填补哪些能力缺口；企业如何填补这些缺口；企业是否存在其他企业难以模仿的创造价值的能力；这些能力来自何处	在电子商务环境中，企业需要哪些新的能力；电子商务活动对企业现有的能力构成什么样的影响
持久性	企业的哪些能力是其他企业难以模仿的；企业如何持续赢利并保持长久的竞争优势	电子商务增强还是削弱了企业的持久赢利能力；企业如何利用电子商务提高持久的赢利能力

二、电子商务的经营模式

电子商务的经营模式是公司面向供应链，以市场的观点对整个商务活动进行规划、设计和实施的整体结构。

企业电子商务系统的内部经营模式如图 1-1 所示。建立在 Extranet 基础上的供应链管理

(Supply Chain Management，缩写 SCM) 和客户关系管理 (Customer Relationship Management，缩写 CRM) 是企业电子商务的具体运用；以 Internet 为支撑体系的企业资源规划 (Enterprise Resource Planning，缩写 ERP) 是企业电子商务的基础和具体运用，三者得以使企业所有的商务活动协调完成，为企业开展 B to B 或 B to C 电子商务奠定了基础；而通过建立在 Intranet 基础上的业务流程重组 (Business Process Reengineering，缩写 BPR)，连续不断地对企业原有的业务流程进行根本性的思考和管理创新，则是应用 SCM、CRM 和 ERP 的基础和组织保证。

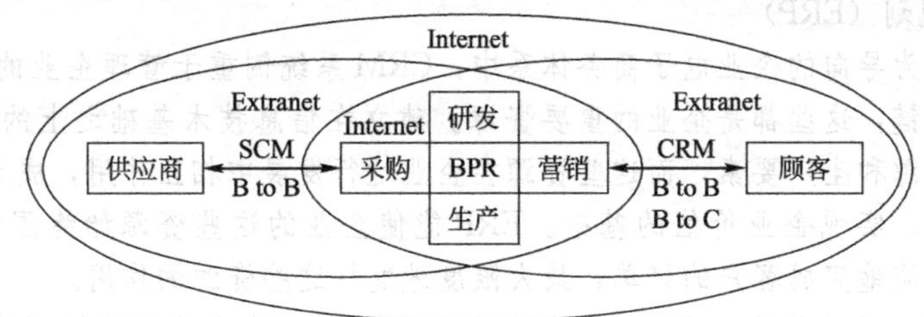

图 1-1　企业电子商务系统内部运营结构模式

1. 客户关系管理 (CRM)

客户关系管理作为完整的企业信息化解决方案，帮助解决以客户为中心的经营管理问题，使企业准确把握和快速响应客户的个性化需求，并让客户满意、忠诚，以保留客户，扩大市场。尽管不同的 CRM 产品包含不同的功能模块，但是从客户满意度出发，其功能基本包括客户数据管理、客户价值管理、客户服务管理、客户沟通管理四个方面。

(1) 客户数据管理　客户数据管理是 CRM 的基础，通过多个源头对客户数据进行分析，并将其存储到客户数据库中，通过提取、处理、解释，产生相应报告，为满足客户的个性化需要提供依据。

(2) 客户价值管理　客户价值管理是 CRM 的重要内容，通过对客户数据管理积累起来的客户信息数据进行分析，可以对客户进行分类，以掌握不同客户的需要，细分客户需求市场，区别不同客户对企业的价值，采取不同的产品市场、销售和服务策略。

(3) 客户服务管理　客户服务管理是 CRM 的核心，根据客户价值管理的结论，可以对客户提供订购管理，发票及账单，销售及营销的自动化管理，客户服务等。

(4) 客户沟通管理　客户沟通管理是 CRM 的门户，通过客户呼叫中心、电话交流、网上交流、电子邮件、传真信件、直接接触等途径，企业可以与客户保持互动沟通，既为客户满意提供了条件，又为客户数据管理积累了信息数据。

2. 供应链管理 (SCM)

供应链管理指对整个供应链系统进行计划、协调、操作、控制和优化的各种活动和过程，目标是使供应链上的各个主体形成极具竞争力的战略联盟，并使供应链运行的总成本最小或收益最大。在以客户为中心的市场环境中，真正能使客户满意的是，将满足客户需求的产品在正确的时间，按照正确的数量、正确的质量和正确的状态送到正确的地点。这样，就在顾客、零售商及服务商、批发商、研发中心及制造商、供应商，甚至供应商的供应商之间连成了一个完整的网链结构，形成了一条供应链，进行信息流、资金流、物流的传递。

在供应链中，各个环节之间都是一种客户关系，每一个成员都是其他成员的客户。总体来讲，企业的供应链可以分为三个层级。

① 企业内部的供应链。描述了企业中不同部门通过物流参与企业的增值活动，这些部门被视作企业内部供应链中的客户或供应商，对企业内部供应链的管理重点是控制和协调部门之间的业务流程和活动，消除部门间的沟通障碍，削减成本，对内外客户的需求和市场变化做出快速反应。

② 企业间的供应链。是由物料获取并加工成中间件或成品，再将成品送到消费者手中的一些企业和部门的供应链所构成的网络，使多个企业能在整体的管理下实现协作经营和协调运作，实现资源和信息共享，从而大大增强该供应链在整个市场中的整体优势，并增强每个企业的核心竞争力。

③ 全球市场间扩展的供应链，是企业通过 Internet 与它在全球范围内的客户和供应商之间进行沟通，有效地管理企业的供应商和客户，使企业获得更多的商业机会。

3. 企业资源规划（ERP）

在以客户满意为导向的企业电子商务体系中，CRM 系统侧重于管理企业的客户，SCM 侧重于管理企业的供应链，这些都是企业的重要资源。建立在信息技术基础之上的 ERP 的管理对象就是企业的各种资源和生产要素，而这些资源在企业运行发展中相互作用，成为企业进行生产活动、满足客户需求、实现企业价值的基础。ERP 能使企业的这些资源始终围绕客户进行配置，在生产中及时、高质地完成客户的订单，最大限度地发挥这些资源的作用。

ERP 系统是将企业的物流、资金流和信息流进行全面一体化管理的管理信息系统，一般包括生产控制、物流管理、财务管理、人力资源管理等通用模块。但是，从客户满意度出发，ERP 的最大价值在于使现代企业的大规模定制生产得以实现，构建了客户满意的微观基础。

三、电子商务的资本模式

电子商务的资本模式是从电子商务资本的进入、运作到退出的整个结构。公司电子商务的资本模式主要有风险投资型电子商务资本模式和传统投资型电子商务资本模式两种。

1. 风险投资型电子商务资本模式

风险投资是由职业金融家的风险投资公司、跨国公司或投资银行所设立的风险投资基金投入到新兴的、迅速发展的、有巨大竞争潜力的企业中的一种权益资本。在这种投资方式下，投资人为融资人提供长期股权投资和增值服务，培育企业快速成长，数年后再通过上市、兼并或其他股权转让方式撤出投资，取得高额投资回报。

风险投资型电子商务资本模式是指风险投资对电子商务公司的直接投资，或已经建立电子商务网站的电子商务公司吸引风险投资的介入。这种风险投资一般在电子商务公司创业阶段就进入，因而也被称为创业投资。

成熟的风险投资发源于美国，而且曾经取得了令人瞩目的成功，许多电子商务公司得到大量的风险投资的支持，从而得到了快速的发展。20 世纪 90 年代末以来，我国的电子商务和因特网服务领域也开始吸引国外的风险投资。

2. 传统投资型电子商务资本模式

传统投资型电子商务资本模式是指传统企业通过各种形式进入电子商务领域，将资本引入电子商务公司或因特网服务公司。

我国传统投资型电子商务资本模式主要有以下几种形式。

(1) 传统企业建立网站，实现企业上网　随着 Internet 的飞速发展和我国企业上网、政府上网工程的启动，许多传统企业尤其是国有企业，纷纷建立自己的网站，实现了企业在网上发布信息，进行广告宣传或业务洽谈，形成了电子商务的雏形。但是这类企业网站投资少，没有形成规模，网站的整体水平不高，未能充分开展电子商务活动。

(2) 传统企业直接投资电子商务　这类电子商务资本模式主要指一些实力比较雄厚的大企业，投资开发自己的网站，并且实现在线交易。这类网站基本具备了企业电子商务的功能，其显著特征是实现了网上订购，但是网上支付和电子账户等功能还未能实现。

(3) 政府或企业投资专业电子商务网站与网上商品交易市场　这类网站往往是针对某一行业，由政府或实力雄厚的企业投资组建，而向某一行业提供电子商务交易平台和面向更多行业的网上交易平台。

(4) 传统企业和电子商务网站进行资本联合实现与电子商务的结合　这种电子商务资本运作模式有两种情况，一是一些虚拟网站参股，传统企业组建电子商务网站，二是传统企业收购虚拟网站，从而进军电子商务。

(5) 电子商务公司之间的并购　这种并购是电子商务公司竞争中的一种手段，并购者希望通过并购迅速发展自己，以捆绑的方式提高公司的知名度，而且通过并购吸引其他公司的大量人才，最终目的在于吸引更多的投资，为下一步的发展奠定基础，而被并购的公司往往缺乏进一步的资金支持。这种电子商务的资本运作方式是电子商务的发展趋势和走向成熟的重要步骤。

四、电子商务的赢利模式

1. 赢利模式的含义

赢利模式是企业在市场竞争中逐步形成的企业特有的赖以盈利的商务结构及其对应的业务结构。

企业的商务结构主要指企业外部所选择的交易对象、交易内容、交易规模、交易方式、交易渠道、交易环境、交易对手等商务内容及其时空结构。企业的业务结构主要指满足商务结构需要的企业内部从事的包括科研、采购、生产、储运、营销等业务内容及其时空结构。商务结构反映的是企业内部资源整合的对象及其目的，业务结构反映的是企业内部资源配置情况。商务结构直接反映的是企业资源配置的效益，业务结构直接反映的是企业资源配置的效率。

任何企业都有自己的商务结构及其相应的业务结构，但并不是所有企业都盈利，因而并不是所有企业都有赢利模式。

2. 赢利模式的类型

赢利模式分为自发的赢利模式和自觉的赢利模式两种。前者的赢利模式是自发形成的，企业对如何赢利、未来能否赢利缺乏清醒的认识，企业虽然盈利，但赢利模式不明确、不清晰，其赢利模式具有隐蔽性、模糊性、缺乏灵活性的特点。后者，也就是自觉的赢利模式，是企业通过对赢利实践的总结，对赢利模式加以自觉调整和设计而形成的，它具有清晰性、针对性、相对稳定性、环境适应性和灵活性的特征。

在市场竞争初期和企业成长的不成熟阶段，企业的赢利模式大多是自发的，随着市场竞争的加剧和企业的不断成熟，企业开始重视对市场竞争和自身赢利模式的研究，即使如此，也并不是所有企业都能找到赢利模式。

3. 赢利模式分析和设计的五要素

研究企业赢利模式，有必要借助有效的分析手段。我们在长期研究成功企业的赢利模式时，归纳和总结了企业盈利模式分析和设计的五个要素，几乎所有企业的利润模式都是以某一个或两个要素为核心的各要素不同形式的组合。

(1) 利润源　利润源指企业提供的商品或服务的购买者和使用者群体，他们是企业利润的唯一源泉。利润源分为主要利润源、辅助利润源和潜在利润源，好的企业利润源，一是要有足够的规模，二是企业要对利润源的需求和偏好有比较深刻的认识和了解，三是企业在挖掘利润源时与竞争者比较而言有一定的竞争优势。

(2) 利润点　利润点指企业可以获取利润的产品或服务，好的利润点一要针对明确客户的清晰的需求偏好，二要为构成利润源的客户创造价值，三要为企业创造价值，某些企业的有些产品和服务或者缺乏利润源的针对性，或者根本不创造利润。利润点反映的是企业的产出。

(3) 利润杠杆　利润杠杆指企业生产产品或服务以及吸引客户购买和使用企业产品或服务的一系列业务活动，利润杠杆反映的是企业的一部分投入。

(4) 利润屏障　利润屏障指企业为防止竞争者掠夺本企业的利润而采取的防范措施，它与利润杠杆同样表现为企业投入，但利润杠杆是撬动“奶酪”为我所有，利润屏障是保护“奶酪”不为他人所动。

(5) 利润家　利润家是企业内对企业如何赢利具有极强的敏感和预见性的人，他往往是企业家本人，也许是企业家的盟友，或许是职业经理人。

五、电子商务的技术模式

电子商务的技术模式指支撑电子商务系统正常运行和发生意外时能保护系统，恢复系统的硬件、软件和人员配置系统。

电子商务技术模式分析的内容：企业电子商务采取哪种技术开发与应用模式；公司电子商务应用的总体技术结构是什么；公司电子商务应用中网络和通信系统的结构与技术水平；公司电子商务系统中计算机硬件系统的配置情况；公司电子商务软件的选择与应用情况；公司商品扫描系统，支付刷卡系统，ERP、CRM、SCM 等专用系统的应用情况；公司电子商务网站的安全解决方案和使用的安全技术；公司电子商务的支付技术应用情况。

六、电子商务的管理模式

管理模式是从组织上提供的为保证系统正常运行和发生意外时能保护系统、恢复系统的法律、标准、规章、制度、机构、人员和信息系统等结构体系，它能对系统的运行进行跟踪监测、反馈控制、预测和决策。

管理模式分析的内容：公司电子商务组织采用何种形式，具有什么特点；公司的业务流程具有什么特点，是否适应电子商务的要求；公司的人力资源管理、财务管理、采购管理、服务管理等专业管理是否采用电子化的手段，有什么特点；公司电子商务管理具有哪些方面的管理制度和奖惩制度来保证电子商务活动的正常进行；公司电子商务网站的服务有效性如何；企业电子商务项目实施过程中存在哪些风险，采取何种安全技术和系统安全管理制度；企业建立了哪些信用机制，以保证交易各环节的顺畅进行。

任务小结

分任务 1　理解电子商务案例教学的目的与方式中讲述的电子商务案例教学的目的，在于培养学生具备能够担当重要企业管理职位的能力。电子商务的教学方式是学生要主动地阅读资料、分析问题、提出观点、相互讨论，并且发展出一套对于问题的解决方案。

分任务 2　通过电子商务案例分析，得出电子商务案例分析要从电子商务企业的运营模式、经营模式、资本模式、盈利模式、技术模式、管理模式等几个方面进行分析，正视电子商务的发展趋势。

任务2　B to B 电子商务案例分析

能力目标

了解什么是B to B电子商务的交易，熟悉B to B电子商务公司的盈利模式，掌握B to B电子商务网站技术模式分析、商业模式分析、经营模式分析、盈利模式分析、管理模式分析、资本模式分析等分析方法。

核心能力

能够通过具体的电子商务网站分析，掌握B to B电子商务公司运营的基本模式。

任务导入

随着网络技术应用的快速普及，电子商务正以前所未有的速度迅猛发展，由最初的电子零售阶段、电子贸易阶段发展到网上交易市场阶段。网上交易市场是一个从内向外、内外整合的供应价值链。进入网上交易市场的企业内部必须先有一套合作的电子化生产管理系统，并且这套系统能与外部信息无缝对接，从而实现企业生产、采购、销售全过程的整合信息化。通过B to B电子商务交易案例分析，了解企业如何通过网络实现产品的采购及销售。

任务分解

分任务1　阿里巴巴B to B模式成功分析

分任务2　慧聪网电子商务案例分析

分任务3　金银岛网交所“仓单交易”B to B模式案例分析

课堂讨论

1. 针对不同的B to B电子商务交易模式，企业如何选择适应自己的B to B形式？企业是否需要B to B交易？B to B交易用于采购还是销售？

2. 企业在B to B交易中的地位如何？和传统商务如何融合发展？

3. 企业怎样通过网络来提高自身效益？

2.1　阿里巴巴B to B模式成功分析

2.1.1　阿里巴巴基本情况及功能框架

(1) 公司背景　阿里巴巴是全球著名的企业间（B to B）电子商务服务公司，管理运营着全球最大的网上贸易市场和商人社区——阿里巴巴网站，为来自220个国家和地区的200多万企业和商人提供网上商务服务，是全球首家拥有百万商人的商务网站。其总部设在香港，北京办事处主要负责业务开发和公关宣传，人员主要在杭州，服务器放在美国。

阿里巴巴是1998年底由创业团队推出网站服务，并以1999年3月10日团队领袖马云正式回杭州创业的时间作为网站创办的纪念日；1999年7月9日在香港成立阿里巴巴中国控股有限公司，9月9日在杭州成立阿里巴巴（中国）网络技术有限公司；1999年10月，美国著名投资公司高盛（GoldmanSachs）牵头的国际财团向阿里巴巴注入500万美元风险资金；2002年2月，日本亚洲投资公司向阿里巴巴投资，并于当年实现全年赢利。

（2）功能框架 阿里巴巴是专注于中小企业信息流服务的网络经纪模式。其网站功能架构包括以下几方面。

① 网上信息社区。提供多类商业及行业资讯，50多个内容丰富的商务论坛。

② 网站首页。网站的入口，每日发布最新、最重要的信息。

③ 行业首页。行业市场的总汇，提供每日最新行业信息。

④ 商业机会。为企业提供27个行业、1000多个产品分类的商业机会查阅。

⑤ 产品展示。按分类陈列展示阿里巴巴会员的各类图文并茂的产品信息。

⑥ 公司库。公司网站大全，可以在此按行业类别查询各类公司资讯。

⑦ 行业资讯。行业新闻报道即时更新，掌握变幻莫测的行业动态。

⑧ 以商会友。商人俱乐部，与其他会员交流行业见解，交业界朋友。

⑨ 商务服务。与贸易、商务相关的各种配套服务。

⑩ 发布信息。选择恰当的类别发布买、卖、合作等商业信息。

另外，阿里巴巴还提供商情特快，会员可以分类订阅每天新增的供求信息，直接通过电子邮件接收，高效省时。

阿里巴巴作为信息交易平台，在为买卖双方提供市场机会的同时，注重网站商人社区的交流功能，使得商业个体在获得商业交易的同时得到心理归属的满足感，从而不断为网站聚集人气、扩大业务量。阿里巴巴结构围绕预期功能开设了商业机会、产品展示、公司库、行业资讯、商友中心、以商会友等内容。

阿里巴巴“把网站当作茶馆开，让生意人到茶馆里来交流信息”，这一点在网上社区里得到了充分地体现，在“商友中心”和“以商会友”中大家可以畅所欲言、广交朋友、答疑解问、分享商业经验教训。

2.1.2 阿里巴巴的商业模式

（1）战略目标 阿里巴巴的远景是成为一家持续发展80年的企业，成为全球十大网站之一，达到只要是商人就一定要用阿里巴巴的境界。

阿里巴巴是企业对企业开展网络业务的B to B类型网站，更严格地说，它属于网络经纪模式，是为买卖双方提供信息的交易平台，企业通过虚拟的网络平台将买卖双方的供求信息聚集到一起，协调其供求关系并从中收取交易费用。阿里巴巴精确地定位于此，经过几年的发展成为全球规模最大、运营最成功的B to B企业之一。阿里巴巴从建立伊始走的就是稳健发展的路线，在发展创新中不断壮大。“用国际资本打国际市场，培育国内电子商务市场”是其战略宗旨。

阿里巴巴将战略重点放在欧美市场。公司从事的是国际贸易，中国外贸主要在欧美九大国家和地区，阿里巴巴希望先将国外市场做大，自然就会吸引国内的企业。而且国内的环境也没有国外好。

（2）目标客户群 做中小型企业的电子商务是阿里巴巴的目标，这也反映了阿里巴巴的目标市场就集中在广大中小型企业。全世界85%以上的企业都是中小型企业，尤其是亚洲更以中小型企业为主，只有帮助中小企业才是最大的希望。

亚洲是最大的出口基地，如果以出口为目标，帮助中小型企业出口将给阿里巴巴带来不断的业务。要帮助中小型企业出口，就必须开展围绕企业对企业的电子商务。电子商务要为中国中小型企业服务，这是阿里巴巴最早的想法。阿里巴巴的成功之处在于，前期的努力已经吸纳了国际和国内贸易中最活跃的顾客群。

（3）产品和服务 阿里巴巴提供的服务主要集中在以下三个方面。

① 中国供应商服务。阿里巴巴公司为中国优秀的出口型生产企业提供在全球市场的“中国供应商”专业推广服务。中国供应商是依托世界级的网上贸易社区，顺应国际采购商网上商务运作的趋势，推荐中国优秀的出口商品供应商，获取更多更有价值的国际订单。

② 诚信通服务。阿里巴巴为全球注册会员提供进入诚信商务社区的通行证——“诚信通”服务。阿里巴巴积极倡导诚信电子商务，与邓白氏、ACP、华夏、新华信等国际国内著名的企业资信调查机构合作推出电子商务信用服务，帮助企业建立网上诚信档案，通过认证、评价、记录、检索、反馈等信用体系，提高网上交易的效率和成功的机会。每月营业收入以双位数增长。

③ 淘宝网。淘宝网是阿里巴巴推出的个人交易 C to C 网站。淘宝网的目标是成为中国最大的网上个人物品交易市场。

(4) 收入与价值来源　阿里巴巴的收入来源主要有两个，即“中国供应商”和“网上有名”的推广，两者所占收入的比例大致为 4∶6。

“中国供应商”面对的是出口型企业，其价格依据是，如果某企业愿意以 3 万元人民币的价格租赁 2 周的广交会展销摊位，那么也有可能愿意以同样的价格购置 1 年的在线展销时段。

“网上有名”针对内销企业，其服务依据这样一个原则，即阿里巴巴为登录企业提供资信调查，而登录的企业则需要购买其“诚信通”产品。

实时交易双方对网络信息本身充满质疑，“诚信通”作为一项服务不难理解，企业可以在“诚信通”上出示第三方对其的评估，其在阿里巴巴的交易记录也有据可循。“诚信通”的价格很便宜，每年 2300 元的费用与在阿里巴巴上获得的巨大商机相比十分合算。但对阿里巴巴来说这就意味着巨大的收入来源，而且几乎不存在成本。

(5) 关键措施　对企业内部，阿里巴巴通过统一价值观的整风运动、干部队伍的培养、投资员工等关键措施提升公司综合能力；对外，阿里巴巴在开展网络推广业务时坚持免费原则，以最低的成本为客户提供最大的服务，为企业创造最大的价值。为了让更多的商人了解电子商务、掌握电子商务的基本操作技巧，通过网络获得成功，阿里巴巴于 2002 年起就开始举办以“帮你上网做生意，让你生意更成功”为主题的全国系列会员培训会。而且还特地成立了名为 e 商之道的专业培训机构，e 商之道的宗旨是把电子商务的理念传遍全国，帮助全国的中小企业上网做生意，做成功的生意。阿里巴巴的客户培训，不仅要把阿里巴巴的价值观、使命让更多的商人了解，而且要把电子商务的知识和技巧传达到全国各地。

(6) 核心能力　阿里巴巴的核心能力主要体现在以下几个方面。

① 80 年不变的企业文化。阿里巴巴的使命是让天下没有难做的生意，在此基础上凝练了阿里巴巴的价值观。

a. 群策群力：可以让普通人做非凡事。

b. 教学相长：做任何事情都是学习的过程，教别人是最好的学习方法，帮助我们的团队也就是帮助我们自己。

c. 质量：指的是客户满意度（外部和内部客户），今天最好的表现是明天最低的要求。

d. 简易：简易便捷是让天下没有难做生意的基础。

e. 激情：永不放弃，永不言败。

f. 开放：这是互联网的精髓，也是团队协作和交流的关键。

g. 创新：创新的热情是阿里巴巴最有价值的财富。

h. 专注：做正确的事情，做高附加值的事情，主次分明、专心致志。

i. 服务与尊重：阿里巴巴是个服务性公司，为客户提供服务的同时尊重客户，尊重是双方的，调整期望值是关键。

② 坚固的管理团队。马云是公司创始人、首席执行官。他被著名的“世界经济论坛”选为“未来领袖”，被美国亚洲商业协会选为“商业领袖”，是 50 年来第一位成为《福布斯》封面人物

的中国企业家。他一直倡导中国企业要讲究团队精神，因此手下云集了大量的精英。

③ 优质的信息服务。阿里巴巴的特色和优势在于信息。

（7）营销策略

① 正确的定位制胜的差异化战略。阿里巴巴定位于为中小企业提供服务，只做信息流，不做资金流。

② 客户服务。阿里巴巴在客户服务中注意了以下几条：树立了客户永远是对的理念，第一是用户获利，其次是合作伙伴获利，然后才是自己；加强与客户的配合；加强对客户的管理。

2.1.3 技术模式

阿里巴巴定位于为世界上的商人建立一个综合信息交易服务平台，它的参与者大都是中小型企业，因此阿里巴巴的网站技术模式定位于系统运行的持续稳定性和安全性两方面。阿里巴巴的通信系统采用互联网和通信网，在服务器的构建上要保证交易信息在通信网络上的安全传递，并且保证数据库服务器的绝对安全，防止网络黑客的闯入破坏。它的系统在抗侵入性、边界服务器、采用加密技术的信息完整性、用户和话路的鉴别服务等方面有严格的要求。阿里巴巴在身份验证和安全监控上也有一些大的作为。在系统应用软件方面，阿里巴巴采用了网上信用管理系统、身份认证管理系统、网络监控管理系统和网络安全管理系统等，最大限度地保证网站安全、数据安全、交易安全。

2.1.4 经营模式

阿里巴巴一直以大胆、敢于创新的经营模式不断发展变化着。它一直进行着各地商人对电子商务需求的调查，不断地顺应要求，改革网站的服务，不断引入新的发展竞争策略，加强区域联合与企业合作。电子商务网站的核心竞争力是人气，并非资金和技术，资金和技术只是制造人气的基础资源。即使有了资金和技术，如果没有大量的围绕着增加人气的营销活动，最终还是会遭遇寒流。阿里巴巴在一开始也受到很多企业的怀疑和质问，于是它采取了曲线发展的经营策略，首先是免费使用，给商家免费的产品展示空间、免费电子邮件，并提供大量及时的免费供求信息。其次是制造人气和人脉，在此情况下阿里巴巴的金牌论坛“以商会友”新鲜出炉，用放松的话题与会员们进行信息交流，人气渐渐飙升，一些喜欢上论坛的商家成了阿里巴巴的人脉，人脉就是口碑，而口碑就是不折不扣的竞争力。然后推出一系列的经营项目：推出旨在帮助中国企业打开国际市场的“中国供应商”栏目，并开始在中国网站招商；推出“诚信通”网上信用管理系统，在中国网站全面推行“诚信通”计划，在全球率先打造网上诚信商务社区；投资1亿多元开发“淘宝”模式的中国个人网上交易平台；推出“企业风采”服务，下设“成功启示录”“新品视窗”“业界新秀”“老板论道”四个子栏目，全方位地展示企业、企业的产品以及企业家的风貌，成为企业进行网上营销的另一个亮点；推出精确匹配关键词服务；组建社区商盟，交流从商经验，共享阿里巴巴百万商人资源，互补商务服务，寻求合作机会；推出商友通服务，成为阿里巴巴社区的通行证。这些经营项目保证了阿里巴巴立足于为全世界商人建立一个全球最大的网上商业机会信息交流站点的目标。

2.1.5 管理模式

（1）组织结构　阿里巴巴首先在组织结构上实现扁平化，减少信息流通环节，达到快速高效的决策目标。阿里巴巴的企业各机构权责清晰、职能明确，在“淘宝”网站研发过程的高度保密以至企业内部员工也只是在消息发布后才知晓的事例可以看出阿里巴巴组织机构的严密性、高效性。阿里巴巴设立首席执行官、首席运营官、首席财务官和首席技术官，他们的职权和责任是明确的。

（2）人力资源管理　阿里巴巴在人力资源管理上也有自己鲜明的特点，一是不从竞争对手中挖人，一个企业的价值观体现在点点滴滴上，公司从没有回扣；二是员工随时可以离开公司，公司永不留人；三是请进来的人要对他负责，来之前对他狠一点，来之后对他好一点。

阿里巴巴建立了科学的激励机制，实行内部271战略，20%是优秀员工，70%是不错的员工，10%的员工必须淘汰掉。同时，还加强了团队建设。阿里巴巴不希望用精英团队，如果只是精英们在一起肯定做不好事情，平凡的人在一起做一些不平凡的事，这就是团队精神，让每个人都欣赏团队，这样才行。

阿里巴巴进行了统一思想的教育，使员工树立牢固的企业价值。阿里巴巴也注重对员工的培训和提拔，鼓励员工进行尝试和创新，建立人才成长的良好环境。

(3) 网站管理　阿里巴巴在对网站进行管理时，启用了网上信用管理系统、身份认证管理系统、网络监控管理系统和网络安全管理系统等，最大限度地保证了网站安全、数据安全、交易安全。

(4) 经营管理　阿里巴巴在经营管理上，注重与优势企业的联合，在区域市场寻找合适的合作人，成立网络交易的地区板块，方便同地区的业务交易。比如，在土耳其知名网络交易平台企业的合作，使得两者能够进行业务上的交叉互补，沟通了中外商人的联系，创造了更多的企业价值。

2.1.6　资本模式

阿里巴巴中国控股有限公司的资本主要来源于风险投资。阿里巴巴的资本运营模式是对企业成立初期的资产重组，把企业改制成上市股份控股公司，在资本市场上进行融资。

现在阿里巴巴运营正常，资本运作也是成功的，它的品牌价值每天都在以100万元的数额上涨。阿里巴巴的许多投资商都是世界上著名的风险投资机构，他们对阿里巴巴的关注和资金注入，充分体现了阿里巴巴资本运营的成功。

2.1.7　总结与建议

阿里巴巴作为典型的网络经纪模式和世界上最成功的B to B商业网站之一，它的很多做法都开创了网络经济类型和应用模式的先河，阿里巴巴一直都在创新发展、一直在坚持走有自己特色的道路。面对阿里巴巴的良好发展，希望它在保持良好经营业绩的同时能得到各方面进一步地壮大，为中国网络经济贡献更大的力量，带动中小企业的信息化和网络化发展。

从越来越多的网站盈利背后中可以看到，随着我国网民的大幅增长，以及网民和企业对于电子商务态度的转变，网站和电子商务正成为越来越现实的盈利途径，风格各异的盈利模式将涌现，越来越多的网站将走向盈利，且这种盈利极可能会呈几何级数的增长。随着这些网络公司的陆续上市，其必将获得资本市场的青睐，可以预见，资本市场将再一次出现追逐互联网的狂潮。

2.2　慧聪网电子商务案例分析

2.2.1　慧聪网的基本情况和历程

慧聪网正式成立于1999年，注册于开曼群岛，总部位于中国北京，是国内领先的B to B电子商务服务提供商。

1999年2月12日，IDG风险投资与慧聪合资合作项目正式签约，同年4月8日，慧聪国际资讯有限公司正式成立。2007年为了表彰慧聪网对新经济领域发展做出的杰出贡献，著名市场调研机构iResearch为慧聪网颁发了2007艾瑞新经济奖之“B to B网站类最具发展潜力企业”奖。2009年2月，慧聪网顺利通过ISO 9001质量管理体系认证，成为国内首个引入该标准的互联网公司。

如今，作为国内领先的互联网企业，慧聪网不仅依托以互联网技术为核心的买卖通产品为用户提供周到的解决方案，还充分利用雄厚的传统营销渠道——慧聪商情广告与中国资讯大全、研究院行业分析报告及各类展会开展多渠道的、线上为主线下辅助的全方位服务，这种优势互补，纵横立体的架构，已成为中国 B to B 行业的典范，对电子商务的发展具有革命性影响。

2.2.2 慧聪网的商业模式

（1）战略目标　慧聪网要做中国领先的 B to B 电子商务公司，帮助广大中小企业通过网络拓展网上贸易，实现中小企业与慧聪网的共同发展。

① 慧聪网的产品或服务差异化战略。慧聪网努力发展自己独立知识产权的搜索引擎，为慧聪网的用户提供更贴心的搜索服务。慧聪商情广告每月面向 20 多个行业出版 85 种商情刊物，为企业提供包括产品广告、价格信息、商务资讯等与产品行业采购相关的商务信息。慧聪网还发行《中国行业资讯大全》，以“行业需求”为本，从产业市场、政策、企业、产品、渠道监视、黄页信息等多方面进行纵横双向的深度描述。

② 慧聪网的低成本战略。慧聪网在第二期建立的十几个网站的固定费用较竞争对手低 50%。同样，慧聪网的网刊结合，实行数据共享，也降低了原有的运营费用。经过一系列网站的建设，慧聪网形成了组合式的网站群，先建的网站为后建的网站培育了人才也形成了一定的技术标准，使原有成本进一步降低。

③ 慧聪网的目标聚集战略。慧聪网在继续原有的国内贸易的基础上发展国外贸易，并结合自己的网下传媒，为中国的中小企业提供更全面的服务，提高客户的忠诚度。第三方信用的引进为慧聪的买家提供更安全的交易信息，有利于买家的购买行为。

（2）目标客户

① 客户范围。慧聪网的目标用户就是中国千万家中小企业，以及一些有意通过慧聪网进行网上宣传的企业。

② 产品和服务。慧聪网服务的入口是整个慧聪服务的核心，为商家提供多媒体的商品展示机会，为买家提供购买所需的信息，帮助买卖双方达成交易，规范买卖双方的交易行为。同时也为商家和买家，商家和商家自己提供一个交流的平台，达到以商会友的效果。

a. 买卖通。慧聪网为企业用户提供在网上做生意、结商友的诚信平台，企业不仅可以通过买卖通建立集合产品展示、企业推广、在线洽谈、身份认证等多种功能的网络商铺，还可以使企业获得更多的商机，领先对手，获得生意上的成功。

买卖通提供 60 多个行业的交易、资讯信息，每天通过买卖通，均有数十万以上的企业发布供应、采购、招标、代理等重要信息，同时进行着大量的买家卖家咨询/报价，洽谈/留言等，交易气氛活跃，商业机会众多。

b. 商情搜索。慧聪网独立知识产权的搜索引擎技术，覆盖 20 余万个网站，500 万条及时更新数据，与中国搜索联盟等 1000 余家网站平台相结合，它开创了依据行业用户的要求，进行精、准、快搜索服务的先河。作为中国首席商务资讯服务商，慧聪国际资讯拥有 2600 多名专业人员，每天对 1600 余种报刊广告（占中国报刊广告总量的 95%以上）、每周发行 60 余种计 30 万册的商情信息进行监测，多年来积累的行业资源和专业知识，奠定了慧聪强大的专业数据库生产和维护系统。

c. 《慧聪商情广告》。《慧聪商情广告》的信息量庞大、及时、集中、针对性强，能有效地方便行业内厂商与用户查询，成为供需双方的信息沟通渠道之一。

如今，《慧聪商情广告》已深入数十个行业领域，在不断地探索中得以迅速发展。作为中国传递信息量最多、覆盖范围最广的商情广告媒体，它每月面向 20 多个行业，共出版 85 种商情刊物，发行总量约 60 万册，为企业提供的服务包括产品广告、价格信息、商务资讯等与产品、企业、行业采购相关的商务信息。

d. 《中国行业资讯大全》——行业宝典，黄金品质。《中国行业资讯大全》集“全面、权威、精粹、实用”为一体，是一本高品质行业资讯宝典，内容丰富，网络互动。以“行业需求”为本，从产业市场、政策、企业、产品、渠道建设、黄页信息等多方面进行纵横双向的深度表述。

e. 行业研究报告。凭借全国最大的商务资讯数据库，及先进的信息服务软件等资源，在行业信息服务、市场调查、市场研究、营销顾问及管理咨询等领域为客户提供多层次的高品质服务。

(3) 赢利模式

① 通过网/刊/电视媒体吸纳收入。

② 买卖通服务会员费收入。慧聪网通过买卖通会员服务、买卖通银牌会员服务、买卖通金牌会员服务、买卖通白金会员服务、买卖通 VIP 会员服务的费用获得收入。

③ 股票收入。

(4) 核心能力

① 行业基本核心能力介绍。电子商务存在的根本是帮助人们在网上促成交易，而对于电子商务平台供应商而言，除了交易平台及交易延伸服务之外，信息服务、线下服务，以及对中小企业的指导服务都呈现了未来电子商务服务的发展方向。

② 信息服务。慧聪网成功迈进互联网领域之后，人们对慧聪网的理解已不只是一个刊物。以前有 100 万个企业看慧聪刊物的黄页来做买卖，这些买卖占了中国一半的商务交易。当慧聪网把刊物上的内容嫁接到网上，每天有 300 万用户在慧聪网上查询信息，无疑这些用户中有很大一部分是阿里巴巴的用户。

网站搜索信息的精确性是吸引客户的主要原因所在，慧聪网正在将资讯内容细分为企业搜索、资讯搜索、产品搜索、商机资讯搜索、行业的科技新闻搜索等。将数据库分类是提高精确搜索的关键所在，比如汽车搜索引擎去找齿轮的时候，只找到汽车行业相关的齿轮，这对于提高电子商务的效率十分重要。

可见，未来电子商务信息服务的有效性、完全性以及精确性都是各电子商务提供商需要努力的方向。

③ 线下服务。慧聪网拥有着一支 2500 名业务人员的庞大队伍，在整个中国 IT 服务行业，慧聪网这种用庞大的人员扎根于客户之中的服务模式确实少见。正是这么多的业务员确保了对客户需求反应的及时性，同时 2500 名业务员在与客户面对面的交流过程中，收集到了更多的信息，了解到了更多的客户服务。另外，慧聪网每年还参加 600 多个展会，在展会上收集到的种种信息也让其更了解客户信息及需求。电子商务服务线上与线下走向融合是一种趋势。

④ 中小企业指导服务。中国大陆目前有大约 2600 万家中小企业，但仅有 30%左右的企业实现了信息技术的应用。打造一个成功的电子商务模式并非难事。而真正意义上实现了电子商务，中小企业的最便捷途径就是依托 B to B 商务平台。

⑤ 专业的研发队伍。慧聪网技术团队由近百名技术专家和资深研发人员组成，是国内最早从事互联网领域研发的精英团队，在电子商务、网站建设、海量数据挖掘、人工智能、行业搜索等领域有着丰富的经验；慧聪网技术团队通过不断学习，不断创新，紧密结合自身业务特点，提出“创新务实”的技术理念。

⑥ 合理科学的多项技术整合。门户站点内容管理技术、电子商务建设技术、论坛及博客技术、大型数据库技术、数据挖掘技术、海量信息检索等多项技术的综合运用在慧聪网建设中得到合理科学的整合与发展；对大数据量的高度支持；在千万级数据量的基础上，支持每日千万级的访问量。

⑦ 强大的硬件支持。慧聪网采用当前主流的硬件平台，分布在全国多个核心骨干机房，超大带宽，从而保障了慧聪网提供高效稳定的服务；拥有全天候的技术服务体系。

2.2.3　慧聪网的技术模式

(1) 技术建设模式　慧聪网作为一个网络经纪模式服务提供集团，其采用的技术建设模式为自主开发模式。

(2) 通信系统　慧聪网以宽带技术，采用 TCP/IP 协议架构自己的内网、外网和接入因特网。

(3) 计算机软硬件系统　慧聪网采用当前主流的硬件平台，分布在全国多个核心骨干机房，超大带宽，从而保障了其提供高效稳定的服务。

(4) 安全技术保障　慧聪网必须要保障用户的信息安全和数据库及服务器的安全。为保障用户的信息安全，慧聪网在抗入侵性、数据加密、信息完整性、用户及话路的鉴别上给予了足够的支持。

2.2.4　慧聪网的经营模式

慧聪网自创建以来，从一个靠油印报价单的企业发展到现在的中国网上贸易的主要服务商，慧聪网在其经营模式上定有其过人之处，同样，作为一个比阿里巴巴更早发展起来的 B to B 电子商务服务提供商，却被阿里巴巴超越，其经营模式有其无法忽略的缺点。

(1) 家族式的企业经营模式　慧聪网的所有权和管理权都是家族式的。慧聪网创立之初，其创建者郭凡生占有企业 50%以上的股份，依据《家族企业杂志》对家族企业的定义“由家族通过股权或管理实现控制的企业”，慧聪网是一个典型的家族企业。

纵观国际企业组织经营模式，家族企业占整个企业生态形式的 80%以上，家族企业有其他形式的企业无法比拟的优势。慧聪网的家族企业的经营运作模式，给了慧聪网在发展时期一个很有利的环境。同时，慧聪网在受益权上面并不实行家族化，慧聪网将企业的 70%的红利分给员工，从而摒弃了一些家族企业固有的缺点。

(2) 创新产品和服务　慧聪网将传统的媒体和电子商务结合起来发展，立足于“展＋刊＋网”联合发展，为电子商务企业提供传统渠道的宣传工具，为更广泛的中小企业服务。为净化 B to B 的交易环境，慧聪网推出“买卖通”，增强对上网企业的信用认证，同时也为上网企业提供了差别化的服务。为促进商家间及商家和买家间的交流，慧聪网推出慧聪自己的 IM 软件“慧聪发发”。

同样，基于促进商家间的交流，慧聪网逐步上线了慧聪论坛、博客和贴吧。为进一步完善电子商务价值链，慧聪网为新推出的中国制造寻找渠道合作商，整合传统的产品推广和分销的渠道。慧聪网为了为客户提供更高效的搜索服务，携手中国互联网新闻中心，共同发起并成立了国内最大的、以搜索引擎应用为基础的联盟组织——中搜联盟。

(3) 价值链　通过慧聪网这个网络平台为用户提供一个交易场所。同时依据中搜联盟的技术支持为用户提供更好的搜索服务。然后依据慧聪网的网下传媒为商家提供更全面、更及时的服务。最后，慧聪网依据其在 B to B 市场上的影响力，联合其他的渠道提供商一起搭建一个供应链整合和协同的作业平台。

2.2.5　管理模式

慧聪网透过第三方认证来对商家的信用进行认证。慧聪网与国际顶级资信认证机构邓白氏公司签订合作协议，决定共同创建慧聪网具有里程碑意义的网上交易平台“买卖通”。根据协议，邓白氏负责对买卖通正式会员进行资信评价。应用第三方信用，透过邓白氏专业的认证体系的认证，慧聪网的卖家更能让人信服。

2.2.6　慧聪网的资本模式

慧聪网运用风险投资加传统投资的资本模式。

2.2.7　总结和建议

慧聪网是国内最成功的B to B网站之一，它在创新服务平台，挖掘潜在资源，不断扩大买卖通规模等方面一直都在创新发展，一直都在坚持走有自己特色的道路。

根据对慧聪网的分析提出如下建议。

① 优化网站的主页布局，在保障服务多元化的同时将服务进行分类，透过不同的服务入口，避免给人一种凌乱的感觉。

② 积极开发其他语种的网站。

③ 重新对会员的模式进行改进和调整，因为慧聪网会员人数还不及阿里巴巴的1/5。

④ 多加强与国内外有影响力的网站的商务合作，扩大网站的商业价值。

2.3　金银岛网交所“仓单交易”B to B模式案例分析

2.3.1　金银岛网站背景

金银岛成立于2004年，目标是成为中国乃至全球领先的大宗产品电子商务平台。金银岛率先实现了信息流、资金流、物流的“三流合一”，为大宗产品产业链的各方参与者，提供内参资讯、现货交易、在线融资等全方位电子商务解决方案。

2.3.2　商业模式

(1) 仓单交易模式　金银岛的商业模式可以概括为“现货的吞吐平台”。按交易流程看，经过注册后，卖方在网站系统里挂盘，输入当天的销售价格，买方则自行选择购买。当买家选择好商品后，将商品需要支付的金额转账到金银岛作为交易佣金，而金银岛通过“交易资金银行监管系统”对这资金进行监管。然后，卖家发货，由大型物流公司将货物变成提单或者仓单，买家收货。这种物流和资金流同时交换，货、款双向安全的机制，即为“硬信用交易机制”，如图2-1所示。

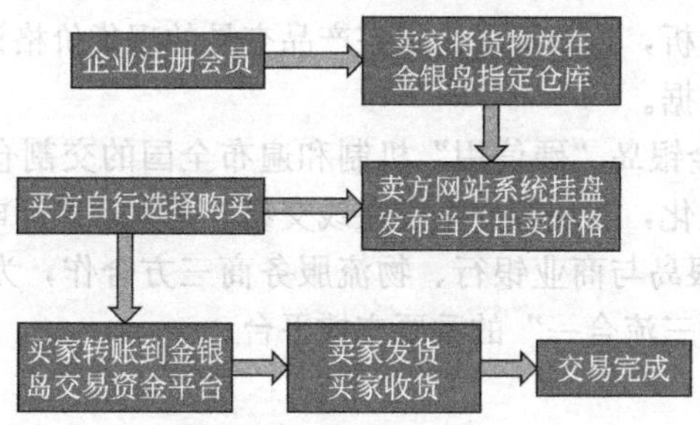

图2-1　金银岛大宗现货交易B to B模式图

这种双向保全机制在提高效率、降低成本之余，解决了大宗交易信用问题。而在交易完成前，买卖双方都是匿名方式，从而避免跳过平台私自线下交易。

对于金银岛的现货仓单交易模式，中国电子商务研究中心发现有两个“关键点”：一是卖家是否有现货；二是买家能否全程在网上交易的问题。金银岛一方面通过仓库监管的方式，保证卖家提供现货。另一方面设计了交易资金银行监管系统，保证资金安全。这种“双管齐下”的模式，正好解决了买卖双方存在的信用风险，降低了这种“看货”成本。

(2) 服务与盈利模式　在商业模式上，金银岛分为免费信息和付费资讯两个部分。免费信息大多是公共信息，而内参资讯属于付费资讯，是金银岛的原创信息，涉及的内容可能更加专业、深入、准确。

现阶段金银岛是提供给客户一个“金字塔”结构的服务模式：最底层是基数最大的基于行业信息咨询提供的服务；中层为现货交易平台，提供匿名竞价、配套的监管及物流服务，从交易额中收取佣金；塔尖的层次则是提供上述全部服务的全方位解决方案，这被视为方案提供商的高收益突破点，如图 2-2 所示。

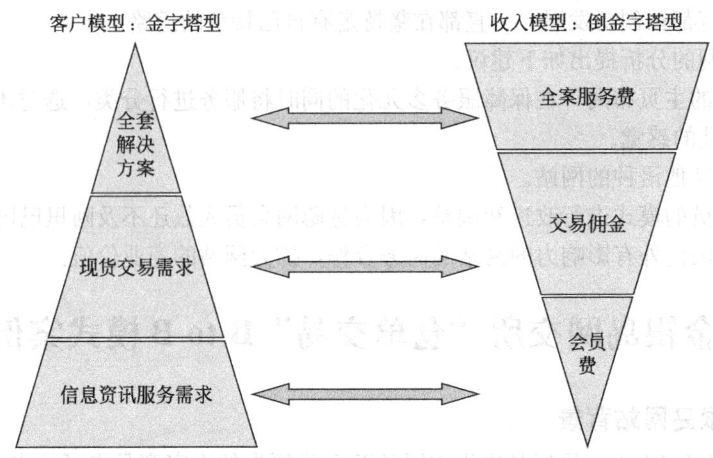

图 2-2　金银岛网交所客户与收入结构解剖图

在盈利模式上，金银岛显示了与服务模式基数相反的“倒金字塔”结构，越是小众客户的全方位业务方案获得的收益越高；金银岛的收入来源包括资讯费、广告费、交易佣金以及供应链融资等环节，后两者在整体营业收入比例超过 80%。

(3) 核心产品

①“内参资讯”。是其业务中的重要组成部分，是为大宗产品行业客户提供的一项专业信息服务。金银岛内参资讯主要产品有网上内参、商务决策系统、商务短信、时段报告及行业研究报告等。信息内容覆盖了石油、化工、钢铁等行业，以客观、及时、准确、全面反映市场变化为准则，为客户更好地把握商机、实现交易、规避风险提供专业科学参考，提供国内权威及时的大宗产品专业行情信息与市场分析，致力于成为大宗产品交易的现货价格评估标准，为中国大宗产品争取国际定价权提供客观依据。

②“现货交易”。通过金银岛“硬信用”机制和遍布全国的交割仓库，对大宗产品标的物和仓储物流进行标准化、信息化，实现客户全程在线交易，是大宗产品电子商务的里程碑。

③“在线融资”。是金银岛与商业银行、物流服务商三方合作，为金银岛的交易商提供全流程在线即时融资服务，是“三流合一”的重要支撑平台。

2.3.3　平台分析

金银岛的内参资讯作为其平台除“现货交易”“在线融资”外的重要组成部分，信息服务的范围较广。

金银岛推出的“硬信用”全程双向交易保全机制，解决企业网络交易安全，创造性实现了大宗产品在线交易。

“仓单模式”以金银岛、广东塑料交易所、浙江塑料网上交易市场三家为典型，适合该模式在线交易的商品首先必须标准化，而且成交量比较大。这些服务商提供多样化的收费模式，除了会员费、交易佣金外，金银岛还提供以现货吞吐为核心的大宗产品全方位解决方案。在全方位电子商务平台内，则初步实现了物流、资金流、信息流封闭循环运作。

知识加油站

一、B to B电子商务概述

B to B电子商务，即企业对企业之间通过互联网进行产品、服务及信息交换的电子商务。通俗来讲B to B是指进行电子商务交易的供需双方通过Internet的技术或各种商务网络平台，完成商务交易的过程。这些过程包括：发布供求信息，订货及确认订货，支付过程及票据的签发、传送和接收，确定配送方案并监控配送过程等。B to B电子市场规模如图2-3所示。

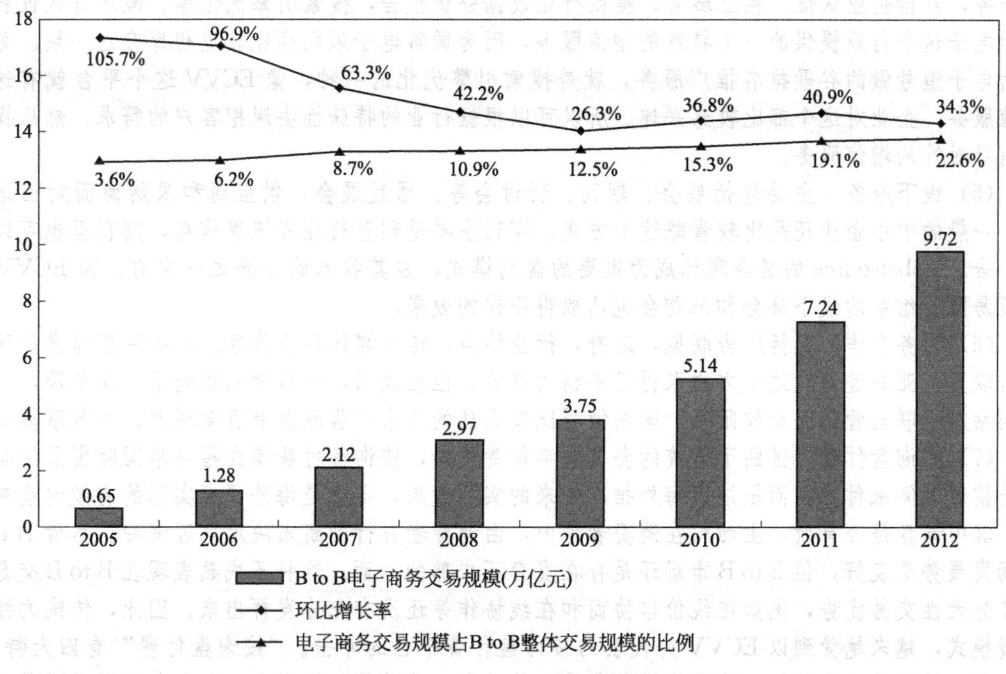

图2-3　B to B电子市场规模

二、B to B电子商务的基本类型及收益模式

1. B to B电子商务的基本类型

按照参与B to B交易的买卖双方的数量及参与交易的模式进行分类，可分为：卖方集中模式，也叫一对多电子市场；买方集中模式，也叫多对一电子市场；多对多市场一般表现为中立的第三方交易市场，也称为交易社区、交易中心或者交易所。

按照电子市场发起者的不同进行分类，可以分为私有电子市场和公用电子市场。

依据电子商务交易的方向进行分类，可以分为水平电子交易市场和垂直电子交易市场。

2. B to B电子商务网站的收益来源

(1) 会员费　企业通过第三电子商务平台参与电子商务交易，必须注册为B to B网站的会员，每年要交纳一定的会员费，才能享受网站提供的各种服务，目前会员费已成为我国B to B网站主要的收入来源之一。比如阿里巴巴网站收取中国供应商、诚信通两种会员费，中国供应商会员费分为每年4万和6万两种，诚信通的会员费每年2300元；中国化工网每个会员第一年的费用为12000元，以后每年综合服务费用为6000元；五金商中国的金视通会员费每年1580元，百万网的百万通每年600元。

(2) 广告费　网络广告是门户网站的主要盈利来源，同时也是B to B电子商务网站的主要收入来源之一。阿里巴巴网站的广告根据其在首页位置及广告类型来收费。中国化工网有弹出广告、漂浮广告、BANNER广告、文字广告等多种表现形式可供用户选择。

(3) 竞价排名　企业为了促进产品的销售，都希望在B to B网站的信息搜索中将自己的排名靠前，而网站在确保信息准确的基础上，根据会员交费的不同对排名顺序作相应调整。阿里巴巴的竞价排名是诚信通会员专享的搜索排名服务，当买家在阿里巴巴搜索供应信息时，竞价企业的信息将排在搜索结果的前三位，被买家第一时间找到。中国化工网的化工搜索是建立在全球最大的化工网站上的化工专业搜索平台，对全球近20万个化工及化工相关网站进行搜索，搜录的网页总数达5000万，同时采用搜索竞价排名方式，确定企业排名顺序。

(4) 增值服务　B to B网站通常除了为企业提供贸易供求信息以外，还会提供一些独特的增值服务，包括企业认证，独立域名，提供行业数据分析报告，搜索引擎优化等。像现货认证就是针对电子这个行业提供的一个特殊的增值服务，因为通常电子采购商比较重视库存这一块。另外针对电子型号做的谷歌排名推广服务，就是搜索引擎优化的一种，像ECVV这个平台就有这个增值服务，企业对这个都比较感兴趣。所以可以根据行业的特殊性去深挖客户的需求，然后提供具有针对性的增值服务。

(5) 线下服务　主要包括展会、期刊、研讨会等。通过展会，供应商和采购商面对面地交流，一般的中小企业还是比较青睐这个方式。期刊主要是刊登行业资讯等信息，期刊里也可以植入广告。globalsource的展会现已成为重要的盈利模式，占其收入的三分之一左右。而ECVV国际贸易网所组织的线下展会和采购会也已取得不错的效果。

(6) 商务合作　包括广告联盟，政府，行业协会，传统媒体的合作等。广告联盟通常是网络广告联盟，亚马逊通过这个方式取得了不错的成效，但在我国，联盟营销还处于萌芽阶段，大部分网站对于联盟营销还比较陌生。国内做得比较成熟的几家广告联盟有百度联盟、谷歌联盟等。

(7) 按询盘付费　区别于传统的会员包年付费模式，按询盘付费模式指从事国际贸易的企业不是按照时间来付费，而是按照海外推广带来的实际效果，也就是海外买家实际的有效询盘来付费。其中询盘是否有效，主动权在消费者手中，由消费者自行判断来决定是否消费。尽管B to B市场发展势头良好，但B to B市场还是存在发育不成熟的一面。这种不成熟表现在B to B交易的许多先天性交易优势，比如在线价格协商和在线协作等还没有充分发挥出来。因此，传统的按年收费模式，越来越受到以ECVV为代表的按询盘付费平台的冲击。“按询盘付费”有四大特点：零首付、零风险；主动权、消费权；免费推、针对广；及时付、便利大。广大企业不用冒着“投入几万元、十几万元，一年都收不回成本”的风险，零投入就可享受免费全球推广，成功获得有效询盘并辨认询盘的真实性和有效性后，只需在线支付单条询盘价格，就可以获得与海外买家直接谈判成单的机会，主动权完全掌握在供应商手里。

三、B to B电子商务运作策略

1. 一对多：卖方集中模式

卖方集中的电子交易市场，指通过基于Web的私有营销渠道（通常通过外联网）向企业客户提供商机。卖方可以是制造商、分销商、零售商或大企业直销商，即一个卖家对多个潜在的买家。主要模式有：电子目录模式，如中香化学网；正向拍卖模式，如通用处理报废产品模式；一对一销售（一般建立长期合作关系）。如图2-4所示。

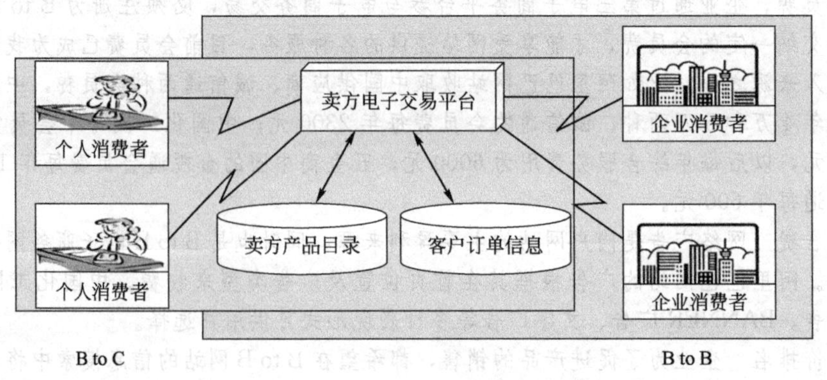

图2-4　一对多：卖方集中模式

2. 多对一：买方集中模式

买方集中式是指一个卖方与多个买方之间的网上交易，卖方在网上发布产品的基本信息，如产品规格、名称、数量、价格等，吸引买方前来认购。主要应用：电子采购，通过电子采购，能够大幅度降低采购成本并将其直接转化成利润；逆向拍卖，电子采购的主要手段之一，将供应商的目录集成在买方网站上，形成团购计划。如图 2-5 所示。

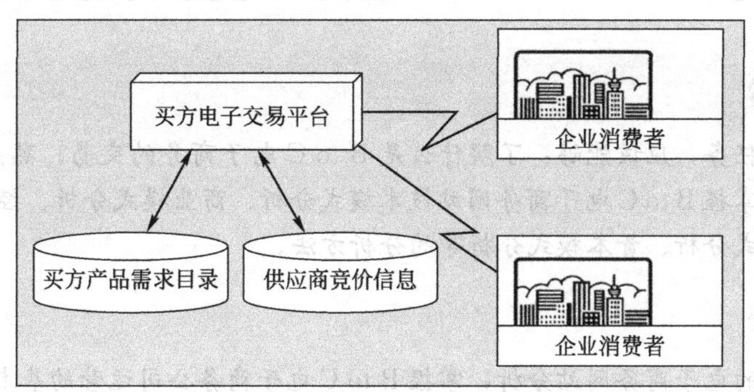

图 2-5　多对一：买方集中模式

3. 多对多：第三方电子交易市场

公共电子市场或公共电子交易所是对所有感兴趣的参加者（许多采购商和许多销售商）开放的交易场所，它们使用公共的技术平台，通常由第三方团体或行业联合会进行管理。在电子商务环境下第三方电子交易市场是虚拟的（在线的）交易场所，而非实体地点，它们是以电子方式运营的。

在这种模式下 B to B 第三方电子交易市场的功能主要包括：匹配采购商和销售商；为交易提供便利；维护交易所的政策条款和基础设施。

B to B 第三方电子交易市场形式包括 B to B 门户网站、行业联盟或社团贸易交易市场、中立第三方电子交易市场等形式。如图 2-6 所示。

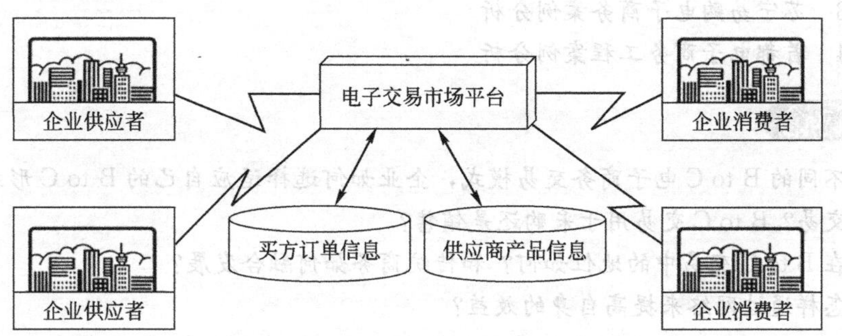

图 2-6　多对多：第三方电子交易市场

任务小结

伴随着我国电子商务网站的兴起，企业电子商务（即 B to B）在我国也开始兴盛起来，近几年新成立了很多 B to B 电子商务网站，本任务针对 B to B 电子商务网站进行案例分析。

分任务 1　阿里巴巴 B to B 模式成功分析，通过了解阿里巴巴网基本情况，分析阿里巴巴电子商务模式分析，主要分析了商业模式、技术模式、经营模式、管理模式资本模式等。

分任务 2　慧聪网电子商务案例分析，通过了解慧聪网基本情况，分析慧聪网电子商务模式分析，主要分析了商业模式、技术模式、经营模式、管理模式资本模式等。

分任务 3　金银岛网交所“仓单交易”B to B 模式案例分析，通过了解金银岛网基本情况，分析金银岛网电子商务模式分析，主要分析了商业模式、技术模式、经营模式、管理模式资本模式等。

任务3 B to C电子商务案例分析

能力目标

通过完成本次任务，应该能够：了解什么是B to C电子商务的交易；熟悉B to C电子商务公司的盈利模式；掌握B to C电子商务网站技术模式分析、商业模式分析、经营模式分析、盈利模式分析、管理模式分析、资本模式分析等的分析方法。

核心能力

能够通过具体的电子商务网站分析，掌握B to C电子商务公司运营的基本模式。

任务导入

2010年是中国电子商务梦想照进现实的1年，截至2009年6月底，我国规模以上电子商务网站总量已经超过12000家。特别是进入2008年以来，整个电子商务行业呈现出高速增长的态势。电子商务的未来是属于B to C的，据研究表明仅在此2年不到的时间内创建的电子商务网站占现有网站总数的22.3%，且有75.4%的电子商务网站专注于细分行业的B to C。

任务分解

分任务1　当当网电子商务模式分析

分任务2　京东商城电子商务模式分析

分任务3　苏宁易购电子商务案例分析

分任务4　首都电子商务工程案例分析

课堂讨论

1. 针对不同的B to C电子商务交易模式，企业如何选择适应自己的B to C形式？企业是否需要B to C交易？B to C交易用于采购还是销售？

2. 企业在B to C交易中的地位如何？和传统商务如何融合发展？

3. 企业怎样通过网络来提高自身的效益？

3.1　当当网电子商务模式分析

3.1.1　商业模式分析

（1）战略目标　作为一个电子商务网站，品类全是当当网的核心竞争力之一。其初衷就是满足顾客需求。一个顾客可能既有买书的需求，又有买化妆品的需求，还有买手机的需求，如果让顾客注册3个账号，去3个网站，可能就会觉得麻烦，这就不符合网络购物的特点，就会有用户流失。所以当当网希望让客户享受到在当当网上的一站式购物，使用户最大地享受到网购的方便。

自成立以来，当当网的销售额连年迅猛递增，成为中国网上购物第一店。

（2）目标用户　当当网的商品种类繁多，并把商品根据客户的不同年龄、性别、职业等分好类，消费者直接点击就可以快速找到自己想要的商品。除此之外，消费者还可以通过查询商品的种类迅速找到目的商品。

在顾客进行购物时，当当网能为他们作引导，哪些商品适合送给朋友，哪些商品适合送给爱人，哪些适合送给长辈等，当当网都会一一为顾客推荐，并给出推荐该商品的理由来说服消费者购买。

(3) 赢利模式　在当当网，消费者无论是购物还是查询，都不受时间和地域的任何限制。在消费者享受“鼠标轻轻一点，好书尽在眼前”的背后，是当当网修建的“水泥支持”——庞大的物流体系，近 2 万平方米的仓库分布在北京、华东和华南，员工使用当当网自行开发、基于网络架构和无线技术的物流、客户管理、财务等各种软件支持，每天把大量货物通过空运、铁路、公路等不同运输手段发往全国和世界各地。在全国多个城市里，大量本地的快递公司为当当网的顾客提供“送货上门，当面收款”的服务。当当网这样的网络零售公司推动了银行网上支付服务、邮政、速递等服务行业的迅速发展。

在为消费者服务的同时，当当网帮助出版社提高了单本书的销量，并有效地延长了出版物的寿命。当当网不受上架周期和顾客地域性偏好的限制，为出版社尤其是专业、学术出版社提供了窗口，使知识的传播变得更加有效。

据调查显示在过去的几年中，当当网的图书销售持续增长。现在每天有超过 80 万人点击访问，一天接受 4000 多张订单。中国劳动力成本的低廉优势，有助于用户只需花费很少的运费就在极短的时间内得到商品，这一优势连美国同行也望尘莫及，这是中国网上购物发展的重要的独特的优势之一。

① 直接销售，压低制造商（零售商）的价格，在采购价与销售价之间赚取差价。

② 虚拟店铺出租费，产品登录费，交易手续费。此外还可以利用平台，充分利用付款和收到货物再支付的时间差产生的巨额常量资金逆行其他投资盈利。

③ 广告费。现在这一部分增长得很快。

(4) 核心能力

① 竞争优势。当当网较同行业企业具有以下几种优势。

a. 商品种类最多。当当网经营近百万种图书、音像、家居、化妆品、数码、饰品、箱包、户外休闲等商品，是中国经营商品种类最多的网上零售店。

b. 购物最方便。当当网参照国际先进经验独创的商品分类、智能查询、直观的网站导航和简洁的购物流程等，为消费者提供了愉悦的购物环境。

c. 顾客最多。目前当当网无论从网站访问量还是从每日订单数量来讲，都是中国最繁忙的网店。

d. 价格较低。当当网的使命就是坚持“更多选择，更多低价”

② 营销策略。当当网成立 15 年以来，能够在国内的 B to C 市场占据相当重要的地位，和它的经营方略是分不开的。这些方法也许看起来稍显简单，但只要经过有效的运营，同样能够得到很好的效果。

a. 优惠。当当的使命就是坚持“更多选择，更多低价”。

b. 市场推广策略。礼券＋网络广告。

c. 支付。为了解决支付上的问题，当当网提供相当丰富的支付方式。汇款和货到付款，是当当网的用户使用最多的支付方式。

d. 配送。全国 800 个大中小城市提供送货上门服务。

e. 服务。无条件退换货。

3.1.2　技术模式分析

当当网运用的是基于互联网的技术开发运用模式，其总体技术结构为 B/S 技术结构，网络和通信系统采用互联网接入技术，采用广泛的服务器组成各个数据中心来处理订单的生成，售后的处理，仓储物流的调度等。当当网电子商务软件选择的是基于自身的需要而开发的，包括供应链管理、订单处理、服务支持等功能。公司支持智能的商品扫描系统，支持POS刷卡，ERP、CRM、SCM等专有系统的应用也得到了很好的实施。当当网现在支持包括货到付款、网上支付、邮局汇款等7种支付方式。

当当网提供了交易安全的保证机制，是让消费者放心大胆地下单买书的最重要因素。目前许多网络书店采用SSL（Secure Sockets Layer）技术，让浏览器与服务器在进行数据传输时，提供数据的隐秘性、身份认证、数据完整性的保护，但利用SSL技术只能避免部分顾忌，尚未全部解决问题。而当当网是在SET的环境中进行交易，商家只看得到订单数据，对付款数据则是无法解读，有效保障了付款信息安全。当当网新的支付方式——电视支付“家付通”模式将来可能在全国各个城市出现。客户在当当网等互联网站下的订单也可以通过电视完成支付，中国银联携手网上商城当当网，推出“固网支付”业务，使购物者能够通过专门的刷卡电话来进行账单支付。

3.1.3 经营模式分析

当当网坚持“诚信为本”的经营理念，国内首家提出“顾客先收货，验货后才付款”“免费无条件上门收取退、换货”以及“全部产品假一罚十”的诺言，用自己的成功实践经验为国内电子商务企业树立了“诚信经营，健康发展”的榜样。

当当网一直支持文明办网的原则，谢绝盗版和违法图书、音像产品，为广大客户提供健康、积极向上和有益的精神食粮，受到了国家新闻出版广电总局、文化部等相关部门的赞赏，更在国内广大网民中树立了健康向上的品牌形象。

当当网采用“鼠标＋水泥”的运营模式。在当当网，消费者无论是购物还是查询，都不受时间和地域的任何限制。

3.1.4 管理模式分析

核心领导层包括图书业、投资业和IT业的资深人士，当当网的管理者从不试图去改变消费者的行为。在对待快递公司方面，为了保证送货人不会携款潜逃，快递公司首先必须提供金额大约是3天收入的保证金，数目为6000～12000元。如果快递公司少收一笔费用，就从中扣减。这就保证了物流的正常运转。

在过去，当当网一直以一种“夫妻店”的管理模式运营。过去8年来，外界对当当网的“夫妻店”模式褒贬不一，毁誉参半。尽管这种模式在创业初期具有一定优势，但随着当当网上市步伐的日益临近，李国庆和俞渝二人更希望彻底改造当当网的管理模式，以消除外界和投资人的最后疑虑。于是组建专业管理团队以及团队磨合成为战略重点。

在整合之后的当当网高管中，最引人注目的是2006年下半年加盟当当网的三张新面孔：首席技术官（CTO）戴修宪，分管财务、物流、法务、人力资源、行政的副总裁蒋泾，以及分管市场营销的副总裁陈腾华。

其中，戴修宪属美籍华人，在加盟当当网之前，他一直在国外工作，曾供职于eBay、雅虎购物等国外互联网公司，并先后担任数据库工程师、数据库架构师、技术顾问和地区电子商务工程负责人等职位。

此前，当当网的技术工作主要交由外包公司打理。在戴修宪加盟之后，当当网迅速组建了一支多达百人的技术团队，在半年时间内，当当网的全面技术改造也初告完成。

就此当当网正在实现从“土洋”两种管理模式走向融合的重大变革中。随着这些专业人士的加盟，李国庆和俞渝将逐步“淡出”许多具体的管理事务。

3.1.5 资本模式分析

当当网的资本主要来源于风险投资。2004年2月当当网获得第二轮风险投资，著名风险投资机构老虎基金投资给当当网1100万美元。当当网及其竞争力吸引了海外投资者越来越浓厚的兴趣。2006年8月，当当网宣布完成了第三轮融资，获得了美国风险投资企业DCM-Doll Capital Management为首的四家投资机构注入的2700万美元资金，作为交换，当当网出让了少数股份。

当当网于2011年11月18日递交了IPO申请，发行价区间为11～13美元，融资约2.04亿美元。以发行价中间价计算，当当网市值为9.35亿美元。

3.1.6　分析结论与建议

目前，B to C这一已颇有几分老气的电子商务模式在中国已趋于理性，市场突变的可能性很小，“寡头＋长尾”的格局正牢固地支配着市场。

当当网在同行竞争中最大的优势就是其商品种类最多，购物最方便，顾客最多，核心领导层包括图书业、投资业和IT业的资深人士，提供的图书占中国大陆可供图书市场的90%。除了图书产品外，还经营上万种音像制品和众多的游戏、软件、上网卡等商品。顾客覆盖全国及欧美、东南亚的中文读者。当当网在营销手段上，对于消费者来说是比较贴心的，它解决了一些消费者购物时做抉择的困难，并对某些商品进行建议搭配，这样起到了销售一种商品时同时也推销另一种商品的效果，这是一种很好的促销手段。

当当网在其发展中也存在着一些问题，经常会出现如下现象：商品太脏；漏发错发商品；不少客服人员对业务不熟悉；对有商品缺货的订单跟进缓慢；当当网不少服务方面的条款自相矛盾；消费者在当当网购物过程中碰到问题时，相关人员经常相互推卸责任等。这些问题虽然对一个大型购物网站来说难以避免，但是持续发展下去，很容易使消费者对其失去信心，对当当网来说，这是一个很大的损失。针对这些问题，当当网还应当注重供应的产品内容，提高服务质量。

3.2　京东商城电子商务模式分析

3.2.1　京东商城的商业模式

(1) 业务模式

① 主要商品。京东商城在线销售商品逾10万种。其中家用电器、手机数码、电脑商品及日用百货四大类超过3.6万种商品。

② 主要服务。京东商城提供了灵活多样的商品展示空间，消费者查询、购物都不受时间和地域的限制。依托多年打造的庞大物流体系，消费者充分享受了“足不出户，坐享其成”的便捷。分布在华北、华东、华南、西南的四大物流中心覆盖了全国各大城市。2009年3月，京东商城成立了自有快递公司，物流配送速度、服务质量得以全面提升。京东商城在为消费者提供正品行货、机打发票、售后服务的同时，还推出了“价格保护”“延保服务”等举措，最大限度地解决消费者的后顾之忧，保护了消费者的利益。京东商城用自身的诚信理念为中国电子商务企业树立了诚信经营的榜样。

(2) 赢利模式

① 直接销售收入。也就是直接赚取采购价和销售价之间的差价。截至2013年6月，京东商城在线销售的产品品类超过3万种，产品价格比线下零售店便宜10%～20%；库存周转率为12天，与供货商现货现结，费用率比国美、苏宁低7%，毛利率维持在5%左右，向产业链上的供货商、终端客户提供更多价值。实现京东的“低盈利大规模”的商业模式。

② 虚拟店铺出租费。

③ 资金沉淀收入。利用收到顾客货款和支付供应商的时间差产生的资金沉淀进行再投资，从而获得赢利。

④ 广告费。目前，网络广告逐步被人们接受，对于一些大型的媒体网站而言，网络广告已

经成为其重要的经营收入来源之一。

(3) 目标客户

① 从需求上分析，京东商城的主要客户是计算机、通信、消费类电子产品的主流消费人群。

② 从年龄上分析，京东商城主要顾客为20～35岁的人群。

③ 从职业上分析，京东商城的主要顾客是公司白领、公务人员、在校大学生和其他网络爱好者。而其中每年走出校门的大学生群体又是京东的一个重点市场。尽管35岁以上的消费群体有更强的购买力，但是高素质的大学生们却是“潜力股”。京东商城的目标不是跟国美、苏宁争抢客户，而是把大学毕业生培养成京东的用户。

(4) 核心能力

① 产品价格更低廉。京东的产品价格低，例如彩电比苏宁和国美通常要便宜10%～20%，一些高端的国外品牌彩电会便宜到1万元。

② 物流服务更快捷。京东在华北、华东、华南、西南建立的四大物流中心覆盖了全国各大城市。2009年3月，京东商城成立了自有快递公司，物流配送速度、服务质量得以全面提升。2009年至今，京东商城陆续在天津、苏州、杭州、南京、深圳、宁波、无锡、济南、武汉、厦门等40余座重点城市建立了城市配送站，为用户提供物流配送、货到付款、移动POS刷卡、上门取换件等服务。此外，北京、上海、广州、成都四地物流中心也已扩容超过12万平方米。2010年4月初，京东商城在北京等城市率先推出“211限时达”配送服务，在全国实现“售后100分”服务承诺。

③ 在线服务更周全。京东商城在为消费者提供正品行货、机打发票、售后服务的同时，还推出了“价格保护”“延保服务”等举措，最大限度地解决消费者的后顾之忧，保护了消费者的利益。京东商城用自身的诚信理念为中国电子商务企业树立了诚信经营的榜样。

④ 售后服务更全面。除了传统的售后服务外，京东商城拥有自己的特色服务：商品拍卖、家电以旧换新、京东礼品卡、积分兑换、上门服务、延保服务、DIY装机等，满足了客户的不同需求。

(5) 战略目标　京东商城本着“让购物变得简单、快乐”的使命，以“诚信、客户为先、激情、学习、团队精神、追求卓越”的价值观，立志做中国最大、全球前五强的电子商务公司。

3.2.2 京东商城的经营模式

① 支付方式。公司转账、货到付款、邮局付款、在线支付、分期付款。

② 物流配送方式。上门自提、快递运输、E邮宝。

3.2.3 京东商城的管理模式

(1) 组织结构的管理　电子商务的管理模式是从组织上提供的为保证系统正常运行和发生意外时能保护系统、恢复系统的法律、标准、规章、制度、机构、人员和信息系统等结构体系，它能对系统的运行进行跟踪监测、反馈控制、预测和决策。

(2) 供应链管理　在京东，厂商不需要缴纳进场费、装修费、促销费、过节费。免去各种费用之后，京东商城销售利润率比通过传统渠道销售的要高很多。此外，国美给厂商的返款周期为3个月，京东只需要20天。

(3) 库存管理　全球连锁业霸主沃尔玛，在全球拥有自己的卫星系统，把库存周转率控制在30天左右。国美、苏宁做到47～60天，亚马逊是7～10天。京东商城的库存周转率为12天，与供货商现货现结。

(4) 配送管理　京东建立的四大物流中心覆盖了全国各大城市。在天津、苏州、杭州、南京、深圳、宁波、无锡、济南、武汉、厦门等40余座重点城市建立了城市配送站。还作出了“211限时达”服务承诺。

(5) 客户关系管理

① 京东商城承诺在运输“保价费”上永久免费，在配送环节上承担保险费用，运输过程的风险一律由京东商城承担，客户收到货物如果有损坏、遗失等情形，只要当场提出声明，京东商城立即发送全新商品先行予以更换。体现出京东“以人为本”的服务理念，使顾客购买商品时更加放心。

②“211 限时达”服务使顾客在较短的时间内收到货物。

③“售后 100 分”极速服务，即“自京东售后服务部收到返修品并确认属于质量故障开始计时，在 100 分钟内处理完顾客的一切售后问题”解除了顾客的后顾之忧。

3.2.4 京东商城的技术模式

(1) 京东运营中枢：ERP 系统　通过这个 ERP 系统可以掌握每一款产品详细信息：什么时间入库、采购员是谁、供应商是谁、进价多少、质保期多长、在哪个货架、什么时候收到订单、由谁扫描、谁打包、谁发货、发到哪个分库、哪个快递员发出、客户的详细信息等

(2) 随时查询商品状态　客户在购物时，可以随时查询到所订购商品的具体状态，这为京东客服部门省去了很大一部分工作。

(3) 网页信息更新技术　采用中间件的方式，从而避免了缓存。很多网站采用缓存技术，但会由于时间差的问题使客户不能及时得到新的信息。

(4) 完备的信息系统　可以预测到未来 15 天内每天的销量。

3.2.5 京东商城的资本模式

近几年来京东商城有 3 次融资。2007 年，京东商城获得了来自今日资本 1000 万美元的融资。2008 年年底，今日资本、雄牛资本以及亚洲著名投资银行家梁伯韬先生私人公司共计 2100 万美元的联合注资，为京东商城的高速发展提供了资金保障。2010 年初，京东商城获得老虎环球基金领投的总金额超过 1.5 亿美元的第三轮融资。这是金融危机发生以来中国互联网市场金额最大的一笔融资。

3.2.6 京东商城前景

虽然京东商城存在一些尚未解决的问题，如供应商不愿意与京东合作、顾客的频繁投诉、大而全使得配送方面存在很大的压力，但 340%的销售额增长速度让我们相信京东是可以克服这些困难的，京东的未来是光明和不可估量的。2009 年电子商务网站销售量排行榜中，京东商城继当当网排名第二，让我们相信未来的 B to C 领域内京东商城将赶超当当网、卓越网、中国新蛋成为行业领头羊。京东商城的上市电子商务 3C 渠道作为中国 3C 线下销售的有力补充，成为中国电子商务 B to C 众细分市场中发展较快的市场之一，在短短的 3 年时间形成了一定市场规模，在众多细分 B to C 市场销售份额排名第一，销售收入约为 99 亿元，占比达 44.20%。其中，京东商城处于遥遥领先的位置，销售规模达到 37 亿元，占比达 37.37%。

3.3 苏宁易购电子商务案例分析

3.3.1 案例背景分析

苏宁易购是苏宁电器集团的新一代 B to C 网上商城，于 2009 年 8 月 18 日上线试运营，2010 年 2 月 1 日正式上线，苏宁电器也由此正式出手电子商务 B to C 领域。2012 年 9 月并购红孩子网站。

苏宁易购依托于苏宁电器，凭借苏宁电器良好条件，苏宁易购的各项基础运营平台和外部推广条件已经全部成熟。苏宁电器依托自身庞大的采购和服务网络，组建了 1000 人的 B to C 专业

运营团队，形成以自主采购、独立销售、共享物流服务为特点的运营机制，苏宁易购强化与实体门店“陆军”协同作战的虚拟网络“空军”，全面创新连锁模式。

3.3.2 商业模式

（1）战略目标

① 苏宁电器拟继续扩张经营范围和门店数量。苏宁电器是苏宁易购发展的基础与后盾，两者共享物流服务体系，因此苏宁电器的范围扩张同样对苏宁易购有着积极的意义。苏宁电器2011年在一线和二线城市中至少增开了200家门店，同时结合国家家电下乡的政策，尝试进入了三线和四线城市，2011年开设了300个乡镇店，并以此为契机加快了苏宁在城乡地区的布点。

② 加快苏宁易购本身的产业链建设，努力形成自主采购、独立销售、共享物流，将其建成为符合因特网经济的独立运营体系，同时，苏宁易购计划通过采取差异化产品促销等方式来避免直接与线下企业进行竞争。

③ 公司定位于3C网购专业B to C平台。经营业务包括各类3C数码产品、家居家电等。其庞大的采购渠道、货品种类和价格与其他网购企业相比具有一定优势。

④ 用户定位在大中城市3C产品的网民消费者。另外，苏宁电器线下购物群体，具有转化为线上购买力的潜力。

（2）收入和利润来源

① 进销差价。网购最吸引现代人的是其所带来的方便。但对于家电等商品来说，快捷方便可能并非其最大的优点，价格便宜才是最大的“杀手锏”。苏宁网上商城产品价格低于线下产品，可以吸引很多线下顾客到线上来消费，有人认为，线上商品价格便宜就没有利润可赚，这种想法是错误的，因为，网上商城运营成本要比实体商城低得多，苏宁易购就是利用这种低成本赚取进销差价的。

② 通过一系列增值性服务收入赢得营业外收入。苏宁易购和其他商务网站一样，除了赚取商品进销差价外，还有广告收入，供应商钻石展位收入等。

③ 苏宁易购物流成本低价优势。苏宁易购凭借苏宁电器传统渠道和物流赢得更多的利润。在苏宁易购平台，只要输入“运动鞋”三个字，一百多件鞋类产品随即出现在眼前，以李宁品牌为主，包括篮球、网球、轻跑等各类用途的运动鞋，价格、比较、评价等赫然在列。值得注意的是，在前端醒目的位置，苏宁易购平台均标有“收货城市”的选项，并用红颜色提醒消费者“请选择正确的收货城市，方便同城准确配送”。在其他平台，这是未曾见到的一个细节。这正是苏宁易购平台在物流方面有优势有信心的表现之一。苏宁易购与苏宁电器共享物流配送网络，其网点遍布全国，不存在其他自建物流体系的B to C企业具有地域局限性。在当前覆盖全国90%以上的城市和地区，只要有苏宁门店和苏宁服务网点的城市都能够享受本地化服务。

（3）电子商务实施模式

① 通过苏宁电器的庞大采购量获得与同行相比较低成本的货源，同时利用品牌优势不断地开辟新的合作厂商，多元化经营产品种类。

② 与更多的第三方支付企业展开合作，增加支付方式的种类，同时优化网站设计，加强用户体验，努力提高用户购物环境。

③ 加强售后服务一体化建设，提高用户口碑与回头率。

（4）核心能力 首先，苏宁作为消费者最依赖的品牌之一，具有极高的品牌知名度和美誉度，全国实体网络给予了苏宁易购远超同行的品牌信誉度和依赖感。

其次，苏宁遍及全国多个省市的物流系统，令苏宁易购可提供与实体店一样的“阳光服务”。

再次，苏宁易购有强大的供应链体系。苏宁电器依托自身庞大的采购和服务网络，和全球数千家家电厂商、IBM、思科等技术合作伙伴，百度、新浪等网站倾力合作，力争将其打造成为中国最大的 3C 家电 B to C 网站之一。

（5）业务模式

① 销售模式。除同城销售外可实现异地购物、异地配送。并且购买商品出库城市和收货城市一致并在主城区时，苏宁易购将免费配送。

② 支付方式。苏宁易购支持网银支付、苏宁易付宝支付、货到付款和电话支付。

③ 提货方式。部分商品除配送外还支持顾客到苏宁任意门店就近自提。

④ 配送方式。大小件商品在全国范围内均可进行配送。从苏宁到全国现有的 80 余个 CDC 和 RDC 将商品直接配送到顾客家中。

⑤ 售后服务。所有在苏宁易购购买的商品都实现了售后服务本地化，即可以在当地苏宁售后服务网点进行鉴定、维修和退货，400 多家售后网点支持全国的售后服务。

⑥ 销售发票。所有在苏宁网上商城购买的商品均开具正规机打发票，个人用户开具的为普通销售发票。对单位用户有需要开具增值税发票的。如需开增值发票，须寄送相关证件至苏宁易购。

3.3.3　技术模式

（1）产业链分析　苏宁易购的产业链主要包括产品厂商、分销商、苏宁易购、最终客户用户四部分。

苏宁易购产业链模式主要分为采购、销售、售后三个环节。

① 采购环节。“实体＋网销”模式的苏宁易购依托于苏宁电器上千亿的采购平台与完善供应链支撑，再有与国内外厂商直接合作关系及长期建立的信誉度，使其具有产品价格方面的谈判优势，已经在品牌、产品品类方面比 B to C 网上商城更丰富，价格方面也有具有一定的差异化。

② 销售与支付环节。苏宁易购零售业务的销售环节依靠其 B to C 网站进行，消费者通过登录网站下单订购。在支付环节上，苏宁易购与其他网上商城有一定的差别，以京东商城为例进行比较，如图 3-1 所示。

企业名称	支付方式
苏宁易购	网银支付、易付宝支付、12 大银行电话支付、货到付款、分期付款
京东商城	货到付款、在线支付（财付通、快钱、支付宝、环迅支付）、银行转账、邮局汇款、公司转账、分期付款

图 3-1　苏宁易购与京东商城支付方式的比较

从图 3-1 中可看出京东商城在支付方式方面比苏宁易购更加丰富，这与其线上运营经验不可分割。然后苏宁易购特有的门店支付（即易付宝门店充值）对习惯于线下支付的客户更有吸引力。

③ 售后环节。苏宁易购通过有效整合线下物流服务网络、自有的物流配送中心、售后服务网络形成线上线下合理资源共享是其最大的优势；对于用户，更是解决了其最忧虑的配送、售后服务未到位而无处投诉的顾虑。从另一角度观察，传统家电卖场进军网上零售可以进一步扩大网购用户规模，从而做到整个市场。

苏宁易购在其首页公布 400 免费电话以更好地捕捉客户反馈信息，并根据这些信息进行物流和服务上的改进，或对厂商进行实时的市场咨询反馈，调整采购产品的种类和数量。

（2）供应链及服务

① 苏宁实体店优势。强大的采购平台，对市场有着敏锐洞察力的采购团队，良好的供应商合作关系；超强的供应链管理水平和强大的系统支持；苏宁有 80 余个 CDC、RDC，60 多个转运点，850 多家门店强大的仓储能力；400 多家售后网点支持全国的售后服务；零售丰富的配送经验和配送能力，可覆盖全国各地。

② 苏宁 B to C 优势。苏宁 B to C 共享苏宁强大的采购平台，在集团范围内整合电器和非电器产品的优势；超强的供应链管理水平可满足苏宁 B to C 消费者货源需求；苏宁现有的 CDC、RDC 等可支持苏宁 B to C 全国范围的商品配送；为方便消费者提货，苏宁 B to C 在全国范围内设有 300 余家门店作为 3C 类商品的自提点；为充分发挥苏宁实体店的优势，苏宁 B to C 所销售商品的售后服务实现了本地化。

3.3.4 运营管理

(1) 苏宁易购依托苏宁实体店优势

① 苏宁有丰厚的资金实力，可以满足正常的经营运转。

② 苏宁多年来形成了较成熟的盈利模式和较高的运营效率。

③ 信息化建设：苏宁是流通企业中信息化建设最先进的，是集采购、销售、财务、物流、售后等于一体的信息化建设平台。

(2) 苏宁易购拥有得天独厚的苏宁 B to C 优势

① 丰厚的资金实力。

② 可供利用的实体店长期以来形成的较成熟的盈利模式。

③ 信息化建设对 B to C 发展尤为重要，结合苏宁 B to C 的业务模式，苏宁开发出了新一代购物网站“苏宁易购”，正以全新的面貌展现给广大消费者。

3.3.5 管理模式

(1) 组织结构 图 3-2 为各组织架构职能图。

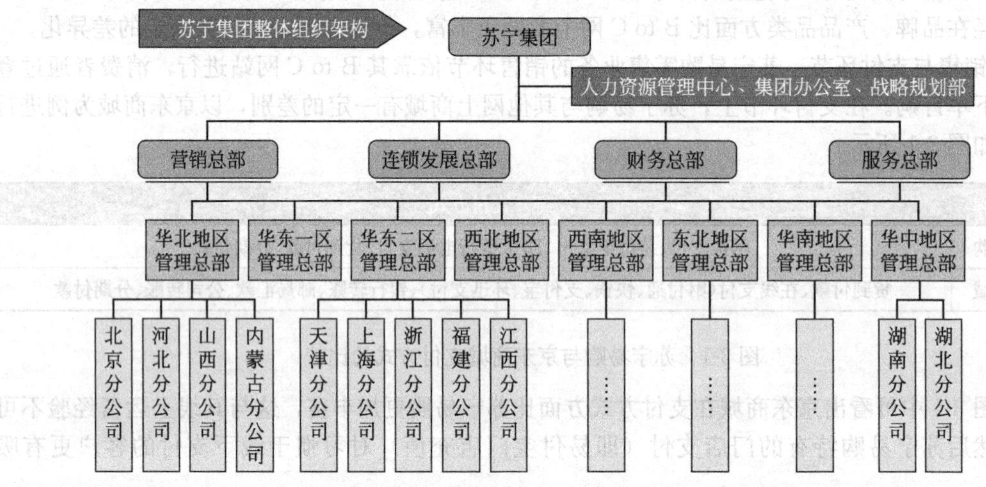

图 3-2 苏宁集团整体组织架构职能图

(2) 人才模式 苏宁拥有很强的技术团队，并持续在全国招募优秀的技术人才。加之与行业内领先的合作伙伴 IBM 构成了完整的 B to C 平台开发团队，这个团队已为 B to C 平台开发提供了强大的技术支持和服务，IBM 与苏宁的战略合作，集合全球顶级资源打造最前沿的网络技术平台，在对未来的技术储备及 B to C 模式的探索领域上，苏宁将走在行业的前列。

B to C 发展除前端顾客体验外，更重要的是要有信息化的系统去支撑，苏宁强大的 SAP 系统、邮件平台、B to C 系统、CRM、BW 等系统都将为 B to C 系统提供强大的支持和服务，2008 年年底苏宁加大了在 B to C 系统技术开发上的投入，这将是苏宁 B to C 在市场竞争中“永葆青春”的重要特点。

3.3.6 总结与评价

目前部分企业仍没有真正从零售行业的核心和本质出发，更多站在虚拟经济角度，通过短期的低价炒作，吸引消费者眼球，提升网站流量，缺乏长远的发展战略和核心竞争力，没有建立起可持续发展的盈利模式。

苏宁电器虽是近期才推出易购平台，但已经过了3年多时间的试水。易购平台在一个相对成熟的电子商务环境下，融入传统业态成熟的运营体系，盈利方面将会有一定的成长空间。

3.4　首都电子商务工程案例分析

3.4.1　首都电子商务工程基本情况及功能框架

3.4.1.1　基本情况

首都公用信息平台（CPIP）是依托于网络平台建立的具有对各种网络实现互联互通的开放性、亲善性的平台。它积极创造条件，促进专通结合，最大限度地利用现有网络资源，起到网络转换中心的作用。首都公用信息平台致力于为信息资源的开发、利用、交换、包装、集散、共享、服务和管理营造一个良好的环境。首都各种信息应用工程或信息应用系统运用虚拟子网技术，依托首都公用信息平台，将构成提供广泛信息服务的应用平台，进而把ICP、ISP、IAP群体汇集起来，支持他们构建网上“虚拟世界”（诸如电子商务、网上文化娱乐中心等），实现信息交换、联机业务、资源共享、功能互补。而且，首都公用信息平台支持信息服务的统一管理规范和应用标准（如统一和规范界面设计、检索方式、数据库更新以及安全管理等）。

3.4.1.2　基本框架与功能

首都公用信息平台是首都信息化基础设施的重要组成部分，在首都经济的发展和繁荣中贡献力量。依托首都公用信息平台，启动了两个重大工程：“首都电子商务工程”——建设首都电子商城，包括安全认证体系、支付网关、协同工作等；“首都之窗”——政府上网行动，实现电子政府，为市民、社区提供服务。下面将着重以首都电子商务工程为例，介绍企业对消费者的模式。首都电子商务工程是启动网上购物和网上交易等模式的电子商务的试点工程。它以首都公用信息平台为依托，并在此基础上建立电子商务平台，实现电子商务处理中心和网控中心的职能。在开展在线消费品购买和信用卡支付的同时，开展企业对企业在线交易的电子商务。它的总体框架主要由首都电子商城、计算机互联网络、安全认证体系、安全支付与结算系统和协同作业系统等部分集合而成。

(1) 电子商城　首都电子商城是首都公用信息平台的重要组成部分，它是信息流、物流、资金流综合、分解、协调、汇集之地，具有交易平台、门户站点、支付中介、配送中心、公用接口、资源共享、配套服务、立法环境、会员组织等功能。

首都电子商城主要分为三个层次：电子商场、电子商厦和电子商城。

① 电子商场。电子商场是商户或企业实现网上购物（B to C）或网上交易（B to B）的电子商务模式，或在网上进行商情发布、导购促销等商务运作的虚拟空间。电子商场配置在电子商厦中，各商户或企业的Web站点或相应的服务器可配置在自身工作场所，也可配置在首都公用信息平台上（即配置在电子商城中），这完全按技术经济分析和自身需要而定。可以选择银行通过电子商城（中介）与商户、企业发生关系（持卡购物和网上交易）。

② 电子商厦。电子商厦配置在电子商城中，也是一个实施商务运作的虚拟空间。除内设一系列电子商场外，还包括某些共享、公用的软硬件设备与资源以及配套、增值服务的部分。如：目录服务系统、快速检索系统、导航导购系统、比较销售系统、计价计费系统、共享资源系统（如共享商户端SET支付软件等）、虚拟谈判间、缓存与镜像系统、公用POS系统（按不同品牌信用卡导向开户行）、招标系统、电子邮局、IP-VPN与ISP网管系统、电子公告板、网上拍卖系统。类似于虚拟的“电子一条街”。

③ 电子商城。电子商城除内设一系列电子商厦外，还进一步完善建设开展电子商务的环境，配置相应协同作业的接口，实施系统集成和协同工作（CSCW），建立相应支援电子商务的事务机构等，包括网络平台；支付中介；CA认证系统接口；会员管理；配送中心、快递公司；软件中心；广告公司；通税系统（报税、结税）；保税仓库；仲裁机构；报关系统；其他协同作业接口等。在电子商城中各有关成员（企业、商户、银行以及协同作业单位、配套服务单位）组成会员制组织，这样在首都电子商务工程试点阶段有利于简化工作、保障安全、加强协作、共享信息与资源。

入驻首都电子商城的商户或企业可向首都电子商城托管服务器、租用首都电子商城服务器空间、提供友情链接。这时首都电子商城为入驻商户或企业提供网络资源、认证接口、安全配置、支付中介、法律环境、会员组织、友情链接等服务。

（2）网络拓扑结构　电子商务是依托于公用因特网来开展工作的，所有的商户、企业或客户、供应链均通过因特网实行通信联系或信息交换。在开展电子商务时，个体客户大多利用公用电话网上网；持卡购物或网上交易两种模式的电子商务形成商户或企业、客户或供应链和银行或跨行之间的关系；银行之间通过金融专用网连接，银行与商户或企业或客户的联网实际上是金融专网与因特网的联网，中间由银行配置支付网，在安全性高的金融专用网与不设防的因特网之间构筑一道安全屏障。首都电子商城依托首都公用信息平台建设，首都公用信息平台利用163、169网络的物理资源构建ISP网或IP虚拟网（IP-VPN），把会员企业、会员商户、会员银行以及协同作业单位按一定的拓扑结构连接在一起（并实行带宽分配）。

（3）安全认证（CA）中心　我们都知道，实行网上安全支付是顺利开展电子商务的前提；而建立安全认证（CA）体系，又是其中心环节。CA的主要功能有：生成电子证书；对电子证书和数字签名实行验证；对电子证书进行管理，重点是证书撤销管理（CRL），同时要追求实施自动管理（非手工管理）；建立应用接口，特别是支付接口等。所建立的CA是否具有支付接口，是支持电子商务的关键。在首都电子商务工程试点中，由首都电子商城配置了自主开发的具有高位加密算法的安全协议，在国内外有关银行（如中国银行、中国工商银行北京分行、上海浦东发展银行北京分行、招商银行北京分行、香港中银集团、美洲银行等）以及国内外公司（如Cornpaq、Sun、IBM、Oracle、Entrust、诺方等）的合作下，采用多种现代的或具有实效的支付工具和网上银行等支付方式以及多种安全协议和高位加密算法，并使具有网上安全支付功能能的网上购物（购书）由本市扩充至全国、全球而获得成功。

3.4.2 商业模式

首都电子商城提供了在因特网上进行商务活动的虚拟空间，是支持企业商业联盟实施价值链管理的平台。它汇集了互联网络、认证体系、安全配置、支付方式、法律环境、协同工作体系、物流配送中心、交易支付平台、公用设施和辅助系统、会员组织等各种资源的综合优势。集信息流、资金流、物流等服务于一体，基本上克服了我国推行电子商务的六大瓶颈，即比较系统地解决了在认证体系、支付方式、安全配置、物流配送、法律环境等环节中存在的主要瓶颈问题。从而初步实现了把电子商务推向全球、在线大额交易支付和企业价值链管理，为顺利推进我国电子商务的发展创造了条件，同时也提高了电子商务的安全等级，反映了中国电子商务发展的一种创新方式。

3.4.3 结论与建议

互联网实验室曾经指出B to C的电子商务模式成功的关键取决于以下三个因素。

第一是对象。什么样的商品适合做B to C，什么样的商品不适合做B to C。我们认为，选择合适的嫁接点不太容易。如果因为互联网给人带来了新体验，就认为互联网不论做什么都符合体验经济的规律，这是不合适的。所以，B to C的商品必须要标准化，还要利于邮寄和配送。所以现在网上卖得较好的是书籍、软件等商品。

第二是品种。电子商务虽然节约了一些成本，但风险也很高。品种直接关系库存，如果品种少，库存虽然节约了，但顾客就会变少，因为选择面太窄。如果品种多，库存就大，这会造成资金积压、库存无法消化。如果品种多但不备货，又会成为企业的噩梦，顾客下的订单都没有现货，无法确定是送还是不送。

第三是价格。网络需求的价格弹性非常大。做B to C，必须做那些利润空间比较大的商品。

互联网实验室认为，B to C电子商务最大的问题是网络消费群体不到位，主力网民（有消费意愿和消费能力的网民）还处于18～24岁的低收入阶段，而且消费偏好更倾向于休闲娱乐。

知识加油站

一、B to C基本简介

B to C电子商务的付款方式是货到付款与网上支付相结合，而大多数企业的配送选择物流外包方式以节约运营成本。随着用户消费习惯的改变以及优秀企业示范效应的促进，网上购物的用户不断增长。此外，一些大型考试如公务员考试也开始实行B to C模式。其基本需求包括用户管理需求、客户需求和销售商的需求。

(1) 用户管理需求　用户注册；注册用户信息管理。

(2) 客户需求　提供电子目录，帮助用户搜索、发现需要的商品；进行同类产品比较，帮助用户进行购买决策；商品的评价；购物车；为购买产品下订单；撤销和修改订单；能够通过网络付款；对订单的状态进行跟踪。

(3) 销售商的需求　检查客户的注册信息；处理客户订单；完成客户选购产品的结算，处理客户付款；能够进行电子拍卖；能够进行商品信息发布；能够发布和管理网络广告；商品库存管理；能够跟踪产品销售情况；能够和物流配送系统建立接口；与银行之间建立接口；实现客户关系管理；售后服务。

二、B to C网站类型

1. 综合商城

如同传统商城一样，它有庞大的购物群体，有稳定的网站平台，有完备的支付体系，诚信安全体系（尽管目前仍然有很多不足），方便了卖家进去卖东西，买家进去买东西。

而线上的商城，在人气足够、产品丰富、物流便捷的情况下，其成本优势，24小时不夜城，无区域限制，更丰富的产品等优势，体现着网上综合商城即将成为交易市场的一个重要角色。

这种商城在线下是以区域来划分的，每个大的都市总有几个大的商城。

2. 百货商店

商店，谓之店，说明卖家只有一个；而百货，即是满足日常消费需求的丰富产品线。这种商店是有自有仓库，有库存系列产品，以备更快的物流配送和客户服务。这种店甚至会有自己的品牌。

3. 垂直商店

这种商城的产品存在着更多的相似性，要么都是满足于某一人群的，要么是满足于某种需要，抑或某种平台的（如电器）。

4. 复合品牌店

类似这种店，随着电子商务的成熟，会有越来越多的传统品牌商加入电商战场。

5. 服务型网店

服务型的网店越来越多，都是为了满足人们不同的个性需求，甚至是帮你排队买电影票，都有人交易，很期待见到更多的服务形式的网店。估计网店未来竞争会朝这个方向发展。

6. 导购引擎型

导购类型的网站是使购物的趣味性、便捷性大大增加，同时诸多购物网站都推出了购物返现，少部分推出了联合购物返现，这些都用来满足大部分消费者的需求，许多消费者已经不单单满足直接进入B to C网站购物了，购物前都会通过一些网购导购网站。

7. 在线商品定制型

商品定制是一条走长尾的产业，很多客户看中的仅仅是商品的某一点，但是却不得不花钱去购买整个商品，而商品定制恰恰能解决这一问题，让消费者参与商品的设计中，得到自己真正需要和喜欢的商品。

8. 在线礼品送礼型

如今传统的送礼方式已经越走越窄，价格越来越透明，各个礼品企业产生的利润也越来越少。但中国是礼仪之邦，重礼仪，尚往来。据不完全统计，全国每年各种送礼达到5000亿以上，且每年增长率达12%左右。这引发传统的送礼企业都往电子商务网站方向发展。以另一种“收礼自选”礼品册的模式，完成了从做礼品到做送礼服务的转变。

三、B to C网站收益模式

① 收取服务费。

② 会员制，根据不同的方式及服务范围收取会员的会费。

③ 降低价格，扩大销售量。价格的低廉，吸引网上买家，点击率提高，访问量持续攀升。

四、B to C网站面临困难

1. 资金周转困难

除了专门化的网上商店外，消费者普遍希望网上商店的商品越丰富越好，为了满足消费者的需要，B to C电子商务企业不得不花大量的资金去充实货源。而绝大多数B to C电子商务企业都是由风险投资支撑起来的，往往把电子商务运营的环境建立起来后，账户上的钱已所剩无几了。这也是整个电子商务行业经营艰难的主要原因。

2. 定位不准

一是商品定位不准，许多B to C企业一开始就把网上商店建成一个网上超市，网上商品大而全，但因没有比较完善的物流配送体系的支撑而受到严重的制约。二是客户群定位不准，虽然访问量较高，但交易额小。三是价格定位偏高。网上商店追求的是零库存，有了订单再拿货，由于订货的批量少，会导致得不到一个很好的进货价。

3. 网上支付体系不健全

网上购物的突出特点是利用信用卡实现网上支付。从目前来看，我国电子商务在线支付的规模仍处于较低的水平，在线支付的安全隐患依然存在，多数代行银行职能的第三方支付平台由于可直接支配交易款项，所以越权调用交易资金的风险始终存在。这种不完善的网上支付体系严重制约着B to C电子商务企业的发展。

4. 信用机制和电子商务立法不健全

有的商家出于成本和政策风险等方面的考虑，将信用风险转嫁给交易双方，有的商家为求利益最大化发布虚假信息、扣押来往款项、泄漏用户资料，有的买家提交订单后无故取消，有的卖家以次充好等现象常常发生。而这些现象就是导致消费者对网上购物心存疑虑的根本原因。

五、B to C网站当前现状

1. 电商增长两极分化

电商公司的增长正在出现两极分化。根据易观国际的数据，2012年B to C市场交易规模达到4792.6亿元，较2011年增长99.2%，如果以这一数字为基准衡量，唯品会、京东商城、天猫等均超过这一数字，而当当网和凡客诚品则以30%～50%的增长远低于行业水平。

2. 两种发展思路的选择

一部分电子商务网站将重心放在盈利上。如凡客诚品、当当网。另一部分电子商务网站并不将盈利作为当下最重要的考核目标，而是用一切方法吸引用户、抢占市场份额，如京东商城、苏宁易购等。

任务小结

伴随着我国电子商务网站的兴起，电子商务商城（即B to C）在我国也开始兴盛起来，近几年新成立了很多B to C电子商务网站，本任务针对B to C电子商务网站进行案例分析。

分任务1　当当网电子商务模式分析，通过了解当当网基本情况和当当网的价值及网络定位，分析当当电子商务模式分析，主要分析了商业模式、技术模式、经营模式、管理模式资本模式等。

分任务2　京东商城电子商务模式分析，通过了解京东商城基本情况，分析京东商城电子商务模式分析，主要分析了商业模式、技术模式、经营模式、管理模式资本模式等。

分任务3　苏宁易购电子商务案例分析，通过了解苏宁易购基本情况，分析苏宁易购电子商务模式分析，主要分析了商业模式、技术模式、经营模式、管理模式资本模式等。

分任务4　首都电子商务工程案例分析，通过了解首都电子商务工程基本情况，分析首都电子商务工程电子商务模式分析，主要分析了商业模式、技术模式、经营模式、管理模式资本模式等。

任务4　信息行业电子商务网站分析

能力目标

通过完成本次任务，应该能够：了解信息行业网站的主要分类；熟悉信息行业网站的主要功能和面向的用户；掌握信息行业网站的经营模式和盈利模式。

核心能力

信息行业网站的经营模式和盈利模式。

任务导入

互联网技术在全球的广泛使用，标志着人类社会开始进入“网络经济”时代。“网络经济”时代一个显著的特征就是信息技术在传统商业领域的应用，即电子商务。它必将对全球经济的发展起重要作用，并将成为21世纪人类信息社会的核心。下面以提供信息服务的网站为研究对象，按照提供信息的形式分成几个类别，分别从网站的基本情况、战略目标、目标用户、产品与服务、盈利模式、核心能力、经营模式、技术模式以及管理模式等方面进行分析，以对网站的运行现状及发展前景进行总结与概述。

任务分解

分任务1　门户类网站——搜狐的电子商务案例分析

分任务2　分类信息网站——58同城的电子商务案例分析

分任务3　C to C信息网站——赶集网电子商务案例分析

课堂讨论

1. 搜狐的核心能力主要体现在哪些方面？
2. 58同城都提供了哪些领域的信息？
3. 赶集网有哪些栏目可以侧面宣传企业信息？

4.1　门户类网站——搜狐的电子商务案例分析

4.1.1　基本情况

1996年8月，依据风险投资成立了搜狐的前身“爱特信信息技术有限公司”；1998年2月，爱特信推出中国人自己的搜索引擎——搜狐，中国首家大型分类查询搜索引擎由此诞生，而搜狐这个品牌也浮出水面，同时也为中国网民打开了通往互联网世界的大门。如今，“搜狐”这个名字在中国也已经是家喻户晓，成为中国网民上网冲浪的首选门户网站。

4.1.2　搜狐网的发展历程

1995年11月1日，张朝阳博士从美国麻省理工学院回归祖国。次年8月，依据风险投资创办搜狐的前身“爱特信信息技术有限公司”。1998年2月，中国首家大型分类查询搜索引擎横空出世，搜狐品牌由此诞生。“出门靠地图，上网找搜狐。”搜狐由此打开了中国网民通往互联网世界的神奇大门。1999 年，搜狐推出新闻及内容频道，奠定了综合门户网站的雏形，开启了中国互联网门户时代。2000 年 7 月 12 日，搜狐公司正式在美国纳斯达克挂牌上市，从一个国内知名企业发展成为一个国际品牌。2000 年，搜狐收购中国最大的年轻人社区 ChinaRen 校友录，树立国内最大的中文网站地位。2002 年第 3 季度，搜狐公司在国内互联网行业首次实现全面盈利，这是中国互联网发展进程中一个划时代的里程碑，带动了中国概念股在纳斯达克的全面飙红。

目前，搜狐已形成富有影响力与公信力的新闻中心、联动娱乐市场、跨界经营的娱乐中心、深受体育迷欢迎的体育中心、引领潮流的时尚文化中心。同时以雄厚的媒体实力和资源精心打造了汽车、房产、财经和 IT 四大主流产业的专业频道，为大众提供最快速、真实和权威的资讯，全面影响消费决策，全方位多维度地打造实力媒体平台。

4.1.3　基本框架与功能结构

搜狐自以国内第一家大型分类搜索引擎面目问世以来，分类搜索从几个重要的方面得到了发展。

(1) 分类类目体系建设　搜狐顺应互联网经济发展，最大限度地满足经济对互联网的需求，促进信息提供者和信息消费者之间的交流。搜狐根据中国的生活实际和语言文化习惯，对所有大型的、结构性的类目不断调整，细分和整合各大类下的各个子类，其网络服务个性化特征突出。

搜狐的黄金类目和明星子类目逐渐形成，分类的各级页面逐渐成为各类信息交流所关注的中心。它科学、人性化的分类促进了信息交流，使信息提供者和信息消费者之间的沟通更为简单、有效，也为信息发布者（多数是商业信息发布）向特定的消费群有针对性地发布网络广告开辟了空间。据统计，在 4 万多个类目中，约 0.5%的页面（约 200 个）占据了约 75%的访问量，黄金类目的含金量确实很高。

(2) 网站资源收集　从搜狐建设分类搜索数据库（非开放的），到用户自己登录，直至开放式分类目录管理推出，分类搜索出现了非开放的分类搜索数据库和开放的分类搜索数据库并存的局面。分类搜索的日访问量达到了 6 亿页读数。在搜狐的数据库中，中文网站的数量已有 30 多万个。

(3) 分类编辑工作　搜狐改进了信息发布的手段和工具，每日手动更改的静态页面和动态生成的页面达 4 万个。以前是定期把信息批量存入数据库，现在是利用自主开发的数据库资源管理系统，在人工审核了网站信息以后，直接把信息加入数据库，保证用户可最大限度地得到高质、丰富的信息。

(4) 搜索功能扩展　最初是精确搜索（没有弹性的搜索），现在是智能搜索、模糊查询。除了各个大类构成的搜狐分类、类目和网站搜索服务以外，搜狐还有很多其他门户网站都有的类似产品，比如文学园地、艺术美术、各种展览等。

(5) 服务与费用　分类搜索的服务提供了免费服务、有奖服务和有偿服务几种形式。有偿服务主要包括在各个页面做静态或动态广告的收费服务，如旗帜广告、按钮广告、文字链接、分类排序和有偿搜索等。搜狐也有常见的手机短消息、电子地图等服务。

(6) 网络广告　在传统的广告发布和客户服务的基础上，搜狐推出了开放式广告管理系统。此广告系统更加方便客户。对开放式广告管理系统和非开放式广告管理系统，用户都可以依据用户名和密码，随时监控广告的发布情况，根据实际的广告点击效果，根据时间、地域和行业特点，随时调整选择更适合自己的广告时段，以更适合的广告形式向目标用户投放合适的广告内容。搜狐有大额广告费用分期付款制度，这给了广告客户更多的自由。图 4-1 是搜狐的分类广告页面。

(7) 媒体功能　由于网站接触到广泛的社会面，搜狐的分类搜索兼有了大众媒体、行业媒体

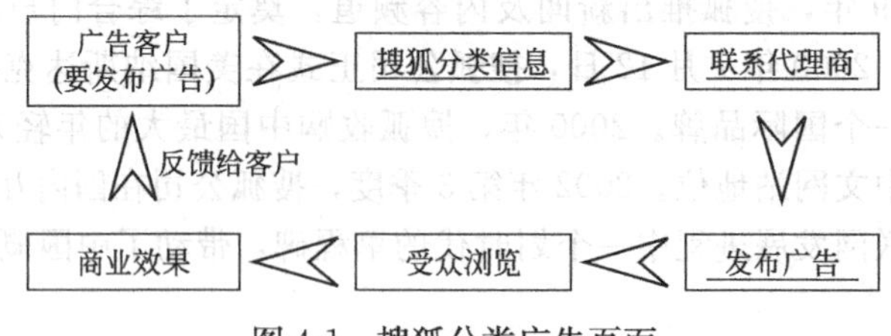

图 4-1 搜狐分类广告页面

和专业媒体的服务功能。“广告客户养网站一时，网络用户养网站一世”，从眼前利益和长远利益考虑，使大众得到更多的实惠，是网站电子商务的基础。就中文“分类搜索”市场上的产品和服务而言，搜狐的“分类搜索”提供了成功的产品和服务，争取到了大量的用户，搜狐因此也成为具有重要媒体功能的网络实体。

4.1.4 商业模式

(1) 战略目标 搜狐的战略目标是“把搜狐打造成一个技术驱动的、基于互联网的新媒体和娱乐集团”。它不断向消费者提供新的产品和服务，加强竞争优势，扩大自己的用户群体，在中国的分类搜索市场获得了最大的市场份额。搜狐广告率先在中国实现了网络广告的分众化，涵盖了上下文广告、个性化定制广告等全部功能。

2010 年，凭借正版、高清、长视频模式，搜狐视频获得流量和营销上的空前成功，仅用 1 年时间就跻身行业三强，成为行业变局中的最大赢家，从 2010 年 6 月开始，搜狐视频的视频播放量持续位居第一阵营，尤其是在影视、综艺的优质长视频领域用户量与综合实力位居视频行业第一名。

2011 年搜狐视频进行了整合网络视频资源活动，在继续优化资源的基础上有所创新、有所超越并形成新的价值体系。这种价值体系归纳为 SOHUTV Master 核心三要素，分别是“权威媒体”“权威资源”“权威出品”。这三个核心要素互相依托，相互支撑，加倍提高网民的收视效果、扩大影视制作方的宣传效果、提升广告主的营销效果。

①“三维驱动”打造最具价值视频平台。搜狐视频在 2011 年以“权威媒体”“权威资源”“权威出品”三大战略全面出击，全面整合搜狐资源，从而实现“三维驱动”，打造对用户、版权方以及广告主而言最具价值的视频平台。

② 权威媒体平台造就独特竞争优势。通过十多年锻造的搜狐媒体影响力和公信力，以及搜狐娱乐在中国娱乐产业的纵深影响和领先地位，使得搜狐视频不仅仅是一个单纯的播放平台，更具有垂直视频网站无法比拟的媒体平台优势。

凭借搜狐娱乐多年积累的深厚广电资源，搜狐视频拥有全国最强大的行业合作平台，先后与全国 35 家省级卫视、百余家电视频道实现战略结盟。新版《红楼梦》热映前期，搜狐视频与安徽卫视联手开创“互联网+电视台”跨媒体联合营销和推广新模式，取得了双赢效果。《金婚风雨情》《婚姻保卫战》等热播剧搜狐也与各大卫视合作，在各自平台上联合宣传推广，形成电视台和互联网在受众覆盖、收视习惯等方面的优势互补。

由于拥有媒体影响力的综合优势，搜狐视频已成为版权方的首选播出合作平台。以 2010 年在搜狐视频独播的热剧《婚姻保卫战》为例，经由搜狐媒体平台以网络首映礼、图文专题、网友互动、主创访谈等形式全面传播，加上 SNS、微博等多种方式联动，《婚姻保卫战》15 天播放总量就超过 2 亿。

多年互联网媒体运营经验和在娱乐业的深耕，使得搜狐视频在高涨的影视剧网络版权争夺中拥有独特优势。2010 年，凭借专业的选剧眼光和对市场的预判能力，搜狐视频几乎囊括了《手机》《杜拉拉升职记》《婚姻保卫战》《媳妇的美好时代》等所有热门影视剧，同时，依托搜狐娱乐的专业系统以及“选片委员会”等一系列专家评审机制，搜狐视频不仅做到了对赵宝刚等名导作品的大包大揽，还能够不遗漏类似《媳妇的美好时代》这样的“黑马”影视剧。事实上，搜狐并非市场上出价最高者，但是考虑到搜狐矩阵的全方位推广、营销资源，版权方也更乐于选择搜狐作为合作伙伴而非垂直视频网站。

③ 搜狐自媒体发展趋势。2014 年 1 月 13 日在北京举办了搜狐新闻客户端的年会，并发布了搜狐新闻客户端 4.0 正式版本，成为首个推出“个性化”阅读功能的门户新闻客户端。

搜狐新闻客户端 4.0 版本是一款为 4G 而生的新闻客户端产品。在 APP 盛行，自媒体迅速发展的今天，搜狐新闻客户端将从个性化、视频化、本地化和社交化四个维度引发一场移动媒体的新革命。在接下来移动互联网媒体平台的竞争中，搜狐将会全面整合门户、视频、搜索、游戏等多方面资源，为用户呈现更多精彩内容，揭开搜狐自媒体发展的新篇章。

截止到 2014 年 1 月 13 日，搜狐新闻客户端的激活安装用户已经达到 1.85 亿，据业内人士称搜狐新闻客户端入驻媒体和自媒体总数超过 6000 家，其中自媒体已经超过 3000 人。依照这样的发展速度相信搜狐新闻客户端必将成为串联搜狐内部资源的“全新开发平台”。

④ 搜狐移动入口战略：从新闻到应用分发平台。由于移动互联网带来的媒介传播形态的剧变，手机将迅速成为最主要的媒体发布平台，从内容制造、发行、广告、收费模式等方面颠覆更多传统模式。搜狐目前的重心依然还在早期阶段，即内容的生产、搜索和个性化推荐。从生产环节看，除了搜狐自有的媒体平台，自媒体和外网搜索抓取将是搜狐今年的突破方向。

一个成熟的自媒体平台包含三个要素，即用户能产生新的内容、内容能分发、内容能商业化。从这三个角度来看，微信时代的自媒体最成功，而百度百科的问题在于依然停留在 1.0 时代的编辑推荐模式，内容的分发、发现和推荐机制、商业化方式都存在短板。

搜狐从 2013 年初决定做个性化推荐新闻，当时面临两个不同流派的选择，一个是搜索引擎流派，全网抓取后根据手机的数据进行匹配。另外一种是微信流派，即先吸引创作者在客户端上创造丰富内容，再基于内容做个性化推荐。经过长期争论，搜狐最后选择了微信模式，而且看上去更为激进，新闻客户端引入了搜狐媒体、合作媒体、自媒体等不同内容来源，并抓取外网内容、不同地域的内容推荐给用户。

在搜索技术方面，搜狐新闻和搜狗共用了搜狗浏览器部门的垂直搜索研发团队。目前，搜狐新闻客户端的内容只能在移动端的新闻中搜取，但接下来会进一步抓取 PC 上的数据；同时，搜狐自己生产的内容还要保证不被百度等搜索引擎所抓取。

解决了内容的生产和推荐之后，搜狐将会通过观察检测内容源的数量和用户刷新数据，不断提高推荐内容的点击率和匹配度，提高用户黏性。

搜狐的重点仍是满足新闻类需求，在移动端，新闻内容能够多频次跟用户点击意图发生交流并创造有效记录，而这些意图记录是不错的商业化机会，比如和本地生活服务的结合等等。

当然，未来要从信息资讯发展到内容和应用的流量分发平台，单纯的新闻客户端能否胜任依然存在诸多疑问，但对于搜狐的移动端产品布局而言，目前似乎已没有更好的机会和选择。

⑤ 全面提升用户体验，专项资金保证流畅体验。目前视频用户首要需求是清晰流畅。清晰和流畅已经成为行业标配，进一步挖掘、开发一系列网民收视需求、提升网民收视效果的视频新技术，将用户体验的优化进行到底仍然是搜狐视频运营中的首要工作。

在不断丰富优质内容资源的同时，搜狐视频持续关注用户体验。2010 年，搜狐视频拨出超过版权采购总额两倍的专项资金，针对全国的带宽节点进行了大范围调整，在全国架设 50 多个节点，采用先进的 CDN 架构调整策略，使不同地区的用户均能实现在搜狐视频高清流畅观看。目前，搜狐视频已经全面实现 iPad，iPhone 以及 Gpad、Gphone 等多终端布局，充分保证网民在各种终端上观看搜狐视频的便捷流畅。

搜狐视频在产品技术上也取得了迅猛发展，除了通过先进编码技术和预处理算法保证视频清晰度，还专门推出了针对长视频的独家技术如“自动去除片头片尾”“断点续播”“看点自主标记”“跨平台记录断点续播”等近10项新功能。搜狐视频还可根据网络环境，让用户自主选择清晰度、网速以及窗口大小以实现最优观看；同时与搜狗浏览器搭配，提供P to P（Peer to Peer）加速；与搜狗输入法协同，实现客户端推荐，让热剧离观众更近。

⑥ 4G时代的来临，将会为视频和门户带来哪些改变。4G时代的来临将让视频行业产生新的机会，短视频的消费会迎来热潮。而2014年，搜狐集团将全面布局移动端战略，旗下畅游、新闻客户端、视频、搜狗等业务板块将彼此促进，其中搜狐新闻客户端将实现商业化的全面开闸。移动视频在4G时代会产生新机会，比如UGC（用户产生内容）的发展。短视频的消费会涨起来，在路上看一些短的好玩的、专业制的20分钟左右的短节目也会起来。搜狐新闻客户端会在2014年开展商业化战略。目前搜狐新闻客户端已成为业内最大的新闻类应用，覆盖用户1.85亿，总订阅量突破8.2亿。

(2) 目标客户 搜狐提供大量的信息、内容和服务，主要的目标客户是企业和广告客户。搜狐以其品牌形象为基础，为广大广告客户发布广告，为企业做市场推广，同时实现了自己广告模式的电子商务，成为了著名的网络广告网站。为争取目标客户，搜狐的广告产品和提供的信息、内容、服务等，都努力适合消费者的特点和要求，使其广告产品的影响范围不断扩大。

比如，以前搜狐的内容大类中有一个“哲学与宗教”，经过长时间的观察，搜狐发现相关的资源比较少，消费需求也少，于是干脆撤销了这个大类。几年来，搜狐分类作了大大小小、各种各样的调整，切合了用户使用分类搜索的需求。这些调整，折射出搜狐对行业、企业和客户的关注，也使搜狐逐渐成为中国经济和公众生活的组成部分。

搜狐门户网站的流量大，受众来自不同的地区、行业、职业、年龄段和文化背景。从电子商务的角度看，搜狐网站是B to C的一个重要平台。由搜狐提供服务的企业中，有的是面对普通消费者的B to C业务，这些企业有不少是在网站建设好以后，利用搜狐搜索引擎（分类搜索）获得了客户。搜狐不是高科技公司，而是经济和文化公司，搜狐主要解决的是社会成员以及人与人之间交流沟通的问题。它的网络广告及服务，就是一种经济和文化性质的推广沟通。

(3) 核心能力 搜狐的核心能力表现为中文搜索工具产品的特色功能和相应的客户服务能力，据此保持它长期的竞争优势。为适应电子商务的广泛发展和广告模式电子商务的需要，搜狐与其他网络公司结成联盟，进一步强化了其核心能力。搜狐的广告活动总是具有创新，各种广告方式，各行业、各类企业的网络广告，反映搜狐公司已经成为实施电子商务的信息中心。这种基于公司核心能力的广告经营，其他公司难以模仿。

4.1.5 管理模式

搜狐倾听客户的需求，真诚的合作，以快捷的速度和周到的解决方案帮助客户，与客户共发展。与员工建立合作伙伴的关系，在企业文化、工作环境、待遇福利、职工发展方面完全尊重每个人的价值，将员工的发展和企业的发展融为一体，荣辱与共。

4.1.6 经营模式

从经营的角度看，利用网络广告进行网络宣传，是网络经济、电子商务的体现。通过广告活动，企业贴近了消费者，扩大了企业和产品的知名度，加强了客户关系，扩大了潜在的客户，有利于企业推出新产品和服务，而搜狐在其中成为了主要的广告媒体。

在搜狐的各级分类页面上，可以看到新站、新类和类目介绍，有社会热点、网站推荐、免费代码、使用说明、有奖捉“虫”（死链接及过期网站等）和网站登录、修改等相关页面或链接。搜狐排行榜，分门别类为用户提供关于作家、歌手、影星、游戏、外国明星、乐队组合、体坛明星、搜索关键字、IT风云人物和编程语言等在内的各种排行榜。

搜狐网站上电子商务的特征比较突出，它有公司全部产品和服务的详细介绍，广大消费者、企业和广告客户关心的信息及内容比较全面，能迅速找到常见问题的解答，可以及时回复用户的服务请求，并提供E-mail服务和在线订购等。这是造就的一种良好的经营态势。

搜索用户服务方面，提供了包括分类搜索说明、如何使用搜狐中文检索系统、检索结果是怎样排列、如何使用检索语法等在内的文章，帮助用户认识、了解和有效地使用搜狐。搜狐的关键词搜索为中文用户提供了另一种便捷的方式。逻辑操作“与”“或”的启用，使关键词搜索变得智能化。将“搜索窗口”和“分类目录”的免费代码加到网页中，广大网友在自己的网站或主页上，也可获得同搜狐分类搜索一样强力的导航搜索功能。

搜索的本质，是要通过检索得到所需的主题信息。用户希望得到快捷、准确、无误的服务。任何一个网站的分类、搜索，是共用同一个数据库。只是分类以浏览的方式（展示一个类的部分内容）为用户提供服务，而搜索则是以检索的方式（用户指定特征的内容）提供服务。分类和搜索不可分割，分类数据的多少、质量的好坏，直接影响到搜索的质量和效率。反过来，搜索的技术和效果，也会直接影响到用户对分类的印象，甚至于网站的形象。搜索方便、智能化、内容丰富，在搜狐有很好的体现。

搜狐分类搜索是中国最知名的网上信息集散地，它在广大的信息提供者和信息消费者之间，架起了一座交流沟通的桥梁，满足了社会各阶层、各实体（包括企业）、各年龄段的各种文化背景人士的需求。从这个意义上讲，搜狐的品牌优势和广告优势，以及作为电子商务的角色，是一流的了。

搜狐把留言板引进到了分类搜索的页面，用于与网友、客户在搜狐分类的产品、市场、销售、客户服务和事业发展等方面进行交流和沟通。它定期整理各个留言板，并在精华区集中回复网友的疑问。另外，SOQ聊天室也是交流的新渠道。搜狐的客户可以像宣传自己的网站一样，宣传自己的邮件组；也可以自行向广大网友发布新产品、提供技术支持、反馈信息，或者和自己的客户保持联系；他们还可以加入到搜狐分类邮件组中，及时把相关信息传播出去。

搜狐倾听和理解客户的每一需求，为客户提供热情、高效、诚信的服务。搜狐对客户的合同实行严格的项目管理，监控项目进度，积极组织和协调各方力量，确保客户合同保质、保量、准时地执行。搜狐设立了客户支持与数据分析部门，该部门与各产品线的相关部门密切配合，保障客户在合作过程中得到专业化的服务。

4.1.7　技术模式

搜狐的精神格言是“客户至上、服务为本”。搜狐网络广告的技术模式，突出体现为各类、各层次的技术应用，均以客户和广告为中心，这在广告实施上有突出的体现。比如竞价广告服务，广告客户可自由选择广告位置及排名，可以相互竞价，允许客户以分为单位加费竞价。另外还有其他几个方面。

(1) 按点击收费　客户先交纳一定数额的预付金，网民每点击1次广告，就从预付金中扣除1次费用，用完为止。每个点击的最低起价仅人民币0.3元。对广告的点击，有先进的技术防止恶意点击，保证客户的利益。

(2) 广告自主管理　客户根据搜狐给予的用户名和密码，可以在“竞价广告发布/管理中心”(http://www.lead2.com.cn) 随时发布或修改广告，设置广告投放位置、预算及竞争价格，也可以暂停广告播出。

(3) 竞价广告　竞价广告是搜狐公司推出的一种高效、自由、互动的新型广告方式，客户可以自由选择竞价广告发布平台，可通过竞价调整每次点击的价格。竞价价格决定广告的排名，价格高的排在前面。客户要想保证排在第一位，可随时查询所有广告位每个点击的价格，广告管理系统还会向广告主提供“最优”的价格。对广告投放效果，搜狐提供详细的点击报告。

系统提供广告预算管理功能，客户可以对不同的广告设置不同的金额，广告投放后，只要几秒钟就可以在网上看到。当金额用完，广告自动停止。管理系统还有每日预算功能，当日资金耗尽，广告自动停止。客户也可以根据自己的需要，随时暂停广告或者重新投放广告。

客户可以在竞价广告发布/管理平台，自由地修改已经发布的竞价广告，包括修改竞价广告的描述、广告的投放位置、广告的竞价价格等。

搜狐已经在搜索引擎的关键词搜索结果页面、分类目录页面、搜狐各个主要频道（比如生活、旅游、教育、健康、求职等），以及竞价广告联盟网站（中国新闻网、千龙网、光明网、北京青年报、金羊网、海峡都市报、温州网、安徽在线等）上设置了竞价广告位置，客户可以自主选择这些广告位置投放广告。总而言之，搜狐广告以技术为支撑，实现了搜狐公平、公正、公开的客户服务。

4.1.8 资本模式

电子商务的资本模式是从电子商务资本的进入、运作到退出的整个结构的模式。20 世纪 90 年代，我国的电子商务和因特网服务领域开始吸引国外的风险投资。搜狐就是一个典型的例子。

搜狐公司由张朝阳博士创办。其资本投资属于风险投资模式，他得到了美国 MIT 媒体实验室尼葛洛庞帝先生和美国风险投资家爱德华·罗伯特先生的风险投资。以后，进一步得到了美国英特尔公司、道琼斯公司、晨兴公司、IDG 公司、盈科动力、联想等世界著名公司的风险投资。由于有多方的投资，搜狐快速成长，2000 年 7 月，搜狐公司在美国纳斯达克挂牌上市，从一个国内知名品牌发展成为一个国际品牌，同时，也使投资人得到了较好的回报。

风险投资发源于美国，在发达国家比较流行。风险投资在世界很多重大研究和开发项目取得了惊人的成功，在电子商务领域也是如此。许多电子商务公司得到风险投资的支持，实现了快速发展。从搜狐来看，积极利用风险投资，是发展电子商务的有效途径。

4.1.9 盈利模式

目前网站主要的盈利模式有：在线广告、无线增值、电子商务（B to C、C to C）、会员收费（B to B）、网络游戏、搜索竞排、产品招商、分类网址和信息整合、广告中介、企业信息化服务等业务。搜狐收入主要分为广告收入与非广告收入两部分，其中广告收入包括品牌广告、搜索广告等；非广告收入由在线游戏收入与无线收入两部分构成。如图 4-2 所示。

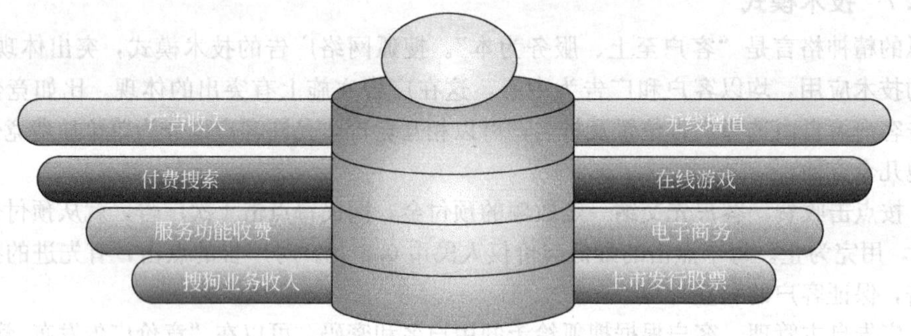

图 4-2 搜狐盈利模式

搜狐主营业务收入主要分为在线广告、在线游戏、无线增值业务等。如图 4-3 所示。

在线广告是搜狐收入的一个重要来源，且在线广告成本极低，利润非常大，收入主要依靠搜狐门户网站的流量排名、品牌效应和其提供的丰富的新闻等内容来吸引眼球，从而得到广告主的认可。这也是搜狐一直致力于树立中国第一门户的根本原因。

在线游戏是搜狐收入的另一大来源。如搜狐自主研发和运营的《天龙八部》大型多人在线网游是一款免费网游，实行道具收费模式，主要通过出售虚拟游戏币和收费道具作为收入来源，迎

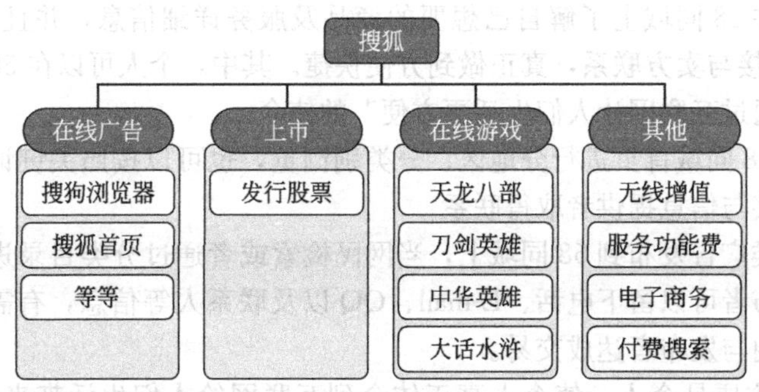

图 4-3　搜狐主营业务收入

合了中国玩家的消费习惯，从而成为了搜狐的一大收入支柱。

4.1.10　结论与建议

搜狐作为网络广告媒体，在国内有超群的实力。其推出形式丰富的网络广告，说明在电子商务时代网络广告有特别的重要性。企业参与市场竞争，需要与网络广告商很好地合作，网络广告商也由此推广自己的品牌和产品。搜狐成为著名的广告商，是其顺应电子商务发展，努力提供信息、内容和广告服务的结果。

另外，搜狐中文分类搜索也还需要做一些改进。

① 搜狐分类兼有大众媒体、行业媒体和专业媒体的功能。用户还可以有更多的空间和方便，分类的结构和层次还可以更贴近用户，可以更好地注意满足广告客户的心理需求。网络广告应该让受众在搜狐的引导下随便走（查阅、浏览相关的内容）、随便聊（提出看法、意见、见解、建议），在电子商务时代，还应该可以立即制作和发布广告。

② 搜狐搜索给人的印象是搜索结果的相关性好。但有时发现，一些个人主页、与搜索关键词相关性较差的网站，也排在了搜索结果靠前的位置上。这降低了搜索的有效性、可靠性和准确性。可考虑给用户选择精确搜索和快速（粗略、模糊）搜索的机会。

③ 带宽是制约中国互联网发展的一个瓶颈。虽然多层次精确细分的分类，有助于信息提供者和信息消费者建立直接的联系，有利于广告客户把广告集中推给特定的消费者，降低相关成本，但是，要注意广告客户、广告受众、消费者访问时间的消耗和访问效率，注意用户时间、精力和费用上的节约。

4.2　分类信息网站——58 同城的电子商务案例分析

4.2.1　58 同城的基本情况

（1）简介　58 同城（www.58.com）是一个本地城市资讯网络平台，由从万网辞职的姚劲波成立于 2005 年 12 月 12 日。58 同城获得软银亚州赛富基金、DCM 等机构多轮风险投资，总额高达 2500 万美元。2010 年 12 月，58 同城第三轮 6000 万美金融资到位，此次融资由华平投资领投，58 同城 CEO 姚劲波个人跟投 500 万美金。到 2013 年 6 月底为止，58 同城注册用户已超过 2000 万，新增用户以每日 5 万个的速度迅速增加，日页面浏览量也已超过 2850 万，每位用户平均浏览页面约为 10 个，日发帖量达到 100 万。58 同城流量已经跃升生活服务类网站第一名，访问人数和页面访问量在行业内遥遥领先。

作为中国最大的分类信息网站，本地化、自主且免费、真实高效是 58 同城的三大特色。其服务覆盖生活的各个领域，提供房屋租售、餐饮娱乐、招聘求职、二手买卖、汽车租售、宠物票务、旅游交友、交友征婚、兼职服务等多种生活信息，覆盖中国所有大中城市。

本地用户可以在58同城上了解自己想要的商品及服务详细信息，并且如果是自己想要的，可以通过58同城直接与卖方联系，真正做到方便快捷。其中，个人可以在58同城上免费发布信息，以落实公司"通过互联网让人们生活更方便"的使命。

用户可以进入58同城首页进行分地区、分类别浏览，也可以按照关键词搜索要找的分类信息。并且用户能直接与信息提供者取得联系。

用户也可将分类广告发布到58同城上，当网民检索或者通过分类目录进行浏览时即可看到发布者的广告。发布者可以留下电话、E-mail、QQ以及联系人等信息，有需要这类信息意向的用户可以在短时间内与发布者达成交易。

58同城针对的主要是个人，使个人真正体会到互联网给人们生活带来的方便快捷，同时，也为用户节省了一些平常开支，例如车费等。58同城已在天津、上海、广州、深圳、武汉、哈尔滨、青岛、石家庄、大连、苏州、沈阳、成都、重庆、长沙、南京、郑州等20多个城市成立了分公司，目前已经在376个城市开通分站。真正达到覆盖全国大部分地区。

(2) 价值网络　价值网络是由利益相关者之间相互影响而形成的价值生成、分配、转移和使用的关系及其结构。58同城的网络价值主要由个人用户及有需求的企业、软银亚州赛富基金、DCM等机构、企业内部员工以及与其相关的媒体机构、政府机构等相互影响而形成。

4.2.2　58同城的商业模式

(1) 战略目标　分类信息网提供面向大众的分类信息服务，满足普通老百姓日常生活的信息需求，拥有海量个人信息和商家信息，为网民解决日常生活及工作中的各类问题提供了便利实用的途径。商家和个人免费发布信息是它的最大特点，也由此吸引了众多分类信息广告从线下转移至线上。

(2) 目标用户　58同城目标用户明确，主要是网站所在地的大众用户。并且对用户的计算机技术要求不高，只要会上网，会使用搜索引擎就行，但这个用户又必须有消费的需求。用户还包括对网络广告有需求的企业，这也是网站盈利模式之一。

(3) 产品和服务　58同城主要面对个人用户，用户可以在其平台上免费发布自己的信息。同时，需求方也可以及时了解到对自己有用的信息，使自己的需求尽快得以满足。不仅为个人用户提供了资源丰富、信用度高、交互性强的分类信息平台，同时开通了酷车网、团购网，为用户提供更多的服务；并为商家建立了以网站为主体、辅以直投杂志《生活圈》、杂志展架、LED广告屏"社区快告"等多项服务的全方位的市场营销解决方案。

此外，58同城也展开移动互联网战略布局，开通了WAP站，让手机用户可以随时随地使用分类信息。

(4) 赢利模式　58同城大部分信息的发布是免费的，从2005年成立，直到2009年，58同城终于实现了成倍的增长，实现了第一次盈利，在此之前58同城一直在亏损经营。GOOGLE的成功经验已经很好证明了这一点：当把用户的利益放在首位时，才会从用户那里得到更大的回馈。58同城现在的盈利模式主要通过广告收入、用户增值服务付费和建立在产品基础上的商家付费，58同城已经找到稳定盈利的模式，并获得更多风险投资的青睐。

目前58同城的收入主要来自三个方向。

① 广告收入。根据CNNIC统计，现在人们获得信息的途径中，网络占到82.6%，不但超过报纸的57.9%，也超过电视的64.5%。

58同城的广告收入主要来自精准广告方面，其实商家对这类广告有着很强的需求。但是电视和报纸这些传统的广告媒介肯定都不合适，因为受众太广泛，无法传达到目标用户，但58同城可以提供很好的平台。58同城是一个服务型的分类信息网站，一直坚持本地化服务和探索，已经先后在376个城市建立了分站，而且按行政区划分，并将所有的行业进行分别归类做成黄页频道，只将本地本行业的商家放在一起推广，在用户有需求时登录相关黄页就能看到。此类广告对于用户来讲更容易接受。因此对企业的吸引力很大，并且企业也愿意在这上边投放广告，因为这上边投放广告的效果比广泛投广告的效果更好，且可以节省广告费用。

② 用户增值服务付费。58 同城不仅为个人用户提供了资源丰富、信用度高、交互性强的分类信息平台，同时开通了酷车网、团购网，为用户提供更多的服务。只要成功注册为 58 同城的用户都可以享受免费发布信息等一些基本服务项目。但是，若要享受一些特殊服务项目，就需要付费才能使用。这不仅是 58 同城的盈利模式之一，同时，也是更好地为那些想要获得更好服务的用户提供服务的必要条件，因为 58 同城的注册用户很多，不可能每个用户都想要每种服务。

③ 建立在产品基础上的商家付费。在 58 同城上，大部分商家的产品信息发布是免费的，并且是按照发布时间的先后顺序排列的。如果你发布的时间早的话，很可能会被那些比你晚的商家发布的产品信息覆盖掉，如此一来如果你不经常在网站上发布自己产品的信息，就很难被用户发现。如果你经常在此网站上发布信息，不仅占用时间，而且还占用自己的人力资源。因此，可以成为 58 同城的赞助商，那样信息就可以显示在网页的上边。当然这是收费的，但这相对于在电视或报纸上做广告可能要便宜得多。

（5）核心能力　58 同城拥有一批具有开拓创新精神的团队，现在其盈利模式主要通过广告收入、用户增值服务付费和建立在产品基础上的商家付费，58 同城已经找到稳定盈利的模式，并获得更多风险投资的青睐。且 58 同城及公司 CEO 姚劲波在此前获得了很多的荣誉，公司发展潜力极大。所以作为分类信息网站，58 同城与竞争对手相比，有着自己的经营特色，具有竞争力。

4.2.3　58 同城的经营模式

58 同城已经发展成为中国最大的服务性分类信息网站。它属于近些年流行的一种“近联网”的模式。近联网这种商业模式使整个城市就像一个大社区，城市中的每个人都可以利用网上提供的免费服务，完成就近交易。近联网模式不仅服务个人，还能为所有具有地域性服务特点的中小企业提供信息发布与广告平台，在这方面，近联网具有巨大的优势。它强调的是一种地域性的交易，减少了电子交易的风险性问题。

58 同城就是采用了“近联网”的模式，它在天津、上海、广州、深圳、武汉、哈尔滨、青岛、石家庄、大连、苏州、沈阳、成都、重庆、长沙、南京、郑州等 20 多个城市成立了分公司，目前已经在 376 个城市开通分站。使当地用户可以在本地区的 58 同城上搜索自己需要的商品和服务，以减少在网上异地购物的风险。同时，58 同城的品牌定位是“身边的生活帮手”，因此它一直在不断完善自己的“近联网”的经营模式，以更好地实现自己的品牌定位。

在 58 同城上发布信息是免费的，因此吸引了大量用户登录注册，这也为网站带来了大量的流量，同时也使自己的网站获得了大量的免费推广。

4.2.4　58 同城的技术模式

58 同城实质意义属于 Web 2.0，Web 2.0 更注重用户的交互作用，用户既是网站内容的浏览者，也是网站内容的制造者。所谓网站内容的制造者是说互联网上的每一个用户不再仅仅是互联网的读者，同时也成为互联网的作者；不再仅仅是在互联网上冲浪，同时也成为波浪制造者；在模式上由单纯的“读”向“写”以及“共同建设”发展；由被动地接收互联网信息向主动创造互联网信息发展。相对于 Web 1.0 来说，Web 2.0 是个性化的、是开放的、是互动化的、是社会性的网络。

58 同城作为一个服务型的分类信息网站，在首页提供包括房屋租售、餐饮娱乐、招聘求职、二手买卖、汽车租售、宠物票务、旅游交友等多种与用户紧密相关的本地生活信息。同时提供站内搜索引擎链接，以给用户提供更方便快捷的服务。在首页还提供了免费发布信息的提示，以使用户可以更方便地发布信息，首页页面简单直接，方便用户搜索自己需要的信息。网站还根据用户电脑的 IP 地址自动搜索当地的 58 同城，以减少用户的操作步骤。

4.2.5 58 同城的管理模式

(1) 人力资源管理 58 同城自创立之初，就积极吸引各类人才，现在其技术团队经过几年的磨炼，已经极具开拓创新精神，且技术基础牢靠，一直致力于资讯网络平台的开发。管理团队由具有多年管理经验的人员担任，其 CEO 姚劲波曾在万网供职多年，对网站的经营及管理具有更丰富的经验。

(2) 企业文化 “负责、社会责任、真诚、正直”的企业文化在 58 同城的发展壮大中起了很重要的作用。58 同城以“生活信息第一入口”为愿景，始终铭记自己“通过互联网让人们生活更方便”为使命，以“客户的满意，是我们的追求”作为自己企业的宗旨。从以上的企业文化中可以预测，58 同城要走的路还很漫长，并且可能会遇到各种的困难，但未来必将是辉煌的。

(3) 信用与风险管理 58 同城为了给网民提供一个可信任的生活平台，减少虚假、违法等信息的存在，鼓励用户通过验证增加信用值，并鼓励用户相互监督，确保信息源的安全。58 同城对每一位用户都做真实性的评价，用相应数量的图标显示信用值。在 58 同城，用户名除了有信用标志外，有的后面带有已 XX 认证的图标，包括邮箱验证、手机验证以及身份检验。这些图标表示该用户已经通过了邮箱、手机、身份证真实信息的各项验证，其信用值也相应提高。另外，58 同城对诚信值高的用户，会奖励增加日发布信息量或者多次更改同一条信息等免费服务。

58 同城有一整套完善的信息质量保障系统，用户发布内容后，信息会经过一系列检测、审核等多重防御系统，增加了内容的可靠性。每天都有专人对信息进行核实，保证信息的时效性。当信息到达用户选择的过期时间后，就会自动关闭，提示信息已过期，并隐藏用户的联系方式。同时，对于那些遭举报的违规信息，如果经查属实，或者进行其他一些非法操作，信用就会减少，甚至可能被置为 0。

还有，就是 58 同城的网站管理人员尽最大的努力保证网站的正常运行，同时不断从技术上加强网站的安全性，以确保用户个人资料及信息的安全性。58 同城目前建立的信用等级制度，一定程度上提高了信息的精准度，维护了用户的合法权益。

4.2.6 总结与建议

58 同城经过几年的发展，已经成为中国最大的分类信息网站。在商业模式上，近联网属于一种成熟且较为成功的模式，但这种成熟又成功的模式在中国却没有一个好的盈利方向，经营很模糊，这也是大多数分类信息网站的通病。本地化、自主且免费、真实高效是 58 同城的三大特色，在这三大特色的基础上 58 同城正在探索既符合分类信息网站特征又具有自己特殊竞争力的经营及推广模式。58 同城每天的访问量很大，可以利用此优势开论坛，进一步提高用户的兴趣度，从而为网站带来更多的流量。

58 同城的盈利模式主要有通过广告收入、用户增值服务付费和建立在产品基础上的商家付费。多种盈利方式相结合，可以分散在经营过程中的风险，从而使企业在激烈的竞争中不至于大起大落，实现稳步发展，这对企业的长期发展壮大至关重要。从 58 同城的经营方面来讲，它应该做到以下几个方面。

第一，专注、信息真实可靠。58 同城定位于本地社区及免费分类信息服务，帮助人们解决生活和工作中所遇到的难题。同时也为商业合作伙伴提供最准确的目标消费群体、最直接的产品与服务展示平台、最有效的市场营销效果以及客户关系管理等多方面服务，因此必须专注。同时，应为网民提供一个可信任的生活平台，减少虚假、违法等信息的存在，鼓励用户通过验证增加信用值，并鼓励用户相互监督，确保信息源的安全，只有这样才能真正留住用户。

第二，对网站实行分级管理。58 同城已在全国 20 多个城市成立了分公司，在 376 个城市开通分站，在一线及二三线城市建立了自己的网站。但是，目前主要是在北京、上海、广州这样的一线城市发展较好，究其原因，一线城市范围大，宽带普及率高，流动人口多，因此对生活分类信息需求是非常巨大的。但是，毕竟中国的一线城市就这几个，58 同城如果想要不断发展壮大就必须加大对二三线城市的网站建设，当然，在决定是否进入某个城市前，要从各方面对其进行考察分析，看是否具有潜在的发展价值，最后决定是否进入。同时，对已经有本公司网站的城市，也要根据不同的城市进行不同的管理，以使网站发挥最大功效及效益最大化。

分类信息网站商业价值的上升，为用户群带来的直接收获也呈正反馈。网络上的交易信息日益活跃，有赖于信息的真实有效。产品的数量、质量，与所面对用户的好感之间存在相应相生的互动，这个在传统产业早已得到印证的作用方式，在虚拟经济中仍然有效。58 同城应充分利用自己现在是中国最大的分类信息网站的优势，不断创新，不断发展壮大，使自己真正成为中国“百度”级的分类信息网站。

4.3　C to C 信息网站——赶集网电子商务案例分析

4.3.1　赶集网的基本情况

(1) 简介　赶集网（www. ganji. com）是一个本地城市资讯网络平台。本地用户可以实现对所在地的生活消费信息服务或商品的了解和交易。赶集网分设房产、同城交友、招聘、兼职、二手物品交易、大学联盟、鼎极摄影频道等本地化的信息服务，免费提供用户人性化的信息服务。赶集网追求简单、易用的风格，无不相关的页面修饰。

作为专业的本地信息服务运营商，赶集网可以为合作伙伴提供最准确的目标消费用户群体、最直接的产品与服务展示平台、最有效的市场营销效果以及客户关系管理等多方面、多层次的服务。针对个人用户，免费使用，提供一个非商业化的环境，追求免费实用的宗旨。

(2) 价值网络　价值网络是由利益相关者之间相互影响而形成的价值生成、分配、转移和使用的关系及其结构。赶集网的价值网络主要由有供需意向的企业或个人、技术支持机构（北京飞翔人信息技术有限公司）以及公司内部员工、其他城市的网站区域代表、社区、媒体、政府主管部门组成。

4.3.2　赶集网的商业模式

(1) 战略目标　赶集网的宗旨就是满足用户信息需求的同时，给企业带来价值。赶集网拥有的海量信息，吸引了用户，形成了规模性，更好地提升网站的知名度，进而利用流量带来价值。

(2) 目标用户　赶集网作为分类信息网站平台，又是多地区的本地交易，所以在赶集网上发布供需信息就比较随意，没有特别的限制与要求，非常大众化。所以它的目标客户也比较多，就是那些会上网，又有供需意向，需要借助个平台来进行供需信息的发布与交流的企业或个人，以及需借助赶集网这个信息平台发布广告信息的广告商。

(3) 产品和服务　赶集网属于一个服务型的分类信息网站，主要面向个人用户，让用户通过 Internet 获取和发布个人商品、服务信息的平台。而且可以在此进行及时、有效地发布个人分类广告，让所有用户知道彼此需要或是提供什么样的商品、服务和帮助。

用户可以进入赶集网首页进行分地区、分类别浏览，也可以按照关键词搜索要找的分类信息。并且能直接与信息提供者取得联系。

用户可将分类广告发布到赶集网上，当网民检索或者通过分类目录进行浏览时即可看到发布的广告。发布者可以留下电话、E-mail、QQ 以及联系人等信息，一旦有人需要这些信息的时候，会在很短的时间联系到发布者。

(4) 赢利模式　赶集网是“以用户为中心”的盈利模式，GOOGLE 的成功经验已经很好证明了这一点：当把用户的利益放在首位时，才会从用户那里得到更大的回馈。传统互联网信息平台往往将广告商的利益放在首位，尽管对外宣称要以用户利益为重，但受盈利压力的影响，在实际运作过程中，用户利益往往被放到了次要的位置。而赶集网通过立下杜绝页面出现弹出广告、旗帜广告和飘浮广告的郑重承诺，来将“以用户为中心”的经营宗旨切实贯彻始终。

目前，赶集网收入主要来自于两个方向。

① 发展其他地区加盟。因为赶集网所属的公司具备IT开发能力，所以开发可以快速部署的分类信息站，通过发展加盟收取加盟费来获利。这个趋势很明显，几乎在每个城市的分类信息站作分析，都能找到其他城市几乎一样的版式和交互程序。

② ADM模式（广告＋收费信息）。赶集网作为有技术能力的分类信息网站，通过开发首页和特定位置，与普通发布界面分离的系统，将广告和收费信息做成自模式收入。用户发布广告是免费的，但是如果需要放置在特定的位置，比如显示到首页则需要付费。特别难得的是，一些站已经做到了非人工干预，用户可以从充值到选择位置发布一系列自助行为，降低了运营成本，提高了系统效率。

（5）核心能力　赶集网拥有自己的开发团队，其盈利模式是通过向企业收取信息发布费及广告费来获取收益，对个人则永远免费。所以作为分类信息网站，赶集网与竞争对手相比，有着自己的经营特色，具有竞争力。

4.3.3 赶集网的经营模式

赶集网从成立之日起，已经发展成为国内较为知名的分类信息网站之一，它也属于一种近些年发展流行的“近联网”的模式。与58同城有异曲同工之处。

4.3.4 赶集网的技术模式

赶集网实质意义属于Web 2.0，即将互联网内容的主导权交还给用户并同时实现“可写”的互联网，让互联网真正地互动起来，这促进网民由简单的浏览者转变为信息的制造者，也让互联网由信息获得及娱乐的平台真正成为个人生活及商务的平台。

赶集网在前台页面为用户提供了分类信息目录，如出租求租房屋、买卖二手物品、招聘求职、寻找家政服务等和日常生活密切相关的各种信息。并提供了站内的搜索引擎，大大节省了用户的时间。而且前台页面，简单明了，使用户一目了然，在短时间内找到所需信息内容。赶集网还设置了更人性化的服务，就是在每条信息后，都提供信息发布者所在位置的电子地图，并可以进行公交查询，进一步促进了交易的成功。首页还提供“免费发布信息”的功能。赶集网依托用户规模庞大的优势，开发了赶集社区，用户之间可以进行互动。同时设置了在线反馈的功能，并可以根据用户IP直接跳转IP所在城市的地区频道。

4.3.5 赶集网的管理模式

（1）人力资源管理　赶集网是一个本地城市资讯网络平台，由北京飞翔人信息技术有限公司暨赶集网络创建。它是一家坐落在北京清华留学生创业园的初创企业，公司由来自美国硅谷的归国人员创办，致力于下一代本地生活资讯网络平台的开发与运营，其管理团队由具有中国互联网多年运营经验的人士组成。从美国耶鲁大学毕业的海归杨浩涌担任首席执行官（CEO）。

（2）企业文化　“正直、‘爽’精神、帮助、责任、开放”的企业文化成就了赶集网今日辉煌，翘首未来，赶集网站在分类信息行业的顶端，始终忠实于用户，以“为社会创造价值，为用户提供服务”为宗旨，以提供“更即时、更真实、更有效”的信息为己任，赶集网必将在互联网一轮轮的洗牌中，占领一个个新的制高点，在分类信息这条道路上越行越远。

（3）信用与风险管理　赶集网目前建立的信用等级制度有力地维护了网友获取有效信息的环境，其采取的措施包括：根据发帖真实性对每个ID进行评分、评级，发送真实帖子的信用等级加分，发送虚假帖子的扣除信用等级分。如果一个ID频繁发布虚假信息，它的信用等级将会大幅度降低，并向所有网民公布。人工审核，对一些可疑的信息进行确认、查实，发现虚假信息，马上删除，如果发现恶意冒充个人用户的中介，将扣除此ID的积分直到负分。另外，设立专门的电子邮件地址和投诉电话，并以奖品和积分鼓励网友举报虚假信息。接到举报，快速反应，查明举报属实，立刻删除或者屏蔽帖子，以避免造成损失。等级制度的创立和实施，令赶集网走在同类网站的前列，但是赶集网并没有因此而满足，赶集网正在进一步提升与完善信息的信用等级制度，赶集网成立以来的愿景就是致力于引领国内分类信息网的发展方向。

赶集网目前建立的信用等级制度，一定程度上提高了信息的精准度，维护了用户的合法权益，赶集网的技术支持团队，北京飞翔人信息技术有限公司的高级技术员工及时对网页及网站进行维护更新，保障网站的正常运行，有效地防止了系统方面的运行风险。

4.3.6 赶集网的资本模式

赶集网和很多得到风险投资青睐的创业者不同，杨浩涌的创业资金是由亲友提供的。公司创始初期是由公司创始人持自己的私人资产注入并创业，性质是民营私营企业。2005 年赶集网与 Google 建立战略合作关系，两者注册的合资公司“北京谷翔信息技术有限公司”正式成立，由谷歌和赶集网各持一半股份。北京谷翔信息技术有限公司的总经理由赶集网的 CEO 杨浩涌先生担任。2007 年，赶集网与 TOM 网达成战略合作，结成战略合作伙伴关系，共建同城分类信息频道。此次双方达成的战略性合作中，赶集网全权负责 TOM 旗下同城分类信息频道的内容建设与经营管理。通过赶集网的本地城市资讯网络平台，整合 TOM 门户特点，建立同城分类信息频道（http：//ganji. tom. com），使本地用户可以实现对所在地的生活消费信息服务或商品的了解和交易，为网友建立一个信息交互平台。2010 年 1 月 6 日，赶集网收购了 263 在线，为企业注入一股有强大的力量。

4.3.7 总结与建议

赶集网经过多年的发展，已经成为国内影响力较大的信息分类网站之一。在商业模式上，近联网属于一种成熟而且较为成功的模式，但这种成熟又成功的模式在中国却没有一个好的盈利方向，经营很模糊，这也是大多数分类信息网站的通病。所以赶集网应借助这种较为成功的商业模式，充分发挥它的优势。可以借助政府资源，来全面推广，让它真正实现全人都“赶集”；借助信息数量多的优势，拓展其他网民较为感兴趣的网络资源，比如说开论坛，可以在线讨论信息的可信度、网友交流等，增加 SNS 网络方面的资源，供需双方直接在网站上交流。

在盈利模式上可以考虑付费服务开发模式。依据分类信息网站的特性其浏览用户多，即单次或者极少次访问的用户占多数的数量优势，提高每用户平均收入（Average Revenue Per User，缩写 ARPU）贡献率，获得持续收入。互联网的付费下载和注册等推广业务很多，选择合适的联盟加入，通过引导性让免费使用分类信息服务的用户，再注册、下载付费服务。这个模式正好建立在用户规模庞大的基础上，赶集网可以充分利用用户资源。

从赶集网的经营方面来讲，它应该做到以下几个方面。

首先，分类信息要丰富、详细、真实。会访问分类信息网的人，一般都是目的性很强的潜在客户，是真正有需求的、希望在网上找到相关信息的人。所以分类信息网内容一定足够丰富且详细真实，用户才能在网站上找到需求的信息。如果用户第一次在网站上找到满意的信息后，自然就会收藏网站。

其次，网页内容要注意分类，务必要方便阅读。用户到分类信息网找信息，是带着目的来的，如果花费太多时间却找不到所需要的信息，会大失所望，也很难第二次光顾网站。网站要围绕方便用户阅读角度来进行设计，做到有序、多而不杂。

最后，分类信息网要和地方网站合作，资源共享。互联网的性质要求资源共享，合作才能共赢。赶集网虽然是同行业的领头羊，但也不可能所有的城市面面俱到。网站还是存在信息不够丰富、资源单一的问题。如果赶集网能和地方网站合作，网站内容也会更加完善，不管对赶集网本身，对地方网站，还是对用户都是有利的，网站盈利了，用户搜索信息也会更丰富。

希望赶集网严守产品质量的理念，在众多分类信息网站中逐步得到普及，让广大网友真正实现网上的信息赶集。

知识加油站

随着信息共享的速度加剧，越来越多的资讯类网站诞生了，这些资讯类网站包括了新闻资讯网、健康养生资讯网、综合资讯网等，这些网站发展的一个前提都是：保持信息的准确性、速度性。资讯类网站与交流类型的网站有根本的区别，资讯类网站以提供用户需要的信息资源为主，不管是站在用户的角度上还是搜索引擎的角度上来看资讯类网站，都要求资讯类网站必须每天更新大量的资源信息，下面从用户与搜索引擎的角度出发谈谈站长怎么做好资讯类网站的可持续发展。

1. 资讯类网站应做好信息挖掘准备

从国内网站发展的趋势来看，资讯类网站做好信息挖掘准备已经成为了必然，假如你的资讯类网站是涵盖一个城市，那么每天派出必要的信息采集员在全城各地采集信息就显得非常必要了，白天采集员采集信息，晚上编辑将采集的信息编辑成文章，每天早上6点到8点的时候更新网站的信息，只要保证了这一点，那么用户也会慕名而来。用户对资讯类网站的要求其实并不高，在用户心中每天有可以查看的新闻信息，能了解一些当地城市发生的事情就行了，站长只要在这点中做得好，那么网站的发展必定拥有一个良好的基础。

2. 做好网站的用户体验服务工作

每一位用户来到资讯类网站除了观看信息之外，还需要一些娱乐性的服务。如果你的资讯类网站是健康养生类的网站，那么适当地开设一个测试栏目，在栏目中共享一些养生与心理测试，这对网站来说不仅可以留住用户的脚步，还能够增加网站的页面浏览量。时间一长，搜索引擎认为网站的用户体验度高，而用户也认为网站为他们带来了实际的内容。

3. 结合一定的图片内容宣传资讯

图片内容是资讯类网站的一个杀手锏，图片与文字相互结合能够为用户带来焕然一新的感觉，假如你要介绍一件事，那么就可以在这件事情中弄一些漫画图片，通过图片的方式展示出信息内容。站在用户的角度上看，这是对用户的一种友好，很多时候用户感到无聊就会来到你的网站欣赏那些涂鸦的漫画，这样不仅能为网站创造流量，还能够提高发展效益。

4. 资讯类网站发展要学会创新

不管是什么行业的网站，要想得到长期可持续的发展就必须学会创新网站发展模式、动力、创新自我思维。从资讯类网站的角度上来讲最主要的是要创新网站内容的更新模式、网站的吸引创新，现在每天都在诞生资讯类的网站，但是关闭的资讯类网站也不在少数。这是因为一个网站如果没有创新的内容去配合网站的发展，那么网站将得不到长期的发展。例如在10年以前，雅虎中国在国内是比较出名的，而随着时间的流逝，今时今日雅虎不断流传出裁员的新闻，从根本上来讲，雅虎没有做到长久有效的可持续发展，或许他们就是缺少了一种创新思维。

任务小结

利用互联网工具进行信息查询一直是我们应用互联网的首要原因，在信息量非常大的互联网时代，都有哪些网站提供信息查询，这些网站各有什么特点，是需要我们认知的，本任务就会解决这些问题的，让我们更全满的认识信息行业电子商务网站。

分任务1　门户类网站——搜狐的电子商务案例分析，主要分析门户类型信息行业网站情况，通过了解搜狐网基本情况、发展历程、基本框架与功能模块，分析搜狐网商业模式、经营模式、技术模式、资本模式。

分任务2　分类信息网站——58同城的电子商务案例分析，主要分析分类信息网站情况，通过了解58同城网基本情况、发展历程、基本框架与功能模块，分析58同城网商业模式、经营模式、技术模式、资本模式。

分任务3　C to C信息网站——赶集网电子商务案例分析，主要分析C to C类型信息行业网站情况，通过了解赶集网基本情况、发展历程、基本框架与功能模块，分析赶集网商业模式、经营模式、技术模式、资本模式。

任务5　影视娱乐业电子商务网站分析

能力目标

通过完成本次任务，应该能够：了解主要的影视娱乐网站分类；熟悉各种影视娱乐网站的经营模式和技术模式；掌握各种影视娱乐网站的核心竞争力。

核心能力

各种影视娱乐网站的功能结构和商业模式。

任务导入

近些年，随着人们对影视娱乐要求的不断提高，影视娱乐网站市场开始形成。这其中包括网络游戏类网站、网络视频类网站和网络音乐类网站等。这些网站在发展过程当中逐渐形成了各自独特的商业模式，有优势也有不足。每个类型的网站中都有比较典型的代表，通过分析它们的功能结构和盈利模式，学习这些电子商务网站的创建和经营的方法。

任务分解

分任务1　认识主要的影视娱乐网站分类

分任务2　网络游戏——盛大网络的电子商务案例分析

分任务3　网络视频——优酷网的电子商务案例分析

分任务4　网络音乐——酷狗的电子商务案例分析

课堂讨论

1. 谈谈盛大如何以游戏的内容吸引客户。
2. 优酷网区别于其他视频网站的突出优势是什么？
3. 酷狗的主要盈利模式？

5.1　认识主要的影视娱乐网站分类

5.1.1　网络游戏

网络游戏产业是一个新兴的朝阳产业，经历了20世纪末的初期形成阶段，及近几年的快速发展，现在中国的网络游戏产业处在成长期，并快速走向成熟期的阶段。网络游戏产业在中国整个网络经济的发展过程中从无到有，发展到目前成为中国网络经济的重要组成部分。网络游戏产业之所以可以打破在原来中国整个网络经济中的平衡，主要缘于在20世纪末中国网络经济泡沫破灭、整个网络经济大受打击的时候，网络游戏却异军突起成为整个网络经济发展的领头羊，得到迅猛的发展。

网络游戏区别于单机游戏，是指玩家必须通过互联网连接来进行多人游戏。一般指由多名玩家通过计算机网络在虚拟的环境下对人物角色及场景按照一定的规则进行操作以达到娱乐和互动目的的游戏产品集合。网络游戏可分为以下几种。

（1）休闲网络游戏　即登录网络服务商提供的游戏平台后（网页或程序），进行双人或多人对弈的网络游戏。有传统棋牌类游戏，如纸牌、象棋等，提供此类游戏的公司主要有腾讯、联众、新浪等。还有新形态（非棋牌类）游戏，即根据各种桌游改编的网游，如三国杀、UNO牌、大富翁（地产大亨）等。

（2）网络对战类游戏　即玩家通过安装市场上销售的支持局域网对战功能游戏，通过网络中间服务器，实现对战，如CS、星际争霸、魔兽争霸等，主要的网络平台有盛大、腾讯、浩方等。

（3）角色扮演类大型网上游戏　即RPG类，通过扮演某一角色、任务的执行，使其提升等级，等到宝物等，如大话西游、传奇等，提供此类平台的主要有盛大等。

（4）功能性网游　即非网游类公司发起借由网游的形式来实现特定功能的功能性网游：光荣使命（南京军区开发用于军事训练用途），由简股市气象台（基金与投资机构开发用于收集股市趋势与动态），清廉战士（用于反腐保先教育），学雷锋（盛大出品的教育网游）等。

目前国内知名的网络游戏运营商主要有：腾讯游戏（QQ）、百度游戏、绿岸网络（iwgame）、网易（Netease）、盛大（SNDA）、九城（NCTY）、久游网（9you）、汉唐信通等。

5.1.2　网络视频

所谓网络视频，是指由网络视频服务商提供的、以流媒体为播放格式的、可以在线直播或点播的声像文件。网络视频一般需要独立的播放器，文件格式主要是基于P to P技术占用客户端资源较少的FLV流媒体格式。包括各类影视节目、新闻、广告、Flash动画、自拍DV、聊天视频、游戏视频、监控视频等。国内知名的运营商有优酷网、迅雷看看等。

5.1.3　网络音乐

网络音乐指用数字化方式通过互联网、移动通信网、固定通信网等信息网络，以在线播放和网络下载等形式进行传播的音乐产品，包括歌曲、乐曲以及有声画面作为音乐产品辅助手段的MV等。

5.2　网络游戏——盛大网络的电子商务案例分析

5.2.1　基本情况

上海盛大网络发展有限公司成立于1999年11月，是目前中国第一大网络游戏运营商。公司秉承运营网络娱乐媒体的雄厚实力，通过专业化的团队及先进的网络技术，最大限度为用户挖掘网络娱乐产业的乐趣。盛大的服务、技术及管理团队每时每刻为用户提供优质服务，保障用户的娱乐需要。

盛大业务领域从网络卡通发展到网络游戏，并逐步扩大到互动娱乐传媒乃至上下游产业。2002年、2003年占据中国网络游戏市场50%以上的份额，2004年占据中国网络游戏市场运营商收入近40%的份额。盛大的目标是立足中国，依托亚洲，成为在世界居领先地位的互动娱乐企业。

盛大的运营模式主要是由代理运营韩国网游起步，进而自主开发大型在线角色扮演游戏与开辟休闲游戏社区。在对传统销售渠道和游戏收费机制的改造与创新方面，盛大也极具独特性，吸收中国台湾地区、韩国的网吧营销机制，结合国内电子商务的状况，创造了一种E-SALE（网络销售）模式。通过电子商务和网上银行直接和网吧产生供销关系，实现了真正意义上的零库存和即时交易，减少了流通费用。

盛大以其创新的经营模式吸引了庞大的忠实用户基础，创造了巨大的经济效益，积极促进游戏等相关娱乐产业链的发展，成为国内领先的互动娱乐媒体企业。

我国第一款运营的网络游戏是2000年7月推出的《万王之王》。但中国网络游戏的真正发展，是从 2001 年 11 月，上海盛大网络发展有限公司正式引进并运营韩国网络游戏《传奇》开始，仅半年时间同时在线人数就突破了 10 万人。2002 年一年，《传奇》就为盛大带来约 6 亿元人民币收入，超过国内三大门户网站的收入总和，创造了巨大的经济效益。

盛大游戏从 2011 年即展开移动游戏领域布局，并发展出独特的手游战略，从韩国控股公司 Actoz 开始，从事手机游戏（简称手游）的代理、研发、引进和运营等，在海外取得成功之后，再把成熟的产品引入国内。《百万亚瑟王》是盛大游戏手游战略的第一个成果，2012 年末，盛大游戏在韩国推出这款游戏取得巨大成功，2013 年 7 月，盛大游戏将这款产品引入中国市场，7 月上线后迅速成为当年暑期市场最热门的手游。凭借《百万亚瑟王》的贡献，盛大游戏的手游收入也突飞猛进，2013 年第三季，盛大游戏的手游收入已占公司总收入的近 14%。

近 2 年来，全球移动游戏浪潮的崛起给以盛大游戏为代表的传统端游企业带来不小压力，观察 2013 年的手游市场可以看出，除盛大游戏的《百万亚瑟王》一枝独秀之外，其余的热门手游如《我叫 MT》《大掌门》《捕鱼达人》等，几乎难见客户端游戏（以下简称端游）企业的身影。2013 年盛大游戏的成功也给其他端游企业带来激励，2014 年多家端游企业加快了进军移动的步伐，如 2013 年底畅游推出针对手游的 30 亿元的必赢计划，希望解决产品短缺问题。但截至目前，还没有看到哪家端游企业像盛大游戏这样强势密集的发布手游产品。

5.2.2　发展战略与目标

(1) 建立网络游戏运营平台　不断引进优秀网络游戏产品，建立覆盖 7～70 岁用户的多样化产品平台，基于已有的用户基础，推广 VIP 俱乐部，建立客户关系管理（CRM）平台。

(2) 整合产业价值链　推进开发适合中国市场的优秀产品，开放已有的综合销售平台，协助做好下游企业的整合工作。

(3) 开发周边产品和媒体资源　开发游戏相关的周边产品，促进网络游戏文化的形成，挖掘网络游戏自身的媒体资源，发展相关的媒体和广告业务。

(4) 实现企业跨平台、跨媒体发展　开发移动终端、数字电视等新平台上的互动娱乐内容，促进网络游戏媒体和平面媒体、电视媒体的融合，实现“超媒体”的发展。

盛大的目标是立足中国，依托亚洲，成为在世界居领先地位的互动娱乐企业。

5.2.3　运营模式

(1) 代理运营韩国网游　2001 年 7 月，盛大公司正式引进韩国网络游戏《传奇》，并在当年 11 月开始运营，仅半年时间同时在线人数突破 10 万人，创造了巨大的效益。2002 年一年，《传奇》就为盛大带来约 6 亿元人民币收入，超过国内三大门户网站的收入总和。之后它又代理了《破碎银河系》《武林外史》等大型即时战略和在线角色扮演类游戏。代理运营网络游戏，就是支付给游戏开发商（或中介商）一笔费用来获取该游戏（在某地）的运营权，然后双方再从运营收益中分成，一般惯例是运营方获 70%，开发商（或中介商）拿 30%。

盛大的成功并不仅仅是代理这一运营模式的成功，还有其独特的营销模式。

首先，通过代理开发商的软件，盛大快速获得了质量相对优良的产品。众多的任务关卡、简洁的操作界面、稳定的游戏系统和相对公正的网络秩序既吸引了数量众多的玩家，也为抢占市场时机奠定了良好的基础。

在获得客户之后，盛大做了大量的工作来保留客户，提升他们的忠诚度。盛大的游戏管理人员，24 小时保持与玩家的沟通，迅速形成了用户忠诚度和传播效应。在公司资金薄弱的情况下，盛大仍然投入 500 万元，建立了一套大规模的呼叫中心，平均每天接听超过 6000 个电话，相应问题提交、答复只需 24 小时。如今，这种服务模式已经成为中国网络游戏业的默认标准。

以后，盛大通过向游戏玩家收费，找到了以往网络游戏依靠网络广告、电信分成等模式以外的新赢利模式，开辟了一条迅速盈利的捷径。

盛大在其对传统销售渠道和游戏收费机制的改造方面也极具创新性。以往网络游戏的收费模式，是游戏玩家在销售网点购买存储一定游戏时间的点数卡，而传统的分销模式中，渠道通路一般分为4～5级。每一级代理商根据自身利益，决定对游戏的推动力度。

在2001年盛大代理传奇游戏之初，渠道商因为对之并不看好而拒绝下单，盛大只能自己开辟销售渠道。同时，随着用户数量的迅速增加，传统渠道缺乏控制力和行动迟缓的缺点开始暴露出来。面对这一状况，盛大一方面继续维护和增加其他的营销渠道作为补充，如建设产品网站、合作专题网站等；另一方面，吸收中国台湾地区、韩国的网吧营销机制，结合国内电子商务的状况，创造了一种E-SALE（网络销售）模式。

盛大通过电子商务和网上银行直接和网吧产生供销关系，网吧业主填写一份申请表格向“盛大”提出在线申请，“盛大”审查确认后，网吧业主就可以用特定的用户名和密码登录到其E-SALE系统中，通过银行卡的电子转账就可在10分钟内完成虚拟点卡的进货。若用户在网吧游戏过程中需要充值，则网吧业主只要知道玩家的账号就能直接在E-SALE系统内为玩家充值，从而实现了真正意义上的零库存和即时交易，而且减少了流通费用。

通过这种模式，使盛大摆脱了对传统渠道的依赖，达到了最大限度的市场覆盖，甚至将市场扩展到了原有渠道覆盖不到的地区，如区、县。这一独创的、成效卓著的网络游戏销售模式，帮助盛大树立了中国网络游戏行业的领先地位。同时也使得更多的资金进入了网络游戏行业，造成了中国网游业空前的繁荣。

（2）自主开发大型在线角色扮演游戏　大型多人在线角色扮演游戏（MMORPG）使得成千上万个玩家可以在一个虚拟的世界中互相交流，玩家可以使用拥有不同特点的角色来体验生活。游戏本身是持续的、发展的，玩家通过即时的讯息互相沟通。

2004年1月盛大推出第一款自主研发的大型在线角色扮演游戏《传奇世界》，被IDC和中国新闻出版总署评为中国最受欢迎的民族游戏。《传奇世界》拥有精致的2D游戏画面，简易的操作、平衡的职业系统、良好的互动性、稳定的技术平台，以及其快速的版本更新，都获得了用户的一致认可。

2004年5月盛大继《传奇世界》之后推出第二部武侠生活大作《英雄年代》，它集合国家系统、发展文明、建造房屋、跨国大战等众多优秀因素，开创了一片气势恢弘的全新冒险世界。该游戏开放国内首创的服务器集群系统，打破了传统区的概念，不同区的玩家能够在线交流，使10万人同时聊天甚至发动规模宏大的国战都成为可能。

《梦幻国度》是盛大网络自主研发的《世纪录》网络游戏三部曲的第三部（第一部和第二部分别是前述的《传奇世界》和《英雄年代》）。它是一款卡通风格的大型网络角色扮演类游戏。游戏的画面风格清新、唯美，人物造型卡通可爱。

2004年2月，由盛大自主研发的大型多人在线角色扮演游戏《神迹》成为第一款进军国际市场的3D网络游戏。游戏的背景为东方神话故事，“上天入地、成仙化魔、骑龙跨凤、攻城问鼎”等神话故事中的情节在这里成为可能，独有的武器锻造、表情系统让每个身处其中的人表现自己的感情意志。

《神迹》由国际知名电影导演陈凯歌担纲艺术指导，知名音乐家何训田担任音乐创作，他们的加盟为《神迹》增添了无穷魅力，描画出东方风情游戏的灵魂。

（3）休闲游戏社区　由于大型多人在线角色扮演游戏需要相当长的时间来积累角色经验和增强自身能力，因此这类游戏的粘性较大，也就是说用户会花更长的时间来玩这些游戏。与大型多人在线角色扮演游戏相比，盛大的休闲游戏就较为简单且不需要耗费很长时间，因此也吸引了更为广泛的用户尤其是家庭用户。

《泡泡堂》是“盛大网络”推出的一款只有18M容量的家庭休闲网络游戏。一机双人操作。这个独特的设计，满足了很多家庭的需要，在游戏的同时还能增进双方的感情。游戏控制简便，卡通的人物形象，再加上游戏中丰富的道具、饰品和表情，使之成为了女性玩家的最爱。

有专家将玩家区分为临时玩家、中间玩家和忠实玩家三类。而《泡泡堂》的服务对象大部分都是临时玩家。对于这一概念的定义为：年龄层10～20岁甚至35岁左右，每天平均游戏时间约为2小时，希望选择可以即刻得到结果、界面简洁的游戏。这样的娱乐方式满足了现代人繁忙的工作与有限的娱乐时间的要求。临时玩家比忠实玩家要更广泛，而且还是最有开发价值的目标人群。

《泡泡堂》游戏采用免费运营模式，玩家不用购买“点卡”对游戏进行充值就能够正常进行游戏，而游戏公司则通过游戏的附加服务收费来达到赢利。游戏运营公司使用“免费玩游戏”的方式留住玩家，但同时又让玩家“付费购买游戏物品”来保证游戏的收益。赢利途径主要有销售游戏中的虚拟物品，即运营商在官方网站或者游戏本身上设立“虚拟装备超市”销售虚拟物品，包括武器、护具、药物、道具等，玩家如果要购买游戏中的虚拟物品需要用现金购买游戏的点券，点券就是游戏里的一种货币，除了可以用来购买虚拟物品外，还可以享受到这些虚拟物品所带来的增值服务。玩家可以通过“盛大网络”游戏卡、“盛大网吧”E-SALE系统、银行卡直购充值卡，银行卡点券直充、手机短信订阅点券包月服务、手机短信按条点播充值点券；现实中销售游戏的周边产品，如将游戏人物和怪物的模型、服装、武器等做成玩具出售，包括攻略书、纪念品、吉祥物等也能产生庞大的需求市场；广告创收、网络游戏本身可以视为一种广告媒体。游戏的场景、道具中可以加入隐性广告，而且游戏的开始、登录、结束、切换地图画面都可以作为广告宣传画。

5.2.4　盈利模式分析

(1) 建立了中国最大的互动娱乐研发团队　在长期自主研发的基础上，盛大还通过资本运作手段组建跨企业的研发体系，覆盖从PC、移动终端到数字电视的多种平台，以及从武侠、生活到科幻的多种内容类型。

(2) 建立了中国最大的互动娱乐产品运营体系　截至2005年第二季度，自主研发和代理运营的产品共达数十款之多，累计注册用户超过4.6亿人次，最高同时在线用户人数达到250万人。

(3) 建立了中国最大的互动娱乐产品技术保障平台　盛大在中国大陆地区24个省65余个中心城市架设了800余组游戏服务器、总数超过14000台PC Server，服务器所需要使用的Internet骨干带宽超过25GB。

(4) 建立了中国最大的互动娱乐产品销售体系　首创的物流和资金流自动循环的交易系统，采用金融级的安全认证体系保障经销商和用户的利益，并通过信用卡支付、电信代收费等方式实现销售体系扁平化。盛大超过40万家的线上、线下销售终端遍布全国所有省市，成为盛大所有互动娱乐产品的销售平台。

(5) 建立了中国最大的互动娱乐客户服务体系　盛大投资数百万元与NORTEL建立了第一个呼叫中心，为用户提供一周7天24小时不间断的服务；并建立了业内首个直接面向用户的用户接待中心，提供全面的人性化服务，专业客户服务人员有300多人。

2013年全年收入达13.97亿元人民币，较2012年度的12.86亿元人民币增长8.6%。来自(角色扮演类大型网络游戏）休闲业务的收入占到收入总额的16.6%，休闲游戏占到了收入总额的76.8%。

2013年中国网络游戏用户增长明显放缓。网民使用率从2012年的59.5%降至54.7%。网络游戏用户规模为3.38亿，网络游戏用户规模增长仅为234万。与整体网络游戏用户规模趋势不同，手机端网络游戏用户增长迅速。截至2013年12月，我国手机网络游戏用户数为2.15亿，较2012年底增长了7594万，年增长率达到54.5%。整体行业用户的增长乏力以及手机端游戏的高速增长意味着游戏行业内用户从电脑端向手机端转换加大，手机网络游戏对于PC端网络游戏的冲击开始显现。

5.2.5 案例点评

盛大互动娱乐有限公司是中国目前最大的网络游戏运营商，是国内第一家在美国纳斯达克股票上市的网络游戏公司。盛大提供一系列大型多人游戏及休闲游戏供用户在线娱乐，其中包括多款现在中国最受欢迎的网络游戏。盛大以它创新的经营模式吸引了庞大的忠实用户基础，创造了巨大的经济效益，积极促进游戏等相关娱乐产业链的发展，成为国内领先的互动娱乐媒体企业。

5.3 网络视频——优酷网的电子商务案例分析

5.3.1 基本情况

优酷网于2006年12月21日正式运营，并于2009年总收入超过2亿元人民币，居视频分享行业第一。以优酷网为代表的中国互联网视频发展成为互联网电视的主流媒体，也成为视频营销的首选。

优酷网是中国领先的视频分享网站。优酷网以“快者为王”为产品理念，注重用户体验，不断完善服务策略，其卓尔不群的“快速播放，快速发布，快速搜索”的产品特性，充分满足用户日益增长的多元化互动需求，使之成为中国视频网站中的领军势力。

2007年，优酷网首次提出“拍客无处不在”，倡导“谁都可以做拍客”，引发全民狂拍的拍客文化风潮，反响强烈，经过多次拍客视频主题接力、拍客训练营，优酷网现已成为互联网拍客聚集的阵营。

5.3.2 商业模式

(1) 战略目标　优酷网的品牌口号是“优酷，世界都在看”，其具体解释是“足不出户看世界，优酷的海量视频库应有尽有，无论是观看或分享，与世界同一节奏，尽情满足你对视频的期待、需求与幻想”。

优酷网的战略目标是成为全球最大的视频存储库和全球访问量最大的视频网站之一。

(2) 目标用户　优酷网的目标市场以国内互联网用户为主，客户群与总体网民性别比例基本一致。其中18～40岁的网民占到82%，未婚网民达74%。

(3) 产品与服务　优酷网的产品与服务包括为用户提供视频上传、视频欣赏、视频搜索、视频收藏、视频评论等。从视频内容划分，包括资讯、原创、电视剧、娱乐、电影、体育、音乐、游戏、时尚、母婴、汽车、旅游、科技、教育、生活、搞笑、广告等内容，涵盖内容非常广泛。优酷网将其产品与服务总结为“看、找、玩、传、拍”五方面。

(4) 盈利模式　优酷网的广告形式主要包括视频内广告和页面广告两种，优酷网购买电影版权向用户收取一定费用。

(5) 核心能力　优酷网有着快速寻找视频的有效方法，有着最全、最快、最好的视频数据库，有强大的资金和技术优势做基础，秉着“快者为王”的产品理念，注重用户体验，不断完善服务策略，其卓尔不群的“快速播放，快速发布，快速搜索”的产品特性，充分满足了用户日益增长的多元化互动需求。优酷正是具备这些核心能力，才使它成为国内视频网站中的领军势力。

(6) 优酷网的价值网络　优酷在广告收入规模上一直保持领先地位，但从同比增长率的角度来看，土豆网网络广告收入规模在2013年前三季度同比增长210.7%，略高于优酷的135.0%(图5-1)。

5.3.3 管理模式

(1) 组织和人力资源管理　在组织管理上，优酷网创始人经过多年来跨国公司里实战和历

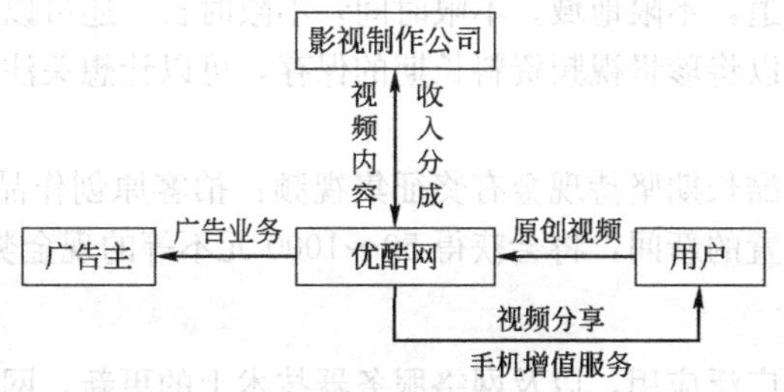

图 5-1　优酷网的价值网络

炼，积累了丰富的国际管理和经营经验，而且拥有逾 8 年的国内投资及运营经验。他将国外先进的管理经验和中国的实际情况相结合，构成了现在的优酷网管理体系。

在人力资源管理方面，伴随着优酷网的不断壮大，优酷网对人才需求也不断在加大。优酷网在全国范围内吸收各方面的人才，来为网站的持续发展打下基础。

(2) 业务管理　一个成功的模式往往有赖于科学的业务管理模式。优酷网科学的业务管理体现在其提供的内容的全面性和丰富性上。这也是它比其他视频网站拥有的最大优势。

(3) 服务与客户关系管理　在服务与客户关系管理上，优酷网通过“用户评论”等功能，提供完全不同的消费体验，并通过特色的产品定位吸引专业化的用户。另外在客户信息管理方面，做得也非常好，没有出现过客户信息泄露的现象。

5.3.4　资本模式

(1) 融资　2006 年 6 月 21 日，优酷网发布公测版网站。同年 12 月 12 日，优酷网完成了 1200 万美元的融资。本次投资由硅谷历史最悠久的风险投资公司 Sutter Hill Ventures、世界上最大的投资基金之一的 Farallon Capital 和中国本土唯一的常青基金 Chengwei Ventures（成为基金）三家投资机构共同参与。2010 年 9 月，完成 1.6 亿美元的融资。2011 年上半年再次融资 4 亿美元，融资总额达 5.93 亿美元。

(2) 合作　2007 年先后与盛大、百度、迅雷达成战略合作。2010 年上海世博会网络视频合作媒体。

(3) 上市　美国东部时间 2011 年 12 月 8 日，优酷网成功在纽约证券交易所正式挂牌上市。2011 年 12 月 9 日下午，优酷网股价首日上涨 161%，报收于 33.44 美元，创下美国证券市场 5 年之最。

5.3.5　营销模式

(1) 子营销　融合客户品牌或产品广告信息的视频作为传播的内容，利用互联网的互动性强、范围广、传播速度快等特点，以其传播内容的吸引力和趣味性，在短时间内像“病毒”一样自动散播，并且通过用户的自我传播和人际传播，在网络上长期留存，实现二次传播。所以也被称为“病毒”营销。

(2) 大剧营销策略　提出了“首轮全覆盖，大剧看优酷”的大剧营销策略，并顺势推出了金牌剧场这一全新的重磅营销产品。影视独播剧营销是优酷网最为人称道的一个重要方面。2010 年 2 月优酷网同国内另一视频网站巨头土豆网联合推出了“网络视频联播模式”，在买断的独播剧资源方面进行免费交换播出，并在版权方面达成了长期战略合作，首次实现了网络视频行业的多平台联合播出。

(3) 拍客营销　是指根据广告主的需求，或者根据其指定的活动、事件，由拍客参与、拍摄、记录或报道该活动或者事件的过程，以实现广告主深度营销、提升品牌认知等营销目的的营销方式。

拍客营销是网络视频特有的营销方式。视频媒体可以借助拍客的力量，为一个企业的普通市场活动做专题的拍摄和报道，不限地域，不限时间，不限时长，还可以实现与“目标用户”群的互动和二次传播。并且可以将珍贵视频资料长期的保存，可以让想关注的人，有需求的人随时参考和查阅。

为鼓励拍客原创，优酷长期坚持现金有奖征集视频：拍客原创作品如被选为优酷首页头条、首页热点、频道头条等位置的新闻，将会获得50～1000元不等的现金奖励。

5.3.6　发展趋势

近些年随着新媒体的广泛应用，以及网络服务器技术上的更新，网络视频播放更快而且更便捷，网络视频行业发展潜力很大。

优酷主要做的是视频服务平台，典型C to C模式。其CEO首先提出“注意力回报率”概念，就是聚拢网民的注意力资源，设计并组建以用户为单位的新资源进行运营。

网民数量不断上升，以前的传统门户网站主要利用文字和图片吸引网民参与，但是现在大众更愿意用更加直观有趣的视频实现交流，这是以后的新趋势。

5.3.7　竞争优势

(1) 精彩的内容　优酷网提供产品的“核心精神”。

① 优酷网提供的产品是视频服务平台（即C to C平台服务）。

② 优酷网发展的三大核心资源支撑，一是大众化短视频（通常是10～20秒短视频），二是影视作品，三是通过公共关系做的活动而签约执行的现场直播（如湖南卫视跨年演唱会直播、英超联赛直播等）。所以三大核心资源的第一项“大众化短视频”是优酷网在经营当中处于核心地位的资源。

③ 优酷网平台服务核心精神就是：做草根民众自己的视频，秀出“优秀和炫酷”的自我。

(2) 个性化取胜

① 组建自己的新资源“我的U盘”。作为一个服务平台，优酷网为每一位注册用户提供个人空间地址——“我的U盘”，并且透过优酷平台整合上述三大资源，用户可以自己上传拍摄视频，形成在“我的U盘”名下新资源。然后再以C to C的模式传播经营。如图5-2所示。

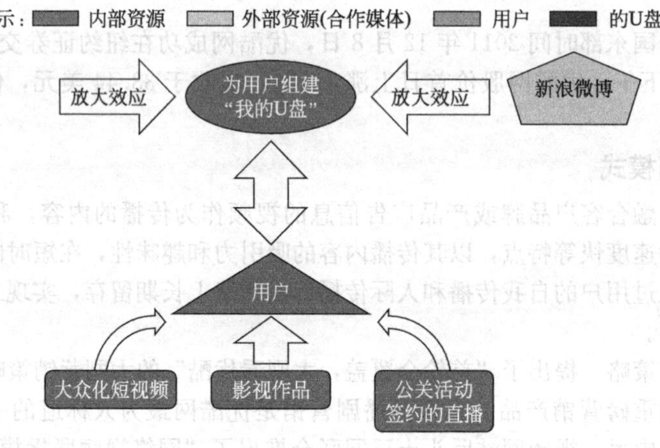

图5-2　“我的U盘”

优酷网现在正在大力地跑马圈地，积攒人气，所以当以用户为单位的“注意力资源”实现整合的时候，新的盈利模式也会出现。

优酷网还利用网络的外部资源积极与其他媒体合作，凭借他们在各自领域的力量，将这种效益放大。如优酷网与新浪微博、人人网的合作。

② 优酷网搜索引擎独创的“人气规则”。优酷网做的是一种聚合与提炼的服务平台。初创团

队对优酷网的定位，就是对做精致产品的投入率非常高，人气搜索的目的就是帮助用户找到他想找到的东西，并将用户进行选择过后的精致视频提炼出来。

人气搜索具体内容是将搜索视频按照“相关程度”“最新发布”“最多播放”“最多收藏”分类，实现纵向的人气管理。

(3) 视频的激励机制　优酷制定视频人气积累机制，用户播放视频的总次数会被记录累加，并且由数据库进行管理。每天都会按人气排名，上传最火爆的视频到主页，使观者一目了然。这样做实现了草根用户选举视频的模式，符合优酷本身的理念，公众参与其中，聚合了人气。

不同于其他视频网站让用户给视频打分的规则，优酷制定“顶踩”激励模式，而且将“顶踩”的结果数据公布，简化了用户评价视频的方式。

优酷开通视频评论，当然也会有专人管理。评论人必须注册“我的U盘”。图5-3为优酷的视频播放界面。

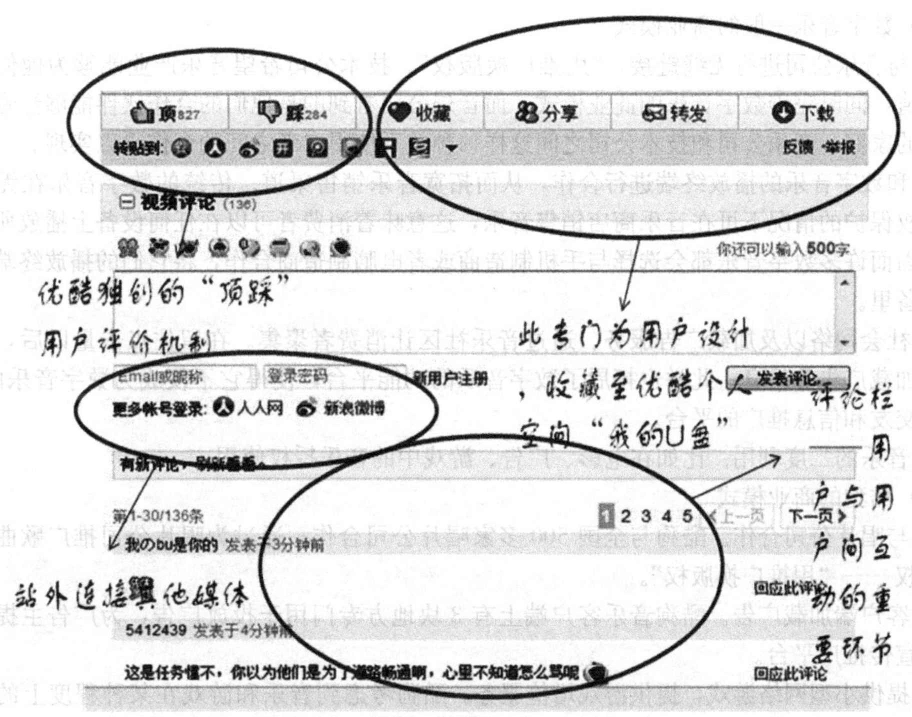

图5-3　优酷视频播放界面

5.3.8　总结

优酷网从模仿YouTube、以UGC为主要内容的视频网站起家，发展成为国内最大的视频网站之一，有许多值得借鉴之处。随着互联网的进一步普及与三网融合的发展，未来网络视频的影响力还将迎来新一轮的飞跃，影响力不容小觑。优酷网无论在技术上、资金上、用户上还是品牌上都已经筑就了自己的壁垒。同时内容定位方面的成功是基础，品牌形象和用户体验是助推剂，最终成就了优酷网在用户规模和竞争力方面的腾飞。

5.4　网络音乐——酷狗的电子商务案例分析

5.4.1　酷狗音乐简介

酷狗音乐是中国国内最大也是最专业的P to P音乐共享软件，拥有超过数亿的共享文件资料，深受全球用户的喜爱，拥有上千万使用用户。V3 版本给予用户更多的人性化功能，实行多源下载，提升平时的下载速度，经测试，最快可以达到 500K/s，更快更高效率的下载搜索的歌曲。中国国内最先提供在线试听功能，方便用户进行选择性的下载，减少下载不喜欢的歌曲。娱乐主页每天会提供大量最新的娱乐资讯，欧美、中国和日本、韩国的最新大碟，单曲排行下载能轻松掌握最前卫的流行动态，充分享受酷狗带来的精彩娱乐生活。酷狗还开放了音乐酷吧，让喜欢同一个歌手的歌迷们聚在一起。酷狗具有强大的搜索功能，支持用户从全球酷狗用户中快速检索所需要的资料，还可以与朋友间相互传输影片、游戏、音乐、软件、图片。酷狗还拥有强大的网络连接功能，支持局域网、外网等各种网络环境，支持断点续传，实现超高速下载。酷狗具备的聊天功能，让用户可以与好友共享传输文件，让聊天、音乐、下载变得更加互动，还附带多功能的播放器。

5.4.2 酷狗音乐商业模式分析

(1) 数字音乐一般的商业模式

① 与音乐公司进行无缝链接，“用推广换版权”。技术公司希望音乐产业能够为他们的服务提供升值，同时完善数字音乐的商业模式，而音乐公司看到的是他们的合作伙伴能够让音乐走进消费者的家庭。音乐公司和技术公司之间这样一种关系使得二者之间的合作得以实现。

② 和数字音乐的播放终端进行合作，从而拓宽音乐销售渠道。传统的数字音乐在无需使用数字版权保护的情况下可在音乐商店销售音乐，这意味着消费者可以在任何设备上播放所购买的音乐。因而许多数字音乐都会选择与手机制造商或者电脑制造商合作，将它们的播放终端安装到播放设备里。

③ 社会网络以及加载广告服务。通过音乐社区让消费者聚集。在留住点击量以后，在客户服务端加载广告等信息。此举也拓展了数字音乐的功能平台，使得它不仅成为数字音乐的平台，也成为交友和信息推广的平台。

④ 音乐的二度利用。比如在电影、广告、游戏中的音乐授权使用。

(2) 酷狗的商业模式

① 与唱片公司合作。酷狗与全国 500 多家唱片公司合作，通过为唱片公司推广歌曲，获得音乐版权——“用推广换版权”。

② 客户端加载广告。酷狗音乐客户端上有 3 块地方专门用于投放广告，为广告主提供一个很好的宣传推广平台。

③ 提供小型网络游戏，提供游戏增值服务。酷狗考虑到音乐和游戏在某种程度上的效用相关性，即用户在听音乐的时候还可以玩一些游戏来打发时间，因而还兼顾游戏运营商。

通过上面的对比，我们发现酷狗音乐几乎继承了传统数字音乐的大部分商业模式。

5.4.3 酷狗赢利分析

(1) 数字音乐一般的盈利模式

① 单曲销售模式。传统的音乐销售以 CD、磁带为载体，以专辑为单位。一张专辑一般包括 10 首左右的歌曲。随着音乐的发行渠道逐步从以音像店和音像专柜为主的物理渠道过渡到以互联网和无线下载的数字渠道，音乐销售的内容也将逐步从专辑走向单曲甚至是单曲的节选。单曲更适合在网络上传播，也更适合消费者的习惯。现在大部分消费者听音乐时会选择通过手机或者电脑，他们并不在意用什么方式听，消费者觉得哪首歌好听，听一下就行了。事实上，在绝大多数专辑里，消费者真正愿意掏钱购买的也就只有那么一两首歌曲，剩下的基本是萝卜搭白菜式的强买强卖。消费者并不是不愿意花两三元钱买一首他喜欢的单曲，而是不愿花 20 元钱买一首他喜欢的单曲加九首他不喜欢的单曲。因此，在线音乐应该更多地表现为单曲，而不是专辑。只要唱片公司把单曲的定价控制在一个相对合理的范围内并且能够提供非常方便的支付手段，相信愿

意购买正版音乐的消费者一定会成为主流。

② 增值服务模式。在线音乐应该提供更多的增值服务，才能吸引消费者付费。

由于盗版，免费音乐占据了在线音乐的绝对主流。但是免费音乐有很多缺点，这些缺点就是正版音乐的市场机会。首先免费音乐下载的时间比较长，找的时候也比较麻烦；二是免费音乐音质较差，消费者从中很难得到高品质的享受。

因此，正版在线音乐可以通过提高品质，提供远高于盗版音乐质量的增值服务，吸引消费者。例如，正版在线音乐可以做成多媒体文件，包括完整的封面和歌词，歌词可以滚动播放。

除了提高音乐本身的质量，还可以将音乐和服务整合起来，通过提供音乐衍生品和衍生服务来实现正版音乐的增值。

目前由音乐延伸出来的 Flash、FANSCLUB 等已经不下 10 种。当一种新技术到来之后，一些音乐的衍生品如卡拉 OK，宣传用的 MV，都可以转化为产品用于销售。

网络时代的音乐具有全民参与性的特点，适应这一特点，音乐产业可以在网上建立一个向所有喜爱音乐的用户提供完全自由创作、发布、交流的网络音乐平台，使所有热爱音乐并喜爱创作的用户尽情发挥，主动创作词曲，并可以通过自制小样，在网络上发布。因此，唱片公司可以提供在线卡拉 OK、K 歌大赛、音乐社区、音乐博客、在网上给歌星留言等，使用户在网上上传翻唱或者原唱的歌曲，唱片公司挑选一些优秀作品，制作成 30 秒的符合手机或者互联网的内容，直接提供给各大网络运营商和各大门户网站。

③ 终端设备预制模式。随着 MP3 播放器、音乐手机等数字音乐终端播放设备的大量销售，这些设备里预置的音乐也成为一个巨大的数字音乐市场。唱片公司可以直接将音乐卖给终端设备制造商，授权他们在这些设备里使用正版音乐。在赚取利润的同时，也将正版音乐随着 MP3 播放器、手机传播给广大消费者。

④ 在线免费，无线收费模式。尽管酷狗音乐创造出了一些在线音乐的销售模式，取得了一定的收益，但是从整体上来看，收费的在线音乐仍然只占在线音乐的极小份额。

在美国大行其道的在线音乐收费模式，在中国市场却不理想，相比之下中国消费者喜欢更为花哨的手机彩铃。到目前为止，手机彩铃仍然是最大的收费音乐平台。中国在线音乐市场规模远远小于无线音乐市场的市场规模，2004 年在线音乐市场占数字音乐市场总体规模的不到 17%。

iPod＋iTune 下载 MP3 是美国流行的在线音乐盈利模式，但是中国消费者习惯的是免费下载。我们不可能强迫用户去改变长期以来形成的习惯。而且，中国互联网的赢利模式始终就不是以电脑为中心，而是以手机为中心的。从这个意义上来讲，数字音乐也应该遵循这种模式：在线免费，无线收费。

因此，在中国，互联网的作用更多的是通过推广营销，吸引消费者眼球，从而最大限度地传播音乐，然后吸引尽可能多的用户去下载彩铃、铃声等。在很长一段时间内，互联网仍然需要以免费为主，培养用户，为音乐做宣传，吸引用户在手机上花钱。

(2) 酷狗盈利模式分析　酷狗的收入来源主要有以下几种途径。

① 广告收入。作为一个广告投放平台，为商家提供植入式广告，收取广告费用。广告费用的多少与广告投放在客户端的位置、时间段、投放时间长短等有关。这是酷狗以及现在大多数网络音乐平台主要的盈利模式。

② 唱片公司的推广费用。酷狗与全国 500 多家唱片公司合作，通过为唱片公司推广歌曲，获得音乐版权——“用推广换版权”。某些唱片公司愿意付费推广。

③ 部分音乐下载收费。

④ 部分增值项目收入。比如酷狗游戏中的增值服务收费。

5.4.4　酷狗发展前景展望

数字音乐平台本身就是一个竞争非常激烈的地方，作为提供此类服务的酷狗音乐来说，要想在竞争如此激烈的领域站稳脚跟并且不断增强其竞争力，就要不断地开发新的运作模式、商业模式和盈利模式，酷狗在一如既往地坚持以往地作为的同时，也在不断地创新服务，未来酷狗可能会进行下面几项内容的增改。

(1) 致力于将其打造为SNS化的平台，成为通过音乐实现交友的平台　数字音乐是社会化的音乐，当酷狗客户端实现SNS化将给酷狗带来巨大的价值：一个是增加用户的粘性，二是通过这种互动也有可能实现一些增值业务。

(2) 开启在线收费模式　用户通过为歌曲付费，就可以收听到高音质的音乐。

(3) 不断挖掘增值服务　未来计划在盈利模式上的扩张：考虑在平台上增加一些增值服务。比如像为用户提供存储的增值服务或者是更高音质的音乐服务。未来酷狗需要提供一个跨平台的渠道。无论是用PC还是用手机都能随时获得想要的音乐。

(4) 做好酷狗游戏的辅助作用　游戏是盈利模式最好的一个项目，酷狗游戏频道的增加也是出于盈利的考虑，希望用户在听歌的时候玩一些可以打发时间的游戏，其做的游戏都是网页类的游戏或者是休闲类的游戏，不会做大型的游戏。

知识加油站

一、中国数字音乐

中国数字音乐经过14年的发展，根据服务类型可以分为：无线音乐服务类、垂直门户音乐服务类、搜索音乐服务类、客户端服务类、音乐社区服务类和伴奏翻唱服务类。

数字音乐的产业流程基本相同，向唱片公司或独立制作人提供音乐版权给数字音乐网站，网站根据不同用户需求对音源编辑制作不同格式的音乐。

按照网页和客户端的不同发布模式，艾瑞咨询推出的“网民连续用户行为研究系统”2011年9月数据显示，客户端单独的覆盖人群占比达64.9%，市场份额最大，而网页单独的覆盖人群仅占8.1%，远远低于客户端用户。如图5-4所示。

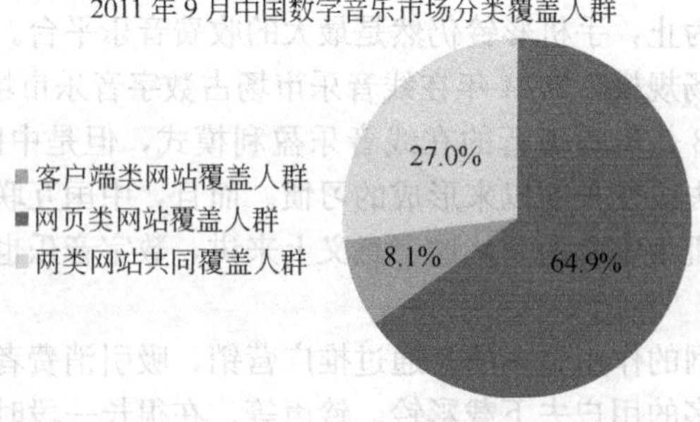

图5-4　2011年9月中国数字音乐市场分类覆盖人群

二、数字音乐市场规模

1. 中国数字音乐发展规模　根据艾瑞咨询《2012～2013年中国数字音乐行业发展报告》显示，2012年全球数字音乐收入规模达63亿美元，同比增长28%。与此同时，数字音乐占整个音乐唱片业销售额比例也在逐步提升，2013年达到25%。数字音乐已成为音乐唱片业发展的一个重要方向。随着在线音乐市场及无线音乐市场的平稳增长，艾瑞预计，2013～2014年，中国的数字音乐市场将继续增长，2014年将突破40亿元。

2. 中国数字音乐用户市场规模　根据艾瑞最新数据显示，从2009年第一季度（Q1）至2011年第三季度（Q3），使用网页获取音乐的用户规模变化不大。但由于其用户整体占比少，这种稳定状态对于通过网页提升音乐服务的网站，要想通过商业广告或者音乐收费实现盈利比较困难。如图5-5所示。

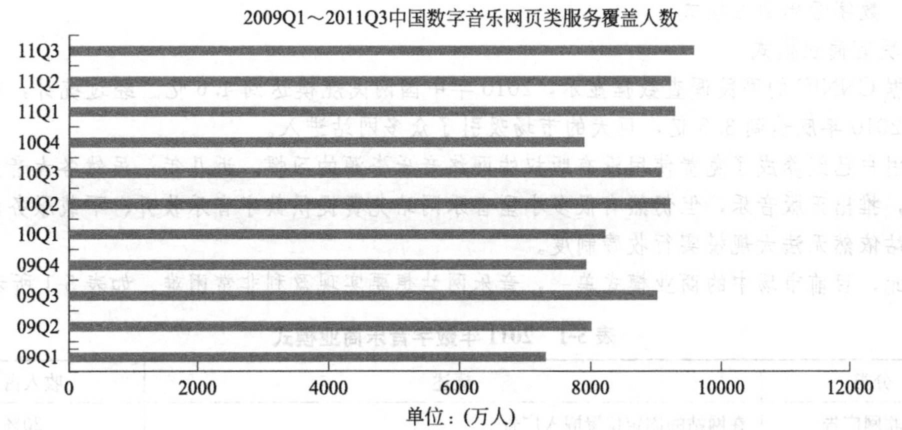

图5-5　2009Q1～2011Q3中国数字音乐网页类服务覆盖人数

与网页用户情况不同的是，使用客户端获取音乐的用户呈上升的趋势，每个季度平均增长率达到6.9%。用户规模是实现商业模式盈利的基础，提供客户端服务的网站在稳定增长的用户规模下，在未来将会获得更多的盈利机会。如图5-6所示。

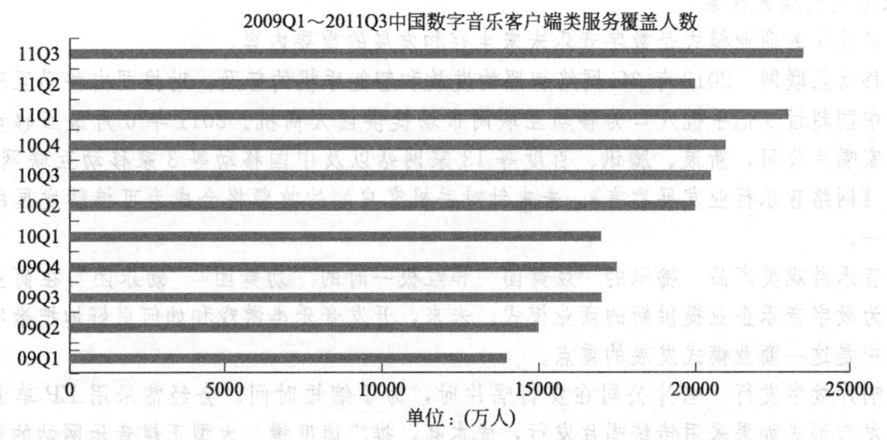

图5-6　2009Q1～2011Q3中国数字音乐客户端类服务覆盖人数

三、数字音乐行业产业链

在中国数字音乐产业链中涉及内容提供商、技术及平台提供商和用户等方面。根据目前市场上下游合作方式不同，产业链模式主要分为网站发布模式和移动互联网合作模式两种。两种产业链均包含内容提供商、技术及平台提供商、宣传渠道及内容使用者。

1. 网站发布模式

作为内容提供商的唱片公司或独立制作人提供音乐版权给数字音乐网站，网站根据不同用户需求对音源编辑制作不同格式的音乐。收费用户可以下载高品质音乐，比如QQ音乐的绿钻会员，免费用户可以收听下载普通格式音乐。通过免费音乐吸引用户，进而提高网站流量，吸引广告客户。

2. 移动互联网合作发布模式

内容提供商唱片公司或独立制作人提供音乐版权给数字音乐网站，网站根据手机用户的不同需求对音源进行编辑，制作不同格式的音乐。音乐上传到移动互联网音乐服务商建立的下载平台，用户付费下载。音乐网站向内容提供商购买音乐版权，与移动互联网音乐服务商分成用户付费下载的收入。

四、数字音乐商业模式

1. 现有商业模式

根据CNNIC的网民调查数据显示，2010年中国网民规模达到4.6亿。经过统计，在线音乐用户在2010年底达到3.6亿，巨大的市场吸引了众多网站进入。

但用户已经养成了免费使用没有版权的网络音乐资源的习惯。近几年，虽然各大音乐网站购买版权，推出正版音乐，但仍然有很多小型音乐网站免费提供数字音乐收听、下载服务，正规的音乐网站依然无法大规模实行收费制度。

因此，目前市场中的商业模式单一，音乐网站想要实现盈利非常困难。如表5-1所示。

表5-1 2011年数字音乐商业模式

分类	概述	收入占比
互联网广告	在网站的固定位置嵌入广告	20%
移动互联网	与电信运营商合作，提供彩铃音乐。 与电信运营商合作分两部分： 一是运营商总部，收入5：5分成； 二是运营商分部，收入根据具体谈判，分为6：4或7：3不等	80%

2. 未来商业模式探索

探索多元化的商业模式是数字音乐未来生存和发展的重要内容。

(1) 移动互联网 2013年3G网络牌照的发放和智能手机的普及，助推国内移动互联网快速发展。而中国超过9亿手机人口为移动互联网市场提供巨大商机。2011年6月滚石移动、海蝶音乐等9家唱片公司，新浪、腾讯、百度等13家网站以及中国移动等3家移动互联网运营商，共同签署《网络音乐行业发展宣言》。未来针对手机客户端的收费将会成为可持续发展的新型商业模式之一。

(2) 音乐游戏类产品 腾讯的"炫舞团"和红极一时的"劲舞团""劲乐团"在商业上的巨大成功，为数字音乐企业提供新的商业模式。未来，开发音乐类游戏和如何更好地把数字音乐融合到游戏中是这一商业模式发展的重点。

(3) 唱片数字发行 唱片公司在发行唱片时，为了缩短时间，会经常采用EP单曲发布形式。这种发布形式如果采用传统唱片发行，成本高，推广速度慢。大型正规音乐网站的渠道特点恰好满足EP单曲发行的需求，辅助完成唱片发行推广。如表5-2所示。

表5-2 未来新型商业模式探索

分类	概述	发展空间
移动互联网	与移动运营商合作，赚取流量费用。 一是彩铃音乐下载；二是APP软件下载，增加移动互联网流量分为6：4或7：3	彩铃音乐下载步入成熟阶段，三、四线城市发展空间广阔；APP软件下载处于发展期，3G网络和智能手机的应用促使其飞速发展，潜力很大
音乐游戏	把音乐的视听、下载、搜索、分享融合在游戏中，吸引用户玩游戏，达到商业目的	处于探索器，如果成功，市场潜力巨大
数字发行	与唱片公司合作，提供音乐、唱片发行渠道，辅助完成唱片发行推广	探索器过渡到发展期，将成为音乐发行未来重要渠道

任务小结

本任务分析的影视娱乐网站的主要分为网络游戏、网络视频及网络音乐等几类。每种类别经过几年的发展已经逐渐形成了一定的市场规模，并形成了各自独特的商业模式，其中不乏典型的成功案例。

分任务1 认识主要的影视娱乐网站分类，分析了网络游戏、网络视频、网络音乐的发展情况。

分任务2 网络游戏——盛大网络的电子商务案例分析，通过分析盛大网络的电子商务案例，分析网络游戏行业的发展情况，案例从网站基本情况介绍，到网站经营模式、管理模式、技术模式分析入手，对网络游戏网站发展电子商务有事进行了分析。

分任务3 网络视频——优酷网的电子商务案例分析，通过分析优酷网的电子商务案例，分析网络视频行业的发展情况，案例从网站基本情况介绍，到网站经营模式、管理模式、技术模式分析入手，对网络视频网站发展电子商务有事进行了分析。

分任务4 网络音乐——酷狗的电子商务案例分析，通过分析酷狗网的电子商务案例，分析网络音乐行业的发展情况，案例从网站基本情况介绍，到网站经营模式、管理模式、技术模式分析入手，对网络音乐网站发展电子商务有事进行了分析。

任务6 农业电子商务网站分析

能力目标

通过完成本次任务，应该能够：了解我国农业采用电子商务的原因，以及国内外农业电子商务发展概况；熟悉农业电子商务网站案例的内容、构成；掌握农业电子商务网站功能特色、发展战略以及设计要点。

核心能力

掌握农业电子商务网站功能特色、发展战略以及设计要点。

任务导入

随着科技的不断进步，各国对农业的发展都格外重视，并随着互联网的不断发展，在世界范围内掀起了一股电子商务热潮。许多国家的政府部门对电子商务的发展十分重视，并纷纷出台了有关政策。自20世纪90年代中期，我国电子商务网站以及各种农业网站如雨后春笋一般，日益发展起来，据不完全统计，目前，涉及的农业网站2000家。经过十多年的发展，我国农业网站基本上覆盖了农业领域的各个方面，以阿里巴巴平台为例，2012年阿里巴巴平台上共完成农产品交易额（GMV）198.6亿元，同比增长75%。农业电子商务功能和农村信息服务日益增强，对于促进农民增收、引导农业结构调整、加快农村市场流通等起到了积极的作用，引起政府、农业主管部门和社会各方面的高度关注。所以进行农业电子商务发展研究，是当代经济发展要求所决定的。

互联网上农业信息非常丰富，3分钟开设一个网上商店对于农民朋友来说已不再是梦想；网上在线文字、语音、视频谈生意也已成为现实，让原来的农贸市场的交易总额慢慢下降，新型的交易、支付、购买手段已经成型。新一代的农产品网上贸易市场的形成，很大程度上满足了各种农产品的流通，农业电子商务已经占整个电子商务的很大部分份额。

电子商务的网络市场已经到来，加入农业行业的电子商务也走进了农民的生活中，随着农民经济和文化水平的提高，逐渐以简单直观的方式深入到广大农民中去，足不出户进行农产品贸易流通，能在手指弹动一瞬间完成。

任务分解

分任务1　农业电子商务发展概况

分任务2　新疆林果网电子商务案例分析

分任务3　山东畜牧网电子商务案例分析

分任务4　湖南中农传媒电子商务案例分析

课堂讨论

1. 列举几个熟悉的农业电子商务网站。
2. 谈谈自己了解的农业电子商务网站的内容。
3. 建设农业电子商务网站会遇到哪些问题。

6.1　农业电子商务发展概况

6.1.1　我国农业采用电子商务的原因

农业在我国历来存在着生产经营分散、产品竞争力不强、流通环节多、交易成本高、标准化程度低等问题。特别是近年来随着世界经济全球化进程的不断加快和我国加入 WTO，我国农业所面临的小生产与大市场的矛盾更加突出。当前，流通已成为我国农业的“软肋”，严重地制约着农业整体效益的提高。在农业领域应用电子商务，通过计算机网络和通信技术，及时传播市场信息，帮助农业生产者特别是农民适应变化多端的市场，为我国农业发展带来如下好处。

(1) 降低农业生产风险，促进农业产业化　农业产业化的实质是市场化，即以市场为导向，在农产品的生产和流通过程中实现生产、加工、销售一条龙，在经济利益上依据平均利润率的产业化组织原则实现产加销一体化，即形成生产和流通利益共同体，把农户与市场联结在一起。通过电子商务强大的网络功能，跨越时间和地域的障碍，使农产品供需双方及时沟通，农业生产者能够及时了解市场信息，根据市场需求情况合理组织生产，以避免因产量和价格的巨大波动带来的效益不稳定，降低农业生产风险。

(2) 拓宽农产品销售渠道，减少环节，提高农业效益　我国目前的农产品流通体系尚不健全，因此农产品销售仍然存在着渠道窄、环节多、交易成本高、供需链之间严重割裂等问题。通过电子商务实现农业生产资料信息化，Internet 将市场需求信息准确而又及时地传递给买卖双方，同时根据生产的需求信息传递给供应商适时补充供给。在业务模式上，提供了交易市场、农产品直销、招标等交易模式，自行选择最适合自己的方式，真正实现电子商务的效能。

(3) 形成新型的农产品流通模式，促进相关行业的发展　我国农产品交易链及其通路过程存在环节多、复杂、透明度不高、交易信息对称性较差等问题。农业生产者可通过网上贸易受益，越是完善的网上市场越能为农民创造利润，甚至一些网站提供运费计算器，这样可以使交易者在价格、质量和运费之间选择最佳的组合，提高了农业效益。还可以把基于信任的个人接触的销售模式移植到网上，提供订单、合同的流转和管理，从而带动与农产品销售相关的金融、物流、交通、运输、电信等第三产业和服务业的发展，加快农业产业化的进程。

6.1.2　国内外农业电子商务发展概况

(1) 国外农业电子商务发展概况　据统计，全球和食品领域有关的电子商务网站有 1000～1500 个，占同期全球电子商务网站总数的 4%～6%，其中发展最快的国家和地区属于美国和欧洲。美国共有 200 多万个农场，农产品的 70%是由其中的 40 万个大农场生产的，是农业生产资料的主要买主。在没有互联网以前只能在本地区进行交易活动。现在的情况却发生急剧变化，多数的大农场已经联网。全美农场主每年大约支出 2000 亿美元用于土地、农机设备、化肥、农药、饮料等生产资料，现在已出现一大批网上采购者。根据美国农业资源管理研究中心的调查，2013 年美国农场的计算机普及率为 85%，Internet 接入率达到 63%。2013 年，美国农场的网上交易额为 18.95 亿美元，占农场全部交易额的 33%。

(2) 我国农业电子商务发展现状　截至 2013 年 12 月，我国网民中农村人口占比 28.6%，规模达 1.77 亿，相比 2012 年增长 2101 万人。2013 年，农村网民规模的增长速度为 13.5%，城镇网民规模的增长速度为 8.0%，城乡网民规模的差距继续缩小。近年来，随着中国城镇化进程的推进，我国农村人口在总体人口中的占比持续下降，但我国农村网民在总体网民中的占比却保持上升，反映出农村互联网普及工作的成效。2013 年，中国农村互联网普及率为 27.5%，延续了

2012 年的增长态势，城乡互联网普及差距进一步减少，农村地区依然是目前中国网民规模增长的重要动力。

农业部利用网络协议信息发布与查询等技术，建成的专业面涵盖较宽，信息存储和处理及发布能力较强，信息资源丰富和更新量较大的中国农业信息网，现联网用户已发展到 3000 多家。我国已建立 3100 家左右的农业相关的网络网站，包括政府、科研院所等，企业网站占一半左右，县级以上政府部门主办的农业网站有 200 多家，科研院所网站 100 多家，商务类结合网站有 100 多家。

6.2 新疆林果网电子商务案例分析

6.2.1 新疆林果业市场简介

进入 21 世纪，新疆维吾尔自治区把发展特色林果业放到全区国民经济发展格局中统筹部署。力争到 2014 年，林果总面积达到 1900 万亩，林果业总产值达 420 亿元以上，林果业收入占农民总收入的 34%以上。

新疆是世界上著名的“四大优质水果产区”之一，“三山夹两盆”的特殊地理位置，日照充足、空气干燥、昼夜温差大的气候条件，造就了新疆林果的独特品质。目前新疆已成为我国北方重要的林果产业基地，并且形成了南疆环塔里木盆地以红枣、核桃、杏、香梨、石榴、苹果、巴旦木为主的优质林果生产基地；伊犁河谷、天山北坡以苹果、葡萄及小浆果为主的特色林果产业带。

从 2001 年起，新疆各地区结合林果业发展现状，加大招商引资力度，成立了龙头企业、果品深加工企业，形成了“公司+农户”的经营模式。各种果品通过参加“农博会”“林博会”等商品展销会，走向北京、上海等国内大中城市，甚至还远销到了国外。

6.2.2 新疆林果网系统功能及特点

(1) 新疆林果网电子商务网站系统功能　作为新疆内第一家、也是最大一家水果、干果类网上购物网站，新疆特色林果电子商务股份有限公司旗下的新疆林果网主要实现了以下功能。

① CMS 网站内容管理系统/新闻管理功能。

② 产品展示功能。

③ 商品搜索功能。

④ 会员中心功能。

⑤ 留言反馈功能。

⑥ 在线咨询功能。

⑦ 论坛社区系统/BBS 功能。

⑧ 分类导购功能。

⑨ 网上购物功能。

⑩ 售后服务功能。

⑪ 人才招聘功能。

⑫ 供求信息功能。

⑬ 邮件订阅/发送功能。

⑭ 团购功能。

(2) 新疆林果网提供的主要服务　新疆林果网开通了全国免费服务热线 400-600-1666，供全国各地客户及消费者进行免费电话咨询服务，具体包括以下几个方面。

① 林果产品展厅。

② 林果商城。

③ 全国体验店。

④ 认证企业网。

⑤ 新疆地州瓜果网。

⑥ 网上特色林果展。

⑦ 全国行情信息。

⑧ 林果资讯。

⑨ 林果网论坛。

⑩ 在线留言。

⑪ 订单查询。

新疆林果网目前经营的主要项目有：红枣、葡萄、核桃、巴旦木、杏、枸杞、沙棘、无花果、石榴、西梅、草莓、苹果、黑加仑、樱桃、哈密瓜、桃、库尔勒香梨等。

新疆林果网旗下有巴州地区林果网、阿克苏地区林果网、和田地区林果网、吐鲁番地区林果网、哈密地区林果网、喀什地区林果网、博州地区林果网等电子商务子网站。在首府乌鲁木齐还设有西域果园乌鲁木齐特色林果产品展示交易中心旗舰店。

网上林果展活动包括：林果展销会、亚欧博览会、地州瓜果盛会、特色果品展示以及理念林果展销会。

此外新疆林果网为网上交易的林果企业提供企业认证服务，认证的企业有：新疆楼兰枣业有限责任公司、吐鲁番楼兰酒业有限公司、新疆伊犁天药生物科技有限公司、新疆果业集团、新疆八大怪食品有限公司等知名公司。

6.2.3　新疆林果电子商务股份公司发展战略

（1）服务宗旨　新疆林果电子商务股份公司的企业服务宗旨为：质量是我们的生命，服务是我们的法宝。

树立新疆林果的整体品牌和特色林果产品品牌，使消费者买得放心、用得安心。通过多方式、多途径提供服务，不断提升服务质量，使得服务快捷、贴心。

（2）服务内容　全产业链服务模式建设新疆林果电子商务平台，针对不同阶段和对象提供不同的服务。总体服务为产品（信息）展示、网上交易、定制服务、质量标准等。

① 林果种植服务。如表6-1所示。

表6-1　林果种植服务内容

农资、农技服务	收购服务	标准认证服务	增值服务
化肥、农药、果苗供应资讯及品牌推荐 林果栽培技术资讯、在线培训	订单预约服务 现场收购服务 网上订单预约	产品检测服务 产品标准认定服务 在线认证	在线资讯服务 气象服务 电子期刊

② 深加工服务。如表6-2所示。

表6-2　深加工服务内容

原料收购服务	技术、设备服务	产品推广服务	增值服务
收购资讯 期货订单预约	生产加工技术信息 专家咨询 加工设备推荐、供应	产品推广 产品代销 品牌宣传	供求信息 行业展会 电子期刊 短信服务

③ 仓储、物流服务。如表6-3所示。

表 6-3 仓储、物流服务内容

订单预约服务	技术咨询	产品推广服务	增值服务
订单预约	仓储保鲜技术 专家咨询 在线培训	仓储、物流供应信息发布 仓储、物流服务推广	供求信息 电子期刊 短信服务

（3）服务对象 新疆林果网自上线以来，就明确了其服务的对象，主要为以下企业提供电子商务服务。

① 林果消费者。

② 果农（供应商）。

③ 林果批发市场及销售企业（销售商）。

④ 林果仓储保鲜企业。

⑤ 林果物流企业（运输商）。

⑥ 林果深加工企业。

（4）新疆林果网家族

① 中文简体版。

② 中文繁体版。

③ 维文版。

④ 英文版。

⑤ 俄文版。

⑥ 阿拉伯文版。

⑦ 日（韩）文版。

（5）访问模式

① 新疆林果网。通过访问新疆林果网网站可以最全面、最细致地了解新疆特色林果产品，实现网上交易，尊享新疆林果网优质的服务。

② 全国服务热线。拨打新疆林果网全天候全国免费服务热线，通过呼叫中心为客户提供信息咨询、技术咨询、产品质量追踪等服务，实现商品交易。

③ 全国体验店。走进新疆林果网分布日益广泛、品质完全保证的认证体验店，买到称心如意的新疆特色瓜果，让这些天之瑰宝不再遥远。

④ 林果展。参观北京、上海、广州的新疆特色林果展，近距离集中观赏、品尝鲜果、干果、深加工产品，了解正宗、高品质的新疆瓜果，从此走进新疆。

（6）发展战略 公司根据目前新疆林果业的发展状况以及新疆电子商务的发展，结合公司实际情况，经过周密的市场调研与分析，经公司股东大会和各个业务部门的深入研究分析，制定了科学的中长期发展战略。

① 拟定公司实施电子商务和总体规划。电子商务不仅仅是将企业业务简单地搬到因特网上，更重要的是对企业现有运营模式的变革，它涉及企业管理模式的改变、业务流程的调整、内部资源的重组、基础设施的架构等一系列问题，也包括企业外部网络环境的建设，宏观市场环境的营造等。

② 结合自身条件增加信息化建设的资源投入。作为以信息化为基础的电子商务企业，新疆特色林果电子商务公司增加信息化的软硬件投入，如系统构建成本、技术支持成本、运营管理成本、安全成本、风险成本和其他成本。公司以商务为核心，利用现代信息技术工具实现企业价值链上的新的利润增长点。

③ 建立高效信息收集系统，优化资源配置。信息网络时代，及时有效的信息决定市场和效

益。为了成功地实行电子商务，新疆特色林果电子商务公司建立了一个高效的MIS信息收集系统。通过网站的设计，建立一个良好动态数据库，并对信息进行加工处理，进而了解市场的需求动向及企业自身的经营情况，企业的产品在网上受欢迎的程度等。同时能与ERP、BPR、SCM和CRM系统进行整合，进而优化自身的资源配置，最大地降低成本，提高经营效益。

④ 选择最佳的配送及支付结算方式降低风险成本。社会化配送及支付结算方式是电子商务发展的两个瓶颈，电子商务企业无法通过自身来解决。因此，新疆特色林果电子商务公司采取第三方物流配送方式，由物流代理公司承接仓储、运输代理后，为减少运行费用，提高服务质量，同时为了使公司有利可图，在整体上进行统筹管理，使物流合理化。同时，支付结算方式采用了由银行或第三方支付公司作为中介来承担，进而降低交易风险。

⑤ 以客户为中心，提供优质服务系统，建立忠实的客户群。现代客户需要强调的是个性化服务，网络服务系统为客户提供了全新的工具：全天候、即时、互动、了解信息、释疑解难等。这些都迎合了现代消费个性化的需求特征。所以，新疆特色林果电子商务公司把电子商务整合到营销计划中，使客户服务成为电子商务必不可少的环节之一。新疆特色林果电子商务公司以客户为中心，提供完善的售前、售中、售后的服务体系，实现人性化的服务。

6.3 山东畜牧网电子商务案例分析

6.3.1 项目提出的背景

近几年全球禽流感危机日益扩大，不但危及生命安全也为全球经济发展笼罩上一层阴影。禽流感不仅带来直接经济损失，人类的疾病和死亡还会使全球劳动力的规模和生产力大大降低。如果情势失控，很可能导致全球200万～5000万人死亡。此外，禽流感的大爆发还将危及全球经济发展。人传人的禽流感可能造成世界每年8000亿美元的损失，相当于全球各国一年国内生产总值（GDP）的2%。由于禽流感造成的旅游与贸易中断而产生的损失将无法估算，一国、一地区乃至全球经济都可能面临突然停滞的危险。猪感染禽流感病毒，表明禽流感病毒从禽传人演变成人传人的危险性明显增强。我国偏远山区多，医疗基础设施不足，医疗技术水平相当有限，药物和疫苗欠缺，当这些地方的公共卫生防疫系统控制不了疫情时，灾难将一发不可收拾。为保护国民生命安全，减少国民经济损失，加强我国禽流感疫情预警监控体系的工作势在必行。

6.3.2 项目提出的依据

山东是我国重要的畜产品生产基地，畜牧业各项指标均居全国前列。特别是近年来，随着无规定动物疫病区项目的建设实施，以黄河三角洲为中心的畜产品基地已逐步走向大发展，山东的肉鸡、生猪、活牛出口已现成效，特别是肉鸡出口，其出口量占据全国半壁江山，并拥有诸城外贸、阳谷凤祥等一批肉鸡出口龙头企业。畜牧业对农业和农村经济发展，对增加农民收入，发挥着越来越重要的作用。山东畜牧业已进入快速膨胀发展期，并走上了国际化轨道，组建全覆盖、高效率的畜牧业信息化网络，既可以充分发挥党委、政府对畜牧业生产和管理的决策指导作用，向基层传递政策信息，又可以广泛收集、发布国内外畜产品市场信息、养殖实用技术信息、畜牧业物资供应信息、畜禽优良品种开发及推广信息等，引导畜牧业生产，并提高为“三农”服务的手段。将农民千家万户的分散经营和千变万化的大市场有效对接起来，还可以广泛宣传推广“山东名牌”，最大限度地开拓外埠市场，扩大山东省畜产品的市场占有份额，提高市场竞争力。

我国加入世贸组织后，畜牧业国内外市场的信息变化加快了，技术壁垒和国际标准提高了。在畜牧行业，譬如说肉鸡等的出口，今天还是晴天，出口一路顺畅，明天就可能要下雨，遭遇封关，真可谓是市场瞬息万变，而对于这种变化的信息如不能及时掌握，会使政府和企业处于被动，经济利益受损。这种国际化的大市场和小生产之间的联结，迫切需要建设完备、快捷的畜牧信息化系统，以有效地联结市场和生产。广大的畜牧生产者也需要市场信息的指导，而畜牧行政部门急需对生产状况作准确的了解，因此，依托网络这一先进媒体，建设山东省范围内的畜牧信息化系统，是了解生产情况，传达市场要求，有效地指导生产的最佳途径。

6.3.3 山东畜牧网网站内容构成

对山东省或外省的重要畜牧生产资料及其产品信息，经过畜牧办审核后，发布到门户网站。保证所发布的畜牧信息真实合法，避免因为发布虚假信息造成的违法事件。目标是建成一个经过严格进行真实性、合法性审核的畜牧相关企业及其生产经营的生产资料相关信息的发布平台，保证在网内的所有企业和信息都是真实合法的，保证不会发生“坑农害农”的恶性事件，也为电子商务的顺利进行做好基础数据资料的准备。

（1）重大疫情分析系统　主要针对国家发布的重大动物疫情，通过快速通道，进行快速上报及应急反应。此系统收集山东省畜禽养殖信息，分别标注在电子地图上，对接收到的重大动物疫情情报，通过内部流程审核确认后，在电子地图上标注警告信息并划出方圆 3 千米隔离区，自动计算出隔离区需检疫的畜禽数量，根据相关规定报送上级领导办公室或其他相关部门。

（2）公共信息发布　根据国家法律法规要求，响应“打造责任政府透明政府”的要求，把畜牧办的一些需要向社会公众或企业发布的信息通过内部流程审核后，发布到该网站。

（3）政务信息平台　面向系统内畜牧主管部门或其他农业畜牧业主管部门，比如发改委、农业厅、财政厅、经贸委、食品药品监督管理局等相关业务厅局，共享畜牧业政务信息。目标是建立一个涵盖山东省所有畜牧相关部门之间进行政务协作的电子数据交换平台。

（4）畜牧信息分析系统　对各地畜牧局上报来的畜牧业信息进行归类整理，生成相关数据报表或电子地图图层数据，发布到电子政务网上，供其他厅局查阅。

（5）网上业务审批　按照法律法规对需要审批的一些业务，比如兽药 GMP 证书、饲料生产许可证等业务，通过电子政务平台报送到畜牧办，畜牧办再通过内部办公流程进行网上审批。

6.3.4 山东畜牧网服务体系

山东畜牧网从总体框架上采取多层多服务中心的分布式服务体系，建立一个覆盖山东省畜牧业相关部门及企业的集网上办公与信息服务为一体的电子政务信息平台。山东省畜牧信息平台设计为三层服务体系，其中第一层为山东省畜牧办信息服务平台，包含三大块内容：一是重大动物疫情应急反应及上级领导的紧急决策与快速部署支持系统；二是网上报送、网上审批暨网上办公

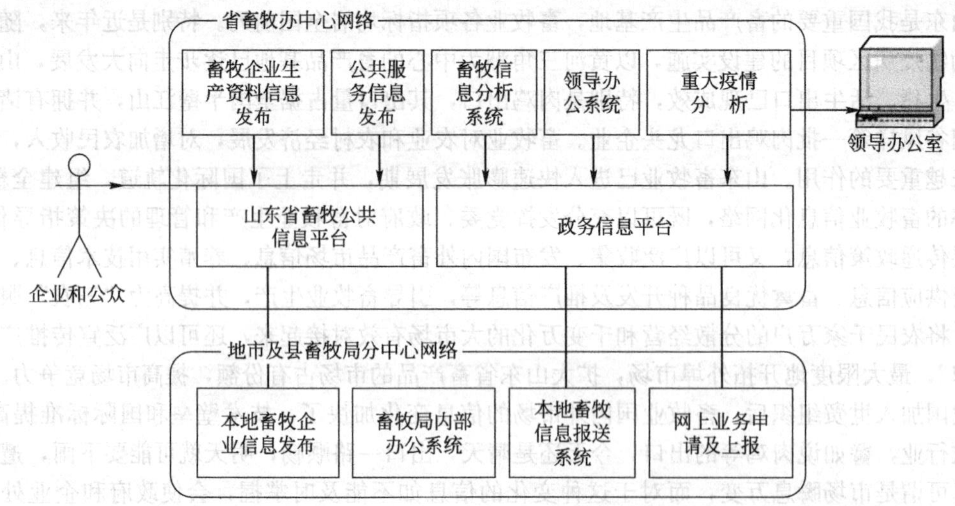

图 6-1　山东畜牧信息平台框架示意图

系统；三是面向山东省范围内的公共信息服务系统。第一部分和第二部分是整个畜牧系统内部的办公系统，需要对每个使用人员进行数字证书认证，第三部分主要是面向公众提供经过畜牧办审核的信息服务，不需要使用者再进行数字证书认证即可使用。第二层是地市、县各级畜牧局的数据支持系统，分为两部分：一是畜牧系统内办公信息系统，包含内部办公系统及畜牧相关企业或单位的信息采集及信息汇总上报；二是面向本地企业及公众的公共信息服务。第三层是分布到各乡镇村的数据采集点汇总报送系统，在此基础上还可以继续发展山东省整个畜牧行业的电子商务网。图 6-1 是整个山东畜牧信息平台的整体框架示意图。

6.4　湖南中农传媒电子商务案例分析

6.4.1　湖南中农传媒有限公司简介

湖南中农传媒有限公司是思洋中国集团旗下的新媒体公司，主要面向全球农业领域，是一家集网络互动传媒、IT、广告、策划、咨询、销售、研发于一体的新型网络媒体。

中农传媒凭借良好的信用、优良的服务与多家企业建立了长期的合作关系。该公司主营食品和农副产品。其目标是帮助参与特色湖南的农业企业打通网络销售渠道，帮助特色湖南的企业在网络上打响品牌知名度。

6.4.2　中农传媒的电子商务模式

电子商务在其发展过程中，出现了各种各样的电子商务模式。一般可以把中农传媒电子商务分为 B to B、B to C、G to C、C to C 四种模式，下面分析这四种模式。

(1) B to B　在农产品电子商务中，在线交易是一种主要的电子商务模式。农产品的在线交易与其他商品有所不同，农产品属于低值、易腐蚀、科技含量低、规格不一的商品，尤其鲜活产品的物流问题，相对来说在线交易的成功率比较低，条件要求更高。

(2) B to C　我国现在有一些政府开办的网站都在进行 B to C 的交易活动，如天津市农业信息中心和市农业环保站建立的无公害蔬菜网，通过市梦得农副产品配送中心为广大市民提供网上订菜服务，以及吉林省粮食局开通的“中国金粮网”、辽宁省构建的“金农网”等。

(3) G to C　目前 G to C 模式下主要以政府办的供求信息服务型网站为主。这种类型以中国农业信息网为代表，包括各级政府组织的涉农网站。规范市场，服务“三农”。

(4) C to C　对于网上零售农产品的网站，现在各大城市都出现在市场中，在农村可以通过互联网联系销售商，也可以在城市建立销售网店，用户可以通过互联网购买送货上门。例如淘客帝国网站就是运用了 C to C 销售模式。

中农传媒网的整体模式跟中农网差不多，只是中农传媒网是针对于一个特定的地区——湖南，而中农网面向的是全中国。中农传媒网是在传统农业的基础上建立的 B to B 类型的网站，它依托行业优势、整合资源，利用网络技术建成以有形市场为依托、无形市场与有形市场相结合、信息服务与电子商务相配套的为湖南特色农产品打造的小型涉农业电子商务平台。

6.4.3　中农传媒主要功能和特色

(1) 基本服务　主要包括为浏览者提供农业的一些资讯、专题、搜索以及行业动态等信息。

(2) 特色服务　主要包括一些国家对于农业的政策法规以及相关领导人对于农业发展的观点。同时还有各地区的农业网站的相关信息。

(3) 在线发布信息和在线订购功能　中农传媒网的信息全面丰富，不仅包括湖南对于农业的政策法规，同时也包括农业行业的发展动态以及一些农业产品的价格、资讯动态。在中农传媒网上，商家和浏览者都发布供求信息。浏览者也可以通过快速搜索栏，方便快捷地找到自己需要了解的产品。中农传媒网还提供了在线订购的功能。

(4) **快速了解批发市场　中农传媒网把许多城市的农产品批发市场通过地图的形式展示给浏览者。只要找到自己想要了解的地方的农产品批发市场，直接打开地图就可以看到。**

知识加油站

一、我国农业电子商务发展的政策选择

1. 从政府方面来看

政府在农业信息化和电子商务开展方面起着非常关键的作用，应该继续加大在电子商务信息网络系统以及平台的投资力度，同时可以考虑类似广播电视的村村通工程，力争在一定时间内达到每村都有一台联网电脑的目标，这对农业电子商务的长期发展十分必要。

2. 从参与农业生产的企业来看

促进从事传统农产品贸易的企业向电子商务转型。加强企业内部信息化建设，使用互联网技术建立企业内部网（Intranet）。在此基础上，建立通向国际互联网的外部网络（Extranet）。基础设施建设完成后，企业实现主要业务逐步向电子商务过渡，最终实现向电子商务型企业转型。

3. 从电子商务参与者角度来看

培育网上交易的客户群。加强电子商务有关知识的宣传与培训，提高电子商务在农户中的可信度。通过举办形式多样、生动活泼、图文并茂的电子商务科技宣传和培训，传播电子商务的应用方法和注意事项，扩大农村居民对电子商务的了解和认识。此外，对于大多数人有顾虑的网上交易安全、货物质量、付款、送货等方面问题，政府应该从立法、执法方面加以规范，减少风险。

二、农业发展电子商务存在的问题

1. 农业用户上网比例低

广大农户在农业生产、销售过程中，依靠因特网获取信息进行决策的不到1%，大多数还是凭借个人经验和来自邻居、集市上的信息来决定种什么、种多少及卖多少价钱。

2. 法律法规制度不健全

电子商务的远程交易决定了需要全国的信用体系来保证每个人都能遵守网络交易的规则。虽然2005年4月1日，《中华人民共和国电子签名法》（以下简称《电子签名法》）和《电子认证服务管理办法》正式实施。但是该法只是对电子商务交易的身份认证进行原则上指导，并不是一部完整的对电子商务交易进行约束的制度。由于《电子签名法》在所采用的技术标准及论证机构上没有统一的规范，甚至还保留着“不干涉企业继续选用现实签章或选择电子签章的自由”的条款，也使大部分企业在具体细节操作上无章可循。法律制度的不健全必然导致失信现象的产生。同时有法不依、无法可依、执法不严、以罚代法和对失信者的姑息迁就时有发生，失信者不能受到法律严格惩罚，同时守信者无法获得法律保障的情况是现阶段我国电子商务活动的一大问题。

3. 电子商务品牌的信誉度差

随着互联网的发展，出现网络诈骗、网上犯罪等一系列问题。人们对网络的信用度不高直接影响到对电子商务的信任，2013年，中国网络购物用户规模达3.02亿人，使用率达到48.9%，相比2012年增长6.0个百分点。据中国互联网（CNNIC）的统计，对于经常上网的人只有48.9%有网络购物的经历。同时选择网络购物时首先考虑的两个问题是网络知名度高（61.4%）和信誉好（55.1%）。由此看来电子商务品牌的信誉度问题是网民们首要考虑的问题。然而在我国网络交易平台的网站，处于成本、政策、资本等许多方面的考虑，根本没有参与到信用体系的建设工程里面去，而是采取“推”给交易双方的模式，自然导致漏洞百出而弊病多。

三、我国电子商务发展的对策

1. 政府增加财政投入，促进农民增收

现在整体网络经济的低潮、农业网站面对的信息需求市场的狭小、网站建设技术和发展模式的落后以及重复建设等原因综合作用下，我国农业网站建设走到发展进程中的十字路口，地方政府应该投入主要精力与财力致力于网站相配套的设施、农民培训等工作上。利用网上免费信息，促进农民增收。网络农业信息服务与农民的切身利益相关，农民从获取的信息中得到了实惠，就会受到农民的欢迎。

2. 建立统一网络支付体系

随着电子商务的发展，近几年我国网上支付的发展十分火爆，有通过手机支付的“掌上通”等数十种支付工具。但由于支付工具的繁多，不利于支付信用的共享和监督。实现网上支付必须要建立一个全国统一的网上支付清算体系。网上支付清算体系应属于中国国家现代化支付系统的重要组成部分。建立我国统一的网上支付体系可以联合电子商务网站开发出统一的电子商务支付工具。

3. 建立健全电子商务法律法规，严厉打击电子商务领域违法犯罪行为

为保证电子商务活动得以正常进行，政府需要提供一个透明的、和谐的商业法律环境。目前我国急需制定的有关电子商务的法律法规主要有：买卖双方身份论证方法、电子支付系统安全措施、信息保密规定、知识产权侵权处理规定、税收征收以及广告的管制、网络信息内容过滤等。另外，建议国家司法部门加大网络犯罪的侦查、追究力度，严厉打击电子商务领域犯罪，营造电子商务的一片净土。

4. 我国农业电子商务网站建设的国际化问题。

随着我国加入WTO之后，我国的农业及相关产业逐渐与国际市场融合，对国际农产品生产和贸易信息的需求也加大。但我国农业网站中有关方面的信息做得远远不够。应建立国外农业相关网站的索引数据库，努力实现对国外网站的即时翻译等。

农业电子商务作为网络时代的一种全新的交易模式，相对于传统交易方式是一场革命。以后充分发挥农业电子商务所具有的无可比拟的先进性和优越性的行业特征：一要讲究快，市场经济信息瞬息万变，这就要快，否则不仅不能起到引导和服务的作用，反而会有害；二是要讲究准，准确、真实是信息工作的生命，如果信息失真，一旦不准，就没有生命力，这就要求信息采编人员要深入实际，反复核实；三是要讲究适用，一条信息编上去，广大农民群众致富要有好处、有帮助、有作用，否则就没有价值。

任务小结

本章介绍了我国农业采用电子商务的原因，国内外农业电子商务发展概况。

分任务1　电子商务在林果业的应用案例分析，介绍了新疆林果网系统功能及特点，新疆林果电子股份有限公司简介以及发展战略。

分任务2　新疆林果网电子商务案例分析，介绍了新疆林果业市场简介，新疆林果网系统功能及特点，新疆林果电子商务股份公司发展战略。

分任务3　山东畜牧网电子商务案例分析，介绍了山东畜牧网项目背景，依据，网站内容构成，网络服务体系。

分任务4　湖南中农传媒电子商务案例分析，介绍了中农传媒网概况，该网站的电子商务模式以及功能特点。

任务7　团购网案例分析

能力目标

通过完成本次任务，应该能够：了解我国团购网站电子商务发展概况；熟悉典型的团购网站运营模式、技术模式、营销模式；掌握团购网站电子商务案例分析的分析方法和技巧。

核心能力

掌握团购网电子商务经营理念。

任务导入

过去的几年中，互联网上最火爆的词汇恐怕除了微博，就是团购了。2008年一家名为Groupon的网站出现，半年后扭亏为盈，并迅速风靡美国，被《纽约时报》称为美国史上最疯狂的互联网公司。由此拉开世界团购序幕。只需几个人，几台电脑，一两万块钱就可以建个团购网站，加上美国Groupon大获成功的示范效应，于是中国的团购产业就此展开。自中国首家Groupon模仿者上线仅仅几个月之内，团购网站的数量就增加到了1726家，重量级选手已经悉数入场，除了第三方团购网站外，三大门户、B to C电子商务平台、SNS社区等也都纷纷推出了自己的团购平台。仿佛一夜之间，团购网站就如雨后春笋般成长起来了。自2010年1月，中国第一家团购网站“满座网”上线之后，美团网、拉手网、糯米网等团购网站相继上线，一时间，形成了团购网站遍地开花的局面。据不完全统计，截止到2013年5月，中国团购网站已经多达5000余家。

团购利用电子商务正在国内一些大中城市迅速发展，成为电子商务的一个新亮点，衍生出了新的团购电子商务模式。团购是服务类商家的一个电子商务平台，实际上是扩展了互联网的电子商务，原来只能买产品，现在可以买服务。

中国团购企业主要形成五种竞争力量。

第一，以美团、满座网为代表的新兴团购网站。以团购形式切入中国电子商务市场，凭借先发优势及良好的市场信誉，占据一定的市场地位。

第二，以人人网、开心网为代表的社交网络商家。口碑营销是团购快速结网发展的重要推广手段。

第三，以淘宝、京东商城、卓越为代表的综合性购物网站。此类网站可利用已积累的商户、用户资源及现有平台品牌优势。

第四，以大众点评网、饭统网等代表的生活信息服务类企业。这类厂商已经积聚了大量的细分行业分类信息，并与商户建立了良好的联系，是团购模式推广的优势资源。

第五，以新浪、腾讯、搜狐为代表的传统互联网企业。这是传统互联网企业业务“大而全”战略必占的细分业务之一。

众多的团购网站中拉手网在短短1年的时间内，无论是网站流量、用户支持度、销售额，还是企业规模上，都已稳居市场第一的位置。拉手网一个新兴的购物网站何以击败众多网络大佬成功站在团购网站的巅峰？站在巅峰的拉手网又将何去何从？这就是下面要探讨的问题。

分任务1　拉手网案例分析

分任务2　美团网案例分析

分任务3　窝窝团案例分析

课堂讨论

1. 目前主要的团购网站都有哪些？它们的共同点是什么？
2. 团购网共同的运营模式是什么样的？
3. 团购网目前还有哪些不足之处？

7.1　拉手网案例分析

7.1.1　网站概况

（1）基本情况　2010年3月18日，拉手网北京站开通；2011年4月11日，拉手网注册用户数量已经突破300万，月均访问量突破3000万，开通服务城市超过400座。2010年交易额接近10亿元，并且以每月100%的速度成长。在不到1年的时间，拉手网在号称“千团大战”的团购市场脱颖而出，成为截止到2011年4月11日国内最大的团购网站。

（2）公司管理层　拉手网CEO吴波，是互联网技术及商务领域的先行者和开拓者，清华大学电子工程学士，美国西密歇根大学计算机科学硕士，美资影立驰公司的创始人兼CEO。后又创立焦点房地产网、Richcore等。2009年看好中国电子商务市场，率领原有团队参照美国最热门电子商务网站Groupon和Foursquare创立拉手网。

7.1.2　盈利模式

如今的网站想单纯依靠流量、广告来盈利已经非常困难，网站必须要有自己清晰的商业模式才能发展壮大，也才有核心价值。相较其他类型网站而言，拉手网由于直接面对商品、消费者、企业，它的盈利模式也是相对最清晰的。

（1）商品直销　以“团购”的名义直接在网站上登录商品信息进行直接销售，这里的货源也可以是自己进货、或跟商家合作代销，直接获得商品销售利润。商品直销是在网站运作中实现基本盈利的传统方式。

（2）活动回扣　网站作为商家与买家的中间桥梁，组织有共同需求的买家向商家集体采购，事后商家向网站支付利润回报。

（3）商家展会　不定期举办商家展览交流会，商家可以借此机会进行新产品的推广、试用，与客户面对面交流、接受咨询与订单并借此了解客户的需求与建议。网站向商家收取展位费获得收益。

（4）广告服务　拉手网除了具有区域性特征外，其受众一般都是具备消费、购买能力的人群，对于商家来说定位精准、目标明确、成本低廉，是商家广告宣传的最佳平台。

（5）售会员卡　“VIP会员”是用来突显用户“尊贵身份”的常见方式，在年轻人，特别是学生人群中非常受欢迎。拉手网站通过发放会员卡的形式来让用户提升“身份”，网站可以为持卡会员提供更低廉的商品价格，更贴心的服务，让持卡会员直接在合作的商家实体店铺进行“团购”。

（6）分站加盟　当网站发展到一定影响力，无形中已经在做项目招商。此时可以提供授权给加盟者成立分站，为加盟者提供网络平台、运作经验、共享网站品牌等。在获得加盟费的同时也扩大了自身规模的影响力。

（7）线下活动　通过开展不定期的线下活动，不仅是一种盈利的好方式，更拉近了与会员的距离，增加满意度和忠诚度，提升品牌的价值。

7.1.3 商业模式

拉手网在本地化生活服务上摸索出高品质的服务策略，以“放心无忧”的服务理念，获得消费者的信赖。而“拉手商城”等实物类商品的上线，将实物类团购与品牌相结合，成功构建了多元化的经营矩阵，形成了较为突出的战略优势。

相对于单一的经营模式，多元化的创新探索对发展中的团购行业有着巨大的推动意义。目前来看，团购网站服务类商品逐渐形成本地化的消费习惯，而实物类商品，则可以根据物流配送发达程度进行城市区域化合作，实体商家与团购网站之间合作，更能直接提升商品的品牌知名度、渗透度，实现多家共赢的局面。

目前，拉手网等团购网站已经开始挖掘和抢占这一市场，纷纷开拓实物类团购。探究商业模式，本地生活服务类团购业务是做好 O to O(Online to Offline) 不可或缺的一部分，而实体商品团购也汹涌来袭，并将与服务类团购互补，形成多元化经营矩阵，挖掘出更大的潜在空间。如图7-1所示。

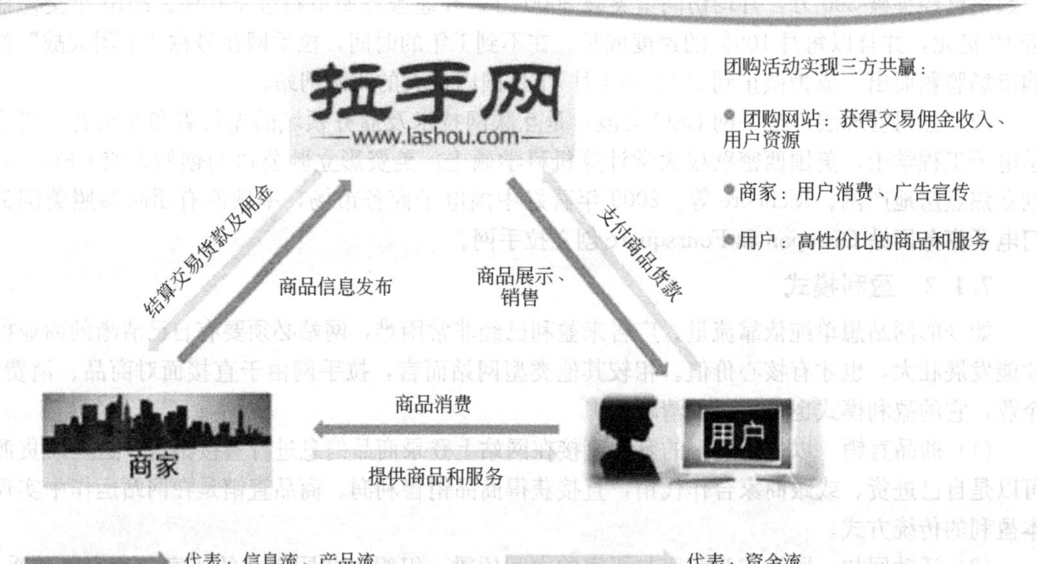

图 7-1 拉手网商业模式

7.1.4 经营模式

(1) 拉手网的经营模式

① 一日多团。不同于 Groupon 的独到之处是能吸引更多不同需求的用户。

② 社区团购。社区团购指一定数量的消费者通过社区或社会中的一些提供社区团购的组织机构，以低折扣购买同一种商品。与网络团购相比，社区团购需要在社区或其他特定地点设立服务部，消费者可在服务部交付钱款，当商品出现问题时获得售后保障等。同时团购组织机构也可以通过服务部收集居民购买需求，联系合适商家提供商品。进行社区团购时顾客直接将款项交予组织机构，并获得凭证，相对网上付款，更加安全。

“社区团购”能够拓展企业商品流通渠道，帮助企业扩大市场份额；减少中间环节，降低营销成本，实现企业和消费者的互惠、共赢；居民零购也能获得批发价格，节省居民采购成本和时间；一旦产生产品质量问题和纠纷，有利于发挥集体维权优势，确保居民消费权益。

③ 个性团购。增强顾客黏度。

(2) 拉手网的经营创新

① 拉手网的 G+F 创新。从网站上线时起，拉手网就确立了 Groupon+Foursquare 的混搭模式（团购+签到）。中国的 Foursquare 们从诞生伊始就不可避免地被打上了山寨标签，不过拉手网却被一家美国网站“山寨”了。这家名为 GroupTabs 的网站添加了“签到”（check-in）功能，以吸引更多的用户，并且将自己描述成团购网 Groupon 和地理位置服务商 Foursquare 的混血儿。而早在几个月之前，拉手网的创始人吴波就已经将 Groupon+Foursquare 模式（以下简称“G+F”）付诸了实践。

所谓 G+F，G 是在前面的，F 的目的是帮助 G。拉手网在开始团购业务时就已经开发了多款基于 iPhone 和 GPhone 的移动互联网应用，比如“拉手离线地图”“开心生活”和“拉手四方”。纯粹的 Check-in 模式可能很难生存。用户的兴奋期最多也就能持续 3～5 个月的时间，勋章的诱惑力是有限的，拉手网推出的第二版也是通过 Groupon 签约商家的优惠券去刺激大家使用 LBS 服务。要给签到用户像团购注册用户一样的实惠，没有实际回馈的签到很难留住用户。这种判断来自于对拉手网主要用户群体的了解，大部分是较高收入的高端白领。

根据团购单数提成和“check-in”带来的商家资源正在合力为拉手网贡献收入，后者是指利用 check-in 功能收取商家的推广服务费。这使得拉手网于 2012 年 5 月实现盈利，到 8 月，其月销售额已突破千万元。

② 拉手网推一日多团，超 Groupon 再创团购新模式。拉手网于 2013 年 9 月 15 日凌晨全面升级，采取一日多团的新模式，在同一天的主页面中向用户推出多款团购活动。

拉手网这一动作不仅再次突破了国内团购行业一直以来一成不变的商业模式，更是跳出了对团购网站鼻祖 Groupon 的一味模仿，自成一体，首创了一日多团的新型团购模式。这是拉手网自成立以来，第二次向传统的团购模式发起挑战。

（3）营销模式　拉手网的营销一直很有创意性，第一个引人关注的活动是抢 iPad。那时正值 iPad 在国内受到苹果迷的热捧，拉手网非常成功地借助这个势头，引来了无数瞩目的眼球。第二个是拉手宝贝活动，在北京、上海、广州等多地出现比基尼拉手宝贝，引导路人注册拉手网，这个活动同样引起了很大的关注。如果说这些还围绕着团购，那引入 SNS 游戏显然有点不伦不类。但拉手网用事实证明，这一招非常有效，不但吸引了用户关注，而且将用户黏在这个平台上。拉手网的游戏能够获得积分，而积分能够替换成现金券，能够直接在这个平台使用。这在目前来说，都算是一种创新。用户不但能够玩乐，而且可以获得切实利益，比 SNS 游戏更有吸引力。

7.1.5　资本模式

2010 年 3 月 18 日拉手北京站开通。2010 年 6 月 7 日融资 500 万美元。2010 年 12 月 2 日网站再获 5000 万美元投资。2011 年 4 月 11 日，拉手网正式完成 1.11 亿美元融资，加上此前两轮融资，拉手网已成为团购行业中融资额度最大的企业，共计 1 亿 6600 万美元。

7.2　美团网案例分析

7.2.1　美团网的基本概况

美团网成立于 2010 年，创始人为王兴，其经营范围是网络购物，其宗旨是为消费者发现最值得信赖的商家，同时让消费者享受超低折扣的优质服务。上线以来，美团网发展迅速，和拉手网等团购网站竞争激励，成为国内主要的团购网站的代表。美团网每天推出一单精品消费，包括餐厅、酒吧、KTV、SPA、美发店等，网友能够以低廉的价格进行团购并获得优惠券。每天团购 1 次，为消费者发现最值得信赖的商家，让消费者享受超低折扣的优质服务，给商家提供最大收益的互联网推广。

7.2.2　美团网电子商务市场定位

美团网创业团队深知顾客细分的必要性，将顾客细分为两种：线上顾客和线下顾客。

线上顾客又分为线上已消费顾客和线上尚未进行消费顾客两类，针对不同类别进行不同营销模式推广。

线下顾客和线上尚未进行消费顾客构成美团潜在顾客群体，对于这类顾客，美团充分利用现有顾客网络进行“顾客关系营销”，推出“返利活动”进行市场推广。人们可以通过这些平台把美团介绍给更多的人。老会员每成功介绍一位新会员将自动获得10元奖励。

美团网的客户细分步骤如图7-2所示。

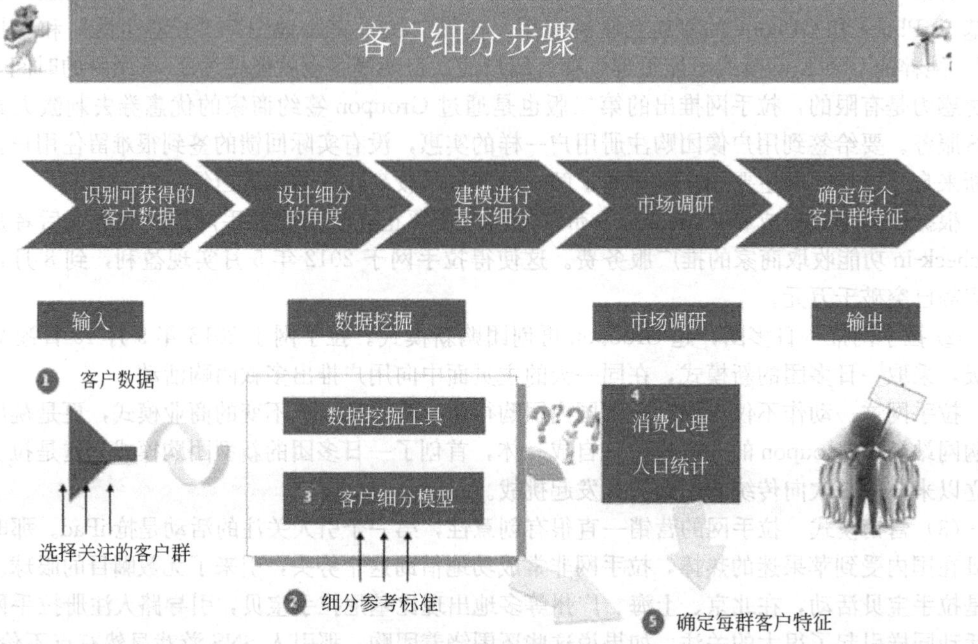

图7-2 美团网的客户细分步骤

首先，在辨识顾客层面，美团网将注册顾客纳入其营销数据库，采集顾客的相关信息，验证并更新顾客信息，同时删除过时信息。

其次，在了解顾客、区分顾客层面，美团网对顾客进行差异性分析，细分其层次，包括线上顾客和线下顾客。

最后，在捆绑顾客、优化顾客价值层面，美团网推出许多活动来实现这一层面目标。其中包括“美团网让你美梦成真”“7天内未消费，无条件退款”“消费不满意，美团就免单”“过期未消费，一键退款”等。最近美团的美梦成真活动更是在“送3C产品”被众多竞争者模仿后推出“80年96万花费，美团为你买单，让你煲一辈子的电话粥”等新型活动，参与者甚多。

7.2.3 美团网资本运营模式

美团网与红杉风险投资公司是战略合作伙伴关系，红杉资本投资2000万元给美团，成为美团重大资金投资项目来源，使美团更无后顾之忧竞逐市场。

7.2.4 美团网销售业绩

传统的电子商务，不管是C to C，还是B to C，它其实也是线上交易，线下收货。那么新的O to O，互联网部分是类似的，一样线上交易，但是美团做的不是商品的电子商务，美团网做的重点是本地服务的电子商务，所以其最重要的特征就是线上交易、线下消费。

美团网是2010年3月4号上线，到当年底，总共的交易额是1.4亿，到2011年的时候，美团网交易额增长了10倍左右。一方面是城市的扩张，另一方面是各个城市的深度挖掘，所以美团网2011年实现了10倍的增长，交易额为14.6亿。到2012年，美团网的团队进一步增强，而且在移动互联网方面，美团网的市场份额迅速上升，所以又实现了 3.8 倍的增长，2012 年总体交易额是 55.5 亿。但是美团在整个团购市场里，份额还不超过 30%，还是个很小的比例。

7.2.5　售后服务保障

美团网始终遵循消费者第一、商家第二、美团网第三的原则。自成立之初就非常重视诚信经营，迄今已有一整套体系为消费者提供好价格、好商品和好服务。

① 美团网是国内第一家在消费者消费后，让消费者对消费进行评价的团购网站，以便于能够及时地发现消费中存在的问题。

② 美团网是国内第一家在消费者美团券过期前会多次给消费者发短信提醒的团购网站。

③ 美团网是国内第一家建大型客服中心的团购网站。销售额快速增长，客服电话是否能接通成为消费体验中非常重要的一个要素。

④ 美团网推出了“团购无忧”的售后服务计划。内容包括：购买 7 天后未消费无条件退款、消费不满意美团就免单、过期未消费一键退款。

7.2.6　美团网相对于其他团购网的优势

① 美团是国内第一家团购网站，也是国内第一批拿到团购资质的网站，比较专业，经验和用户依赖度均较高，这也是种先入为主的优势。

② 品牌知名度高。美团网是中国第一家团购网站，带动并引领了中国团购行业的发展；美团网拥有数百万的注册用户且保持高速增长；美团网创始人王兴曾成功创建过人人网、饭否网等热门网站，在互联网界有着很高的知名度和美誉度。

③ 运营经验丰富。美团网有着强大的商务洽谈团队，经过长时间的积累，有着丰富的商业合作谈判经验，美团网现已在全国众多城市设立分站，且在各地保持领先地位，对本地消费者有着深入的了解，不同城市的本地团队积累了大量的本土经验和优秀做法。

④ 美团网所挑选的商品特色鲜明。美团网每天推出一单精品消费，包括餐厅、酒吧、KTV、SPA、美发店、服装鞋帽、家居、数码、房产等精选特色商品。

⑤ 100%物流掌控。这是团购网站的一个大亮点，可以说颠覆了传统 B to C 与 C to C 的物流规则。一般消费者购买商品都是由卖家负责物流，一般情况下消费者也要承担一定的物流费用。而美团网的物流方式是，客户付款后将收到唯一的美团网验证码，然后带着验证码到相应的地点兑换，理论上可以节省快递的时间与费用，而且令人感觉心里更踏实。

7.3　窝窝团案例分析

7.3.1　窝窝团的基本概况

窝窝生活商城（www.55.com），简称窝窝团，成立于 2010 年 3 月 15 日，是中国最大的生活服务电子商务平台之一。窝窝团致力于把本地生活服务商家与消费者连接起来，提高商家出售剩余服务能力，帮助消费者经济理性地消费选择，旨在打造中国最大的吃喝玩乐生活服务在线商城。窝窝现已覆盖全国 350 个城市，在 130 多个城市有本地的服务团队，累计 10 多万家的品牌商户入驻并开店。

目前，窝窝有员工近 3000 人，单日营业额最高已经突破 1000 万元人民币，并在全国 132 个城市拥有完整的服务团队，团购业务覆盖全国绝大多数城市。作为行业领先的团购网站，窝窝团以开创了业界先河的“沃尔玛模式”和深度本地化的服务理念，带领本地服务团队以及客服人员，精心为用户提供零距离服务，帮助广大团购消费者发现惊喜。

徐茂栋，百分通联创始人，窝窝团董事长兼 CEO，1968 年出生于山东，毕业于武汉理工大学，曾就读清华大学 EMBA。1994 年创立山东齐鲁超市。徐茂栋及其领导的该企业曾获得“山东省青年标兵”“山东省优秀私营企业”等荣誉称号。2000年创立凯威点告，该公司于2006年被分众并购。2006年担任分众控股（NASDAQE，FMCN）高级执行副总裁。2008年创立百分通联信息技术有限公司。2010年收购窝窝团，担任公司董事长兼CEO。徐茂栋先生结合中国本地化服务市场的复杂性，提出以“沃尔玛模式”解决困扰团购行业的多样性、服务、交付等有别于Groupon模式的“中国式团购”新模式。徐茂栋还是一位著名的天使投资人，先后投资过数十家创业型公司。

7.3.2 窝窝团品牌服务

窝窝团“精挑细选”全国各地优质生活服务商家的产品和服务，打造中国最大的线上生活服务的“沃尔玛”，为消费者提供一站式的生活服务。

窝窝团还为开设专卖店的商家提供优质的代运营服务，包括专业的客户代运营团队、专业的店面展示和产品策划、快捷的消费验证支持、多方式的结算保障、全面精准的效果反馈等。

窝窝团对用户承诺“不满意就退款”，在为用户提供优质产品的同时还提供完善的服务保障，最大限度地保障了消费者权益。窝窝团是国内首家通过ISO 9001质量管理体系认证、实行“不满意就退款”计划、设立专项消费者权益保护基金、全年24小时不间断服务的生活服务电子商务网站。提供有力的消费保障是窝窝商城提升消费体验的另一个重要途径。生活服务团购虽然没有物流环节，但消费的特殊性使得售后服务在整个团购营销过程当中显得重要。

7.3.3 窝窝团盈利模式分析

团购网站经过了前期的热络之后，遭遇了百团大战、千团大战，甚至是万团大战后，开始逐渐陷入颓势，尤其是人们已经习惯了价格轰炸之后，对团购价格已经不再刻意追逐，再加上爆发出一些服务问题和人间蒸发的不良团购网站搅局，消费者逐渐开始厌倦了原有的团购模式，变得越来越谨慎。团购网站也遭受了资本的寒冬，一些网站出现了现金流问题，某些并不热衷做服务的团购网站逐渐退出市场，团购市场也开始向几个大型网站集中。部分团购网站开始寻求转型，由原来粗犷式的模式向精细化渗透。

在这方面，窝窝团推出的商城模式是值得业界关注的，这其实也是一种类似天猫、京东式的平台转化。在团购网站出现萧条的时候，窝窝团开始尝试变化，很精准地抓住了商城模式带来的市场机会。

2012年5月，窝窝团宣布转型成团购加商家分销的综合类商城模式，并把团购划入商城版块。商城模式类似于B to C，商家进入平台商开设专卖店。与主打促销的团购模式相比，商城模式可以帮助商家做分销，分销为主，促销为辅，帮助商家出售剩余服务能力。未来窝窝商城将成为一家线上的万达广场，为商家提供一整套的线上、线下相结合的服务，比如窝窝商城不但可以为商家提供团购服务，还可以提供现金券、折扣、活动等线上服务。

在窝窝尝试的基础上，我们也看到拉手网、聚美优品也开始纷纷转型商城模式。在窝窝商城的整体收入中，来自专卖店的收入已占到整体收入的70%。很显然，这部分利润更加具有可持续性。商城模式对于电商平台来说是非常具有战略意义的，而且这也是一种一劳永逸地合作模式，可以真正带来牢靠的基础和双赢的局面。

据官方数据统计，窝窝商城目前入驻的商家超过10万。目前窝窝商城进驻专卖店大部分是免进驻费，商家交易额与窝窝商城的分成比例在8%～10%。窝窝在成立之初就确定了“团购＋商城＋服务通”的思路，商城的研发从2011年就已经开始。从架构来说，窝窝团属于窝窝商城的一个频道，也是窝窝商城切入生活服务电商行业的突破点，因而说窝窝团转型商城属于“误读”。从目前团购市场的发展来看，传统的纯粹团购模式的市场已经越来越窄，发展前景出路渺茫。

窝窝盈利给团购网站带来了一抹春风，网络社区带来的生活服务广泛涉猎已经成为未来互联网发展方向之一，再加上移动互联网布局，很多内容都是团购网站可以去尝试的方向，尤其是在刺激内需，刺激消费的大背景下，人们的消费欲望和潜力是非常巨大的，关键是如何掌控这种消费导向以及用户的需求到底在哪里。

相信窝窝的盈利，肯定不是第一家也不是最后一家，希望团购这个行业能保持健康良性的发展，以自己的服务、产品创新来获取用户的信任，从而共同做大这个市场，开启团购行业真正的春天。

知识加油站

一、O to O 概述

O to O 即 Online to Offline，即将线下商务的机会与互联网结合在了一起，让互联网成为线下交易的前台。这样线下服务就可以用线上来揽客，消费者可以用线上来筛选服务，成交可以在线结算，很快达到规模。国内首家社区电子商务开创者九社区是鼻祖。

1. O to O 模式定义

中团网所开创的“O to O 模式”看似合理，实际上并没有被国外主流媒体所传播。随着互联网上本地化电子商务的发展，信息和实物之间、线上与线下之间的联系变得愈加紧密。O to O 让电子商务网站进入新的一个阶段。

2. O to O 商业模式

O to O 商业模式就是从线上到线下，将实体经济与线上资源贯通融合，让网络成为实体经济延伸到虚拟世界的“前台”。这样，线下商业就可以到线上挖掘和吸引客源，消费者可以在线上筛选商品和服务，再到实体店购买和消费。

3. O to O 模式的核心

O to O 营销模式的核心是在线预付。在网上寻找消费者，就是把线上的消费者带到现实的商店中去——在线获得商品信息、优惠凭证、订立订单，甚至进行支付，再到线下商家去享受服务。对消费者来说，它是一种“发现”机制，可以得到最多便利和实惠。它是支付模式和为店主创造客流量的一种结合，实现了线下的购买。它本质上是可计量的，因为每一笔交易（或者是预约）都发生在网上。通过打折、提供信息、服务（预定，如 Opentable）等方式，把线下商店的消息推送给线上用户，从而将他们转换为自己的线下客户。由于每笔交易都在线上订立，其效果也是可查的。

数据显示，即使在电子商务最发达的美国，线下消费的比例依旧高达 92%。这是因为快递本身无法传递社交体验所带来的快乐。但如果能通过 O to O 模式，将线下商品及服务进行展示，并提供在线支付“预约消费”，这对于消费者来说，不仅拓宽了选择的余地，还可以通过线上对比选择最令人期待的服务，以及依照消费者的区域性享受商家提供的更适合的服务。但如果没有线上展示，也许消费者很难知晓商家信息，更不用提消费二字了。另外，目前正在运用 O to O 摸索前行的商家们，也常会使用比线下支付要更为优惠的手段吸引客户进行在线支付，这也为消费者节约了不少支出。

从表面上看，O to O 的关键似乎是网络上的信息发布，因为只有互联网才能把商家信息传播得更快、更远、更广，可以瞬间聚集强大的消费能力。但实际上，O to O 的核心在于在线支付，一旦没有在线支付功能，O to O 中的 Online 不过是替他人做嫁衣罢了。就拿团购而言，如果没有能力提供在线支付，仅凭网购后的自家统计结果去和商家要钱，结果会使双方无法就实际购买的人数达成精确的统一而陷入纠纷。

在线支付不仅是支付本身的完成，是某次消费得以最终形成的唯一标志，更是消费数据唯一可靠的考核标准。尤其是对提供 Online 服务的互联网专业公司而言，只有用户在线上完成支付，自身才可能从中获得效益，从而把准确的消费需求信息传递给 Offline 的商业伙伴。无论是 B to

C，还是C to C，均是在实现消费者能够在线支付后，才形成了完整的商业形态。而在以提供服务性消费为主，且不以广告收入为盈利模式的O to O中，在线支付更是举足轻重。

二、O to O的经济价值与社会价值

1. O to O的经济价值

① 降低企业与客户的沟通成本，并能按照不同产品所对应的不同群体实行差异化定向营销。

② 加快流转、减少资源闲置和浪费，有效提高传统商业的运营效率。

③ 解决了推广效果量化的难题，让低成本乃至零成本推广成为可能。

④ 化解了利润中心与成本中心的矛盾，实现渠道销售与品牌传播的同步，一举两得。

⑤ 基于整体营销的差异化方案设计，有效规避线上与线下的冲突。

⑥ 天然的营销助手特性让合作伙伴之间形成品牌联合体，实现多方组合营销，大幅度降低营销成本。

2. O to O的社会价值

① 倡导让利于民的商业理念，提高大众生活品质。

② 有效解决青年创业、就业等一系列社会难题。

③ 减少物价虚高现象，有利于市场价格的合理化。

④ 盘活了闲置资源，减少了冗余和浪费，具有典型的低碳经济特征。

⑤ 服务性消费增进大众线下感情交流，有利于社会和谐。

⑥ 用市场化手段实现扩大消费、拉动内需的目标且效果显著。

⑦ 实现上下游以及关联资源的全产业链互利合作、多方共赢。

⑧ 解决了早期电子商务线上与线下的利益冲突问题，化敌为友，从竞争走向合作，由分食蛋糕变为做大蛋糕。

⑨ 根据"店多成市"理论，联合推广可以把实体店同行间的竞争转化为联合，促进市场空间的扩大和商业的和谐发展。

⑩ 让消费者享受到真正的物美价廉和方便快捷，促进社会经济的良性健康循环。

⑪ 从市场的角度看，O to O具有巨大的发展空间，在电商最为发达的美国"在线消费"也只占到了7%的份额，在中国的比例更低，大约在3%。这就意味着超过90%的市场仍属于"在店消费"，两者相差几十倍。即便如此，我们看到近几年的电商发展也已经是非常火热了，如以"在店消费"为核心的O to O全面启动之后，可想而知会达到怎样的一种繁荣程度。如果用具体数字来描述的话，当前的第一代电商总量已经达到了数千亿的规模，那么O to O必然是数万亿的市场。尤其是相对于已经进入成年期的第一代电商，还处在幼年且市场空间数倍于第一代电商的O to O更意味着前所未有的巨大市场机遇。

⑫ 火热的市场往往会形成一哄而上的局面，很容易演变成恶性竞争，所以我们要提醒大家避免重蹈团购混战的覆辙，调整好心态，以合作共赢和差异化竞争的理念走共同繁荣之路。

个体都是环境的一员，环境好了所有个体都会受益。而且O to O具有先天的"差异化"优势，因为营销没有一成不变的，都有主题差异、时段差异、品类差异、区位差异、数量差异等，非常容易形成错位互补，把竞争转化为合作，而且如果考虑组合的因素，差异几乎是无穷尽的，只要从业者抛弃"同行是冤家"的陈旧观念，理论上几乎是可以做到无竞争。而且这个产业涉及面极宽，几乎覆盖到生活消费的方方面面，不可能一家通吃或者寡头垄断，更何况完全市场化的生活消费领域了，假设只有一家企业，那么海量的需求根本无法满足。只有产生百花齐放的集聚效应才能实现真正的市场繁荣，北京王府井、西单、中关村，上海的南京路、城隍庙等都是典型。所以所有已经涉足或者即将涉足O to O的企业家或者创业者们都应该本着众人拾柴火焰高的原则齐心协力共同推进整个商业生态的创新发展，为促进社会经济的进步做出自己的贡献。

三、O to O和B to C、C to C的区别

B to C、C to C是在线支付，购买的商品会塞到箱子里通过物流公司送到你手中。O to O是在线支付，购买线下的商品、服务，再到线下去享受服务。O to O和团购也有一些区别：O to O是网上商城，团购是低折扣的临时性促销。

四、O to O模式网站

目前采用O to O模式经营的网站已经有很多，团购网就是其中一类，如中团网、篱笆网、齐家网等大宗商品团购网站，58团购、窝窝团、拉手网等生活信息团购网站，另外还有一种为消费者提供信息和服务的网站，如赶集网、爱邦客等。

1. “在线消费”和“在店消费”的对比

以商品加物流为特点的消费模式称为“在线消费”，以网络和店面相结合为特点的消费模式称之为“在店消费”，下面来对这两种模式做一个对比。

(1) 在线消费　与实体商业是竞争关系，把商品从地面销售转为空中运输，以物流费用比拼店面租金，拦截实体店收益，同类网站之间同样是竞争关系，分食市场份额，竞争激烈，大多生存环境不佳，容易形成巨头垄断。而且属重物流模式，超过临界点规模效益弱化甚至反向，赢利周期较长，需要巨额资本支持，赢利的案例不多。

(2) 在店消费　与实体店是合作关系，形成利益共同体，扩大实体店销售，盘活闲置资源，拓展市场空间，从而与实体店分享增值收益，即便与在线消费网站也可以形成合作共赢关系，而且因为其具有时段差异、地域差异和在售服务差异的特点，与同类网站也具有天然互补性，合作大于竞争，利于共同做大市场，不易形成巨头垄断，中小网站的生存环境较好，存活率高，可以形成百花齐放的商业生态。属于轻物流模式，规模效益持续发挥，赢利周期短，多数不许巨额资本支撑，赢利难度不大。

2. O to O实践的先锋代表团购

O to O可以涵盖很多的领域，从广告、营销到电子商务再到SNS等，而团购是O to O的一个最具代表性的表现形势。团购是把很传统的本地服务行业和互联网精准营销、电子商务的线上交易结合得最紧密的一个商业行为，它实实在在地为实体经济做出了贡献，在降低了消费者的成本的同时，也给商家带来了规模经营、效率提升后的收益。

作为O to O实践的先锋代表，团购对于推动传统商业服务业营销创新、减少资源浪费、提高运营效率和刺激消费等方面都做出了切实的贡献，为人们开启了地空一体化的新商业时代，也就是O to O时代的大门，O to O实现了消费者、商家、中间服务商等整个商业价值链的真正共赢，让商业模式更加趋近于完美。

当然，团购毕竟还是O to O一种初级表现形态，目前还处于起步阶段，存在的问题也很多，比如诚信缺失、恶性竞争、盲目扩张等，给整个行业的健康发展带来了不良影响，需要监管层、媒体以及各界人士共同监督、规范和帮助创业者、从业者不断修正自己的发展路径，让未来的路可以走得更稳、更远。

O to O模式包含三类角色：消费者、商户和中介（团购网、C to C、B to C等）。可以从这三方面分析O to O的价值。

首先，从消费者角度来看，通过O to O平台，消费者能够轻松、及时、全面地获取丰富的优惠折扣信息，能够快速筛选及订购适宜的商家及服务，而且价格非常具有诱惑力，甚至在未来可以通过自己的需求而汇聚好友并影响到商家的供应。

其次，从商家角度来看，O to O为商家带来了更多的宣传和展示机会，同时可以通过消费者的支付信息掌握用户资料，通过数据挖掘可分析消费者购买趋势，便于实现精准营销。

最后，从中介（团购网、C to C、B to C等）角度来看，O to O能为其带来大量高黏度用户推荐，能带来各行各业的商家资源，还能带来充裕的现金流，可谓是好处多多。在领团O to O

中，商家的审核是由通过领团审核的中介方提供完成的，以确保诚信体系的建立。领团网(www.lingtuan.com)通过团购切入O to O，意在建立一个打通了互联网和移动互联网的社交及消费属性的大社区。通过这个社区，消费者能够完成社交、购物、休闲娱乐等各方面需求，同时能够通过社会化分享渠道将这种体验自发传播。这也就是领团一直坚持的50（O to O+SOLO-MO）模式的内涵。领团网的50平台将会为大中小独立团购网构建一个聚合了用户和商家的生态圈。

五、O to O模式未来展望

不可否认，把商品塞到箱子里送到消费者面前的市场已经成熟。2010年网上购物销售额达到5000亿元人民币，网购用户人均年投入2400元人民币。这个市场还有很大的潜力，但进入门槛已经很高了，从创业者到资本市场都在寻找电子商务的下一个模式。

服务业的GDP占有率比制造业（生产那些能塞到箱子里的商品）高，在未来的5年国家将进一步提升服务业的GDP占有量，如果把商品塞到箱子里送到消费者面前的网上销量有5000亿元人民币，那么生活服务类的网上销量会达到万亿。

另外，生活服务类商品在团购上更容易被消费者接受，事实也证明这种在线支付购买线下的商品和服务，再到线下去享受服务的模式很快被人们接受。而且团购平台从一天一款到一天多款，从一款卖一天到一款卖多天，从团商品到团服务，从一个城市辐射到全国。团购作为非常态下的电子商务形式，一定会趋向于商品多样化，最终走上生活服务类折扣商城的形式。

1. O to O发展空间

与传统电子商务相比，快递可以给你送来从网上买到的商品，却送不来服务的体验——生活中许多商品和服务必须到店消费，比如餐馆、台球厅等，这些服务才是人们平时消费的大头。O to O模式却可以把这些服务通过网络“快递”给你。对于台球厅、理发店这些服务商来说，增加一些顾客不会增加太多的成本，却能带来更多的利润。

2. O to O发展问题

(1) O to O经营模式理解不到位 拥有大量优质商家资源是O to O经营者的巨大优势，但是有时候为了获得商家资源，O to O经营者降低对商家的资质审核，即使一些知名的团购网站也会曝出商家资质的问题，造成很多损害消费者利益的不良后果。

造成这一问题，固然是因为团购网站对商家资质审核不够严格，更重要的，还在于其对于O to O经营模式理解不到位。有些团购网站为了提升用户数量，扩大经营领域，不断在全国扩张，结果固然能够为消费者提供更多的产品或服务，但是却无法保证这些产品和服务的质量。O to O本身是非常强调本地化经营的商业模式，在某个区域内做精做透，这样才能长久地维持客户。对于O to O用户来说，他们需要的并不是远距离的物品输送，而是在近距离内的线下商店的购物或服务体验。如果O to O经营者无法把握住这一点，就一定会在经营中发生策略上的失误。

(2) O to O发展模式的千篇一律 O to O的盈利模式相对清晰，但是也容易造成发展模式的千篇一律。团购网站就是典型案例。国内团购网站的发展是一哄而上，小本经营，用相同的模式圈钱，最后造成“千团大战”，同质化竞争太过严重，以至于团购行业的冬天提前到来。

O to O经营者也不应仅限于提供一些表层次、低技术的服务，还应考虑挖掘更具潜力、更具竞争力的业务模式。在经营思路上，O to O经营者也不能仅仅锁定低价路线，而是应当借助自身的媒体优势，帮助商家挖掘一些增值业务。很多商家并不是没有推出多元化的业务体系，但是因为宣传不到位，这些服务没有获得用户。此时，O to O经营者就可以同商家协力合作进行多元化业务的开发。

3. O to O未来格局

(1) 未来的O to O将是一种多层次、多维度的复合生态体系，不断向多元化和纵深化发展 比如会演变出平台型、外包型、直营型、合作型、区域型、垂直型等多种形态。他们之间虽然不会完全消除竞争，但更多的是互补与合作，一种共生共赢关系。

（2）O to O具有典型的区域性特点　主体业务是基于实体商业的，因此，在本质上跟实体商业没有太大区别，相互间是一种对应关系。类似于传统领域里面的专业化营销服务机构，这就决定了它也将会向实体商业一样百花齐放，很难出现一统天下的局面，虽然也将会有巨无霸级的企业存在，但巨无霸不等于一统天下，细分领域的龙头会有很强的竞争优势，只有体量上有大小之分，但没有绝对意义上的强弱之分，强弱一定是分领域的。比如，苏宁是最大的家电零售商，但也并非在每一个城市都是最强的。也就是说一家企业可能会拥有多个单项冠军，但很难成为全能冠军。

（3）多种形态共生共存　传统商业中在业态上有百货店、大卖场、便利店、购物中心、美食城、酒店等，品类上有专卖店、专业店，架构上有全国连锁店、区域连锁店、单店以及直营店、加盟店等，都是多种形态共生共存，从没出现过一家通吃的情况。其实即便是突破了区域制约、理论上能够实现一统天下的商品加物流的电商模式现在也在不断地涌现出细分龙头。这是商业的自然规律，是有利于整个商业生态健康的。有过传统商业从业经历的人对此会有深刻的感受，这也有利于促进创业和就业。

任务小结

本部分介绍了团购网情况，我国近几年团购网的兴起，让电子商务名词进入百姓家里，不再只是学术界的名词，团购模式成为我们人人参与的商务模式。

分任务1　拉手网案例分析，首先介绍了拉手网站概况，接着分析了拉手网盈利模式、商业模式、经营模式、资本模式等。

分任务2　美团网案例分析，首先介绍了美团网站概况，接着分析了美团网盈利模式、商业模式、经营模式、资本模式等。

分任务3　窝窝团案例分析，首先介绍了窝窝团网站概况，接着分析了窝窝团网盈利模式、商业模式、经营模式、资本模式等。

任务8 旅游业电子商务网站分析

能力目标

通过完成本次任务，应该能够：了解我国旅游网站电子商务发展概况；熟悉典型的旅游网站运营模式、技术模式、营销模式；掌握旅游网站电子商务案例分析的分析方法和技巧。

核心能力

掌握旅游业电子商务网站核心内容、经营理念。

任务导入

我国旅游电子商务网站从1996年开始出现，目前具有一定旅游资讯能力的网站已有5000多家。其中专业旅游网站300余家，主要包括地区性网站、专业网站和门户网站的旅游频道三大类。目前，我国已建设了"旅游目的地营销系统"作为电子商务部分的发展重点，旨在将其建成信息时代中国旅游目的地进行国内外宣传、促销和服务的重要手段。经过努力，全国"旅游目的地营销系统"的中心平台建设已初具规模，广东、香港、澳门、大连、三亚、珠海、南海、深圳、厦门、苏州等10余个区域城市的"旅游目的地营销系统"也已投入运营或正在建设之中，在旅游宣传促销方面发挥了重要作用。在此基础上国家旅游局预计用2年左右的时间，逐步完成138个优秀旅游城市的系统建设，并逐步辐射到其他城市。

可见，我国旅游电子商务已形成了各类旅游企业（包括目的地旅游服务企业、旅游中间商）网站、旅游目的地营销机构（DMO）网站、全球分销系统（GDS）、计算机预订系统（CRS）、专业旅游网站及旅游电子商务平台功能互补、相互竞争、共同发展的多元化格局。

任务分解

分任务1　驴妈妈旅游网电子商务案例分析
分任务2　携程网电子商务案例分析
分任务3　艺龙网电子商务案例分析
分任务4　芒果网电子商务案例分析
分任务5　去哪儿网电子商务案例分析
分任务6　途牛网电子商务案例分析

课堂讨论

1. 列举熟悉的旅游电子商务网站。
2. 比较各大旅游电子商务网站的特点。
3. 设想一下未来旅游电子商务网站的发展趋势。

8.1 驴妈妈旅游网电子商务案例分析

8.1.1 驴妈妈旅游网的基本情况

驴妈妈旅游网（http://www.lvmama.com）由洪清华于2008年创建，是中国领先的新型B

to C 旅游电子商务网站及自助游产品预订和资讯服务平台。如图 8-1 所示。

图 8-1　驴妈妈旅游网首页

驴妈妈旅游网以自助游定位于市场，通过整合 O to O 业务，为消费者提供以打折门票、自由行、特色酒店为核心，同时兼顾跟团游的巴士自由行、长线游、出境游等网络旅游业务，从而为游客出行提供一站式服务便利。

驴妈妈旅游网是国内首家通过互联网提供自助游服务的在线旅游机构，跟携程网、去哪儿网、芒果网、途牛网等旅游网站的最大区别是“自助游＋景区门票”这一产品供给模式。同时，驴妈妈旅游网还致力于将传统旅游线下运营和网络营销有机结合，为旅游企业提供精准的网络营销服务。

驴妈妈旅游网 2008 年成立时就获得天使投资。2009 年 9 月，驴妈妈完成数千万元的第一轮融资。2010 年 11 月，驴妈妈获得红杉资本和鼎晖创投的第二轮亿元注资。2011 年 9 月，驴妈妈完成第三轮融资，投资方为江南资本与红杉资本。目前，驴妈妈旅游网是国内最大的自助游产品预订及资讯服务平台。同 5000 多家景区、5000 多家特色酒店、数百家国内外旅游局和航空公司等开展合作，覆盖面达全国各省及直辖市，覆盖五大洲、50 多个国家和地区。

8.1.2　驴妈妈旅游网的网站功能

驴妈妈旅游网不仅包括景区门票、酒店等自助游信息及相关资讯的查询、预订，还有旅游团购、在线支付、社区共享、旅游储值积分、手机下载、广告等功能和服务。

(1) 信息展示　作为一个在线旅游网站，充分完善的信息展示是最基本的功能。驴妈妈旅游网站包含了大量的旅游信息，通过文字说明、图片、视频、地图、驴友评论等多种方式向游客展示景区、酒店、旅游路线等相关信息。

(2) 在线预订与支付　为更好地促进 O to O 业务模式的发展，驴妈妈旅游网提供在线预订和支付服务。所有的景区门票和酒店均可在线预订和支付，也可以选择取票时付款，在景点售票处以优惠价支付门票款项。但是对已经付过款项的订单进行退款会收取一定比例的退款费。该功能没有会员要求限制，对于会员和非会员都可开放。

(3) 旅游团购　驴妈妈旅游网的团购是基于团购网站的快速发展而新增的功能，通过和酒店、航空公司、景区的合作，利用团购来拓宽自己的渠道，也给驴友们带来了一定的便利。

(4) 社区分享　通过社区，会员在驴妈妈旅游网站上可以建立个人空间，分享自己的旅游经验和心得体会；驴友也可以提出想要解决的问题，或者回答其他驴友想知道的问题；对于同一个旅游话题，会员可以发表自己的意见，和大家进行讨论。同时，驴妈妈旅游网站还提供一键式站外分享，将自己觉得好的内容分享到QQ空间、人人网、新浪微博等其他平台。

(5) 积分充值　驴妈妈旅游储值卡是驴妈妈旅游网推出的一种单用途预付卡，网站上所有产品均可以使用旅游卡进行支付，使用时等同于现金。通过点击“储值卡查询”，可以查询“旅游储值卡”的余额、消费和积分情况，另外它可以用于商务馈赠、朋友互赠、企业福利。

(6) 其他功能　包括为各大酒店、景区提供的广告、手机下载订票、邮件订阅、供应商联系、自助游推荐等。

8.1.3　驴妈妈旅游网商业模式

作为一个新型的B to C旅游电子商务网站及自助游产品预订和资讯服务平台，驴妈妈旅游网形成了针对散客人群的以打折门票、自由行、特色酒店为核心，同时兼顾跟团游的巴士自由行、长线游、出境游等网络旅游业务的综合性旅游服务网络体系，是垂直门户模式的一种。

“驴妈妈”的商业模式是以点评和攻略吸引大量人气，以低价景区门票分销为切入点，提高用户从网友到驴友的转换率，撬动景区、酒店、饮食等旅游相关产品的消费，并从中分享收益。

(1) 战略目标

① 创新型在线旅游模式，达到“自助游天下，就找驴妈妈”的目标。

② 打造一站式旅游理念，实现从“旅”到“游”的转变。

③ 提供景区电子商务服务和网络营销、做散客旅游市场最大的服务商。

(2) 目标市场　“驴妈妈”定位为主要面向以游玩为主的自助游散客人群，其目标是打造一种全新的一站式综合性旅游服务，给驴友们妈妈般的呵护。同时，“驴妈妈”还面向旅游企业和酒店等，提供精准的网络营销服务和广告服务。

(3) 产品和服务　驴妈妈旅游网的产品和服务侧重于“游”“娱”两个方面，可以分为传统业务和新增业务两类。

① 传统业务。驴妈妈旅游网传统的核心业务一直是“门票+特色酒店”，即提供景区的打折和优惠门票以及极具特色的酒店中介服务。特色酒店，并非星级酒店，而是舒适、整洁的农舍，或者具当地特色的度假村、精品酒店等。

② 新增业务。随着潮流和趋势的发展，驴妈妈旅游网新增的业务主要有：出境游和团购旅游、e景通。出境游采用以特色酒店为基础，出境购物为核心，夜间娱乐为补充的自助游模式。网站结合团购网开展旅游团购业务，团购产品全部来源于网站自身资源，从众多产品中，拿出小部分，回馈老顾客，同时希望吸引更多的新客户体验驴妈妈的产品。

(4) 盈利模式　驴妈妈旅游网成立于2008年，而在2009全年便创造营收约1000万人民币，到2010年，驴妈妈旅游网营收已突破2亿元人民币。其收入主要由三部分组成，70%佣金、20%景区营销费、10%分销费。

“驴妈妈”的终极目的是经过初期的运营之后，实现从“中介型网站”向“服务型网站”的转型，将建成一个庞大的景区营销平台，吸引景区在上面做精准营销推广，以收取广告费用以及其他整个产业链延伸所带来的收入。

(5) 核心能力

① 多板块的互动。多板块的互动，已成为驴妈妈旅游网核心竞争力之一。驴妈妈旅游网最具竞争力的景区门票加上特色酒店组合，是吸引自助游客最大的亮点。

②“专注”和“专业”。尽管网站的业务越做越大，但始终还是围绕“专注”和“专业”这两个主题。专注是说所有的服务都只面向自助游散客；专业是指驴妈妈业务团队里都是在旅游行业奋斗了10年的经验丰富的从业者。

③ 资源整合能力。驴妈妈旅游网成功地开创了一种全新的在线旅游模式，全力一站解决自助游散客人群的门票、住宿及其他消费问题。它目前的商务模式并非是简单地提供一个帮助景区售票的平台，其运作是基于诸多专业的管理系统，如客户关系管理系统、实时信息对接系统、订购与支付系统等，这是驴妈妈旅游网在发展过程中不断完善的结晶。换言之，竞争力远非商业模式呈献给大众的表象那么简单，而且团队、执行力、资源整合能力、资本的调动能力都构成了驴妈妈旅游网的核心竞争力。

8.1.4　驴妈妈旅游网经营模式

(1) 驴妈妈旅游网市场开拓模式　驴妈妈旅游网针对其目标用户和目标客户特征，对于自己的产品开拓的定位为：首先，第一年做一个好产品，景区门票分销，第二年做成一个好平台，第三年做成一个好社区；其次，愿景，网站希望打造成最受人尊重的、中国最大的景区电子商务社区，做中国的到到网；再次，业务板块之间的互动性。

① 产品策略。"驴妈妈"的产品策略始终采用的是组合策略。在进入市场前期，驴妈妈旅游网采用的是景区门票加上特色酒店组合来吸引众多自助游消费者。在网站服务方面，同时提供旅游信息和虚拟社区，散客可以在网站社区里寻找自驾游攻略、夜间游攻略、特色餐饮指南、特色酒店指南，参照他人的旅游评论、分享经验，并实时发布自己的旅途感受，因此感觉上更像旅游类的社交网站。对于酒店和景区提供商方面，"驴妈妈"把单方面的客源提供服务和完善的广告、精准营销服务相结合。

随着自助旅游人群的急速增加和电子商务团购业务的快速发展，在线旅游市场也不断地扩大，驴妈妈旅游网推出境外自助游和团购产品业务。境外自助游仍然采用产品组合策略，以特色酒店为基础，出境购物为核心，夜间娱乐为补充的自助游模式。

② 价格策略。"驴妈妈"致力于解决散客自助游的驴友们的门票和其他驴友消费问题，以打折门票为卖点，由于所提供的景区门票价格相对便宜，只占游客出行消费的小部分，这将会吸引很大一部分散客游客。而吸引的这一部分游客，所带来的综合收益可以提高"驴妈妈"和景区双方的综合收益。

"驴妈妈"通过将现行价格政策中，游客无法享受到的景区门票优惠让利给自助游客，从而引导他们实现景区内更多价值消费，实现景区内各类娱乐项目、住宿、餐饮等消费，打造出多元化的盈利点组合。

③ 渠道策略。驴妈妈旅游网站本身采用的是网站直销模式。自助游客只要上驴妈妈旅游网就可以预订景区所有项目，或者一个全国呼叫中心电话就可以解决景区消费所有问题，它吸纳的包括携程网及《携程自由行》期刊的1900万会员都是景区的直接消费者。

而对旅游景区而言，"驴妈妈"采用分销联盟模式。所有合作景区将在"驴妈妈"网上拥有各自独立的分销平台，游客将能够直接与景区对接实现各环节票务的定购，并为游客设计、提供个性化产品。通过驴妈妈旅游网站的分销联盟，表面可能会让出一部分的散客门票收入，但实际上景区通过这一全新的电子商务平台，可以大大节约营销成本，增加分销渠道，吸引更多有消费能力的中高端自助游客。如图8-2所示。

④ 促销策略。驴妈妈旅游网采用的是典型的旅游电子商务网站O to O模式，线上线下结合促销。在线上，"驴妈妈"提供各种诱人的打折、优惠景区门票和优惠券，同时在线下设摊促销员。线下促销员作为驴妈妈的形象大使——"驴小宝"，主要在各大商圈以流动方式进行品牌推广活动，目的在于使更多的人了解驴妈妈旅游网站，增加驴妈妈的品牌知名度及曝光率。

另外，驴妈妈会结合国内外大事件进行相应的网络营销，线上与百度等知名搜索引擎建立链接和互通，通过社区网站用SNS、B to C等方式进行推广。如上海世博会来临之际，驴妈妈旅游网开展了一次大型的"驴妈妈世博征文推广"活动，同时以低价格旅游消费吸引人群，达到促销

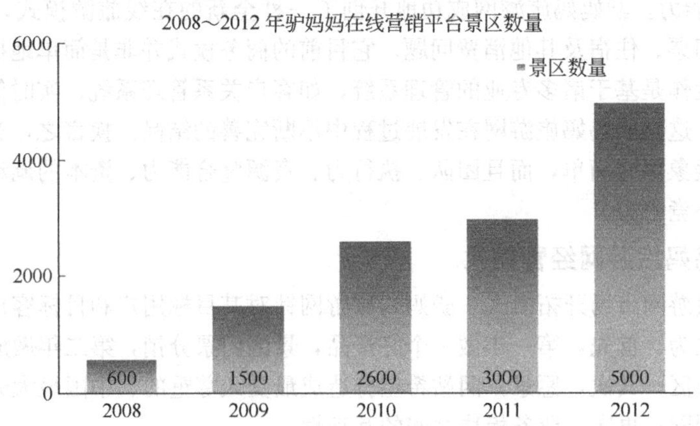

图 8-2 2008～2012 年驴妈妈在线营销平台景区数量

的目的。

（2）驴妈妈旅游网市场竞争模式 对于电子商务旅游市场，“驴妈妈”采用的是差异化竞争战略来取得旅游市场的一席之地。

① 打造自主品牌，差异化服务营销战略。“驴妈妈”是景域集团旗下的一个独立品牌。驴妈妈旅游网的市场竞争涉及三个元素，一是旅游、二是电子商务、三是精准营销平台。依托于强大的实力团队，驴妈妈旅游网在市场营销上不仅仅是提供打折门票，而且还提供个性化产品设计和更优质的全程服务。

② 独特的“景点票务模式”。不同于国内目前主要以酒店、机票预订为核心的旅游电子商务模式，驴妈妈旅游网力图以景区票务分销和景区目的地营销为核心业务，打造一个颇具特色的大型旅游电子商务平台。通过一种新的“景点票务模式”，驴妈妈旅游网从加盟景区获得价格优惠，降低了自助游游客的门槛，帮助景区做游客和消费增量，打造出多元化的盈利点组合。

③ 节能减碳，倡导旅游新概念。驴妈妈旅游网倡导节能减碳、绿色环保的旅游理念，如旅客进入景区时自带环保袋，自己的垃圾随时带走等。它通过与长三角 30 家知名景区结为“低碳旅游联盟”，提倡游客拼车游、集体坐大巴等方式，让游客在玩的同时做到环保。

④ 与携程网的“竞合”关系 在“驴妈妈”成立之初，携程网创始人兼 CEO 范敏为其投入了第一批天使投资基金，携程注资“驴妈妈”时是为了互补携程的景区业务。随着“驴妈妈”后期的发展如酒店等业务已不可避免地与携程网部分交叉，“驴妈妈”仍然坚持与携程网、艺龙、芒果等合作共赢，它们之间更多的是一种“竞合”关系，共同把旅游市场蛋糕做大。

8.1.5 驴妈妈旅游网技术模式

总体说来，“驴妈妈”的整体技术模式较为先进，它不仅采用国际高端软硬件产品，保证整个系统的正常运行，还针对自身的业务范围、运营特色进行设计，开发出独特的应用系统。鉴于“驴妈妈”的酒店预订、景区门票预订及旅游项目等业务在技术实现过程中集中表现在对信息的发布和双向互动沟通上，所以，技术手段上来讲主要侧重于以下几个方面：服务的先进性、高度互动性；信息传播的安全性、正确性；业务的信息化、数据化；交流的多样性、合作性。

驴妈妈旅游网建立了一整套现代化服务体系，开发了先进的实时监控管理系统、先进的客户关系管理系统（CRM）、预订服务质量监控体系、房态管理系统、网络实时预订系统。依靠这些先进的服务和管理系统，驴妈妈为驴友们提供了更加便捷和高效的服务。如图 8-3 所示。

驴妈妈开发了一套基于数据库的呼叫记录管理系统，将每个呼入、呼出电话的详细情况全部记录在数据库中，并且结合报表生成系统，制作各种实时报表和统计分析报表，方便数据的记录、查询和统计的同时，具备对数据分析、挖掘和处理的能力。另外，驴妈妈还利用互联网和电

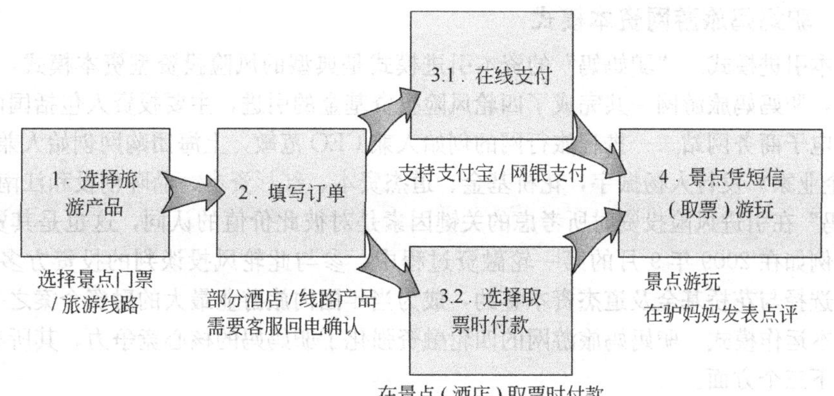

图 8-3 "驴妈妈"订票流程

话呼叫中心系统等先进技术平台及各类软硬件，给客户提供全天候 24 小时的网上网下预订服务。

目前，驴妈妈旅游网的传真系统的接收发送基本上是不停的，没有空闲时间，每天进出传真量很大，且如此大的传真量现在基本上只要一人花一半的工作量就行了。这种新的传真系统发送和接收全都是自动的，操作步骤就像发送 E-mail 一样，只要稍微处理一下就可以，收回来的传真一般能自动识别是采自哪个订单。

8.1.6 驴妈妈旅游网管理模式

(1)"驴妈妈"的组织管理和人力资源管理 在创办驴妈妈前，洪清华已经是国内最早的民营旅游规划设计公司创办者之一。除了驴妈妈网站，迄今已在旅游业闯荡十多年的他，还是景域旅游运营集团的创始人兼 CEO。"驴妈妈"是景域集团旗下的一个独立品牌，它与奇创旅游咨询运营机构、驴妈妈和《携程自由行》期刊共同构成了洪清华眼中"游时代的金三角"。奇创做景区规划，驴妈妈做景区电子商务，《携程自由行》则定位为高端旅游期刊。

"驴妈妈"具有极富竞争力的团队、先进的企业理念和顺畅无障碍的内部沟通机制。实行的是"以人为本"经营管理理念，它拥有一大批在旅游行业奋斗了10 年的经验丰富的从业者。其团队建设，更加注重的是价值观，共同的愿景，以及给所有人平等的机会和待遇。在洪清华眼中，兄弟就是志同道合的人，创业就是和他们一起挥发激情，成就梦想。在"驴妈妈"内部，员工把公司比作一个家庭，这个家庭里没有家长，都是兄弟姐妹。

(2)"驴妈妈"的业务管理

① 票务中心。地方政府（部门）或垄断某地方丰富景区资源的旅游企业与驴妈妈网合作，一方面在驴妈妈网上搭建地方频道和旅游电子商务平台，另一方面在当地建设票务中心，承接通过驴妈妈网预订该地众多相关景区门票的游客的票务工作。

② 营销合作。地方政府（部门）、旅游集团、景区经过与驴妈妈网深入沟通，达成营销代理合作协议，驴妈妈网依托奇创研究院、自身网络平台、《携程自由行》期刊等资源，提供营销咨询、营销规划、营销运作、营销投放等服务。

(3)"驴妈妈"服务与客户管理管理模式

① 集团合作模式。驴妈妈旅游网拥有大量景区资源的旅游集团，将旗下全部或主要景区统一加盟驴妈妈网，并全面展开营销合作。

② 景区加盟模式。符合一定条件的景区与"驴妈妈"网经过相互了解、沟通，达成门票分销代理合作协议，加盟驴妈妈网。

③ 政府委托模式。政府或有关部门推动当地景区加盟驴妈妈网，并委托驴妈妈旅游网站建设、开通该城市频道，作为该城市旅游电子商务平台。

8.1.7 驴妈妈旅游网资本模式

(1) 资本引进模式 “驴妈妈”的资本引进模式是典型的风险投资型资本模式，从2008年成立到如今，驴妈妈旅游网一共完成了四轮风险投资基金的引进，主要投资人包括国内运作最为成功的旅游电子商务网站——携程旅行网的创始人兼CEO范敏，上海团购网创始人兼CEO邓华金，《东方企业家》发行人杨振宇，花桥基金、道杰资本、红杉资本、鼎晖创投和江南资本等。

“驴妈妈”在引进风险投资时所考虑的关键因素是对彼此价值的认同，这也是其资本引进模式的核心。例如在2009年9月的第一轮融资过程中，参与此轮风投谈判的投资方多达十几家，驴妈妈最终选择与花桥基金及道杰资本签约，成为当年国内旅游业最大的融资个案之一。

(2) 资本运作模式 驴妈妈旅游网的四轮融资强化了驴妈妈的核心竞争力，其所有资金的用途集中在如下三个方面。

① 用户推广。“驴妈妈”目前可销售的景区产品已超过1500家，在经过前期的技术平台搭建、用户体验提升、产品资源整合等工作后，下阶段的重要工作就是加强驴妈妈品牌的曝光度和在广大旅游爱好者中的影响力，这块投入是最重要的一块。

② 新技术的开发和推广。“驴妈妈”一直以来被定义的优势是价格和服务的双重优势，所以融资重点被用于在服务层面的投入，例如应用最先进的二维码系统可大大减少游客通关过程中所需时间等。

③ 团队的优化。在团队的优化上会投入部分资金，补充一批旅游业和电子商务层面的高端人才。

(3) 资本退出模式 驴妈妈在2010年实行了股份制改造和员工持股计划，在2013年后“驴妈妈”公司有可能会将咨询板块打包公司在创业板或其他资本市场上市，而帐篷客将单独上市。

8.1.8 结论与建议

(1) 总结 驴妈妈旅游网作为中国最大的自助游产品预订及资讯平台，其成功并非仅仅是“自助游＋景区门票”这一商业模式所带来的，还包括以下几个方面。

① 敏锐的洞察力，发现市场空白。驴妈妈的商业构想来自于市场供需的缺口，随着家庭用车和网络人群数量的增长，自驾游和散客群体不断增大。而在中国的旅游市场上，一方面，景区门票价格较贵，另一方面，虽然有众多提供机票、酒店等旅行产品的网站，却缺少专门针对自助游的服务商，即使是当时国内最大的在线旅游网站携程网基本也只针对商旅人群，并未覆盖到以游玩为主的散客群体。

这一市场空白就是驴妈妈最初的定位，酝酿了3年的驴妈妈于2008年横空出世。绕开携程网、艺龙等已经饱和的商旅市场，利用自身的景区资源优势主打B to C自助游品牌，从做景区门票分销，到整合营销景区，再到旅游电子商务社区，如今新枝已长成参天大树，成为年营业额数亿，每年增长8倍的公司。总结起来就是驴妈妈旅游网跟其他一些做票务的网站思路不一样，驴妈妈旅游网随需应变，有所为有所不为，就瞄准“游”的市场，让携程做“旅”。

② 梦幻团队，强大的管理核心。一个好的商业模式背后还需要一个经验丰富有执行力的团队。驴妈妈的创始人洪清华是景域国际旅游运营集团的董事长兼CEO。由于背靠景域这样一个贯穿旅游产业链具有极高的专业水平和权威性的旅游运营集团，驴妈妈的发展将获得独一无二的专业化支撑，这一专业化的资源既是驴妈妈打通旅游产业链上下游的关键所在，也是景区之所以愿与驴妈妈建立合作的信任基础。

驴妈妈是由不同类型的人才构成的团队组合：景区专家洪清华、营销和融资专家杨振宇、携程旅行网联合创始人兼CEO范敏、国内最大的家居电子商务网站上海团购网CEO邓华金。这是一个经验丰富的组合，也是一个激情四射的组合。

③ 整合营销，为景区提供一站式营销服务。“驴妈妈”在前期筹办时限于构建一个庞大的旅

游媒体营销联盟，通过网站、《携程自由行》和国内外多家旅游相关的媒体共同组成的旅游媒体联盟是系统地将景区推向精准营销时代的又一有力武器。为了更好地展示签约景区的特色，也为了给驴友提供旅行的便利和实惠，"驴妈妈"曾联合国内多家知名景点推出了"1元门票"抢购活动，每天引起数万名网友关注，令参与景区的"眼球效应"突显。

驴妈妈旅游网除了采取线上精准营销策略，还整合各种渠道进行联合营销，如2010年最佳世博游特色景区评选、携手腾讯助力"抄底游"与百事可乐联手给力全民7亿瓶可乐游等，这些联合营销加上线上线下低成本的营销手段，让驴妈妈的社会影响力持续攀升。

④ 深悟局势，由竞争走向竞合。当前旅游电子商务的竞争态势已经进入到"强强联手、组合出击"的时代，这对于旅游电子商务有着深刻的意义，不仅将推动中国旅游业整体服务模式的升级，实现自助游客从"旅"到"游"的全面个性化定制服务，更意味着旅游电子商务发展模式真正从竞争向竞合转型。2008年驴妈妈与中国领先的在线旅行服务公司携程达成战略合作，凭借"旅＋游"的完美互补打造出旅游电子商务界的"黄金组合"。2009年驴妈妈与亚洲最大的网络零售商淘宝签约。如此，在2011年形成三强对抗之势。

根据驴妈妈和携程签订的正式协议，驴妈妈将在其网站上开通携程的酒店、机票预订通道。后者则成为前者酒店、机票预订通道的首席战略合作伙伴，同时双方还将就产品整合、线上线下推广、联名会员卡等层面展开深度合作。显然，这种强强联盟所形成的行业优势将是其他任何旅游网站所无法企及的，最终，凭借驴妈妈和携程在自助游客中打下的知名度和美誉度，两大旅游电子商务门户将给后来者构筑极高的行业门槛，并有助于进一步确立电子商务在旅游营销领域的主流地位。

同样，与淘宝的合作也让驴妈妈有机会分享到淘宝超过2亿的庞大用户，更好地贴近用户。驴妈妈对于淘宝旅行线上资源的完善和整合也起到积极作用，可以说两者的合作将彼此的优势最大化，实现了共同发展。

(2) 存在的问题及建议 目前，驴妈妈旅游网存在的问题主要体现在以下四个方面。

① 一次性消费和优惠金额少使消费者缺乏网上预订的动力。酒店消费重复性强，每次节省费用虽然少，但是可以积少成多。但是景区一般是一次性消费，基本没有重复消费。一些度假型旅游目的地，消费者可能会去多次，但是去具体景区一般也是1次。

目前国内的景区门票价格不高，一般景区在50元左右，如果打9折，只有5元的折扣。能去度假的游客一般比较富裕，为了5元钱也不太会浪费时间提前购买。虽然理论上讲人均GDP超过3000美元，旅游处于井喷阶段，但是作为一种非刚性消费，我国全民旅游频率还是比较低。由于时间和经济的限制，普通白领一般1年出去2次，1次长线1次短线游，因此缺少网上预订的动力。

② 团体出游依然是出游的主要方式，自助游客源有限。自助游在迅速崛起，但是目前团队游依然是主流客源，特别是各企事业单位组织的各种奖励游以及中老年出游，这些出游本身是集体行为，通过旅行社能得到更大的折扣，整体来说自助游客源有限。

③ 与旅行社相比，没有价格优势。一般景区针对旅行社客源有两种价格，一种是团队价(一般是8人或10人以上)，折扣很多在8折，一些三类景点甚至在5折或3折；另一种是散客价，就是旅行社带来的散客，折扣在9折左右，有些业务量大的旅行社甚至团散同价。由于旅行社具有地域性，景点与当地的旅行社在长期的合作中形成了紧密的联系，能够拿到较好的批发价格。

④ 景区资源的唯一性特点使其不愿意给散客优惠。一线景区一般具有不可替代性，比如张家界等，在国内没有第二个，因此不存在竞争。目前只有自助和跟团两种消费，如果是跟团，当然是团队价。如果是自助游，消费者进入景区需要以全价购票，若通过驴妈妈这样的中介商则需要给出一定的折扣，减少景区的收入，所以景区不愿意将这块利益让给中介商。景区不像酒店，

酒店可以选择，其供给不具有唯一性。

针对以上四个方面的问题，驴妈妈旅游网站一方面可以巩固已有市场份额，同时加强自助游目标市场的开发，充分发挥其线下的资源优势，进行整合营销。在业务方面，细分市场，对于不同职业、不同年龄的自助游散客人群进行区分，提供个性化、人性化的完善、贴心的服务。另一方面开拓新的海外市场，将国内外的用户都尽可能地囊括进来，建立一个国内外交叉互补、互相推荐的综合性旅游资讯网站、把景点旅游区与酒店和机票相结合，这样可以为出行者提供更加完备的服务。

8.2 携程网电子商务案例分析

8.2.1 公司背景

携程网创立于1999年，总部设在上海，目前已在北京、广州、深圳、成都、杭州、厦门、青岛、南京、武汉、沈阳、三亚11个城市设立分公司，在南通设立呼叫中心，在宁波、苏州、郑州、重庆设立办事处，员工1万余人。作为中国领先的在线旅行服务公司，携程网成功整合了高科技产业与传统旅行业，向超过4000万会员提供集酒店预订、机票预订、旅游度假、商旅管理、特约商户及旅游资讯在内的全方位旅行服务，被誉为互联网和传统旅游无缝结合的典范。凭借稳定的业务发展和优异的盈利能力，携程网于2003年12月9日在美国纳斯达克成功上市。

公司开展的六大业务如下。

(1) 酒店预订　携程网拥有中国领先的酒店预订服务中心，为会员提供即时预订服务。携程网的合作酒店超过32000家，遍布全球138个国家和地区的5900余个城市。不仅为会员提供优惠房价预订，更在主要酒店拥有大量保留房，为会员出行提供更多保障。

携程网率先在业内推出酒店低价赔付承诺，保证客人以优惠的价格入住酒店。携程网承诺：若会员通过携程预订并入住酒店，会员价高于该酒店当日相同房型前台价，携程将在核实后进行相应积分或差价补偿。

(2) 机票预订　携程网拥有全国联网的机票预订、配送和各大机场的现场服务系统，为会员提供国际和国内机票的查询预订服务。目前，携程网的机票预订已覆盖各大航空公司的绝大多数航线，实现国内60多个城市市内免费送票，异地机票实现本地预订、异地取送。机票直客预订量和电子机票预订量均在同行中名列前茅，业务量连续两年保持3位数的增长率，成为我国领先的机票预订服务中心。

携程在机票预订领域推出1小时飞人通道，以确保客人在更短的时间内成功预订机票并登机。携程网承诺：在舱位保证的前提下，航班起飞前，你只需提前1小时预订电子机票，并使用信用卡付款，即可凭身份证件直接办理登机。

(3) 度假预订　携程网倡导自由享受与深度体验的度假休闲方式，为会员提供自由行、团队游、半自助、巴士游、自驾游、邮轮、自由行PASS、签证、用车等全系列度假产品服务。其中，自由行产品依托充足的行业资源，提供丰富多样的酒店、航班、轮船、火车、专线巴士等搭配完善的配套服务，现已成为业内自由行的领军者；海外团队游产品摈弃传统团队走马观花的形式，以合理的行程安排和深入的旅行体验为特色，正在逐步引领团队游行业新标准。

(4) 自然灾害旅游体验保障金　携程网斥资100万元人民币作为保障金，保障会员的旅游体验不受损害。携程网承诺：预订携程度假产品并出行，如发生因旅游目的地自然灾害，而导致旅游体验遭受实质性损害的状况，携程网将依照旅游体验受损程度，给予会员一定比例甚至全额预订金额的补偿。

(5) 商旅管理　商旅管理业务面向国内外各大企业与集团公司，以提升企业整体商旅管理水平与资源整合能力为服务宗旨，依托遍及全国范围的行业资源网络，以及与酒店、航空公司、旅行社等各大供应商建立的长期良好稳定的合作关系，携程充分利用电话呼叫中心、互联网等先进技术，通过与酒店、民航互补式合作，为公司客户全力提供商旅资源的选择、整合与优化服务。目前已与爱立信、可口可乐、宝钢及海尔等多家国内外知名企业达成合作。

特约商户是为 VIP 贵宾会员打造的增值服务，旨在为 VIP 会员的商务旅行或周游各地提供更为完善的服务。携程网在全国 15 个知名旅游城市拥有 3000 多家特约商户，覆盖各地特色餐饮、酒吧、娱乐、健身、购物等生活各方面，VIP 会员可享受低至 5 折消费优惠。

(6) 旅游资讯　旅游资讯是为会员提供的附加服务。由线上交互式网站信息与线下旅行丛书、期刊形成立体式资讯组合。“目的地指南”涵盖全球近 700 个景区、15000 个景点的住、行、吃、乐、购等全方位旅行信息，更有出行情报、火车查询、热点推荐、域外采风、自驾线路等资讯信。“社区”是目前公认的我国人气最旺的旅行社区之一，拥有大量丰富的游记与旅行图片，并设立“结伴同行”“有问必答”“七嘴八舌”等交互性栏目，为会员提供沟通交流的平台。携程还推出旅游书刊《携程走中国》《携程自由行》《私游天下》《中国顶级度假村指南》等。通过大量的旅游资讯、精美的文字信息、多角度的感官体验，为会员提供周到体贴的出行服务，打造独具个性的旅游方案。

8.2.2　公司优势

携程网能取得巨大的成功，与它几个独特的竞争优势有着不可分割的关系。

(1) 规模经营　服务规模化和资源规模化是携程网的核心优势之一。携程网拥有世界上最大的旅游业呼叫中心，拥有 1.2 万个坐席，呼叫中心员工超过 5000 名。携程网同全球 138 个国家和地区的 32000 余家酒店建立了长期稳定的合作关系，其机票预订网络已覆盖国际和国内绝大多数航线，送票网络覆盖国内 60 多个主要城市。规模化的运营不仅可以为会员提供更多优质的旅行选择，还保障了服务的标准化，进而确保服务质量，并降低运营成本。

(2) 技术领先　携程网一直将技术视为企业的活力源泉，在提升研发能力方面不遗余力。携程网建立了一整套现代化服务系统，包括客户管理系统、房量管理系统、呼叫排队系统、订单处理系统、E-Booking 机票预订系统、服务质量监控系统等。依靠这些先进的服务和管理系统，携程为会员提供更加便捷和高效的服务。

(3) 体系规范　先进的管理和控制体系是携程的又一核心优势。携程网将服务过程分割成多个环节，以细化的指标控制不同环节，并建立起一套测评体系。同时，携程网还将制造业的质量管理方法——六西格玛体系成功运用于旅行业。目前，携程网各项服务指标均已接近国际领先水平，服务质量和客户满意度也随之大幅提升。

(4) 品牌优势　目前，携程网在综合性旅行服务公司行业属于领头羊地位。在各大商旅城市中的品牌知名度、美誉度在行业中也居领先地位。在发展中，携程网一直屡获殊荣，充分体现了它的品牌优势。

(5) 市场合作优势　市场合作是携程蓬勃发展的重要方面。携程网已在航空、金融、通信、企业四大板块全面出击。与国内外众多知名企业建立了战略合作伙伴关系。

(6) 提出一个全方位、一站式的概念　顾客不仅可以在门店里订到酒店机票，还能订到旅游、租车，在目的地指南和社区里还能看到游记和目的地介绍。

(7) 提供了丰富的预订和支付方式　携程网不仅提供了网络预定系统，还成功建立了亚洲最大的呼叫中心。携程网的呼叫中心采用最先进的第三代呼叫核心技术 CTI（计算机电话综合运用），大大提高了工作效率，是国内旅行界技术最先进、规模最大的呼叫中心。支付方式方面，携程网可以接收不同的信用卡、借记卡、支付宝等多种的支付方式。

(8) UGC 在旅游网站的运用　UGC 是 Users Generate Content 的缩写，是用户生成内容的意思。实际上消费者也在分享这样一个信息，旅游者就成了积极主动的一个信息的创造者。第二步就是让消费者通过旅游资讯的人，了解消息，最后能够转化为产品。携程网通过网上社区，积累知识以后，可以提供相应的旅行服务使业务更加多元化，另外通过线上线下的服务，共同推广这个产品。携程网每个产品的开发，并不是简单地依据外面需要什么就开发什么，而是每一个产品的开发都会按照网友在网上的要求，通过BBS、游记或不同的途径，不断地开发产品，保证携程网不断创新。消费者一定要通过携程网预定才能在评价系统中写评语，这大大排除了灌水和使坏的行为，相对来说质量明显有了提高。通过酒店点评，客户能得到真实、全面、及时的消息反馈。这个为后来的消费者对酒店业务的预定提供了极大的帮助。据统计，有三分之一的顾客会通过酒店点评来改变选择哪一家饭店。

(9) 服务2.0　携程网服务企业从1.0模式上升到2.0模式。服务2.0有三个性能，包括交互性、工具性、体验性。从交互性来说，携程网首创了全球酒店的点评功能，实现了酒店会员以及网上三方的有效互动；工具性方面，现在我国电信也转型，不光可以查号码，还可以订酒店、机票。最后还有一个体验性；携程网在全国各大机场设有度假体验中心，候机的乘客可以在度假体验中心中享受上网体验，查看资讯，预订机票。

(10) 企业文化　秉持“以客户为中心”的原则，通过团队间紧密无缝的合作，以一丝不苟的敬业精神、真实诚信的合作理念，创造“多赢”伙伴式合作体系，从而共同创造最大价值。

8.2.3 公司网站劣势

(1) 服务成本较高　携程网希望能像制造业那样把服务流程分割为若干环节，从服务态度、回复速度等诸多因素着手，全面提高服务水平。但是，携程网要建立这样的服务，必须加大人力物力的投入。

(2) 客户资源竞争激烈　在携程旅行网目前的投资项目中，主要是B to C的经营模式，B to C的电子系统使旅游者能够足不出户就能获得网站为不同旅游者提供的种种服务，虽然这有效地节约人力资本，但其经营模式的各个项目在未来不得不面临激烈的竞争，如客户资源。当资源有限的时候，网络企业之间各个项目之间的竞争将变得越发激烈。

(3) 业务媒介只限于互联网，业务对象只为互联网用户，对其他人群的市场影响力小　尤其是现在Internet越来越方便，外出的人也越来越多，每家宾馆和酒店，旅行社或地区都有当地的旅游网页和信息，所以携程网的信息更新就比较慢，而且价格上的优势就不再明显。

(4) 网络公司在法律上的弱势　其一，目前国内对电子商务在商品内容、保密性、网络安全性、加密技术和分支机构方面的法律规定并不明确，也缺乏相应的争端解决案例和经验，所以携程网在经营上有可能不得不面对相应问题所带来的风险。其二，国内对于域名的保护问题仍处于研究状态，并没有明确的法律规定，一旦发生版权问题，将极大降低公司商标和其他无形资产的价值。携程网需要及时关注国内的保护举措，防止无形资产流失。

8.2.4 改进措施

(1) 扩张规模，合理地兼并一些在线旅游网站　携程网在某种意义上说是一个为旅游者提供中介服务的公司，其盈利的主要来源是利用中介双方的信息不对称性赚取的，而这注定是不可能过高的，因为一旦过高极有被绕过的可能性。所以进行规模扩张，形成规模效益是其盈利之道。

(2) 整合上下游的信息资源，提高自己的核心竞争力　携程网的核心优势就是其掌握的上下游的各种信息。通过规模扩张获取更多的信息是基础，只有对这些信息进行整合、深入挖掘才能最大限度地发挥其作用，保证始终不被中介双方绕过。比如说酒店预订就是携程通过对大量客户群和酒店信息的比对，从而获取中介双方都没有的信息，赚取其中的酒店预订利润。而这一块的信息没有哪家酒店或旅游者自己可以获得。

(3) 实施上游扩张战略，发展自己的旅游服务行业　东航董事长刘绍勇的“打工说”，说到

“如果航空公司的信息化上不去，永远是被动挨打的打工者，现在航空公司就是在为携程、艺龙打工”。它至少反映了一个现状，就是服务业实体不满携程这类的服务中介的“分饼”行为，想要通过自己的信息化绕过服务中介。所以携程在努力提高自己核心竞争力的同时也要有所准备，向上扩张，如构建自己的旅游公司、星级酒店等，发展旅游的实体产业，才能最终规避被绕过的风险。

(4) 积极维护自己的品牌形象，竭力赢得消费者好感　2009 年春节前，携程网卖出假保单一事在社会上引起了广泛的讨论，对携程网的形象产生了极坏的影响。有理由相信假保单一事不只是携程一家这样做，其他的在线旅游网站极有可能也是如此。在这样的行规面前，携程网为了 40 元一张保单而弃品牌形象于不顾的作法是极其不明智的。需知服务业，尤其是服务中介行业最关键的就是客户的信任，一旦客户对企业失去信任，企业将一无所有。只有好的口碑才能吸引更多的客户，只有足够多的客户才有同上游实体业谈判的筹码，才能有机会赚取中介利润。

(5) 积极创新，不断挖掘新的业务增长点　携程网的主要盈利是通过机票预订和酒店预订等的中介方式。但随着信息化的不断加快，中介双方的信息不对称性肯定会逐渐降低，携程网在这块的盈利必定会受到影响，所以只有不断挖掘其他新的业务增长点才能获得更多的收益，才能继续发展壮大下去。如当下正在做的旅游度假、商务管理等新型业务，它们的盈利模式不再是以往的佣金化的模式而是靠自己的品质、效率赢得回报。只有更多地开发这种有自主品牌内涵的新型业务，携程网才能继续发展。

8.2.5　改进过程可能遇到的困难

(1) 网络监管制度缺陷，企业的权益易受侵犯　目前我国的网络监管制度还没有脱离传统的行政手段和行政意识的桎梏，存在着许多缺陷。迄今为止，我国关于网络监管的法律只有一部准法律性文件，即《关于维护互联网安全的决定》。

(2) 同行竞争激烈，易被竞争对手模仿　现在国内有 2 万多家各种各样的在线旅游网站。其中和携程网有一定可比性的也不少。并且，携程网的模式并不是特有的，因此携程面临着被模仿或超越的风险。

(3) 航空公司或酒店的业务直销比重增加，对中介的依赖减弱　CNNIC 最新数据显示，截至 2013 年 6 月，在网上预订过机票、酒店、火车票和旅行行程的网民规模达到 1.33 亿，占网民比例为 22.4%。而 2012 年 12 月底，在网上预订过机票、酒店、火车票和旅行行程的网民规模达到 1.12 亿，占网民比例为 19.8%。半年间，在线旅游预订网民的渗透率增长 2.6%，达 2100 万人。市场的快速成长以及巨大的潜力空间都成为驱动在线旅游预订市场发展的动力。

(4) 航空公司或酒店将佣金下调　据 CNNIC 最新数据显示截止到 2013 年 12 月，国内东航、南航和国航等航空公司率先将部分航线的机票佣金下调了 2%，这将在未来直接影响到携程的机票销售收入。

(5) 网上支付的安全性和技术性难题　我国的网上电子支付手段并非十分完善，商业银行的全行联网机制尚未建立起来。大多数的消费者尚无使用信用卡的观念，电子支付还无从谈起，因而很难保证携程旅行网电子商务过程的完整性。

(6) 电子商务系统基础设施建设的成本和技术难题　我国属于发展中国家，网络经济刚刚起步，网络的基础设施尚不够完善，数据的传输能力距离预期的水平还有很大的差距。完善的数据处理能力也还十分有限，网络数据流动度比较慢，浏览大型图片，计算机的播放速度有待提高，相对落后的网络物理设施必然阻碍携程旅行网的发展。

8.3　艺龙网电子商务案例分析

艺龙网于 1999 年成立，是目前我国在线旅游市场领先的预订服务提供商之一，总部设在北京。

艺龙网依靠网络分销技术和24小时服务的呼叫中心，为消费者提供旅行预订服务。目前艺龙网可以提供国内280个主要城市的近3700家酒店和海外数万家酒店优惠的预订服务，国内57个主要商务、旅游城市的出、送机票服务，以及度假、租车等旅游服务。

1999年5月成立的艺龙网在短短的2年时间里成了当时刚刚兴起的国内在线旅游预订市场的领头羊。但很快由于超高速的业务增长和管理层对于庞大业务控制能力的缺乏和经验的不足，再加上在公司经验与发展战略上的不一致，艺龙陷入了发展泥潭。市场占有率很快下降，被携程等市场后起之秀迅速超越。经过几轮激烈的争论和管理团队的更迭，2004年7月艺龙选择与全球著名旅游服务品牌Expedia紧密携手，通过多资源、多渠道的市场整合，将自身已有的国内旅游服务网络与Expedia丰富的海外旅游资源、先进的服务理念及服务技术紧密结合，为会员提供高品质的出行服务，重新开始了快速有序的发展，逐步扩大了在线旅游市场上的份额。2004年10月艺龙旅行网在美国纳斯达克上市，目前全球最大的在线旅行服务公司Expedia拥有艺龙52%的股权。

8.3.1　艺龙网的商业模式

艺龙网的战略目标就是通过最低的成本、最简便的交易、最智能的信息，为客户提供最好的旅行服务，打造中国最大的、最智能的旅行服务市场，让艺龙旅行网成为出行者寻求资讯和帮助的首选，为广大出行者提供完善的一条龙服务。

通过充分挖掘市场需求，艺龙旅行网瞄准了商务出行者、旅游者、住宿者等这一巨大市场。通过先进的网络技术和强大的线上线下整合能力，艺龙网以一种创新的经纪人模式为出行者提供便利服务，并以此吸引了大量的用户使用网站。通过为这些目标用户提供便捷、经济的出行，可以收取酒店、航空公司、风景区一定的佣金，而面向其他企业又可以向他们提供精确度比较高的广告服务。这种做法不仅使出行者享受到了舒适、经济的出行服务，而且为广大酒店、航空公司、风景区带来客户，而艺龙旅行网网站也通过这种经纪模式和为广大企业提供目标精确的广告对象而赢利，这是一种多赢的价值网络，提高了社会资源利用效率，方便了人们出行，为企业带来了效益。如图8-4所示。

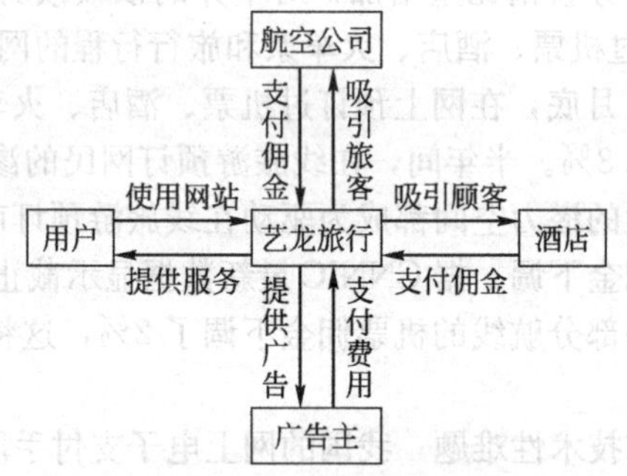

图8-4　艺龙网的商业模式

艺龙网建立了多业务并行发展的多元模式。首先与国内所有航空公司、国际数十家航空公司及全国各地机票服务机构建立了长期、稳定的战略合作伙伴关系，可以提供全球任意一点或多点的机票服务，为旅客量身定制飞行计划及旅行路线等。2005年1月21日，艺龙公司推出了国航第一张BSP电子客票，充分体现了艺龙旅行网公司作为中国在线旅游行业领军者的重要价值。

艺龙网还与国内各大城市的餐饮、娱乐、健身等多个消费领域的精选特约折扣商户合作，为VIP会员提供特惠价格折扣服务。消费积分除了可兑换免费酒店与机票外，还可以在多家特约商户兑换自己喜欢的礼品或服务。除了自身的会员卡，艺龙网还与中信银行联合推出了集旅游、金融理财、日常消费于一体的中信艺龙卡，与其他金融服务机构联合推出的信用服务卡，以及与海南航空、中国联通、雅虎、摩托罗拉等合作推出了各种多功能联名卡等，进一步推动了商务和旅行客户的消费与合作，吸引和保留新老客户的同时，拓宽了盈利渠道。

8.3.2　艺龙网的赢利模式

艺龙网通过为广大出行者提供便捷的酒店、机票、旅游服务以及出色的线上线下推广，使艺龙网成为国内著名的出行资讯网站，聚集了大量的网络用户，1000 万中高端、稳定的商旅用户，艺龙网主要通过向酒店、航空公司、风景区提供面向这些用户的广告服务而赢利。

艺龙网通过网络推广宣传与线下活动提高网站知名度，吸引用户使用，使更多的人成为艺龙网的用户，用户通过网站订购机票、酒店等，通过这些，艺龙网收取一定的佣金，这又是艺龙网的一个赢利模式。

8.3.3　艺龙网的管理模式

在管理上艺龙网实行的是精英管理理念，聘用高级管理人才和技术人员，带领团队帮助企业发展。艺龙网也为广大员工提供良好的入职培训和专业技术岗位培训。面向全体优秀员工的“CEO 奖学金”，给员工更多继续深造的机会。每一位新进入的员工都会安排“导师”和“伙伴”，帮助他们快速成长。

8.3.4　艺龙网的 SWOT 分析

(1) Strength　作为 Expedia 旗下的企业，具有资金和资源的支持。剥离外围业务，分离出核心业务后，酒店机票预定业务的执行力得到提升。客户差旅过程的一条龙式的全程监督、管理和操作的合作节约了客户成本的同时还保证了质量。

(2) Weakness　机票、酒店产品仍然和其他供应商属于同质化竞争，并没有特别的明显的优势。主要面对商旅人士，受众面比较窄。

(3) Opportunity　旅游预订市场上强化专业，可以探索出新的模式。依托 Expedia 的资源，可以考虑开拓海外市场。提升与搜索引擎合作进行推广。

(4) Thread　作为上市公司持续亏损的局面不及时扭转将带来更大的资本市场的压力。商业模式雷同、产品服务相似导致来自同类公司的竞争压力仍然很大。

8.4　芒果网电子商务案例分析

8.4.1　芒果网的基本情况

芒果网有限公司是中国港中旅集团的附属子公司、香港中旅国际投资有限公司的全资子公司，是港中旅集团顺应现代旅游发展趋势建立的、以独立品牌专门从事在线旅游业务的电子商务平台，旨在充分发挥港中旅集团丰富的旅游资源、订房、订票资源和客户资源的协同效应。芒果网有限公司于 2006 年 3 月 31 日正式开业，管理、运营及研发中心设在深圳，目前已在北京、广州、上海、深圳、南京、武汉、成都、香港设立分公司。

芒果网采用“网站＋电话客服中心”的服务模式，依托先进的电子商务旅行网站 (www.mangocity.com) 和全国开通的全天候旅行服务热线，基于统一的后台数据库为客户提供一站式旅行预订服务，并通过先进的客户关系管理系统跟踪客户消费模式，为目标客户提供个性化产品定制和增值服务。

芒果网还为签约的商旅客户设立了服务专线，为客户提供传统旅行社无法比拟的便捷服务。

芒果网以“成为大中华区最受欢迎的互动式旅游电子商务平台”为愿景，致力于为客户提供最为便捷的旅行产品预订服务，最为愉悦的客户体验，最为丰富及最具吸引力的旅行产品。作为我国在线旅游行业新兴的综合性旅行预订服务提供商，芒果网竭诚为大中华区的广大客户提供酒店预订、机票预订、度假预订、商旅管理、特惠商户以及旅游资讯在内的全方位旅行服务。

经过多年的发展，公司业务拓展迅速，发展了相当的客户群，芒果网的品牌知名度快速提升，初步形成了与主要同行三足鼎立的中国在线旅游市场格局，获得了市场、业界及政府的高度关注和肯定。公司成功通过了“深圳市软件开发‘双软’企业认证”，获得了“2006 年度深圳市高新技术企业”“2006 互联网年度十大创新商业模式大奖”“中国互联网最具创意网站”“品牌中国金谱奖——中国信息技术行业年度十佳品牌”“香港客户中心协会年度最佳离岸呼叫中心奖”“2009 年度中国最佳呼叫中心”“歌诗达邮轮中国区销售冠军”等诸多荣誉。

芒果网将迈出与集团旅游资源“天地联网”“线上线下相结合”的步伐，继续加强与行业内外合作伙伴的互补共赢关系，不断强化公司的服务能力和提高在行业内的地位。

8.4.2 芒果网的运营模式（图 8-5）

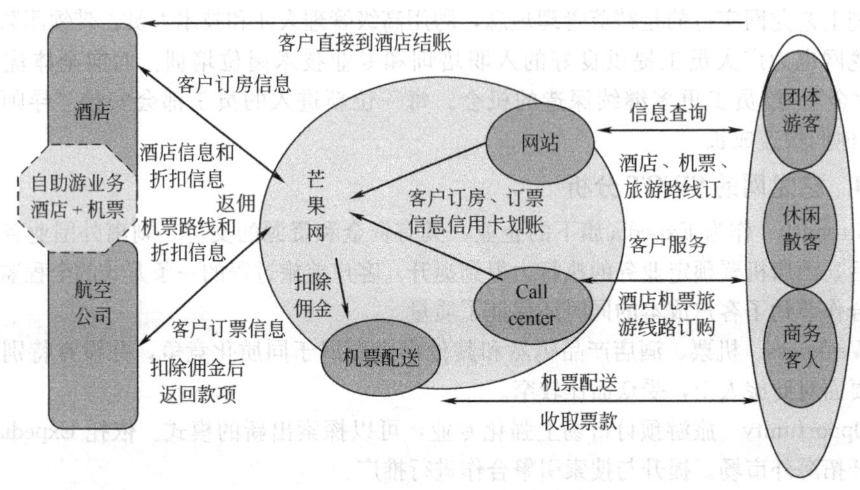

图 8-5 芒果网运营模式

① 酒店预订。

② 机票预订。

③ 旅游度假。

④ 邮轮租车。

⑤ 门票签证。

⑥ 旅游资讯。

⑦ 论坛服务。

8.4.3 芒果网的商业模式

（1）战略目标 芒果网的战略目标是成为大中华区最受欢迎的旅游电子商务平台。芒果网紧紧把握互联网发展的脉搏和在线旅游发展趋势，积极推进港中旅集团的“天地联网”，促进资源协同，大胆创新，加强平台建设并不断提升服务质量和水平，为中国互联网产业、旅游电子商务的发展做贡献，成为深圳在线旅游业的新亮点。

（2）市场定位 目前网络旅游市场“携程”和“艺龙”以“专业”的品牌形象占据了大部分的商旅人士市场，而芒果网则以“年轻时尚”的品牌形象进军年轻人市场、进军休闲旅游市场。实际上芒果网的用户定位和产品线路定位是吻合的，芒果网把度假产品放在重要的地位，而年轻人群正是度假产品的重要受众。如图 8-6 所示。

（3）盈利模式 芒果网的盈利模式主要来源于三大产品线。

① 酒店业务。酒店业务是消费者在酒店结账，酒店再返还芒果网佣金。

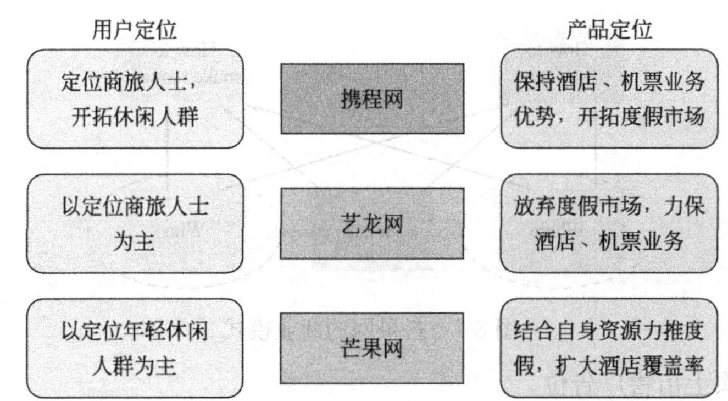

图 8-6　芒果网与携程网、艺龙网的市场定位比较

② 机票业务。随着电子客票的全面使用，消费者订票后通过网上支付、现场支付、信用卡支付的方式给芒果网票款，芒果网提取佣金以后再返给航空公司票款。

③ 打包旅游。芒果网从旅游资源（例如往返机票、酒店住宿费、旅游门票和景点地陪服务等）中提取佣金。同时，芒果网还通过在网页上出售广告位获取收入。

（4）营销策略　芒果网是一个由电话呼叫中心、网站及其他高科技接入方式组合成的非面对面客户服务中心，为游客提供以订房、订票、自由行套票、公司差旅管理为主打产品的旅游在线服务。利用芒果网，人们旅游、商务、会议出行可以不出家门和办公室即可用电话、上网、手机等多种电讯工具订酒店、订机票，既节约了时间，又降低了成本。

8.4.4　芒果网的技术模式

芒果网在港中旅的支持下，以独立的品牌开拓新的产品形象、新的客户群和新的客户服务模式，与香港中旅集团属下所有的旅游资源合作，包括传统旅行社在采购、销售、配送及支持服务、信息、广告及客户等方面合作，以达到互利双赢的局面。

芒果网采用“网站＋电话服务中心”的模式，建立以统一的后台数据库（包括产品和客户）为基础的非面对面客户联络中心。结合我国旅游业发展的实际情况，芒果网服务客户的通道主要有网站及电话服务中心。客户联络中心通过统一的产品数据库为客户提供和制作产品，并通过统一的客户数据库内的客户关系管理系统跟踪客户的消费模式，为目标客户提供个性化的增值服务，加强客户忠诚度。客户联络中心的另一项功能是统筹旅游产品的配送，如安排各个区域航空票务代理公司或设于主要机场内的分支机构出票，并通过各地的业务合作伙伴（例如传统旅行社、邮政局等企业）送票或住房单等。客户联络中心 24 小时的全天候运作，为客户提供传统旅行社不能提供的便捷。

与携程网、艺龙网等企业相比，芒果网更重视网站的技术。这主要是因为相比起酒店、机票产品，度假产品更依赖网站，对于呼叫中心依赖较弱。

8.4.5　芒果网的商业模式

芒果网的商业模式如图 8-7 所示。

（1）What　主要以在线或者电话预订机票、酒店、旅游线路等单一或者打包旅游产品为主。提供类似旅游门户网站的旅游资讯服务。提供论坛服务。

（2）Who　所有的个人旅游者、商旅人士。相比企业旅游服务商，芒果的用户群更偏向热衷于休闲旅游的年轻人。

（3）Where　面向全国各地，但主要市场集中在大中城市，特别是经济水平较为发达、网上预订和网上支付认知度较高的区域。

（4）How to make money　用户通过旅游资源服务商（酒店、航空公司、旅游景点等）收取

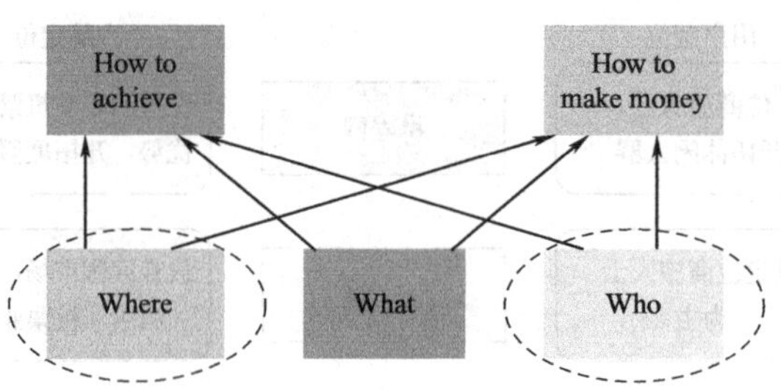

图 8-7 芒果网的商业模式

佣金获取收入。网页上出售广告位。

8.4.6 芒果网的管理模式

(1) 组织结构 芒果网的组织结构如图 8-8 所示。

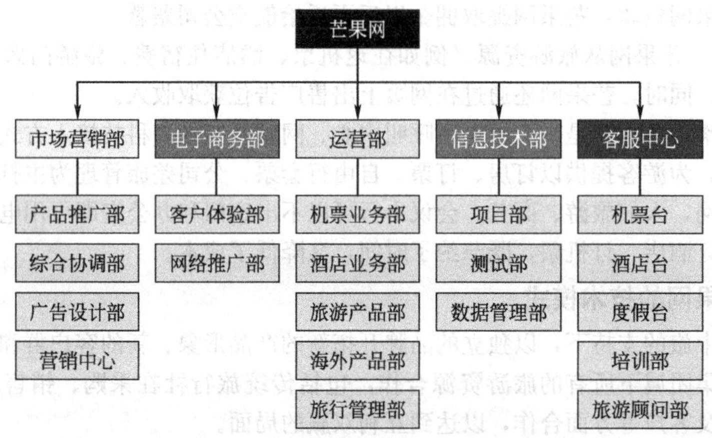

图 8-8 芒果网的组织结构

(2) 公司文化 芒果网是港中旅在线的全资品牌，芒果网的黄色标识清新明快，芒果网倡导时尚、轻松的品质生活，字面上看起来为 man＋go＋city，“man”广义的意思是人，“go”是走的意思，合起来是人在走，在哪里走？在“city”，在城市走，从一个城市到另一个城市，芒果网象征着城市动脉。音译和意译合起来读是芒果城，潜意表达了我们的人生之路，在路上，在探索，在追求，所到之处都是灿烂的芒果城。芒果的底部还有一颗闪烁的星星，这颗星正是港中旅在线的动感北斗星，她是一颗星，也是芒果的一个“脐”，象征着芒果网与香港中旅血脉相连的关系。

8.4.7 芒果网的资本模式

(1) 依托母公司 芒果网是香港中旅集团所属上市公司——香港中旅国际投资有限公司在内部资源重组的基础上再投资近 3.5～4 亿元人民币兴建的旅游电子商务平台。

香港中旅集团拥有较丰富的地面旅行社网络资源，在中国香港、澳门设有 40 间分社和 5 间全资酒店；在美国、加拿大、澳大利亚、英国、法国、德国、日本、韩国、新加坡、泰国等 16 个国家设有 21 间海外分社；在中国北京、上海、苏州、杭州、青岛、成都、西安、新疆、厦门等地设有 14 家独资或者合资旅行社，拥有 17 间酒店并受托管理 7 间酒店。此外，还控股深圳世界之窗、锦绣中华和民俗文化村，独资开发了亚洲最大的海洋温泉度假城——珠海海泉湾，拥有香港最大的过境巴士公司，经营深港澳直通巴士和泛珠三角巴士客运服务，并和香港信德集团联营港澳飞航船，可为旅客提供海、陆、空全方位旅游服务。

香港中旅国际投资有限公司（简称港中投）是港中旅集团下的旅游旗舰，集结了港中旅集团内旅游资源和业务的精华。港中投于 1992 年 11 月在香港成立及上市，港中投及其附属公司的主要业务包括旅行社、客运、酒店、主题公园、高尔夫球会所、货运及电厂投资等。港中投凭借其全面的旅游平台及母公司港中旅集团的大力支持，能够全面捕捉大中华区旅游市场巨大的发展潜力。通过多年的高速发展，港中投已经成为我国最为重要的旅游资源和关系的控制者，能够持续大规模地为旗下的企业提供业务发展所需的资源和资金。

2005 年，港中投投入巨资建设了在线旅游电子商务平台——芒果网，港中旅旨在将芒果网建设成为旗下所有旅行资源使用的唯一电子商务平台，全力推动芒果网迅速成为我国旅游电子商务市场的重要力量。

（2）并购　2009 年芒果网完成对易休旅行网的收购和业务整合，并在此基础上推出全新品牌——青芒果旅行网（Qmango. com），该品牌主要服务对象为年轻驴友、背包一族。

（3）联合发展　2009 年中国工商银行信用卡部与芒果网有限公司合作，正式推出牡丹芒果信用卡。牡丹芒果信用卡主要服务于经常出差的商旅人士和热衷旅游的持卡人。

牡丹芒果信用卡不仅具有信用卡透支、转账结算、存取现金等牡丹信用卡的各项金融功能，客户成功申办该卡还可直接成为芒果网金卡会员，享受更多优惠。

8.4.8　结论和建议

芒果网以独立的品牌开拓新的产品形象、新的客户群和新的客户服务模式，与港中旅属下所有的旅游资源合作。

根据中国旅游业发展的现实情况，芒果网采用“网站＋电话服务中心”的业务模式。客户联络中心通过统一的产品数据库，为客户提供和制作产品，并通过统一的客户数据库内的客户关系管理系统跟踪客户的消费模式，为目标客户提供个性化的增值服务，加强客户忠诚度。

芒果网完善的环节如下。

（1）机票预订　机票产品在及时性、全面性、低价性上表现不佳。应在全国范围内提供订票服务，并在全国各大主要机场设有芒果网现场出票点，以方便客户在机场取票。

（2）目标客户　在商旅人士中品牌形象不够专业，影响酒店、机票产品的销售。应扩大目标客户，提高品牌形象。

（3）旅游套票　易杂尚杳将是未来生活中最为时尚的旅行方式。芒果网的旅游专家，在尝试每条线路后，为易杂尚杳客户设计出最时尚、最舒适的旅游线路。

（4）旅行管理　面对商务客户，芒果网的客户经理定期为客户提供旅行费用成本分析报告，通过专业的数据分析，找到降低成本的最大机会。

（5）推广范围　芒果网目前主要推广地区位于南方，在北方知名度不够。而且目前的芒果网总部落户深圳，并在北京、上海、广州、成都、香港等重要经济城市设立了分公司。推广地区大多数为一线城市，对于二线和西部城市涉及较少。应开拓二线和西、北部地区城市的新市场，扩大推广范围。

8.5　去哪儿网电子商务案例分析

去哪儿网成立于 2005 年，用不到 6 年的时间即打造成目前全球最大的中文在线旅行网站。其搜索范围超过 6 万家国内酒店、2 万家国际酒店和 12000 条国内、国际机票航线以及 20000 条度假线路，拥有其他在线旅游网站无法比拟的资源优势。Google Double Click Ad Planner 发布的 2010 年 4 月的网络统计数据显示，全球最受欢迎十大旅行网站中，去哪儿网排名第七。

2005 年才成立的中国在线旅游媒体去哪儿网，自 2007 年被定位为中国最热门的旅游媒体之一到现如今，公司一直保持着 300%～400%的增长。

8.5.1 商业模式

(1) 购票　去哪儿网通过以下方法来保障客户购票方便与安全。

首先，去哪儿网通过强大的垂直搜索引擎平台，集成所有网络信息，帮消费者分析最丰富的产品和价格，包括所有航空公司的网站，为消费者提供最完善的信息比较。

其次，与全国数百家出售机票的互联网运营商合作，去哪儿网可以搜索全球379家机票供应商，并将其纳入自己的供应商列表范围，使得每一个航班的机票都可以进行充分的比较与竞争，这样运营商不得不降低价格参与到竞争中去。

去哪儿网与每一家运营商都签订了合同，供应商必须遵守保守消费者利益的相应条款，有效地杜绝了欺诈消费者的行为，从而有效地保障了消费者利益。去哪儿网除了30%来自航空公司，其余的机票代理商100%拥有中国航空运输协会颁发的证明，有效地保证了信息安全。

(2) 酒店预订　酒店预订是商务人士和爱好旅游的人出行所必须考虑的问题。去哪儿网与分布在全国不同地区（从一线城市到各县市）的各种档次的酒店签订协议，并且能够以团购的形式供消费者选择，在酒店经营淡季的情况下，优惠幅度可以达到6折到4折不等，即使在酒店经营旺季，酒店价格比平常高2倍或是更高的时候，消费者仍然可以享受到8折左右的优惠。而且去哪儿网是全国最大的中文旅游点评平台，覆盖了600家酒店的点评，同时去哪儿网的系统中有100万条中文点评。除了有普通消费者点评，还有大量酒店专家的点评。所以在酒店预订方面，去哪儿网为客户创造的最大价值在于：消费者能够以同等的消费金额享受到更高档的服务或者获得最全面的信息并且节约成本。

(3) 签证　对于要出国旅游的消费者来讲，办理签证是消费者最烦恼的问题，个人亲自去办理由于流程和常见问题的不熟悉，往往心里没把握，经常自己花费了大量时间和精力之后，结果是无理由被拒签，交给代理机构和旅行社又容易被骗。去哪儿网通过与众多知名服务机构签订协议，并提供了各种关于签证的专业链接，首先保障了消费者的权益，同时为消费者的签证办理过程节约了成本和时间，这正是消费者所期望的。

8.5.2 去哪儿网技术模式分析

企业资源系统的构建主要是为了传递企业的核心价值，为了将企业提供的产品和服务更好地推广出去，从资源系统中可以了解到企业是如何选择和整合资源（依靠企业自身还是通过合作伙伴），从而为用户传递价值主张或价值组合中的利益。

企业资源系统的分析过程包括以下内容。

(1) 分析企业核心价值主张　去哪儿网的核心价值主张包括丰富的机票、酒店、旅游、签证信息，人性化的版面设置及金牌客户服务等内容。

(2) 分析企业提供价值所需资源　去哪儿网价值主张所需资源如图8-9所示。

(3) 分析企业所能提供的资源水平　分析企业是依靠内部资源还是要借助外部条件来创造价值。通过以上资源系统图可以发现去哪儿网需要与其他媒体及网站合作才能确定系统有效动作。

8.5.3 去哪儿网盈利模式分析

一个成功的商业模式必须是赢利的，除了有独特的价值定位，满足客户需求的产品，合理的资源系统，还要能够获得价值。去哪儿网把客户价值最大化作为服务的第一宗旨，盈利自然就成了其经营的必然结果。其收入来源主要有以下几个方面。

(1) 广告　广告是去哪儿网的主要收入来源，目前在各产品与服务页面上提供的广告包括以下几种。

① 首页广告。BANNER广告、文字广告，适合品牌宣传或促销，图片广告按显示次数收费，文字广告按点击收费。

② 机票搜索结果页面广告。BANNER广告、文字广告、图片广告三种形式。机票报价网站

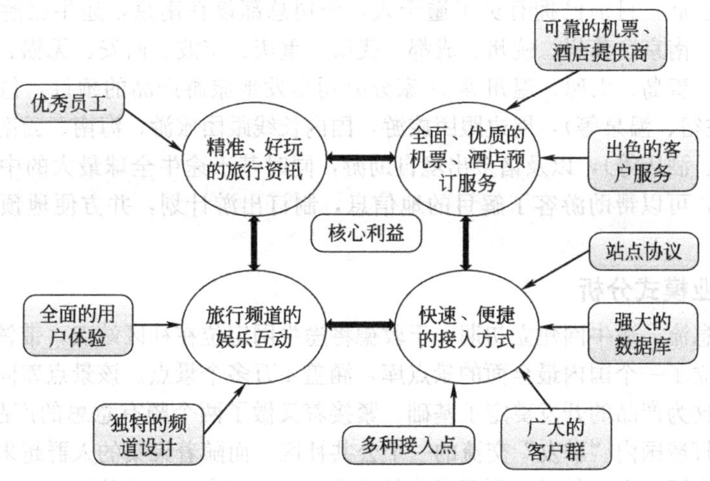

图 8-9　去哪儿网的资源系统

推广，适合可以提供实时价格信息的机票预订网站，按点击收费。大多数航空公司为了节约成本，拓宽销售渠道，将部分机票出售给代理经营商，留一部分价格区间给代理商，由其自行调整机票出售，而一般代理商为了更好地完成业绩，往往会以低于航空公司机票市场价的价格出售。

③ 酒店页面广告。BANNER 广告和文字广告，适合酒店相关品牌宣传或促销推广，图片广告按显示次数收费，文字广告按点击收费。

④ 酒店搜索结果页广告。BANNER 广告、文字广告、图片广告、首推酒店广告。

(2) 竞价排名服务　去哪儿网在搜索结果中提供排名服务，按照用户点击收费。

(3) 企业客户　为航空公司、酒店、签证服务代理机构、旅游景点、度假村等提供广告服务。

(4) 去哪儿网开拓了新的收费方式——酒店预订电话费　当消费者搜索到“酒店直通车”业务的酒店页面时，可以通过去哪儿网的电话与酒店联系和预订。去哪儿网向酒店收取消费者与加盟酒店通话所产生的电话费用，按每分钟 2 元的标准收取。这样比其他旅游网站收取佣金的模式更为划算。去哪儿网上提供了一个案例，某酒店直通车获得 107 个用户电话，实际入住 76 个夜间，按每间房 260 元计算，共获得收入 19760 元。如果按 15%的佣金来算，该酒店需向传统分销商支付 2964 元费用，但 107 个电话费仅收 428 元，为酒店节省了很多利润。所以此项业务不仅能让中小酒店从中获益，更能成为去哪儿网的重要收入来源。

8.6　途牛网电子商务案例分析

8.6.1　公司简介

途牛网（www.tuniu.com）是由其现任 CEO 于敦德和现任 COO 严海峰在 2006 年 10 月创建的，是南京途牛科技有限公司旗下的网站产品，是面向全国提供在线旅游预订服务的 B to C 电子商务网站。途牛网利用互联网优势，整合旅游产业链，通过呼叫中心与业务运营系统服务客户，开辟了创新的在线旅游预订模式。

途牛网通过采集筛选整合旅游行业资源（旅行社、航空、酒店、门票、签证等），为旅游者提供一站式预订，一对一管家式服务。途牛线路全面，价格透明，并提供丰富的后续服务和保障。同时，基于途牛全球最大的中文景点目录和中文旅游社区，可以帮助旅游者了解目的地信息，制定出游计划。

经过多年的发展，目前已拥有员工逾千人，公司总部设在南京，途牛旅游网提供北京、上海、天津、深圳、南京、苏州、杭州、成都、武汉、重庆、宁波、西安、无锡、常州、长沙、大连、厦门、沈阳、青岛、太原、温州等21家分公司出发地旅游产品的预订，包括周边自助旅游(如景点门票、住宿、温泉等)，周边跟团旅游，国内长线跟团旅游，海南、云南、广西等自助旅游（如往返机票、酒店等)，以及诸多出境自助游，同时基于途牛全球最大的中文景点目录和中文阳光旅游社区，可以帮助游客了解目的地信息，制订出游计划，并方便地预订旅游过程中的服务。

8.6.2 商业模式分析

(1) 途牛信息流　途牛网建立初期，于敦德将途牛网定位在社区站点，带领为数不多的团队花费半年时间建立了一个国内最全面的景点库，涵盖4万多个景点。该景点库同时也是全球最大的中文景点库，这为产品的开发奠定了基础。紧接着又做了两个颇有意思的产品，“路线图”和“拼盘”，致力于打造国内“驴友”交流的一个公共社区。而随着聚集的人群越来越多，于敦德和他的同伴也在途牛网成立半年后找到了明确的运营模式：国内有众多的旅行社，将这些旅行社的旅游线路集中在一起并且分类管理，游客通过访问途牛网了解感兴趣的旅游线路，也可以向途牛网的客服咨询，最后在途牛网完成预订。

途牛网近百位资深旅游专家从众多旅游产品中挑选出性价比极高的精品线路，并优化了景点安排和服务标准，为游客打造高品质的产品。

(2) 途牛产品　“路线图”是一个用来做游记的工具，可以让网友们按照天数把行程很直观地进行组织，途经的景点都可以利用景点库的资源选择出来，每天包含几个景点，一个行程包含几天，这样一个完整的游记就出来了。“拼盘”是根据一个主题，把一些景点给组合出来，添加非常方便，只要把文章贴上，然后利用景点选择器选一下景点就可完成，例如“世界上八大令人惊讶的岩石美景”“国内旅游的十座顶级小城古镇”等，不但可以看到文字，还可以看到景点库里丰富的图片。

(3) 途牛网服务　途牛网提供全天候服务，让客户随时随地享受途牛网无微不至的贴心服务和深切关怀。

途牛网全面开放客户回访，通过旅游产品的满意度及评价展示，只要登录途牛网就可以得到真实、全面的客户回访信息。途牛网也根据各条线路的满意度指标来不断改善和提高旅游产品质量。

(4) 途牛网目标客户　途牛网的主要客户群是白领阶层，他们有一定的消费能力，经常上网，对网络交易的信任感很高，其出行前通过网络搜索，比较不同在线旅游网站，找到潜在兴趣网站咨询，而大多数主动咨询的客户都能顺利完成交易。于是，采用网络营销中的竞价排名成了途牛网打开知名度、带来源源不断的销售线索和订单的重要营销手段。

8.6.3 途牛网盈利模式分析

国内有众多的旅行社，将这些旅行社的旅游线路集中在一起并且分类管理，游客通过访问途牛网了解感兴趣的旅游线路，也可以向途牛网的客服咨询，最后在途牛网完成预订。当游客与旅行社签订合同时，途牛网可以获得旅行社反馈的3%～7%的佣金。同时，途牛网根据其专家团队的研究结果，结合各大旅行社开发出市场上没有的旅游路线，这一块的获利比例相对较高。同时，海内外邮轮票务销售、景点门票销售、酒店预订等也是主要盈利来源之一。

8.6.4 经营模式分析

跟携程网、艺龙网等“酒店＋机票”产品的模式不同的是，途牛网只卖旅游线路；跟传统旅行社门店销售模式的区别又在于，他们是以“网站＋呼叫中心＋旅游线路”的方式展开业务。这就是途牛网CEO于敦德为途牛网寻找到的差异化竞争优势。用户通过网站的展示平台，能够轻松地找到自己满意的旅游产品，然后通过电话咨询或直接在网络上预订并支付旅游产品，为用户节省了更多的时间和精力。

在线旅游企业的经营内容，销售的产品，最终还是要通过线下的服务和运作来完成与旅游者之间的买卖协议。而线下的传统旅行社们，可以通过在线技术，为自己找到更多的客户，拓展更广的市场空间，所以途牛采用了在线旅游和线下企业的深度结合经营模式。

8.6.5 管理模式分析

途牛网走差异化战略，只做旅游路线并对这一细分市场进行深耕细作，可以利用互联网优势整合旅游产业链，通过呼叫中心与业务运营系统服务客户。当然，只有营销是远远不够的，不断寻求创新才能走得更远。从去年开始，途牛网把更多心思花在产品和服务上，同时针对目前旅游产品鱼龙混杂的情况，途牛网还制订了回访制度，对所有订单进行逐个回访，确保服务质量。

途牛网的组织结构属于事业部制，途牛团队下属五个部门分别为：网站部（庞大的产品信息、旅游资讯、旅游者互动社区、在线咨询与网上预订）；呼叫中心部（全天候呼叫中心、预订、咨询）；客服部（最新旅游资讯邮件列表服务、回访服务、追踪服务）；产品部（全国旅游产品采集、筛选、服务质检）；技术部（为途牛其他部门提供强有力的技术支撑、公司业务快捷化、自动化）。

8.6.6 技术模式分析

（1）论坛系统　用于用户交互的论坛系统是途牛网与大众用户交互的最主要的平台。通过论坛系统，用户不仅可以获取途牛网的新信息，还可以获得其他用户提供的资源，做到资源共享，还可通过互联网搜索的方式提高平台认知度，扩大客户源。

（2）博客系统　通过博客发送新的旅游信息，做到信息的同步更新，提高用户的认知度，同时也提高了宣传的范围。博客方便快捷，同时信息更新迅速，得到大部分用户的认可。

（3）征文系统　驴友在论坛上发布旅游文章，可以和朋友交流心得，分享资源还可获得相关旅游券的奖励，在以后的消费中使用，稳固了长期客户，提高了用户的忠诚度。

（4）手机客户端　作为新兴的信息接收平台，手机平台是一个移动化且十分方便的信息接收手段。通过各个平台的手机客户端的信息发布，及时和用户进行交流。还可在手机客户端上进行购买等操作，做到方便的一条龙服务，在没有电脑的情况下也可登录购买服务，提供了方便快捷的购买方式，方便用户的同时也扩大了人群。

8.6.7 资本模式分析

与很多电子商务企业一样，途牛也是主要依靠各方的投资来维持企业运作，即风险投资型的资本模式。

风险投资是将由职业金融家的风险投资公司、跨国公司或投资银行所设立的风险投资基金投入到新兴的、迅速发展的、有巨大竞争潜力的企业中的一种权益资本。在这种投资方式下，投资人为融资人提供长期股权投资和增值服务，培育企业快速成长，数年后再通过上市，兼并或股权转让方式撤出投资，取得高额投资回报。

风险投资型的电子商务资本模式，是指风险投资对电子商务公司的直接投资，或已经建立电子商务网站的电子商务公司吸引风险投资的介入。这种风险投资一般在电子商务公司创业阶段就进入，因而也被称为创业投资。

途牛网从2006年创办到2011年的第三轮投资，所获得的融资金额有了非常显著的提升，这都跟途牛网发展的迅速程度和具有的巨大竞争潜力分不开。

知识加油站

近年来旅游业的定义已经越来越广泛，除了传统含义的旅行社景点游之外，旅游更包含了旅游地产、旅游社区、自驾游、自助游等概念。而随着旅游的定义一再被打破和电子商务的不断发展，旅游电子商务迅速崛起，并抢占传统旅游行业的市场份额，携程网、驴妈妈旅游网、去哪儿网、芒果网、艺龙网、途牛网等一批专业化的商务旅行网络服务公司应运而生。

严格上讲，旅游电子商务就是指以网络为主体，以旅游信息库、电子化商务银行为基础，利用最先进的电子手段运作旅游业及其分销系统的商务体系。它为广大旅游业同行提供了一个互联网的平台，具有聚合性、有形性、服务性、便捷性、优惠性和个性化的特点。

旅游电子商务模式主要有B to B、B to E（Business to Enterprise）、B to C和C to B四种，应用最为广泛的是B to C模式。携程网、去哪儿网等主要的旅游网站均采用这种模式。与传统的贸易相比，旅游电子商务不仅能有效降低地域信息交流成本，而且能有效提高跨地域信息交流效率。旅游经营者可以借助互联网获取最新的旅游者信息，跟踪旅游者的行为与偏好变化，实现为每一位旅游者量身定做，提供全方位的优质的个性化服务。

任务小结

本部分介绍了旅游业电子商务应用情况，我国旅游电子商务已形成了各类旅游企业（包括目的地旅游服务企业、旅游中间商）网站和旅游目的地营销机构（DMO）网站、全球分销系统（GDS）和计算机预订系统（CRS）、专业旅游网站及旅游电子商务平台功能互补、相互竞争、共同发展的多元化格局。

分任务1　驴妈妈旅游网电子商务案例分析，通过对驴妈妈旅游网站结构分析，了解网站各功能模块，分析了网站的经营模式、运营模式、技术模式等。

分任务2　携程网电子商务案例分析，通过分析携程网的经营模式、运营模式、技术模式来了解我国旅游业开展电子商务的应用情况。

分任务3　艺龙网电子商务案例分析，通过艺龙网网站各功能模块分析，阐述了艺龙网发展电子商务的特点和优势。

分任务4　芒果网电子商务案例分析，通过分析芒果网的基本情况、芒果网的运营模式、商业模式等，总结出旅游行业发展电子商务的优势。

分任务5　去哪儿电子商务案例分析，通过分析去哪儿网的商业模式，确定现代旅游发展电子商务的发展趋势。

分任务6　途牛网电子商务案例分析，介绍了公司情况、途牛网商业模式分析、盈利模式分析、经营模式分析、管理模式分析、资本模式分析等情况，总结分析，对比了我国比较流行的旅游网站的异同点。

任务9　金融业电子商务网站分析

能力目标

通过完成本次任务，应该能够：了解金融网站的特点、构成以及维护的相关知识；熟悉华夏银行、平安保险、证券之星电子商务网站的特点；掌握华夏银行、平安保险、证券之星网站核心内容、经营理念。

核心能力

掌握金融业电子商务网站核心内容、经营理念。

任务导入

网站已成为新经济时代的基础设施，它的质量直接决定了社会及经济生活的质量。同样，伴随着市场经济的发展，金融行业也逐步走向网络化，金融行业的网站管理和维护已经成为金融管理的一个重要环节，金融行业网站运行管理和维护的质量直接影响了金融行业的运行质量，而故障处理的响应速度直接影响到了用户对运营商的信赖程度及评价。

伴随着计算机网站技术的不断成熟及发展，在金融业中网络的应用越来越广泛，二者非常紧密的结合，最终形成金融网站。金融网站是以网络技术为基础，全面实现各种金融功能的计算机系统。详细地说，金融网站对外就是高效、安全、便捷地实现货币流通、转账结算、信用支付和与之相关的金融业务；对内就是有效、公正地进行金融监督管理及其他独立的经济活动。

任务分解

分任务1　华夏银行电子商务案例分析

分任务2　保险行业电子商务应用案例分析

分任务3　证券之星网站电子商务案例分析

课堂讨论

1. 列举熟悉的金融电子商务网站。
2. 比较各大金融业的电子商务网站的特点。
3. 设想一下未来电子商务网站的发展趋势。

9.1　华夏银行电子商务案例分析

9.1.1　华夏银行简介

1992年12月22日，我国第一家由工业企业开办的商业银行——华夏银行开业。首钢总公司作为全国最早进行改革试点的单位，现已发展成为跨行业、跨地区、跨国经营的特大型企业，内部资金流通和对外资金融通业务急剧增加，成立银行参与资金经营已成为首钢进一步改革与发展的迫切需要。1992年5月22日邓小平同志视察首钢以后，国务院不仅赋予首钢更大的投资立项权和外贸自主权，而且还赋予首钢资金融通权，批准首钢建立自己的银行，按照国际惯例经营金融业务。华夏银行是首钢总公司兴办的全民所有制金融企业，行政上归首钢总公司领导，业务上接受中国人民银行指导和检查，具有独立法人资格，注册资金10亿元。

1995年华夏银行率先实行了股份制改造，成为一家全国性股份制商业银行，2003年9月，华夏银行公开发行股票，并在上海证券交易所挂牌上市交易，成为全国第五家上市银行。2005年10月华夏银行引进战略投资者，与德意志银行签署了股份转让协议、全面长期战略合作协议、全面技术支持和协助协议、信用卡业务合作协议，为提高经营管理能力和国际化水平带来了新的契机。

9.1.2 华夏银行电子商务经营历程

(1) 开创网络银行　伴随着互联网在我国的兴起和发展，华夏银行于2000年10月18日正式推出网络银行和客户服务中心。作为全国首批开通的商业银行之一，率先突破了银行服务时空限制。如今，经过十多年的不懈努力，正在成为一个最具价值和创造力的电子银行品牌。

2009年12月，根据中国金融认证中心网上银行用户体验测评结果，华夏银行网上银行在功能、界面设计、服务体验和安全感等主要指标方面均位居业界前茅。十多年的不懈努力，华夏银行电子银行陆续荣获“最受欢迎电子银行”“十佳电子银行”等一系列荣誉称号，并以其安全、方便、快捷深受客户好评，成为国内电子银行业务的佼佼者。

(2) 新一代网上银行　为提升客户体验，华夏银行在分行陆续推出新一代网上银行，全面对接华夏银行国际先进的新一代核心系统，支持各业务系统间客户信息共享，突显风险、客户、产品、价格、渠道和核算六个维度的功能优势，全面致力于“轻松网银”的目标，通过全面、易用、安全和人性化的丰富功能带给客户全新体验。

例如个人客户登录网银后，在华夏银行办理的所有业务都会一并呈现，不仅自己客户号下的所有卡和账户信息会列表显示，同时存款、贷款、信用卡、理财等项目也一并分类显示，并且自动计算出汇总金额。让客户对自身财务状况，瞬间尽收眼底。国际先进的核心银行系统为人性化服务提供了最有力的技术保障。

在功能上，新一代网上银行致力于为客户提供“一站式”服务，拥有账户管理、投资理财、转账汇款等100多种个性化功能，让客户足不出户，轻松办理各项金融业务。在产品和服务的设计上，新一代网上银行围绕客户的使用习惯和偏好进行设计，充分体现“人性化”特征。

(3) 网站金融超市　2010年8月14日，在由《证券时报》主办的“科技引领未来——第十一届金融IT创新暨优秀财经网站评选”中，华夏银行网上金融超市，凭借品种丰富的产品和人性化设计体验，荣获“最佳网上金融超市奖”。

华夏银行网上金融超市为客户建立一个7×24小时的产品展示体系和客户服务支持体系，提供了一个随心所欲“购买”金融产品的场所。业务包括存贷款、汇兑、代收代付、银证转账、国债买卖、开放式基金买卖、外汇买卖、黄金买卖、理财产品购买等业务。同时为方便小企业融资，还特别开设了小企业频道，受理小企业在线融资申请和在线申请进度查询，为小企业提供了一个高效便捷的融资平台。网上金融超市在银行与客户之间构建了一个有效的沟通平台，改变银行与客户之间传统的沟通方式，拉近了银行与客户之间的距离，节省了客户时间，提高了办事效率，获得了客户的广泛认可。

(4) 95577客服中心　奉行“一站式服务零距离沟通”的宗旨，华夏银行95577客户服务中心致力为客户提供全方位、多渠道、7×24小时不间断的综合金融服务，业务范围几乎涵盖除现金支取以外的全部个人银行柜台业务。

2008年，客户服务中心通过客户联络中心标准体系五星级认证，运作管理水平达到国际先进水平。2007～2009年，客户服务中心连续三年荣获信息产业部“中国最佳呼叫中心”荣誉称号。2008年5月，客户服务中心荣获金融时报社、中国银行业协会等单位评选的“金融业最佳客户服务中心”称号。2009年9月，光荣当选“全国三八红旗集体”。

(5) 电子票据　2010年9月12日，2010中国国际金融展奖项评选结果揭晓，华夏银行参展产品“票e达”电子商业汇票荣获“优秀金融产品奖”。

华夏银行是首批对接中国人民银行电子商业汇票系统的商业银行，并成功办理了全国首笔电子银行承兑汇票背书业务。作为华夏银行电子商业汇票的品牌，“票e达”在业内率先提出电子金融时代“＋”“－”“×”“÷”新法则：“＋”，加速资金周转，提高结算效率；“－”，减少支付风险，保障资金安全；“×”，乘倍融资效益，突破纸票限定；“÷”，除去流通壁垒，节省交易成本，获得了社会的一致认可和高度评价。“票e达”电子商业汇票产品在贸易融资和支付结算等领域的广泛运用，以其完善的服务流程、高品质的服务保障和持续的创新能力，为客户赢得更为广阔的发展空间，实现了银行与客户在电子票据业务领域的共赢。

2010年上半年，华夏银行在全国14家城市举办了“票e达”巡回推介会，其中13家分行成为当地首家向客户集中推介电子票据的商业银行，抢得了电子票据的市场先机。通过半年的宣传推广，形成了持续的传播效应，在相当时间内聚合了行业与用户注意力，充分确立起“票e达”的品牌影响力，推动了电子票据业务的健康快速发展，初步形成了华夏银行电子票据业务在金融同业中的比较优势。

(6) 营销推广　2010年8月29日，在由《经济观察报》、香港管理专业协会主办的2009～2010年度“中国杰出营销奖”总决赛上，由华夏银行选送的“汇通华夏”带您步入网银新生活营销案例荣获铜奖，是获奖案例中唯一的网上银行案例。

自2009年以来，华夏银行以“新网银、新体验、新时尚、新生活”为宣传理念，积极倡导环保节约的低碳新生活价值观，以品牌营销、体验营销、创新营销等形式，通过“赠华夏盾”“用华夏网银、做时尚精英”等营销活动形成客户黏性营销，将华夏银行网上银行品牌潜移默化至客户心中，形成良好的忠诚度和美誉度，拉动了客户数量和交易金额的快速增长。

2010年上半年，全行新增网上银行企业客户同比增长84%，新增网上银行个人客户同比增长340%。其中CFCA数字证书当年累计发证量位居中国金融认证中心（CFCA）发证量第三名，增速在同业中位于第一名。客户数量的快速增长，是华夏银行一直非常重视电子银行的建设，不断加大网银升级步伐的结果。2010年1～7月，电子银行各产品系统累计完成升级17次，超过2009年全年的升级次数。系统稳定性、功能流程合理性大幅提升，极大增强了用户使用的便捷性和安全性，逐步突显了高效率、低成本、数字化的电子渠道优势，获得了客户的一致认可。

(7) B to B电子商务产品助力中小企业　华夏银行B to B电子商务产品是专门为通过电子渠道管理日常经营活动的商户提供电子化的资金支付、结算、监管等服务的金融产品，产品服务领域涉及钢材、煤炭、原酒、能源等20多个行业。

华夏银行B to B电子商务产品定位于帮扶中小企业开展电子商务、解决电子商务平台在金融业务需求方面的问题。通过为中小企业提供在线支付结算和快捷化融资，着力解决参与电子商务的各方的支付结算和资金管理的需要，从而发挥商业银行在电子商务中提高资金管理效率、化解业务风险、扩大交易规模的积极作用。华夏银行创新推出的B to B电子商务业务模式，不仅提供了对交易资金进行有效的结算和监管，有效解决了电子商务发展的瓶颈，还创新打破了传统的跨行交易壁垒，在支持中小企业发展方面中做出了贡献。

① 在电子商务领域对交易资金进行有效的监管。资金安全是电子商务的参与者最关心的一个问题，交易资金的有效监管也一直是制约电子商务发展的瓶颈。华夏银行经过大量的市场调研和客户需求分析，深入研究电子商务的运营模式弊端和系统性风险，借鉴证券第三方存管的经验和特点，设计出国内领先资金结算和监管方案。该方案主要以银行特殊账户存储交易资金为核心，以银行、商户和会员三方管理交易资金为手段，有效规避市场风险，促进业务健康发展，保证了交易资金的安全性。

② 突破物理网点限制，为所有银行客户服务，实现跨行交易和结算。在电子商务快速发展的市场经济环境下，时间成本和技术安全一直是各类电商企业必须面对的问题。为在最短的时间内对接所有银行从而允许所有银行客户均可参与交易、减少对接多家银行导致的技术环节繁多和维护成本增加，华夏银行通过创新设计突破了单一银行客户的限制，电商企业通过仅对接华夏银行一家即可满足所有银行客户交易，使得电商企业维护成本大大降低，从而实现客户效益的最大化。

9.1.3 华夏龙网——提供更专业更贴心的服务

“华夏龙网”推出了包括面向公司客户的“现金新干线”和面向个人客户的“财富新 e 站”两个子品牌，囊括了华夏银行电子银行全部产品和服务系列。在全新的“现金新干线”系列产品中，“电商快线”格外引人注目。这是华夏银行倾注多年之功，专门面向开展电子商务业务的核心企业或交易平台及上下游客户量身打造的电子化金融服务方案。“电商快线”能支持直接支付、冻结支付、商户保证金、银行保证金、批量支付、资金清算、资金存管、产权交易 8 种灵活定制的服务模式，提供安全、便捷、专业的资金支付、结算、清算、存管等服务。如图 9-1 所示。

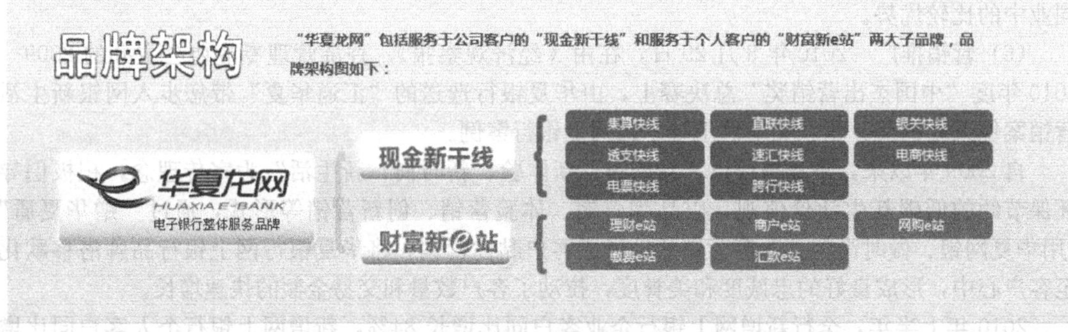

图 9-1 华夏龙网品牌架构

华夏银行凭借“电商快线”的优势功能，以及创新的“资金三方存管”业务，为各类要素市场、产权交易所、大宗商品交易市场、招投标中心、公共资源交易中心等 20 多个行业领域提供了专业的金融服务，获得了核心企业、电子交易平台等客户的高度认可。

(1) 创新技术手段，支持所有银行客户交易 华夏银行高度重视电子商务领域金融产品研发和推广，尤其注重通过信息技术和网络等高科技手段和工具，为客户提供安全、便捷、专业的金融服务。

华夏银行通过研究各类交易市场的业务特点和客户结构，发现在支付结算领域每家银行仅为在本行开户的客户提供服务，但这样给市场和客户均带来了较大的不便。一方面，每家银行均有自身的营业网点布局和结构，不可能覆盖到全国所有的城市，乃至乡村；另一方面，客户通常也只在部分银行开户。这样一来，核心企业的交易平台如果想开展业务，就需要和全国大部分银行进行对接，以便满足不同地区客户需求，增加了系统开发投入和日常运行投入；而客户想要参与其中的交易，就不得不在核心企业的合作银行另外开立账户，给核心企业和客户均带来较多困扰。

在充分调研市场和客户需求后，华夏银行依托强大的信息科技系统和专业的人才队伍，推出了“电商快线”产品的“跨行资金收付”特色服务。该功能全面支持客户跨行资金划转，不受物理网点的限制，核心企业的交易平台对接华夏银行一家即可实现在各家银行开户的客户资金的转入、转出、对账等功能，既解决了核心企业必须与多家银行对接的烦恼，也解决了客户为了参与交易必须在核心企业合作银行开立账户的不便，极大拓宽了客户服务范围，降低了客户成本。

(2) 全程在线服务，省去往返银行时间 华夏银行在长期服务电子商务客户过程中发现，客户要开通电子商务服务，多数银行都会要求客户必须在柜面签署相关的合作协议，面对面办理业务开通手续，有的还需要多次往返银行柜台。华夏银行深深意识到，这种做法已明显不适合于互联网时代客户对银行服务的需求。

为此，华夏银行在深入研究相关法律法规、业务流程、权责关系等基础上，提出了创新性解决方案。华夏银行依托 B to B 电子商务平台实现客户从开户到交易的全过程在线完成，客户无需到银行柜台进行面签和办理手续，彻底摆脱对物理网点的依赖，极大方便了客户。

(3) 资金三方存管，切实保障资金安全　资金安全一直是电子商务的各类参与者最关心的一个问题，交易资金的有效监管也一直是制约电子商务市场发展的瓶颈。华夏银行经过深入研究各类电子商务市场的运营模式和系统性风险，借鉴证券第三方存管的经验和特点，设计出国内领先的电子商务资金结算和监管方案。

该方案主要以银行特殊账户存储交易资金为核心，以银行、电商企业和交易客户三方管控交易资金为手段，有效规避市场风险，促进业务健康发展，保证了交易资金的安全性。“电商快线”产品的“资金三方存管”功能很好地解决了其资金第三方监管问题，同时，还依托该产品的其他优势功能为其提供了跨行资金收付、财政款网上结算、资金自动扣缴、灵活退款管理、财务对账管理等一系列服务，获得了交易所及客户的高度认可，为交易所在全国产权交易市场持续保持领先地位提供了有力的金融支撑。

9.2　保险行业电子商务应用案例分析

随着信息技术的发展，网络正悄然而迅速地走进人们的日常生活。它使各行各业都发生了深刻的变化。近年来在互联网上提供保险咨询和销售保单的网站在欧美大量涌现，网上保险业务激增。用户在网上购买保险或保险公司在网上开展业务将成为保险市场新的发展趋势。网上保险是指保险企业或新型的网上保险中介机构以现代信息技术为基础，以互联网为主要渠道来支持保险经营管理活动的经济行为。通俗地讲，网上保险就是通过互联网进行保险咨询、险种费率查询、承保、理赔等一系列业务活动。其核心内容是保险企业建立网络化的经营管理体系，并通过互联网与客户交流信息，利用网络进行保险产品的宣传、营销并提供服务，最终目标是实现保险的电子交易。

9.2.1　中国平安公司简介

中国平安保险（集团）股份有限公司是中国第一家以保险为核心，融证券、信托、银行、资产管理、企业年金等多元金融业务为一体的紧密、高效、多元的综合金融服务集团。公司成立于 1988 年，总部位于深圳。截至 2005 年 12 月 31 日，集团总资产为人民币 3197.06 亿元，权益总额为人民币 335.22 亿元。2006 年 1 月 9 日，公司市值超过 1000 亿港元，跨入国际型金融保险机构行列。

我国平安是我国金融保险业中第一家引入外资的企业，拥有完善的治理架构，国际化、专业化的管理团队，公司高层管理团队超过 1/2 的成员来自海外。公司拥有我国金融企业中真正整合的综合金融服务平台，实现了公司战略、企业文化、品牌传播、IT 技术、人力资源、资产管理、计划管理和风险控制等的集中统一，可以为个人客户和企业客户提供系列的个性化产品和服务。中国平安建设了以电话服务为中心和以互联网为核心、依托门店服务中心和专业业务员队伍的 3A［Anytime（任何时间）、Anywhere（任何地点）、Anyway（任何方式）］服务模式，为客户提供全国通赔、定点医院、门店“一柜通”等差异化的服务。还在业内率先推出了海内外急难救助服务、保单贷款、生命尊严提前给付、客户服务节等许多增值服务。公司倡导以价值最大化为导向，以追求卓越为过程，做品德高尚和有价值的人，形成了“诚实、信任、进取、成就”的个人价值观和“团结、活力、学习、创新”的团队价值观。公司贯彻“竞争、激励、淘汰”三大机制，奉行“差异、专业、领先、长远”的经营理念。

9.2.2 PA18 新概念网站

PA18 新概念网站是中国工商银行与中国平安保险股份有限公司合作建立的国内首家提供综合个人理财服务的网站。该网站提供的交易平台涵盖了证券、保险及银行业务，并提供证券、保险、银行相关专业资讯和个人理财规划。有坚实后盾和强势伙伴支持的 PA18 的精英管理团队，为客户打造了一个全新概念的综合理财网站。

PA18 网站倡导的是一种高品质的生活，这种生活所需要的投资理财指引是理财新概念和生活新概念的融合。所谓理财新概念是结合平安综合性金融集团的发展远景，为客户提供一个集银行、证券、保险、信托、理财顾问和诸多增值服务为一体的综合性金融理财社区。生活新概念是为客户提供全面、丰富的消费品和服务。PA18 网站创意的由来就是将两者相互结合，创造新生活、新价值、新体验，以满足客户多层次、多样化、高品质的理财生活需求。与其他财经网站的根本不同是，PA18 重点突出了交易功能，客户可以在网上安全快捷地完成证券交易、在线投保、银行转账等实际操作。不仅如此，该网站还大大突破了以往理财网站功能单一的概念，形成了真正的网上金融百货商店。PA18 网站立足于平安各大主营业务，整合了平安在保险、证券、信托投资等领域的各项资源，与银行业建立了战略联盟，利用平安已有的品牌、渠道、产品、技术等优势，创立了全新的金融服务模式。

首先，PA18 网站拥有强大的资金和技术支持。PA18 网站由众多国内外领先企业共同创建，主要股东也是平安保险和平安证券的主要股东，其中包括了海外著名投资银行，它们给予了 PA18 网站雄厚的资金和领先的技术支持。

其次，与国内外企业建立合作伙伴关系。PA18 网站与国内外许多知名企业建立了合作伙伴关系，内容涉及技术、资讯及证券、保险、银行等金融业务。

再次，网站运营成员由相关领域专家组成。一些 PA18 的核心团队由来自麦肯锡咨询公司和平安集团的精英人物组成，他们都是金融与 IT 领域的专家，具有金融和网络行业的丰富经验。

最后，网站运营与企业股东目标一致，PA18 是从商务领域到电子领域的拓展。与其他金融网站相比，PA18 最大的优势是它依托于平安集团的整体力量以及电子商务与平安集团原有股东具有的一致性，从而保证了 PA18 与平安利益的一致性。主要体现在：品牌是网络企业最有价值的资产，平安强大的品牌效应是 PA18 走向成功的通途；平安较好的信息化水平使其迈向电子商务有了较高的起点。

平安以往取得成功的领先战略就是差异化战略。今后，PA18 网站就是平安差异化战略的核心。该网站就是要保证平安在未来很长时间始终保持竞争优势，是平安长期竞争优势的一个基础工程，也是一个核心工程。它会为公司和员工个人创造巨大的价值，更会为客户创造最大的价值。这个战略具体而言主要包括以下四个方面。

① 主营业务整合战略。平安是一个综合金融集团，寿险、产险、证券、信托四个主营业务分布在独立的业务平台上，在内部管理和外部协调上都需要有统一的考虑。

② 多渠道拓展战略。平安目前为客户提供了多种渠道的服务选择：互联网、电话服务中心、业务员队伍、门店服务中心、银行保险、电话销售等。从国际情况看，业务员队伍和门店服务中心在逐年萎缩，而新兴的互联网、电话服务中心、银行保险和电话销售在快速增长，这也是平安日后大力发展的方向。运用互联网，可以高效率地把这几种渠道整合起来，从而提供更好的服务。

③ 成本战略。实践证明，互联网在改造成本结构上拥有巨大优势。网络本身就是低成本的销售渠道，互联网在优化渠道效率、便捷沟通、优化作业与管理上都发挥着强大的作用。

④ 客户价值战略。在互联网上，客户会获得交互式服务体验与更广泛的选择，特别是在PA18网站上，将会获得多个领域的高品质理财与生活服务。

9.2.3 平安保险开展电子商务的益处以及一般流程模式

(1) 平安保险开展电子商务的益处　通过电子商务的开展可以推进传统保险业的加速发展，使险种的选择、保险计划的设计和销售等方面的时间和费用减少，有利于提高保险公司的经营效益。以平安推出的网上货运保险为例。网上货运保险推出以后，通过因特网系统，代理人直接上网，连到公司的业务后台，实现了远程在线核保。原来要几个小时做的事，如今不超过3分钟。这样一来，业务员节省了大量时间，用这些时间，他们可以发展更多的新客户，同时更好地为原有客户提供服务。

提高企业管理水平和经营效率。通过运用网络信息技术，首先是加大了企业的管理跨度，基层公司与决策层的联系更加紧密，中间管理层的作用逐步减弱，决策指挥链尽可能缩短，有利于克服层次重叠、冗员多、运转慢、决策效率低下等弊端。其次，内部文档、数据处理电子化，使文件发送、存储查询速度加快，效率提高。最后，利用网络方便、迅速、全面地收集各种资料，利用远程通信技术和各区域人员保持联系，共同进行分析、预测、决策和控制。

完善平安保险的营销体系。平安保险一直以保险代理人作为保险推销体系的主体重点发展。但是，这种营销机制存在比较突出的问题。因缺乏与保险公司的直接交流，就会导致营销人员为急于获取保单而一味夸大投保的益处，隐瞒不足之处，给保险公司带来极大的道德风险，为企业的长远发展埋下隐患。而且，保险营销人员素质良莠不齐，又给保险公司带来极大的业务风险。此外，现有营销机制还存在效率低下的弊端。据调查，为整理繁多的客户信息，保险销售员经常雇佣私人秘书，但即便如此，还是常有照顾不到的地方，影响保险公司的信誉。保险电子化后，则可以以快速方便的信息传递、周到细致的客户服务，为公众提供低成本、高效率的保险购买渠道，弥补现有销售渠道的缺点。

(2) 电子商务下的平安保险一般流程模式

① 在线投保。在线投保就是投保人直接以在网上填写并提交投保单的方式，递交投保信息，待保险公司核保通过以后，由投保人自行选择付款方式，支付保险费。

② 核保（在线核保、离线延时核保）。在线核保：对于某些比较简单并且符合网上业务核保规则的险种，可以采用在线核保的方式。客户递交投保单后，由计算机自动核保并计算保费，通过确认。客户根据确认信息直接进入付款程序，通过保险公司提供的网上支付系统，交付保费，完成其投保流程。

离线延时核保：对于一些比较复杂并且网上业务自动核保程序没有通过的险种，可采用离线延时核保的方式。客户递交投保单后，自动核保没有通过或投保信息有待进一步确认，保险公司核保人员可以在后台查询并下载或打印相关投保信息，并按相关业务核保流程进行核保。核保完成后，将核保结果在网上的核保程序中作相应的处理。客户通过网上投保查询功能获知投保成功与否，当获知核保通过后直接进入付款程序，通过保险公司提供的网上支付系统，交付保险费，完成其投保流程。

③ 保费支付。单到付费：当客户在网上填写并递交投保单后，经由保险公司核保确认并出具保单和保费收据，由专人送交客户。当客户收到保单和保费收据后，根据保单上列出的保费金额，支付相应保费。

网上支付：客户收到核保确认信息后，可以选择网上直接支付保险费。客户通过电子商务支付网关登录到相应银行的信用卡支付结算平台，输入相关付费信息后，一次性扣款，由银行代理自动缴付保险费。当保险公司收到保险费后通过专人或邮递等方式，将保单和保险单据送交客户。

银行汇款：客户收到核保确认信息后，通过银行将保险费汇保险公司账号，保险公司收到投保人汇款后，通过专人或邮递等方式，将保险单和保费收据送交客户。

④ 保单查询。投保人上网登录后，通过保单查询功能模块，可以完成以下工作：查询相关投保信息，对被延时核保和其他尚未选择付费方式的投保单进行后续处理；对已生效的保险单作相应跟踪记录；若保单明细有变，则可提交修改并出具批单；对到期保单及时做好续保工作。

⑤ 网上保险理赔管理。在网站上设有在线报案索赔模块，公布保险公司的报案电话、报案电子信箱、服务承诺、理赔流程等，客户可选择报案方式。

9.2.4 保险行业电子商务网站面临的挑战

由于保险产品的特殊性，各种销售渠道并存的现象仍将在较长的时间内存在。当前，保险业务主要包括保险公司业务人员的直接业务和通过保险代理而开展的代办业务，不管是直接办理还是委托代理，与网上保险相比，都存在着陈旧低效的缺点。但这种业务却有着网上保险所不具备的优势，即面对面地为客户提供服务，而作为服务行业的保险业，为客户提供人性化的服务，以满足客户的不同心理需求，是保险业得以发展壮大的基石。在这一点上，网上保险投保人对着计算机，根本体会不到保险业务人员全面周到的直接服务。另外，保险代理人始终有其不可替代性。原因如下。

第一，保险知识的专业性。保险作为金融领域中一门独立的学科，其中有很多概念难以通过互联网络解决。比如：保险标的核保、售后服务中的保全以及产品费率的规则。

第二，保险产品的复杂性。随着保险市场的发展，保险产品也在不断地更新，许多险种的保险责任往往是多种责任的组合，涉及复杂的计算，这也不能单纯依靠互联网来解决。

第三，保险服务的延续性。保险产品的售后服务，特别是寿险产品的服务往往持续几十年，客户需要保险公司随时随地提供与保单有关的各种服务。如果简单地通过网络提供服务，根本无法满足客户的需要。

第四，保险行业的特殊性。保险产品销售的是一份契约合同，一份几十年的保险合同，客户拿到手的仅仅是几张纸，通过保险代理人进行销售可以增加客户对保险的认可度和心理安全感，这一点也难以通过互联网实现。

9.3 证券之星网站电子商务案例分析

9.3.1 公司简介

证券之星始创于1996年，是中国最早的理财服务专业网站，是专业的投资理财服务平台，是中国最大的财经资讯网站与移动财经服务提供商，同时也是中国最领先的互联网媒体。2000年证券之星成为中国第一家通过ISO 9001国际质量体系认证的互联网企业，在中国互联网络发展状况的历次权威调查与评比中，证券之星多次获得第一，连续5年蝉联权威机构评选的“中国最优秀证券网站”榜首，注册用户超过1000万，是国内注册用户最多、访问量最大的证券财经站点。它以开放、创新、互信、共赢的作风，在国内开创证券资讯行业之先河，首次提出个人投资理财产品概念，是中国最领先的互联网媒体及电信增值服务运营商。

9.3.2 证券电子商务的特点

证券电子商务意味着用户的所有交易过程及围绕交易的所有信息获取与分析、投资咨询服务等均可以虚拟方式实现。相应证券公司对客户的所有服务与管理工作均可通过网络完成，证券公司的所有领导与决策行为实现智能化。由于所有的业务与服务通过网络就可完成，传统业务下的许多硬性资源就不再有价值，而软性的资源需要在新的平台上以新的方式来重新定义，这会对组织机构、资源价值评价带来极大的变化。加上业务不再受时空限制，技术手段又可保证优势资源的极大复用，使得证券电子商务相比于传统证券经纪业务在以下几个方面更具发展优势。

虚拟性：所有的交易与服务均通过 Web 或电话呼叫中心自动进行，不须借助店面或工作人员的帮助。由于是虚拟的，服务可以跨越时间与空间的限制。

个性化：所有服务可精确地按照每个用户的需要进行。服务方式可以是主动服务，也可是被动服务。

成本低：由于服务的虚拟性，对原有事务性工作的场地及人工不再有要求，加上技术进步对信息处理效率的极大改进，因而有效降低了证券公司的基础运营成本。有统计表明，与传统的证券交易经纪业务方式相比，网上交易可以节约成本 80%。

优质的服务：由于硬件不再重要，网络的竞争只能依靠软性的服务。并且网络跨越时空的能力会将这种优势服务的能力无限制放大。

创新和竞争优势：由于网络缩小了时空的概念，因此任何一种新的业务思想或技术很快能被对手效仿，为始终保持领先，企业只有依靠不断地创新才能保证竞争的优势，否则会很快被竞争对手超越。

技术优势：在证券电子商务中，技术构成了服务与业务的基础平台。因此技术不仅仅是一种手段，还是核心的资源。技术的创新便意味着服务与业务的创新。

9.3.3　网上证券的必经之路——基础建设

证券公司开展电子商务业务，首先就要利用现代最新的网络和互联网技术，建设网站与网上交易系统。也就是说，技术系统的建设是开展证券电子商务的基础，必须加强网上证券交易基础建设。

1. 加强我国基础设施建设。基础设施主要是指网速和网络安全等，我国电信业要引进竞争者，打破垄断，加快互联网建设，提高我国证券市场网络化水平。

2. 证券公司要大力引进优秀的信息技术人才，加强公司内部网络安全监察工作和技术保障工作，确保证券电子商务交易系统的稳定。

3. 建立证券电子商务综合服务平台。为了更有效地开展网上交易，证券公司必须要建立证券电子商务综合平台，其主要包括五个主要功能。

① 行情资讯综合系统。系统将行情信息、上市公司财务数据、上市公司公告信息结合在一起，使客户可以很方便地取得其需要的信息。同时，行情、财务数据分析系统还为客户提供便利的建模手段，使证券投资研究人员应用数学分析方法分析行情很快实现。

② 数据挖掘系统。证券公司经过多年的运营，积累了大量的交易、行情、上市公司财务数据，利用高效的计算机手段对这些数据进行分析，对证券投资、企业运营具有指导意义。

③ 个股筛选工具。结合各种定量指标，为投资者提供各种选股工具，从而方便客户根据自己的需求进行选股。

④ 交易委托系统。对为客户提供全面的交易系统进行集中化管理，有利于证券公司对经营风险的整体监控，从而减少违规经营事件的发生。同时，因为客户数据集中管理，既可以为广大客户提供增值服务也可以利用各种数据分析手段对客户交易模式、客户群分布等进行分析，为公司的经营决策提供参考。

⑤ 个性化服务平台。呼叫服务中心为客户个性化服务，系统可以根据客户交易资料、投资模式、定制需求等检索条件提取服务人员所需的信息资料，使客户服务人员也能快捷地取得该客户的资料，为客户提供全面的服务。

9.3.4　证券之星网站的设计理念

证券之星网站设计简洁易懂，适合不同层次的股民，主页上设置了“我的理财、奔腾行情、长线之窗、财经资讯、每日必读、股评天地、个股数据、星光社区、理财超市、投资关系”等板块。网站总体显现出证券之星不仅是中国首家网上证券服务超市，并且力图做成国内最专业的移动财经服务商。

证券之星以金融理财产品为核心，通过网站、短信、WAP、IVR、行情分析软件等渠道，依托我国领先的理财产品研究分析专家团队，以及国内最具实力的理财技术创新开发团队，为我国理财用户提供专业、及时、丰富的财经资讯和无线智能移动理财产品以及个人理财应用与咨询等多方位的专业理财信息服务。

证券之星网站专注于建设成为我国最大的投资理财产品及服务的交易平台，以开放、公正、诚信的品质服务社会，致力于“为用户方便、自由、低成本地找到合适的理财产品及服务，为理财产品及服务快速地找到合适的用户，并帮助用户实现科学的投资理财决策”。

证券之星金融证券产品包括行情分析软件、手机信息服务、股评、WAP、理财等系列产品，它将金融证券信息服务产品全方位地渗透到国内外具有投资理财要求的大众用户。证券之星作为系列产品的基础和枢纽，是一个传统证券与财经媒体联合打造的主流服务平台，向大众化用户提供海量信息、资料查询及综合信息分析，并且通过该平台，证券之星向广大用户提供了证券之星行情分析软件。该软件提供了基于标准行情上的适度理性信息服务。

网上证券是证券行业以互联网为媒介为客户提供的一种全新的商业服务，它是一种信息无偿、交易有偿的网络服务。网上证券交易也称“在线证券交易”，是指投资者通过互联网开展的证券交易及相关活动。具体而言，是指投资者通过互联网、局域网、专网等各种网络资源，从事与证券交易相关的活动，获取国内外各交易所的即时报价，查找各类经济金融信息，分析市场行情，提供证券投资提示服务、证券投资心理咨询、证券投资法律咨询等，并通过互联网委托下单，进行实时交易，从而实现支付、交割和清算等实时证券交易的买卖过程。网上证券交易与传统证券交易最根本的不同之处在于，它在交易过程中不同程度地借助了网络或电子手段。

9.3.5 证券之星电子商务的四大优势以及独特魅力

(1) 证券之星的四大优势

① 历史优势：我国首家金融证券网站；在我国最早开展证券资讯短信业务；我国最大的无线移动财经服务商；国内第一家通过 ISO 9001 的互联网企业。

② 技术优势：历经十年磨剑，技术产品的研究与开发成熟；国内唯一拥有 IDC 机房的财经信息服务商；连续多年蝉联 CNNIC 证券网站评比榜首。

③ 客户优势：拥有注册用户最多的财经证券类网站；拥有我国用户最多的行情软件；拥有我国用户最多的无线财经产品；WAP 证券财经频道访问量保持第一。

④ 服务优势：支持电信级的用户访问，拥有高认知度的全网特服号（移动 5188，联通 9188）；完善的信息发布和服务渠道，包括互联网（浏览器、专用客户端）、移动短信、WAP、IVR、固网短信、声讯、PDA、电视媒体、地铁多媒体终端等；完善的支付体系，公司提供网上银行、ADSL 收费、声讯电话、邮局汇款、上门收费、POS 机终端、盛大娱乐卡等国内最为丰富的用户缴费渠道。

(2) 证券之星的独特魅力

① 独有性：证券之星同时拥有网站、手机、互动电视、软件、支付等渠道平台资源，自主管理的双千兆 IDC 机房，以及千万级的理财用户群，这在我国迄今为止是独一无二的。

② 领先性：通过“财神道”金融机构可以把金融产品和服务精准送到客户的电脑屏、手机屏、电视屏，真正体现了以客户为中心的金融服务理念。

③ 中立性：证券之星作为渠道平台，理财门户的中立性得到广大投资者的高度认可。

④ 高效性：“财神道”营销平台拥有诸多快捷、准确、直观地通向目标客户的通道及辅助工具，金融机构的营销信息通过证券之星的立体化传递渠道，可以大大提高营销的准确性和效率。

⑤ 专业性：证券之星对金融的理解，有助于证券之星与金融机构的沟通；证券之星对理财市场及客户的理解，有助于提供更人性化的服务。

⑥ 低成本：与传统的分屏幕及网下营销相比有明显的成本优势。

知识加油站

一、金融业未来经营环境

1. 我国经济呈现“高增长、低通货”的良好局面

在落实科学发展观与构建和谐社会的纲领指引下，我国社会经济发展与经济增长方式将发生新的变化，银行业将获得新的发展空间。这主要体现在我国经济增长要实现“又好又快”，调整经济结构和转变增长方式，实现经济增长的速度、质量、效益相协调；消费、投资、出口相协调等政策取向，要求商业银行必须进行经营战略转型与业务结构的调整。

2. 面临较大的金融调控压力

宏观调控政策在总体上将坚持稳中偏紧取向，继续实行稳健的财政政策与稳健的货币政策，强化财政政策、货币政策、产业政策、土地政策和社会发展政策的协调配合，继续运用经济、法律和必要的行政手段，加强和改善宏观调控的针对性与有效性，经济增长中的一些结构性矛盾将逐步缓解。

3. 国内金融业将迎来新的发展机遇

主要表现资本市场的快速发展与综合经营的稳步推进，为商业银行创造了投资银行业务和交易业务的发展机会，为中间业务增长提供了空间，利率、汇率市场化进程的加快扩大了商业银行金融创新的空间，也对商业银行风险管理能力、定价能力和盈利模式提出了新的要求。

4. 银行业竞争加剧

几家大型国有银行先后上市，在资金实力、营业网点、管理基础和人员素质等方面具有明显的竞争优势；中小型股份制商业银行纷纷加快改革发展步伐，竞争能力不断提高；部分外资银行已在中国注册成立外资法人银行，全面参与国内金融市场的竞争。

二、保险业中电子商务的发展趋势

保险电子商务发展是涉及保险公司各类资源整合，涉及公司所有利用互联网（包括 Internet 与 Intranet)、无线技术、电话等信息技术手段进行电子化交易、电子化信息沟通、电子化管理的活动，贯穿公司经营管理的全过程。保险电子商务是随着互联网技术兴起并逐渐成熟后，新的信息技术在保险公司内又一轮深层次的商务应用，是信息技术本身和基于信息技术所包含、所带来的知识、技术、商业模式等在公司内的扩散和创新。随着我国《电子签名法》的颁布实施，我国保险企业将在现有 B to C 销售平台的基础上，积极开发电子保单和电子签章，策划推出电子商务专有产品，对保险网站进行全新的改版，以网上销售保险完全电子化流程为目标，继续全面推进电子商务的建设，抓住未来网络保险快速发展的机遇。面对信息化和全球化的浪潮，我国保险业应积极准备，精心策划，利用互联网进行保险宣传和销售保险产品以及提供全方位的保险服务活动，并通过电子商务加强与国内外保险公司的业务往来和经验交流。我们相信，全方面发展保险电子商务，有利于推动我国民族保险业的长足发展，使之以全新的姿态积极参与国际保险市场的竞争。

三、网上证券交易的技术标准和管理规范

1. 技术标准

网上委托系统应具备完善的系统安全、数据备份和故障恢复功能。网上委托的投资者的所有资料应与网上委托系统进行技术隔离。在技术上和管理上要确保客户交易数据的安全、完整与准确；要有实时监控和防范非法访问的功能和设施；必须对网上委托的客户信息、交易指令及其他敏感信息进行可靠地加密；有关数据传输、身份识别的关键技术产品要通过国家权威机构的安全

性测评等。

2. 管理规范

证券公司以外的其他机构不得开展或变相开展网上委托业务，达到《证券交易机构营业部信息系统技术管理规范》要求的营业部才可开展网上委托业务；证券公司应制订专门的业务工作程序来规范网上委托，并与客户本人签订专门的书面协议，协议应明确双方的法律责任，并以《风险揭示书》的形式，向投资者解释相关风险；证券公司应定期向客户提供书面对账单，禁止直接向客户提供计算机网络及电话形式的资金划拨服务，禁止开展网上证券转托管业务等。

上述规定从技术和管理两个方面，为网上委托的风险控制提供了有力保障，解除了网上交易的心理障碍，有效地促进了我国网上证券交易的发展。

任务小结

介绍了网上金融冲击力的由来，金融网络特点，构成；金融网站维护的难点以及维护对策。

分任务1　华夏银行电子商务案例分析。介绍了华夏银行概况，华夏银行电子商务经营历程，华夏龙网业务。

分任务2　保险行业电子商务应用案例分析。介绍了中国平安公司概况，平安保险开展电子商务的益处以及一般流程模式，保险行业电子商务网站面临的挑战。

分任务3　证券之星网站电子商务案例分析。介绍了证券之星公司简介，证券之星电子商务的特点，网上证券基础建设内容，设计理念四大优势以及其独特魅力。

任务10　国际贸易业电子商务

能力目标

通过完成本次任务，应该能够：了解国际电子商务的基本知识、基本原理；熟悉目前国内外主要的提供国际贸易服务的电子商务平台；掌握国际贸易采用电子商务形式的现状和发展趋势。

核心能力

能够通过对主要的国际贸易电子商务网站的研究和分析，掌握国际贸易领域电子商务的应用现状和发展趋势，提高电子商务在国际贸易领域的应用能力。

任务导入

电子商务是为了提高人们商业贸易操作的效率，通过电子方式实现商品交易的信息流、资金流及物流监控；电子商务打破了时空局限，改变了贸易形态，给世界经济带来空前的发展机遇；电子商务是利用“电子”（包含计算机、网络、通信技术）的手段来实现商务的目的，但“商务”仍是核心。那么如何将传统国际贸易电子化？为什么能提高效率？国际电子商务过程与传统国际贸易过程有何不同？

任务分解

分任务1　英国的Bolero电子信用证系统分析
分任务2　敦煌网电子商务模式分析
分任务3　易趣网建设案例分析

课堂讨论

1. 描述一家外贸企业以最传统的方式，在国际市场上寻求订单、完成订单并付运、顺利收款的全过程。
2. 描述一家外贸企业以最先进的电子方式，完成上述过程。
3. 找出国际电子商务与一般电子商务的异同、国际电子商务与传统国际贸易的异同。
4. 调查目前我国的主流国际电子商务网站的功能定位、内容及特点。
5. 中国国际电子商务网服务功能分析。
6. 上海海关电子报关操作。
7. 我国的国际贸易电子化实施过程中最大的困难是什么？

10.1　英国的Bolero电子信用证系统分析

1999年，一种包括付款与运输流程在内的完全电子化信用证运作在Bolero.net网站上操作成功，Bolero是由总部设在伦敦的运输业共同保险机构T.T.CLUB和SWIFT共同出资成立的以互联网为基础，支持国际贸易流程参与各方包括进出口商、银行、保险公司、运输行、承运人、港务机构、海关、检验机构等传输、交换电子单据与数据的网络平台。其国际结算环节中的各家银行业务人员经授权进入Bolero中心注册系统，进行开证、通知信用证、审单，并与银行自身电子结算系统连接完成付款清算等系列信用证操作。Bolero系统通过采用共容性高的电子文件标准格式、提出贸易文件的定义、遵循EUCP规范等方式，达到实践信用证电子化的目的。目前，欧洲、日本、美国的一些国际知名银行如花旗银行、汇丰银行、国民西敏寺银行、东京三菱银行、第一劝业银行、三和银行、新加坡华侨银行等均已加入Bolero系统。

Bolero是一个开放、中立、高度安全、合法的，以互联网为支持、以核心信息平台为主构架的电子网络，致力于消除纸质单证贸易。使用者签署协议成为成员后，通过互联网交换单据、核查数据，完成贸易过程、注册申请后，允许在线转让货物所有权。Bolero提供的电子信用证支付方式起始于承运人通过核心电讯平台按发货人的要求签发的一份电子提单，Bolero权利注册系统将一个信用证项下的所有信息（包括电子提单、电子保险单、电子商检证书等）捆绑到一起（以下称为捆绑提单），并根据指示确定提单的持有人。捆绑提单信息的流转是通过当前捆绑提单持有人向权利注册系统发出指定另一提单持有人的指令来进行，发货人指定银行为提单持有人时，银行应完成信用证项下垫付货款责任。银行再指定买方为提单持有人时，买方应完成付款赎单责任。当最后收货人成为捆绑提单的持有人时，他可以将捆绑提单通过电子手段交回给承运人或承运人指定的其他人，并要求提货。

除Bolero系统外，目前主流的电子信用证处理系统还有美国纽约市电子商务公司的Tradecard系统、加拿大电子商务公司的CCEWeb系统等。不同的系统各有特色，代表了不同的运作模式，对信用证的发展带来了不同的影响。比如，Tradecand系统中的信用证几乎被该系统设计的其他贸易文件完全取代，而CCEWeb系统还能处理传统的纸制单据。

10.2 敦煌网电子商务模式分析

10.2.1 敦煌网基本情况

敦煌网（www. dhgate. com）成立于2004年，是第一家整合在线交易和供应链服务的B to B电子商务网站，是协助中国广大的中小供应商、向海外庞大的中小采购商直接供货的新生代全天候网上批发交易平台。敦煌网致力于打造一个完整的在线供应链体系，直接打通中国上游中小制造企业和贸易商同国外无数中小采购商之间的贸易联系，实现了国际贸易的彻底在线化，为全球的中小企业带来了极具透明化的商业价值。取名敦煌网，也是希望借助敦煌网这个平台，帮助更多的中小企业借助电子商务打开全球贸易网上的丝绸之路。换句话说敦煌网就是打造中小商家的快速外贸平台。

敦煌网由中国著名的电子商务旗手、曾担任卓越网首任CEO的王树彤女士担任总经理，并积聚了大批优秀的国际贸易和互联网业界的精英人士，高素质专业化的国际业务团队和网际科研力量使敦煌网能够为采购商和供应商提供优质服务。

作为国际贸易领域B to B电子商务的创新者，敦煌网充分考虑了国际贸易的特殊性，全新融合了新兴的电子商务和传统的国际贸易，为国际贸易的操作提供专业有效的信息流、安全可靠的资金流、快捷简便的物流等服务，是国际贸易领域一个重大的革新，掀开了中国国际贸易领域新的篇章。敦煌网采用EDM的营销模式，低成本高效率地扩展海外市场，自建EDMSYS平台，为海外用户提供了高质量的商品信息，用户可以自由订阅英文DM商品信息，第一时间了解市场最新供应情况。

由于敦煌网可大大提升中国出口型中小企业的国际竞争力、带动重点行业和区域经济发展，中国信息产业部电子商务机构管理认证中心已经将其列为示范推广单位，国家发展和改革委员会所属中国中小企业国际合作协会、中国中小企业对外合作协调中心也将其作为战略合作伙伴。敦煌网自身也将一如既往地努力探索、锐意进取，立志成为中国国际贸易领域电子商务的领航者，为中国众多的供应商和中国国际贸易的发展做出最大的贡献。

10.2.2　敦煌网的商业模式

敦煌网是以在线交易为主的平台，从买家收费，敦煌网是助中国广大中小供应商向海外庞大的中小采购商直接供货的第二代B to B交易平台。海外大量的中小型采购商都可以直接通过这个平台，选择和采购到中国丰富而廉价物美的商品。敦煌网以交易服务为核心，在免费为买卖双方提供信息发布的基础上，主要提供物流、支付、翻译等服务，通过整合产业链，为买卖双方顺利完成在线交易奠定基础。

(1) 战略目标　作为在线交易和供应链服务平台，敦煌网努力适应来自内外部的竞争压力，励志成为中国国际贸易领域电子商务的领航者，为中国众多的供应商和中国国际贸易的发展做出最大的贡献。

愿景：全球领先的电子商务交易平台。

使命：让全球商人在网上轻松交易。

(2) 目标用户　敦煌网定位于国内外的小金额买家，是被传统竞争忽视的中小客户。这些买家，没有充分的资金来参加各种大型展会，也不愿负担“搜索竞价名”之类的费用，同时还想绕过中间的“盘剥”，直接和供货商进行交易。他们的采购额，每次不过几百到几千美元，甚至几十美元，他们往往被传统的电子商务巨头所忽视，而这些小采购商就是敦煌网的目标客户。

(3) 产品与服务　敦煌网通过向买家收取交易提成盈利。卖家在平台可以享受免费注册、免费认证、免产品登录费、免产品展示费等低成本服务，买家付款后，卖家就可以通过快递的方式将产品送到买家手中。

(4) 盈利模式

① 向买家收取“交易佣金”。产品招商、分类网址和信息整合，付费推荐和抽成盈利，敦煌网的供应商用户采取免费注册，而达成交易后才收费的方式。敦煌网向这些买家收取“交易佣金”，佣金通常是交易额的3%～12%（即动态佣金，总体平均水平大概是7%）。佣金的收取比例，会根据行业、交易额的不同而有所变化。

② 会员增值服务。为用户提供免费的行情分析预测，这很可能在未来成为其又一个利润增长点。提供第三方增值服务有可能增加敦煌网的客户黏性并创造新的收入来源。

(5) 核心竞争力

① 独特的盈利模式——敦煌客服推荐。按交易额收取佣金，这是敦煌网在中国林林总总的电子商务网站中最突出的特征。

② 拼单砍价。将大量的需求汇集起来去和供应商谈最低折扣，大量的订单让敦煌网有了很高的议价能力，DHL、联邦快递的费用至少下降了50%，这些都成了客户无法离开敦煌网的关键。

③ 物流配送方面。敦煌网与PAYPAL等多个国际成熟的支付平台合作，产品在买家验货满意之后，再由敦煌网将货款转至卖家账户，这样就保证了交易安全。而为了加快物流速度，敦煌网不仅整合了USP、DHL这些大型物流公司，甚至还将一些专做欧洲或美国的小型物流公司整合在敦煌网的平台上，交易周期最快能达到3天，最多不超过2周，大大提高了买卖双方的周转率。

④ 推荐位竞价投放系统。此系统是敦煌网为平台上的广大卖家开发的一种提升卖家产品关注度的全新工具。该产品采用了先进的后台技术，对有限的广告资源采用竞价的方式进行再分配。卖家可以公平地在此系统中展开竞价，投放优势广告位，以获取更多赢单的机会。

⑤ 自定义运费、个性化定制服务、完善的产品推荐。

⑥ 敦煌网解决了在线支付的问题的同时，解决了跨度交易的问题，目标市场锁定在中小企

业，为其提供了一站式的国际贸易解决方案。

10.2.3 敦煌网的经营模式

敦煌网整合跨境交易涉及的各个环节，并将其纳入自身的服务体系，使得复杂的跨境贸易变得相对简单。更为重要的是，敦煌网提供的各项服务，通过集合效应大大降低了交易双方的成本。敦煌网主要针对海外的eBay卖家与国内厂家之间的小额批发交易，该网站的主要功能是帮助国内厂家打通各种贸易通道，与国际快递公司合作，提供诸如报关等服务，同时以批量业务为基础，压低高昂物流的费用。

敦煌网采取的定位策略较高，目标直接锁定阿里巴巴，同时针对阿里巴巴采用设置进入门槛——收取会费，不直接参与交易，仅通过帮助企业在网上发布大量商业信息的盈利模式，取而代之的是采用佣金制，免注册费，只在买卖双方交易成功后收取费用的方式，有针对性地开展竞争。

与eBay、Facebook等SNS社区形成战略合作关系。2009年起，敦煌网开始将目标瞄准了海外一些相对成熟的电子商务网站。王树彤开始意识到既然有超过200万海外零售商通过eBay进行在线交易，那为什么不首先将这些零售商吸纳为敦煌网的采购方呢？于是，敦煌网很快与eBay结成战略合作伙伴，通过在eBay上做推广，促进eBay的海外卖家到敦煌网上去进货，王树彤将这一做法称为“网站整合推广”。目前，敦煌网上三成以上买家本身就是雅虎、eBay的卖家，他们直接把敦煌网上的产品资讯，复制到自己的网上商铺，实现了无库存销售。同时还利用Facebook等SNS社区的聚合效应，由一支专业的海外营销团队负责，用视频、广告、互动活动等多种方式进行宣传。

敦煌网的站内与站外推广：搜索优化推广、网站联盟推广、邮件营销推广；产品列表位置前推荐位、首页推荐位、行业首页推荐位、促销活动推荐位、DELP页面推荐位。

总而言之，敦煌网的经营模式就是：打造交易服务平台，推动动态佣金模式；整合各交易环节，降低交易总成本；买方付费实行动态佣金；交易环节的服务；网站的宣传与推广。

10.2.4 敦煌网的技术模式

采用J2EE体系结构实现的客户层事实上是一个运行于中间环境的J2EE应用。用J2EE的术语来说，它是由一组EJP组建和网络应用组成，其中网络应用构成包括SERVLET、JSP、JSP标记库以及JAVA支持类。客户层应用充分利用了由中间商所提供的基础服务，诸如安全性、连接性、高速缓存、提供故障迁移和负载均衡的集群、J2EE应用部署、网络服务支持以及系统级管理等。

10.2.5 敦煌网的管理模式

进行多元化管理：第一是给年轻人搭平台，在互联网领域中，很多创新就是靠一线的年轻人去做；第二是管理一个多文化的团队，各国人员组成的不同的层级，从员工到管理者都有外籍人士。

公司价值：客户第一。

团队价值：快速敏捷、快乐工作。

个人价值：正直诚信、把事做成、持续创新。

10.2.6 敦煌网的资本模式

(1) 分散的风险投资 2006年1月，敦煌网拿到第一笔风险投资凯鹏华盈给予的数百万美元，虽然不多但给了敦煌网信心。2007年4月，凯鹏华盈和集富亚洲给了敦煌网的第二轮融资支持。2010年3月24日，美国华平投资集团宣布向敦煌网领投第三轮融资。作为一家声名显赫的全球领先私募股权投资公司，华平投资目前管理着超过300亿美元的资产。在中国，它所投资过的企业包括亚信、汇源果汁、国美电器、富力地产、哈药集团。

(2) 先兼并后上市 收购目标放在支付、物流等与在线外贸相关的细分市场，特别是新兴的整合型物流公司。

10.2.7 关于敦煌网的结论与建议

(1) 提高经验与知名度 敦煌网是在2004年才创办的，比起1999年创办的阿里巴巴，有着5年的空白，而正是这5年的差距，使得敦煌网与阿里巴巴之间有了一定的差距。众所周知，知名度与信誉都是需要时间积累的，数据显示，不论是反向链接的数量、网站收录的数量还是网站的访问量，阿里巴巴都有一定优势。5年的时间使得阿里巴巴在B to B领域站稳了脚跟，网站也达到了一定的规模，SEO也做得很成功。敦煌网缺少的是由时间所累积的经验、知名度，敦煌网现在所需要做的就是对自己的网站做进一步的优化，在现在的基础上，提高自己的信誉度。

(2) 完善平台建设 可能是网站建设的时间比较短的原因，敦煌网的整个平台与阿里巴巴相比略有逊色。首先是网站的功能化不够强，初次进入网站的用户很容易迷惑。有些功能化模块令人不知道是做什么的。其次，卖家与买家的分离注册的问题。因为敦煌网是向国外中小企业提供国内中小企业商品的平台，所以敦煌网将买卖双方的注册完全分离。在另一个侧面上，实际是对国内买家与卖家直接交易的不支持。阿里巴巴是采取只要注册1次就能登录卖家和买家的账户，为用户提供了便利。再次，平台的稳定性不是很好，这种现象极容易使用户失去耐性，最终导致用户对网站失去信心。网站的内容建设也是需要思考的环节。国内B to B平台都很好地延伸发展了平台的媒体特性，有自己的新闻资讯频道，提供商人资讯，这一做法虽然跨越了一个单纯交易平台的范畴，但这也进一步黏住了企业主。而对于推广资金没有阿里巴巴、慧聪网等上市公司充裕的敦煌网来说，如果具备了媒体特性，借此参与到一些活动、论坛中去，在国内供应商市场也是一种有效借力推广的途径之一。

(3) 真正做好人性化一站式服务，免除用户后顾之忧 网站上交易的保障问题始终面临着挑战，企业与企业在进行B to B网上交易时，采用的大多是银行转账、银行汇款、邮局汇款甚至现金结算等传统支付方式，由于不能真实地接触到买家，诸如获得信用卡复印件，买家签名等手段就不适用了，因此信用卡拒付的风险是存在的。虽然敦煌网通过一套运输、支付、货物跟踪等供应链服务机制，确保交易的顺畅和货物安全地易手，但无论使用何种电子商务平台，此类风险都无法完全避免。特别是顾客群是国外购买者，卖家要有防欺骗意识。对于网上交易来讲，这个弊端是我国电子商务共同的弊端。在中国，正常进出口的手续非常繁杂，并且专业要求非常高，单单一个报关，就会产生100多张单据，稍微出一点差错，就有可能导致偷税漏税的违法事故。敦煌网与UPS、DHL这类快递公司合作，只参与到运输这一小部分环节，对出口企业来说，真正的难点在通关和退税融资上，这也是出口企业最需要的服务内容。敦煌网是否有能力将后期交易涉及的所有环节一站式服务，这是企业很关注的一个问题。买家下单并汇款到敦煌网，敦煌网通知卖家发货，卖家验货满意后，敦煌网将货款打到卖家账上，并提走7%～15%的交易费用。

(4) 完善信用体系 信用体系一直是敦煌网花大价钱打造的增值服务的一部分，也包括物流系统、支付系统的完善，以及包括语言翻译工具、在线即时通信工具的开发等。敦煌网现又推出了培养和孵化网商的动力营培训体系、扶持网商和中小企业建立网络外销渠道的快速扶持计划，同建行合作推出基于客户网络交易记录及信用的在线融资服务——“建行敦煌e保通”、帮助企业客户销售产品代销中心以及针对网商和企业级客户的快速成长计划等。

10.3 易趣网建设案例分析

10.3.1 网站简介

易趣网是目前我国大陆真正意义、规模最大的中文网上物品竞标站。易趣于1999年8月成立，其含义为“交易的乐趣”。而“eBay”取自全球最成功的电子商务网站 eBay Inc.。两个企业结合而成的名字蕴涵着中国与世界最领先的电子商务网站的强强联手与紧密合作。其定位是为所有想买卖个人物品的用户搭建一个别具一格的免费竞标平台。个人和企业可以在 eBay 易趣上直接向消费者出售自己的物品，全球任何能够上网的并懂得中文的消费者也可以不受时间与地域的限制，在 eBay 易趣上挑选到不同卖家出售的物品。易趣网采用卖方登录物品信息，买方出价竞价的形式进行交易。卖方在易趣网上陈列欲出售的物品，买方在网上各自出价，最后卖方选择买方，与其联系完成交易。目前，在易趣网上注册是免费的，而卖商品按你设定的物品价格收取物品登录费、底价设置费。同时，eBay 易趣一直致力于联合支付等各种合作伙伴，为买卖双方提供更完美的交易体验。

成立 2 个月后，易趣就成为上海乃至大中华地区规模最大的个人物品竞标网站，拥有 41000 多人的注册用户，登录物品超过 21800 件，成交金额也突破了 1000 万元大关。2000 年 1 月第五次 CNNIC（中国互联网信息中心）中国互联网络发展状况统一调查表明：在国内 15000 多个站点中，得票数超过 1000 的电子商务网站仅有易趣和 8848 两家。作为一家专业的拍卖网站，易趣网得票数超过国内所有同类网站，为最受欢迎的拍卖网站。

2000 年 3 月，易趣注册用户在同类网站中率先突破 300 万，其他各项指数也均创新高：会员总数超过 20 万、在线拍卖物品高达 2.1 万余件、网上成交金额超过 1.3 亿元。并且向其年内用户达百万的目标继续迈进。2000 年 5 月，易趣网注册用户突破 50 万，7 月，易趣注册用户超过了 1000 万，网上累计成交量也突破 5 亿元。正当业界普遍徘徊于低谷的时候，全球投资者再次把青睐的目光聚集中国最大的个人电子商务网站易趣网，易趣网成功完成二期融资 2050 万美元。

2002 年 3 月，易趣网获得美国最大的电子商务公司 eBay 的 3000 万美元的注资，并同其结成战略合作伙伴关系。2003 年 6 月，易趣网获得 eBay 追加的 1.5 亿美元投资，并成为 eBay 全球大家庭中的一员。2004 年 7 月，易趣网推出新品牌“eBay 易趣”。

截至 2004 年 6 月 30 日，eBay 易趣注册用户已经达到 690 万，在 eBay 易趣上的累计登录商品近千万件；2003 年的交易总额达到 10 亿人民币，而仅 2004 年第二季度，eBay 易趣上的交易额就达到 5 亿人民币。eBay 易趣不仅成为中国网络流通领域不可或缺的经济实体，而且也是当今全球最大的中文网上交易平台。

易趣网能够在短时间里取得巨大成功，应该归功于公司高素质的员工、出色的商业计划、成功的融资、合理的经营战略、高水平的服务和有力的营销推广等因素。其中，网站独具匠心的交易和信用管理模式、完善的营销服务手段以及富有前瞻性的经营战略这三项因素显得尤为突出。

10.3.2 适合国情的电子商务运营模式

(1) 交易方式 易趣网目前已开展了三种交易方式：个人物品竞标、网上直销和商家专卖。这三种交易方式的关系以消费者对消费者（C to C）个人物品免费竞标的方式为主，以企业对消费者（B to C）的网上直销和商家专卖两种方式为辅。

C to C 个人竞标采用卖方登录物品信息，买方出价竞价的交易形式，即买卖双方在易趣网上注册，卖方免费在易趣网上陈列欲出售的物品，买方免费在网上各自出价，最后卖方选择买方，与其联系完成交易。值得注意的是，易趣网采用“网上竞拍、网下成交”的交易形式，也就是网上交换买卖信息、网下银货两讫的方式，这样轻松地绕开了始终困扰中国电子商务从业者的两大难题，即网上支付和货物配送，于是大到汽车、房产，小到手机、邮票，都可以借助易趣网这一虚拟交易平台轻松实现交易。

在中国这个电子商务还不十分发达的国家，一方面需要在网上加强网民之间的沟通，开设网友论坛十分必要；另一方面，只通过虚拟社会交往来达到商业目的就目前来看还不太现实，为此易趣通过定期举办网友见面会，让网上买卖的网友有网下面对面交流的机会，促进网民上网竞拍和拍卖自己的物品。易趣网用网下交流来弥补网上交易的不足，用充满人情味的联谊会，取得宝贵的建设性意见，或许会让网友和网站建设者各得其所。

易趣网的B to C网上直销目前主要集中于电脑及其配件、外设、移动电脑及附件、热点商品等电子产品。商家专卖是易趣网改版后新开设的购物频道，是众多品牌卓越、服务上佳的商家专卖店的集合。商家专卖区采用“定价购物”以及“竞价购物”两种方式，前者价格固定，不能讲价；后者价格由竞价得来，商品经常采用“1元底价”竞标，并由易趣提供送货保障。商家也可以在此开展促销等主题活动，让网民了解商家的最新货物情况，网上报价、公司品牌形象等。

(2) 支付手段　对于B to C的电脑直销和商家专卖，易趣采用了四种支付方式。

① 货到付款。送货上门，银货两讫，目前仅限于北京、上海两地。

② 银行电汇。通过中国银行转结，汇往上海易趣贸易有限公司。

③ 邮汇。通过邮政系统转结，寄往上海易趣贸易有限公司。

④ 网上支付。借助招商银行一卡通完成网上支付。

对于个人物品拍卖，易趣以“网上出价、网下成交”的交易形式，提倡网民自己解决，暂时绕过了支付的困难。

(3) 收入模式　目前易趣网的收入主要有三项：网页广告收入、网上直销收入以及B to C商品拍卖的服务费。个人物品拍卖对买卖双方都不收费，但可以预见，在不久的将来这一服务将成为易趣的主要收入来源。

(4) 信用管理　当前网上拍卖的实践表明，拍卖过程中可能存在恶意竞拍、串通竞价等问题，网上交易完成后能否正常交割等都是网上拍卖要面对的难题。这迫切要求拍卖网站重视拍卖过程中的信用度管理，拿出有效措施，以维护每一位参加拍卖的网民的切身利益，保证网上拍卖的正常开展。作为目前国内最受欢迎的拍卖网站，易趣网对网上拍卖信用度的管理颇具新意，也颇有成效。

易趣网建立了一套专门的信用评价系统，在国内首创了免费会员认证，注册用户需提供部分真实资料，主要通过身份证免费确认为会员，即注册用户在易趣网或其代理点注册成为易趣会员后，再向易趣提交会员申请表，并把自己的身份证复印件邮寄或传真给易趣，经易趣认证后就能免费成为易趣会员。通过这一方式，易趣建立了较完善的网上拍卖信用评价系统。通过信用评价系统来提高网上交易信用度，倡导规范、守信的交易作风，每位用户都能方便地浏览到交易对象的成交历史和评价记录，对交易伙伴评头论足。注册用户只有成为会员以后，才能充分享受会员专区中的各种优惠活动。注册用户成为会员后，参与网上竞标，注册名后紧跟一个可爱的会员标志，以示区别。通常情况下，愿提供真实身份的网友不会捣乱，所以更值得信赖，无论买卖都变得更加顺利，会员制能在很大程度上杜绝网上胡乱竞价、故意捣乱的情况。另外，易趣还启动了会员的自发性监督系统——“克克伯调查局”，对网上拍卖进行监督。

10.3.3　营销服务手段

易趣网总裁认为，网站做到最后就是品牌和服务，甚至品牌也在很大程度上要服务。所以，在易趣网有一半人是在做服务。易趣网由用户的实际需求而确定服务的形式。如根据收集到的用户意见，易趣网采取了诸如回答问题、答复E-mail、回答电话、倾听用户意见、每星期召开见面会、交易结束后的用户跟踪调查、组织活动、监督网上物品的登录等措施，最大限度地了解用户需求。

易趣网的所有服务项目和发展方向均来自用户的切实需求。通过经常举办网友见面会，来倾听用户的建议和要求，从而根据用户反馈提供新的服务。只有预见到用户具有这种需求时才去做，而不是跟风做。如了解到许多非网民同样有闲置物品的处理需求，易趣网特地开通独特的代理服务，让那些暂时没有上网的社区居民同样享受到网上拍卖的便利服务，为用户提供物品登记、信息整理、图片数码拍摄和上传、跟踪促进、最后成交等由始至终的“全包”服务。易趣网的竞价体系也十分完善，可以提供出价代理系统来帮助用户出价。

易趣公司执行总裁曾说：易趣网之所以能在短期内取得飞速发展，经验就在于充分利用网上优势，通过搭建优质高效的交易平台，最大限度地满足用户需求。如果套用现在流行的对于电子商务网站种类的划分，易趣网可以说已将C to C模式中的“C”完全作为其服务理念的核心，形成了“以用户为中心”的人性化、个性化服务体系，为推动个人电子商务在国内的发展提供了可借鉴的摹本。

具体而言，易趣采取了以下一些主要措施。

(1) 重视客户服务队伍　易趣网建有目前国内网站中最强大的客户服务队伍，客户服务售货员每天24小时监控网站新登物品、解答用户问题、记录用户建议，并跟踪成交情况以保证交易顺利进行。

(2) 解决网民实际困难　为了解决会员上网困难，易趣网代用户上传所卖商品的图片，用户所要做的只是把所卖商品的图片、照片及商品编号寄到易趣公司。此外易趣网还开设了独特的代理服务，让那些暂没有上网的社区居民同样享受到网上拍卖的便利服务，目前这一服务已在上海开通，易趣网代理员已经覆盖上海市各区，为会员提供物品登记、信息整理、图片数码拍摄和上传、跟踪促进、最后成交等由始至终的“全包”服务，而且“交易不成功，不收1分钱”。

(3) 开设免费服务电话　从2000年2月12日，易趣网开设了提供全天24小时服务的免费电话，易趣网客户服务员全天守候在电脑终端前，及时解答用户的提问，删除不良信息，接受用户建议并帮助用户成交。由于浏览易趣网的用户越来越多，易趣网增加电话热线的接听者以满足用户的需求。

(4) 提供独特的个性化服务　易趣网为广大用户提供了鲜明的个性化服务，使每个用户都可以免费创建自己的网上店铺，尝尝自己当老板的滋味。新颖的个人店铺吸引了新老用户踊跃参与，从而大大活跃易趣网站的交易和服务内容。

(5) 建设网上虚拟社区　易趣网把虚拟社区作为一个信息交流的平台，尽量使之转化成用户间的C to C交易平台。目前国内一些C to C的网站总是看的人多，交易的人少，其主要原因就是网络交易者间的相互信任度低。而虚拟社区的成员团体通常是一个高黏性的、彼此信任的一个团体，能有效地化解这一问题。以当今最大的个人拍卖平台eBay来说，其高度发达的社区在很大程度上推动了交易的发展。易趣网人性化的社区也大大提高了交易的成功率。

(6) 提高网上交易信用度　易趣网积极采取措施，努力提高网上交易的信用度，推动国内电子商务的信用保障。信用评价系统让每位用户都能方便地浏览到交易对象的成交历史和评价记录；“易趣诚信月”中，“你损失，我赔偿”的“定心丸”制度和针对违信行为的“黑名单”措施，更是有效地净化了网络交易空间，倡导了诚信的交易风气。

(7) 组织网友网下交流　易趣网在北京、上海等地设立网友交流点，定期组织网友见面会，开展活动，聆听建议，加强了易趣网和会员之间以及会员们之间的沟通，培养网站与网友之间的感情，为网下成交提供便利。此外免费交流点还是面对面交易的场所，这不仅为网上成交的用户提供了当面验货、当场交易、轻松交流的场所，提高了易趣网用户网下交易的成功率，为广大用户营造一个良好的交易环境，而且易趣网还在每个交易地点配备电脑、数码相机和扫描仪，免费提供现场注册、物品登录、物品拍照、图片上传等服务。

(8) 完善物流配送环节　易趣在“诚信月”活动中针对C to C交易推出物流配送服务。首次把一般只为B to C服务的物流项目在北京和上海两地推向普通消费者。凡在其网站上成交的个人用户都可选择物流公司，通过电话与其直接取得联系，由物流公司完成取货、送货、收款、付款的全过程。今后，用户足不出户就可完成交易，真正实现不用见面的网络交易。此外，送货上门的同时，用户还可享受会员认证上门服务，连带立即生效的物流费用优惠折扣。

(9) 不断拓展新的服务领域 易趣网充分贯彻其“一全二细三实用”的服务标准，在做好C to C服务的同时，也积极向B to C领域拓展，相继设立了商家专卖、数码直销和手机直销频道，收到了良好的效果。

10.3.4 独特的经营战略

(1) 核心牌局 易趣网把“易趣”定义为“交易的乐趣”“乐趣的交换”，以及“容易获得乐趣”等。宣称上网竞拍不仅获得实惠和便利，更重要的是获得一种乐趣，是一种愉快的体验。拍的是实惠，玩的是乐趣，这一定位把普通的网上拍卖引入到人性化的程度。

(2) 免费会员 曾有一段时间，网民要成为国内一些拍卖网站的会员，需要交纳100元保证金，无疑，这一措施可以有效避免网上拍卖过程中的欺诈活动，但这也“有效”地阻止了一部分诚实网民上网参加拍卖。作为一种新的拍卖方式，网民主要有两方面的忧虑，一是这一拍卖方式是否可信，二是这一网站是否可信。免费会员认证则有效地克服了上述难题，它保证了网上拍卖的信用度，成功地实现了会员的扩大。

(3) 三大战役 1999年8月易趣网在上海开通，稳住阵脚是当务之急，一时间易趣广告在上海铺天盖地，网上广告和传统广告两不偏废，易趣是首次在上海的公交车和出租车上做广告的网站，短短2个多月，一股网上拍卖物品的交易“旋风”几乎将所有喜欢个人物品买卖的上海网民“一网打尽”。到1999年11月底，易趣网注册用户累计已达48000余人，登录物品总数超过48000件，网上成交物品共计14400余件，成交金额突破3000万元。同年11月30日，易趣公司总裁邵亦波自豪地宣称：易趣网在注册用户数、成交数量、竞标物品件数等几项指标方面，都是中国乃至大中华地区人个物品竞标网站的“第一”。初战告捷，易趣稳住阵脚，实现了超常规发展，已具备发动第二战役的实力。

北京是国内互联网市场战略要地，也是主要竞争对手雅宝等聚集的地方。仿佛一夜之间，“易趣”出现在了京城百姓的眼前。无论是《北京青年报》《北京晨报》等大众媒体上的大篇幅轰炸性广告，还是白颐路、中关村一代密集的大型标牌广告；无论是在首都众多媒体前的正式亮相，还是在海淀剧院举办的热热闹闹的首轮注册用户“连环有礼”活动，都在明白无误地为易趣网传达着这样一个信息：北京，我来了！开通3个多月以来的骄人战绩（以及刚刚拿到手的大笔风险投资），使得总部设在上海的易趣网有底气以如此声势登陆北京。

广州是国内互联网市场的重镇，易趣于2000年4月在华南地区全面出击，在白领和大学生中产生了极大影响。在广州高校，经常可以看到大学生们排队参加“易趣”的有奖注册活动。与前两次战斗方式略为不同，易趣以公益活动为主题，注重提升社会效益，易趣正式进军华南的新闻发布会就是以“慈善拍卖会”的形式，和广州青少年基金会合办的。易趣在华南地区开展的其他活动，也大多和“公益”有关，如“易趣校园”公益“行”系列活动。

(4) 争取学生 大学生是国内网民的重要群体，也是极其重要的潜在市场，因而大学生校园历来是网站必争之地。对易趣网来说，更重要的是，大学生活中闲置物品交易非常活跃，各种校园海报、公告和BBS留言板上的物品转让和售卖信息十分丰富。每年新生入校及毕业前夕，二手货跳蚤市场的书籍、电脑类学习及生活用品颇受学生欢迎，校方也很支持这种促进流通、物尽其用的交易方式。为拓展校园市场，易趣又打出一记漂亮的组合拳。

① 改善上网条件。2000年3月2日易趣正式开通校园服务器，该服务器安置在上海交通大学华东校园网主干线上，运用先进的ADSL技术与上海热线连通，速度与容量足可以满足来自全国各大高校的访问需求。在校大学生将告别校园网络堵车的烦恼，轻松点鼠标，快捷上易趣。同时易趣还在校内机房和附近网吧开设免费上网区域，每天定时开放，让学生们能够自由体验网络交易。

② 加大宣传力度。随着校园网的开通，易趣世纪校园行活动也拉开帷幕。易趣公司的主要领导在上海、北京、广州和成都等地高校做巡回演讲，揭开电子商务的神秘面纱，交流异国留学的生活体验。

③ 发展校园代表。易趣已在网上招聘全国各大高校的易趣校园代表，以提高大学生的参与程度，协助易趣开展各项活动。校园代表将为大学生网上拍卖提供服务，协助易趣开展工作，提供反馈意见，并得到相应报酬和奖励。

10.3.5 易趣网存在的问题

易趣网虽然已经取得了很大的成功，但是在发展过程中仍然面临着不少问题。

(1) 资源有限　尽管易趣网的注册用户数量很多，但真正意义上从事交易的用户却并没有公布的数据那么多，业内人士估计应在30万～40万。数量有限且对网上交易热衷程度不高的用户使易趣的超常规发展缺乏足够的资源。

(2) 信用管理　目前国内消费者对于个人信用这个问题敏感度不高，而且目前信用结算方式还不能够广泛普及。另一方面，参与拍卖的买卖双方缺乏足够的相互信任，虽然可以用拍卖平台提供的信用指标，但是这个指标的来源并不能够和这个人在银行的信用挂上钩。另外，目前仍然存在拍卖过程中叫价时无人应价，甚至有人在竞价中捣乱而扰乱正当的拍卖价格体系等情况。虽然易趣也开拓出一些解决办法，但是在消费信用体系上仍然存在着不足，当然这也不仅仅是易趣一家网站遇到的问题。如何将个人经济信用与网络拍卖信用挂钩，仍然是易趣亟待解决的问题。

(3) 物品种类　易趣网上拍卖的物品大部分由个人卖家提供不再使用的物品。虽然易趣网在拓展拍卖物品种类上颇费心思，如拍卖小狗、拍卖房产、拍卖轿车、拍卖厨师手艺等，但由于目前国内网络入口较单一，相应个人定制物品的种类也比较单一，重复种类较多，比如目前国内网络拍卖的主要拍品大多局限在计算机软硬件，以及传统的拍卖物品，如艺术品、邮票等。

美国eBay成功的一个很重要的因素就是美国具备了很高的消费水平，多年的信用消费使社会积累了大量的物质。美国人生性随意，经常更换居所，每次迁移都会有大量的物品就地转让；同时耐用消费品的更新速度极快，二手物品来源非常丰富。

我国国内的情况却不容乐观，人均收入只有美国的五十分之一。家庭物品积累不足，特别是适应现代生活可满足网民需求的物品不足。二手物品的可利用性不高，目前家庭积累的物品大多是20世纪80年代以及90年代中期经济高速发展时期购买的，已经不再具有较高的再利用价值。同时观念上的差异也限制了二手物品的规模，对于一些购买时间不长的物品，即使已经不太适应自己的家庭需要，很多人也不愿意转让。如何有效拓展拍卖物品种类，继续超常规地发展是易趣需要认真面对的问题。

(4) 地域不同　在目前网民主要集中于北京、上海、广州的情况下，易趣网采用“网上拍卖，网下成交”，以及设立网友交流点的方法，有验货要求的交易限定在某城市或某地区进行等方法，暂时解决了支付和验货问题。但毫无疑问，随着上网人数的持续增长，上网者来自的区域也不断扩大，这一权宜之计的重要性将有一定程度的下降，这显然不符合易趣长期发展的要求。

(5) 支付手段　就目前易趣网所提供的交易方式而言，买卖双方通过网下直接面对面交易是主流，网站根本无法对交易进行控制。网下交易有两种情况，一是利用网站提供的第三方配送体系实现现金和物品的流通。这时网站可以通过同配送公司的合作，从现金流中直接收取佣金。二是买卖双方直接进行交易，此时网站无法收取到任何佣金。

通过第三方配送的前提是双方对交易物品情况的充分沟通和了解。二手货的质量很难保证，仅仅通过电话和邮件的沟通是远远不够的。虽然现在网站或物流配送公司对物品提供一定的保证，其方式是把货款扣留一段时间，如果买家对物品没有异议，才把货款提供给对方，但这并不足以打消买家的疑虑，出现质量问题会给买卖双方都带来很大的不便。

如果物品的描述不当，或者二手物品定价过高，交易就很难实现，另外，提前交易现象普遍，最后竞标往往无法买到该物品。而且，网站上所确定的最后竞价对双方约束力不大，很多交易都不按照最后的竞价实现，使网上竞标失去了应有的意义。

10.3.6 易趣网案例分析

通过以上分析，可以看到一个成功的易趣网，一种成功的电子商务模式。易趣网凭借其完备的网站服务功能，通过合作而具备的强大技术支持，周到而细致的客户服务，便捷有效的反馈和交流方式，让客户帮助企业成长的理念在短短几年间成为同类行业中当之无愧的佼佼者。如果说沃尔玛是世界上最大的超市连锁店，那么，易趣公司就是网络拍卖行业里的“沃尔玛”；庞大的用户数量、优秀的客户管理体系、稳健领先的网络技术、强大的合作联盟等优势铸成了易趣公司“天下无敌”的利剑，作为世界网络竞买产业巨头，易趣网创造了很多网络交易的经典法则，其所创立的精神和方法都被其对手吸收和模仿，它的一举一动可以说都会不同程度地影响网上竞卖产业，所以我们在今后也将继续关注易趣的发展。

知识加油站

一、国际电子商务的含义

国际电子商务就是指企业利用电子商务运作的各种手段所从事的国际贸易活动。它反映的是现代信息技术所带来的国际贸易过程的电子化。国际贸易指的是国与国之间商品和服务的交换活动，它反映了世界各国间的劳动分工和经济上的相互依存及相互依赖关系。计算机及其网络技术的发展，特别是与国际互联网相关的技术发展将全球市场的空间和时间距离拉近，加强了国际间的劳动分工和经济上的依赖关系，促进了全球经济的一体化趋势。国际电子商务的发展使国际贸易的运作方式发生了很大的变化，同时也带来了一系列的现实问题。因此，国际电子商务的运作方式及其所面临的一系列问题自然就被各国外向型企业和从事对外贸易的企业所关注。国际贸易中大量的跨越国界的通信是一笔巨大的费用，因此国际贸易的发展迫切要求廉价的通信手段。国际贸易中大量的单据处理，要求单据处理能够自动化且高质量。建立在因特网基础上的电子商务系统，能够满足国际贸易这几方面的要求。所以电子商务必将在国际贸易中发挥关键的作用，同时必将促进国际贸易的进一步发展。

国际电子商务还涉及有关交易各方的国家和政府及相关系统。如买方国家进出口公司系统、海关系统、银行金融系统、安检系统、税务系统、运输系统和买方公司系统等；卖方国家出口公司供货公司系统、海关系统、银行金融系统、税务系统、运输系统和卖方公司系统等；还有双方保险系统等。国际电子商务系统业务内容繁多，过程复杂，数据来往频繁，要求严格、准确、安全、可靠，要求制订出世界统一的电子商务标准和商务电子贸易协议。

二、国际电子商务的特殊性

一般电子商务泛指所有商务活动的电子化过程，既包括国内商务活动，也应包括国际商务活动；而国际电子商务只是针对一般电子商务中国际商务活动的电子化、国际标准化与表述格式化这个部分。

一般电子商务包含所有类型的电子商务活动，如商业机构对消费者、商业机构对商业机构、商业机构对行政机构以及消费者对行政机构等的电子商务活动；而在国际贸易活动中，交易行为一般涉及政府的行政管理部门（海关、进出口商品检验、外汇管理、税务等），贸易伙伴和相关的结算、运输、商检等商业部门。国际贸易的交易行为和过程本身并不直接针对市场上的消费者，因此，国际电子商务只是包括了商业机构对商业机构和商业机构对行政机构的电子商务活动。贸易伙伴之间以及贸易伙伴与相关银行、运输部门、保险部门、商检、海关、政府部门等传输订单、相关单据和文件，就成为国际电子商务活动的主要内容之一。

一般电子商务虽然使企业直接面对全球市场，可以采取网上成交模式在国际互联网上直接达成交易。但是企业所从事的国际商务活动行为不仅是成交活动本身，它往往涉及交易从前期准备到合同履行的方方面面。这些活动与一般贸易活动毕竟不同，要受到不同国家的对外贸易政策与措施的制约，同时又要纳入国际规范。国际电子商务的具体运作涉及的部门和范围要远远多于或大于一般的电子商务的情况，其相关的协调工作和法律惯例规范都是国际性的，因此国际电子商务有它的特殊性。

电子商务的交易服务过程同普通贸易过程一样，也分为三个阶段：交易前、交易中和交易后。在交易过程中，它涉及三个方面的内容：信息交换、电子数据交换和电子资金转账（EFT）。交易前：主要指交易各方在交易合同签订前的活动。包括在各种商务网络和 Internet 上发布和寻找交易机会，寻求合适的贸易伙伴等。并可以通过网络交换信息来比较价格和条件，了解对方国家的贸易政策以及最后确定交易对象。交易中：主要指合同签订后的贸易交易过程，涉及银行、运输、税务、海关等方面的电子单证交换。这种交换通常是通过 EDI 电子数据交换系统来实现的。交易后：在交易双方办完各种手续后，商品交付运输公司起运。贸易方可以通过电子商务网络跟踪货物的行程。银行则按照合同，依据贸易方提供的单证向另一方支付交易资金，出具相应的银行单证，实现整个交易过程。

三、EDI 电子商务

在 20 世纪 70 年代末就出现了作为企业间电子商务应用系统雏形的电子数据交换（Electronic Data Interchange，缩写 EDI）和电子资金传送（Electronic Funds Transfer，缩写 EFT），而实用的 EDI 在 20 世纪 80 年代得到了较大的发展。实用的 EDI 电子商务主要是通过增值网络（Value-Added Networks，缩写 VAN）实现的，通过 EDI 网络，交易双方可以将交易过程中产生的询价单、报价单、订购单、收货通知单和货物托运单、保险单和转账发票等报文数据以规定的标准格式在双方的计算机系统上进行端到端的数据传送。到了 20 世纪 90 年代，EDI 电子商务技术已经十分成熟，应用 EDI 使企业实现了“无纸贸易”，大大提高了工作的效率，降低了交易的成本，减少了由于失误带来的损失，加强了贸易伙伴之间的合作关系，因此在国际贸易、海关业务和金融领域得到了大量的应用。众多的银行、航空公司、大型企业等均纷纷建立了自己的 EDI 系统。但是早期的 EDI 电子商务也具有很大的局限性。这是由于当时的网络技术主要以局域网为主，不同的局域网存在着技术标准不统一等问题，贸易伙伴为便于信息交流，建立了统一的 EDI 通信平台，因而 EDI 的解决方式是建立在大量功能单一的专用软硬件设施的基础上，不同的 EDI 平台之间也无法完成数据交流，形成 EDI 孤岛。同时 EDI 对技术、设备、人员有较高的要求，并且使用价格极为昂贵。所以，EDI 技术只是解决了经常性交易伙伴的信息交流，受这些因素的制约，EDI 电子商务仅局限在先进国家和地区以及大型的企业范围内应用，在全世界范围内得不到广泛的普及和发展，大多数的中小企业难以应用 EDI 开展电子商务活动，从而限制了 EDI 应用范围的扩大。

四、国际贸易流程

外贸电子商务是指企业利用电子商务运作的各种手段，所从事的国际贸易活动，也可称为国际电子商务。它的实质是现代信息技术所带来的国际贸易过程的电子化。它采用电子数据交换(EDI)、电子公告牌（BBS)、电子邮件、电子转账、安全认证等多种技术方式，以保证国际贸易过程的电子化。外贸电子商务较之一般的电子商务要复杂一些，涉及的业务环节也要多一些，多出的这部分业务环节，是由国际贸易的特殊性和经贸双方国家的主权要求所决定的。这部分业务的范围主要包括：进出口管理、海关、商检/安检、金融、保险和国际运输等。外贸电子商务通过网络进行，网络贸易主要涉及三个方面：信息、电子数据交换和电子资金转移。

其交易可分为三个步骤。

第一步：交易前，做好交易前期准备工作。首先在互联网上发布信息，寻找交易机会，通过交换信息比较和选择交易对象，然后经过发盘、还盘等确定交易条件和价格，并签订贸易合同。

第二步：交易中，严格按照合同规定履行各种业务手续。合同签订后的贸易交易实现过程，涉及银行、商检/安检、税务、保险和运输等方面的电子交换，一定要一丝不苟。

第三步：交易后，双方办完各种手续，商品交付运输公司启运后，可以通过电子商务跟踪货物，银行根据合同依据提供的单证支付资金等。很显然，整个贸易的过程都实现了电子化。

企业的外贸电子商务一般从低级迈向高级要经历以下四个发展阶段。

第一阶段：收发电子邮件。企业通过网络传递和交换各种商务信息，实现企业内部信息与设备共享。

第二阶段：建立网页。企业在专业信息网上建立公司的网页，将自己的各种信息展示出来，不再是向每个个体发送电子邮件。与此同时，公司内部的工作流程和业务流程逐步实现自动化，企业内部网也随之建立，实现企业内部信息的发布与交流。

第三阶段：企业内部网与外部网联接贯通，工作流程不仅面向企业内部，也面向不同的外部企业。这个阶段更多的动态信息出现在网上，信息在网上互动交互，从而与外部建立快速的沟通渠道。

第四阶段：网络贸易应用阶段。将网络与贸易相关部门有效连接，实现网上电子数据交换，最终将传统贸易活动通过计算机网络加以实现。网络不仅被用来发布信息，实现在线交易，而且还实行贸易过程的网上管理。

➡ 任务小结

本部分介绍了国际贸易业电子商务应用情况，中国发展电子商务起步较晚，国际贸易网站建设发面和国际发达国家相比还有很大距离，但是，要和国际接轨，必须了解国际上电子商务网站。本任务重点分析了国际贸易业网站的建设、运营及盈利等方面的分析。

分任务1　英国的Bolero电子信用证系统分析，介绍了国际上相对比较成熟的电子信用证贸易网站的建立和发展情况，分析国际贸易方面应用电子商务的情况。

分任务2　敦煌网电子商务模式分析，通过敦煌网基本情况介绍进一步了解国际贸易网站，敦煌网提供了的是个人和企业建立国际贸易网站的平台，同时分析了敦煌网的商业模式、经营模式、资本模式等。

分任务3　易趣网建设案例分析，通过分析国际非常通用的易趣网基本情况，电子商务运营模式分析等，展示了中介型网站的发展前景，可以和我国的淘宝网对比理解。

任务11　物流行业电子商务应用分析

能力目标

通过完成本次任务，应该能够：了解物流技术的两个方面的概念以及相应内容；熟悉电子商务对物流的促进作用；熟悉京东商城的概况、中国远洋运输（集团）电子商务的发展状况、广州宝供储运公司的发展历程；掌握物流行业电子商务商业模式、管理模式、运营体系以及发展战略。

核心能力

掌握物流行业电子商务商业模式、管理模式、运营体系以及发展战略。

任务导入

随着我国社会主义市场经济体系建立、世界经济一体化进程的加快和科学技术的飞速发展，物流产业作为国民经济中的一个新兴的产业部门，将成为我国重要产业和国民经济新的增长点。目前，从中央到地方以及许多市场意识敏锐的企业，已把物流作为提高市场竞争能力和提升企业核心竞争力的重要手段，把现代物流理念、先进的物流技术和现代经营模式引入国家、地方经济建设和企业经营与管理之中。

随着市场竞争的加剧，企业纷纷在降低物流成本、提高物流服务水平上下工夫。为了以较低的交付成本、更好的物流服务在国内、国际市场中赢得竞争优势，物流战略越来越成为企业总体战略中不可分割的组成部分。

如今的互联网时代背景下，Internet技术不断被升级，使得电子商务的应用范围越来越广泛，那么物流行业电子商务应用分析，显然已经成为当前一项重要的研究内容。

任务分解

分任务1　京东商城物流电子商务案例

分任务2　中国远洋运输（集团）电子商务发展战略案例

分任务3　广州宝供储运公司的电子商务案例

课堂讨论

1. 列举所熟悉的物流行业名称。
2. 谈谈物流行业在人们生活所起的作用。
3. 谈谈物流与电子商务网站的联系。

11.1　京东商城物流电子商务案例

京东商城的物流模式主要有两种：自建物流体系、自建体系与第三方物流相结合。

（1）自建物流体系　2009年，京东商城陆续在天津、苏州、杭州、南京、深圳、宁波、无锡、济南等23座重点城市建立了城市配送站，最终，配送站将覆盖全国200座城市，均由自建快递公司提供物流配送、货到付款、移动POS刷卡、上门取换件等服务。此外，京、沪、粤三地仓储中心也已扩容至8万平方米，仓储吞吐量全面提升。

目前，分布在华北、华东、华南的三大物流中心覆盖了全国各大城市。2009年3月，京东网上商城斥资2000万元人民币成立了上海圆迈快递公司，上海及华东地区乃至全国的物流配送速度、服务质量得以全面提升。

2010年4月初，京东商城在北京等城市率先推出“211限时达”配送服务。2010年5月15日在上海嘉定占地200亩的京东商城“华东物流仓储中心”内，投资上千万的自动传送带已投入使用。工人们手持PDA，开着小型叉车在数万平方米的仓库内调配商品。这是京东商城迄今为止最大的仓储中心，承担了一半销售额的物流配送，也是公司将融到的2100万美元的70%投放到物流建设的结果。在此基础上，公司计划2011年在嘉定建成一座15万～18万平方米的超大型仓储中心，其规模将是鸟巢的8倍。

京东商城自建物流优势：京东商城在物流方面可以比第三方物流节省更多成本，可以不依靠别的企业。一是可以使企业掌握对物流的控制力；二是可以保持旺盛的竞争力。节省开支，而且公司内部人员来做物流比较放心，并且给客户贴心，安全的感觉。

企业自营物流对供应链各个环节有较强的控制能力，易与生产和其他业务环节密切配合，全力服务于本企业的经营管理，确保企业能够获得长期稳定的利润。对于竞争激烈的产业，有利于企业对供应和分销渠道的控制，可以合理地规划管理流程，提高物流作业效率，减少流通费用。

可以使原材料和零配件采购、配送以及生产支持从战略上一体化，实现准时采购，增加批次，减少批量，调控库存，减少资金占用，成本降低，从而实现零库存、零距离和营运资本。

(2) 自建体系与第三方物流的结合　虽说京东商城2010年获得了100亿元的销售额，可其主要业务阵营仍局限于北京、上海、广州等经济发达城市。随着互联网应用的深入，京东业务阵营已经扩展到二级城市或三级城市。可是，如果在全国每个二级城市都建立自己的物流或运输公司，成本至少要在数百亿。更何况，现在二级城市的利润不足以维持物流中心的运营。正因于此，大多数B to C网站都与第三方物流合作完成配送。

在北京、上海、广州之外的其他城市，京东商城和当地的快递公司合作，完成产品的配送。而在配送大件商品时，京东选择与厂商合作。因为厂商在各个城市均建有自己的售后服务网点，并且有自己的物流配送合作伙伴。比如海尔在太原就有自己的仓库和合作的物流公司。京东与海尔合作，不仅能利用海尔在本地的知名度替自己扩大宣传，也较好地解决了资金流和信息流的问题。其主要的第三方物流公司有宅急送、中国邮政等。

第三方物流优势如下。

第一、归核优势。一般来说，生产企业的关键业务不会是物流业务，并且物流业务也不是他们的专长，而新兴的第三方物流企业由于从事多项物流项目的运作，可以整合各项物流资源，使得物流的运作成本相对较低，物流作业更加高效，生产企业如果将物流业务交给他们来做，将得到更加专业的物流服务，同时也可以集中精力开展核心业务。

第二、业务优势。

(1) 使生产企业获得自己本身不能提供的物流服务　由于客户所从事的行业不同，由此带来的客户服务要求也是千差万别，例如生鲜产品对快速、及时、冷藏的要求，危险化工品对安全、仓储设备的要求。这些要求的差异往往是生产企业内部的物流系统所不能满足的，但却是第三方物流市场细分的基础。生产企业通过物流业务的外包就可以将这些任务转交给的第三方物流公司，由他们来提供具有针对性的定制化物流服务。

(2) 降低物流设施和信息网络滞后对企业的影响　小企业的物流部门缺乏与外部资源的协调，当企业的核心业务迅猛发展时，需要企业物流系统快速跟上，这时企业原来的自营物流系统往往由于硬件设施和信息网络的局限而滞后，而第三方物流恰好可以突破这种资源限制的瓶颈。

除了与第三方的物流公司合作，京东商城还在各地招一些高校代理。高校的学生是一个比较大的消费群体，但他们的不确定因素也是最多的。产品配送的时间大都是在白天，可白天是高校学生的上课时间，他们希望快递公司在晚上把货送来，但快递公司却不提供这样的服务。于是经常发生这样的情况：配送人员到学校门口告诉学生货到了，学生却不能取货。另外，绝大多数高校的保安都不允许快递人员进入校园，快递人员只能和高校学生用电话联络。但部分高校学生使用手机的频率不高，或者关机，或者是忘记携带。快递人员经常打电话找不到人。结果双方都有意见，学生抱怨快递公司送货不及时，快递公司抱怨联系不上学生。为了解决以上校园问题，难题京东开始招一些学生做高校代理。

11.2 中国远洋运输（集团）电子商务发展战略案例

11.2.1 中远集团电子商务的发展状况

中国远洋运输（集团）（以下简称中远集团）于1996～1997年完成了对中远集团EDI中心和EDI网络的建设，该EDI网络基本覆盖国内50多家国内货运代理和外代网点，实现了对海关和港口的EDI报文交换，并联通了中远集团海外各区域公司。目前，中远集团已经通过EDI实现了对舱单、船图等数据的EDI传送，在电子商务方面已走在国内运输行业的前列。

中远集团于1997年建成中远集团全球通信专网，并以该网络为基础，构建了中远集团Intranet网络平台。该平台的建成促进了中远集团全球E-mail中心的建设。

尤其是在1997年1月，中远（集团）总公司正式开通网站。集团各所属单位的网站也相继建成。中远集团的站点自发布以来，在树立中远集团的良好企业形象、扩大中远集团的影响以及为用户提供高效便捷的服务等方面取得了一定的成效，同时为中远开辟了一条通过Internet与外界通信的渠道，加速中远信息流转的新途径。

1998年9月，中远集团在网站上率先推出网上船期公告和订舱业务。该业务的开展突破了传统服务中速度慢、效率低、工作量大、差错率高的问题，将货运服务直接送到客户的办公桌上，使客户足不出户便可办理货物出口业务流程中的委托订舱、单证制作、信息查询等多种业务手续。在网上订舱业务的基础上又向全球客户推出了中转查询和信息公告、货物跟踪等多项业务，从而使全球Internet用户均可直接在网上与公司开展商务活动。公司推出的整套网上营销系统，已初步具备虚拟网上运输（E-Transport）的雏形，具有较强的双向互动功能和较高的服务效率。其中电子订舱系统可使每一位网上用户在任何地区和时间内，通过Internet与公司开展委托订舱业务，任何一位客户只要具备上网条件，都可直接从网上访问中远的电子订舱系统。货物运输及中转查询系统则体现出方便、快捷、准确的操作特色。这项功能可使客户对货物实行动态跟踪，在网上随时查询单证流转、海关申报状况、进出口及中转货物的走向等相关信息。信息公告系统还可以在最短的时间内将中远有关船期调整、运价变化等情况在Internet上做出及时反应。电子商务的成功开展极大地提高了公司市场营销的科技含量，新开发的客户群正逐渐从全球Internet上汇集而来。

目前，“中远网”的建设已初具规模，中远集团近20个所属单位网站的建设已基本完成，各站点间也已实现链接，组成了“中远网”的基本框架。

11.2.2 中远集团电子商务的发展战略

中远集团虽是一家跨国企业集团，但在电子商务发展上还落后于世界优秀航运企业。因而，为适应形势发展的需要，中远集团将发展电子商务的战略目标定位在从全球客户的需求变化出发，构建以全球一体化的营销体系为业务平台，以物流、信息流和业务流程重组为管理平台，以客户满意为文化理念平台，基于因特网技术智能的、服务方式柔性的、运输方式综合多样并与环境协调发展的网上运输和综合物流系统。

(1) 以满足全球客户的需求变化作为动力平台　对航运业来说，全球性的跨国公司不断要求承运人能够提供覆盖全球各地的服务，制造商由于不断加速的外包及商务全球化，对全球供应链的需求进一步提高。而 Internet 以其全球化、个性化、即时性的特点，使得客户群正在迅速走进网络，以虚拟的形式呈现在企业面前。客户的需求随着电子商务的发展正由实体交易转向虚拟交易，即通过网上交易完成对实体需求的满足，客户最终关心的是以消费者为本的供应链、供应链管理以及供应链一体化在网上与现实之间的完美结合。总之，从客户群的构成、客户行为的转变到客户需求的多样化等方面来看，客户的力量从没有像今天这样，从网上开始迅速控制现实的国际航运市场。

因此，中远集团发展电子商务的根本出发点和唯一动力是全球客户的需求变化，只有迅速捕捉这种变化，并将中远电子商务发展的各个方面紧紧围绕这种变化，才能使中远电子商务的发展为企业创造最佳的效益。

(2) 以全球一体化的市场营销体系作为业务平台　当前，包括中远集团在内的国际上各大航运企业的内部资源配置模式，正在由航线型资源配置模式向全球承运的资源配置模式转变，将遍布于全球各地的人员、设备、信息、知识和网络等资源进行全方位、立体化的协调和整合，形成全球一体化的营销体系。电子商务的内涵是将企业进一步向客户延伸，因此中远的电子商务是中远全球营销体系的网上体现，而中远全球营销体系则成为中远全球性电子商务的基础平台。Internet 的全球性使得中远的营销体系得以遍布全球任何一个角落，捕捉、探察到全球任何一个新客户、新需求和新变化；Internet 的个性化使得中远营销体系可以对目标客户的任何个性需求做出全面解决方案；Internet 的及时性使得中远营销体系可以对全球任何客户在任何时间提出的要求做出第一时间的迅速反馈；Internet 的互动性使得中远营销体系可以与全球任何客户进行心与心的沟通交流，成为一生的挚友和伙伴。

(3) 以物流、信息流和业务流程的重组作为管理平台　物流是解决客户供应链的传递以实现商品最终对消费者的使用价值，信息流是解决供应链主体的信息传递，而企业内部业务流程则是企业实现物流与信息流互相匹配并紧密融合的载体。中远电子商务的管理平台就是实现三流统一，以创造更科学、更合理、更节约的生产与消费的衔接。由此来看，电子商务是为航运企业获取物流管理增值效益的手段之一。作为管理平台的中远电子商务，以 Internet 为主进行构筑供应链的管理体系。从构成上讲，不是单纯的硬、软件技术，而是从市场上收集各种物流提供者所提供的信息，包括服务内容、方式、费用、时间等；以客户需求为准，包括服务水平、质量、成本等信息，进行集中、加工整理、分析和融会贯通，从而在供求关系上达到互动性交易。从这里可看出，信息流比物流更重要。作为全球承运人，由于航运是全球物流的主干环节，与客户和其他环节的物流提供商存在天然密切的联系，使得发展电子物流具备先天优势。关键是要以全球性的 Internet 为基础，整合客户供应链各环节的物流提供者，构造面向客户的虚拟综合物流网络。

(4) 以网上“一站服务”和“绿色服务”作为服务平台　中远集团独具特色的“一站服务”，是公司全球营销网络中的每一个服务窗口，都能承接客户原先需在几个部门或窗口才能完成全部的托运操作手续。从客户角度看，他们只要找一位业务员、进一道门、办理一次委托手续，就可以将极其繁杂的出运操作流程交付给公司的一站服务人员去处理，而公司的网上“一站服务”，将使客户连一道门都不用进，一个业务员也不用找，只要点击一下鼠标，就可完成所有手续，从而真正做到让客户方便、满意、放心。公司推出的绿色服务，现在是派出优秀的业务人员进驻客户单位进行联合办公这一形式，客户只需向这些业务人员提供委托书或订舱书，然后整个出运业务流程的运转便全部由这些高素质、高效率的业务人员来完成。而将来网上的“绿色服务”是直接将“绿色服务”功能嵌入客户的内部网络中，从而直接深入客户，参与客户的电子商务，给客户提供优良的服务平台。

(5) 以 Internet 和中远全球信息管理系统作为技术平台　要想在一夜之内建立起完善的电子

商务几乎是不可能的，因为其前提和基础是完善的企业级计算机信息网络系统以及无纸化的金融、贸易和法律环境，在这方面，中远集团正致力于在已有的覆盖全球的计算机信息系统基础上，从系统设计、数据标准、功能模块、网络技术上将现有计算机信息系统，按照电子商务的更高要求进行完善和调整，致力于在国内外推广电子提单的应用。

(6) 以客户满意为中心的中远特色企业文化作为文化平台　电子商务与其说是一种新技术，不如说代表着一种新文化。中远的电子商务是面向客户的，它将中远集团的业务流程全过程呈现在客户面前。集团每一位员工都通过 Internet 在客户面前代表着企业的整体形象，不同国家、不同肤色、不同语言、不同种族的客户都能够在 Internet 上亲身感受到中远的以客户满意为中心的企业文化。中远的观念是“客户最大”，目的是“让客户快乐”“让客户主宰一切”，真正让客户在中远构建的文化平台上得到最大的满足。

11.3　广州宝供储运公司的电子商务案例

广州宝供储运公司（以下简称宝供）是一家业务范围面向全国、流动资金几千万的物流服务公司，拥有员工近千人，有十几家分公司，仅在广州一地就拥有 30 余家仓库。该公司每天在全国各地进行物流的存储和运输。从 1994 年底成立至今，在短短 6 年的时间里，宝供的客户从最初的宝洁公司一家发展到现在的 50 多家，其中多数是实力不菲的跨国公司。宝供的发展如同上了快行道，在物流领域显得格外抢眼。藏在这个非凡业绩下面的是宝供贯穿始终的信息化建设。早在 1996 年，绝大多数的我国人还不知道因特网为何物的时候，宝供就开始用它来“武装”自己的物流系统。

11.3.1　广州宝供储运公司的发展历程

宝供是从广州的一个铁路货运站起家的，最初的业务是仓储和运输。凭借灵活的经营方式和优质的服务，1994 年它迎来了一个对自己未来事业产生深远影响的客户——宝洁公司。在开始的一段时间里，宝供的业务都是围绕着宝洁转，所做的事情就是满足宝洁的需求。

宝洁公司的业务遍布全国，而当时宝供的经营范围还仅仅局限于广州市内。由于双方合作的成功，宝洁决定将全国范围内的物流服务交给宝供负责。这使得宝供的业务延伸到国内的主要城市和地区。但是这种快速的业务扩张对宝供的物流体系提出了严峻的考验。以前依仗着宝供较完善的业务运作，管理以本地为核心的业务并不困难，但分支机构增多以后，对整个公司的业务运作和质量进行监控就成了一个难题。再加上宝洁公司不断提出更高的要求，尤其是他们要求宝供各个地方的分支机构都必须提供统一的服务质量，这些对宝供的管理层产生了很大的压力——宝供的改革势在必行。

宝供的物流信息系统就是在这种情况下出台的。当时（1997 年）宝供对物流信息系统的要求还很简单，就是要完成两个工作：第一是把宝供所有的分支机构连接起来，使当地的每一张订单、每一个委托作业数据都很快汇集到总部，总部每天可以了解全国范围内的业务运作状况；第二是把信息收集起来，然后反馈给各地的用户，使客户了解其库存动态和订单状态。

宝供管理层在慎重思考后做出了当时显得相当前卫的技术决策：用 Internet 来实现上述两个目标。针对宝供的要求，北京英泰奈特科技有限公司于 1997 年底开始为宝供公司开发物流管理信息系统。这套物流管理信息系统采用的是 Internet 网络构架的信息交流系统，它把货物的运输系统分解为接单、发运、到站、再发运、再到站、签收等环节进行操作。在运输方式方面分为短途运输、公路运输、铁路运输，并加入内河运输、海运和空运，使得系统能够涵盖所有的运输方式。针对物流企业仓库面积大、分布广的特点，把仓储部分分为仓库管理和货品仓储管理两大部分。1998 年 5 月，该系统开始运行。

11.3.2　物流管理信息系统的优势

(1) 有效地组织跨地区的业务　这套物流信息管理系统把运输的运作情况在 Internet 网上分为接单、发运、到站、签收几个部分。各个业务部分可以在不同的地方以不同的用户身份通过互联网进入系统，然后进行业务数据的输入。针对物流运输模式的多样性，该系统提供了短途和长途运输模式，提供火车、汽车、轮船和飞机运输等方式。仓储部分分为仓库储存和集装箱储存模式。这使得下一站的分公司可以及时了解上站发送货品的信息，及时做出安排。

(2) 充分利用了资源　系统除了提供非常可视化的货品排库功能以外，还同时提供了对货品的各种统计查询以及智能化的货品先进先出功能，极大地方便了仓库管理者，并且为物流企业客户提供真正的物流服务奠定了基础。这种服务就是完全按照客户对物品的调拨指令以及按照客户对于物品的调拨原则，对客户仓储的物品进行管理。

(3) 提高了客户服务的水平　物流企业提供客户服务的关键在于：客户能够及时了解到物品交运之后的流通过程以及物品是否安全准确地到达指定的地点等信息。通过宝供的物流管理系统，客户可以使用宝供提供的用户查询口令和密码，在线查询所有交运物品的状态，也就是说客户可以随时了解自己的物品是否发运、在途中、到站以及签收。货品的达标率、破损率等都能够在线查询到。

(4) 加快了资金周转速度　通过物流管理系统，无论是物流服务企业还是客户都能够及时了解到每一批交运物品的签收情况，可以尽早制订资金的运作计划。根据统计，采用物流管理信息系统以后，宝供要比传统的结算系统平均提早 2 天时间结清资金。

(5) 节约了通信费用　物流企业的业务具有跨地域的特点，传统的联系方式都是采用电话和传真进行信息的交流。但是电话不能存底，而传真的文字不能用于数据处理，另外长途通信费用对于物流企业来说是非常巨大的。宝供的物流管理信息系统采用的是 Internet 网络构架的信息交流系统，由于采用互联网进行信息的交流，因此通信费用可以大大地降低。该系统的成功应用很大程度上促进了宝供的发展，2 年时间内宝供的客户从几个发展到几十个，在全国主要的城市均建立分支机构。

11.3.3　真正意义上的第三方物流

随着物流日益成为供应链中一个至关重要的环节，宝供新的发展战略也逐渐浮出水面，提供集成的、网络化的供应链全过程服务成为宝供新的追求目标，同时宝供瞄准配送这块大蛋糕。

宝供的决策者们的共识是：物流要做得深入，必须从基本的简单仓储和运输服务过渡到成为制造商和零售商之间的桥梁，帮助制造业打通零售环节，实现真正的第三方物流。以前宝供只需把货物送到各地方的仓库就可以了，这个过程仅仅降低了物流上的成本，但这个价值还是很有限，如果能够把物品从制造商的生产线出来到送至全国各地的零售商的整个过程都管起来，那价值就更大了，这才是真正意义上的第三方物流。

针对新的战略，1999 年底，宝供和快步公司一起对过去的信息系统进行了详细的分析，结果发现了很多问题，很多地方需要进一步改善。

其一，虽然宝供内部有很好的系统，客户也有自己的系统，但这两个系统之间还没有实现真正意义上的连接，客户与宝供之间还在使用传真这种原始的手段作为联系的桥梁。

为此，宝供在快步公司的帮助下，采取了一种新的类似国外 EDI 的服务——XDI（跨企业数据交换）。它不仅可以让宝供把自己内部系统的各个环节管理起来，而且使宝供与客户系统之间的界限在某种程度上被打破。以前宝供的员工把系统收集的信息反馈给客户，而现在这个概念也发生了改变——把客户的流程与宝供的流程融合在一起。比如说，客户信息系统中产生一张新的订单，它就可以触发宝供这边系统的调度和发运等操作，也就是说客户的信息系统的一个动作成为了宝供业务流程的一个起点，而宝供流程的终点成为客户（货物接收处）的另外一个起点，从而构成一个完整的循环。

这种循环的好处是很明显的。例如，宝洁的一个工厂每天委托给宝供的单据一般有数百张，以前这些单据都是通过传真发给宝供，然后由宝供用人工输入自己的系统。这些单据的传递就要花几个小时的时间，等到宝供将全部的准备工作做好，又要花去几个小时。而现在从宝洁产生一个新订单到宝供开始运作只要 1 小时，以前至少也要花 12 小时，新系统使库存的时间大大降低。作用还不只是如此，现在宝供不是在帮助宝洁管理它的库存，而是通过 XDI 服务去改善整个供应链的流程。

其二，财务系统的滞后性。以前宝供对财务的管理还不完善，短时间内宝供很难知道到底一笔生意是赔了还是赚了，每一步花了多少成本更是无法掌握。

所以宝供公司非常希望能够理清自己的财务。在新系统中，宝供把应收款和应付款的管理落实到每一个运行的环节。系统每收到一个客户的订单就对客户产生一个应收款，每完成调度就产生应付款，所有的业务在往前走的时候，财务在另一条线上同时往前走，这两条线紧紧集成在一起。这其实就是 ERP 的概念，宝供公司把这个思想很好地运用到物流的信息管理之中。做完这部分的工作之后，宝供对每一个客户、每一个地区和每一笔业务的成本都了如指掌，在此基础上很多业务可以进行重新整合。例如，一个客户从广州把货物发往北京，另一个客户正好把货物从北京发往广州，通过这套系统，宝供就可以把它们集成起来安排，充分利用资源，不至于有些车皮空车返回出发地。

其三，仓库体系的改革。宝供的配送业务本质上是要为多家企业提供高效的、迅捷的供应链全过程服务，可是当宝供物流流到各地的仓库时，就不再那么顺畅了，因为目前国内的仓库根本无法支持配送要求的效率。这使得投资现代化配送中心很快提到宝供的日程上来。目前宝供已经决定在全国建立多个大的配送中心，相应的管理系统也同时展开。

配送业务需要的信息系统并不是人们常说的配送管理系统，而是一个配送中心的管理系统。配送中心作为制造商和零售商之间的桥梁，它与传统的存储型仓库有本质的区别，或者可以把其理解为运作型的仓库。这种物流运作中心的投资往往是传统仓库的几十倍，运作效率也是传统仓库的几十倍。在这种中心里，货架有多高、货架之间的距离有多少、每个货架应该摆放什么样的物品、物体的体积和重量以及取货时应该走什么样的线路等一些细微的因素都得考虑进去。

由于有了物流专家与技术专家的协作，宝供的物流信息系统开发正在朝着“供应链整合”这个理想一步一步接近。可以肯定地说，随着宝供的信息化日益完善，另一些问题也日渐突显出来，只有不断地根据实际情况解决问题，宝供才能在这场物流信息化的战役中取得最终的胜利。

知识加油站

一、电子物流简述

电子物流就是利用电子化的手段，尤其是利用互联网技术来完成物流全过程的协调、控制和管理，实现从网络前端到最终客户端的所有中间过程服务。最显著的特点是各种软件技术与物流服务的融合应用。

电子物流的功能十分强大，它能够实现系统之间、企业之间，以及资金流、物流、信息流之间的无缝链接，而且这种链接同时还具备预见功能，可以在上下游企业间提供一种透明的可见性功能，帮助企业最大限度地控制和管理库存。同时，由于全面应用了客户关系管理、商业智能、计算机电话集成、地理信息系统、全球定位系统、因特网、无线互联技术等先进的信息技术手段，以及配送优化调度、动态监控、智能交通、仓储优化配置等物流管理技术和物流模式，电子物流提供了一套先进的、集成化的物流管理系统，从而为企业建立敏捷的供应链系统提供了强大的技术支持。

电子物流业务使得客户可以运用外部服务力量来实现内部经营目标的增长，即客户能够得到量身定做的个性化服务，而整个过程则由第三方电子物流服务提供商来进行管理。

而电子物流的外包服务则在 B to B 业务中的制造商与电子物流服务供应商之间，以及 B to C 业务中的制造商及其业务伙伴之间提供了建设性的桥梁作用。

顾客在网上的购买行为与传统的购买行为有所不同，因此也就决定了电子物流的服务形式、手段的特殊性。在网上购物的顾客希望在网上商店寻觅到所需的特定物品，并且希望能够得到实时的信息反馈，诸如是否有存货、何时能够收到货物等实时的信息，同时顾客也十分关注如果在网上选购的物品不甚理想或者是物品在运输时损坏是否能够得到及时、便利的退货等。新兴的电子物流服务就是由具备实力的服务商来提供最大限度地满足顾客需求的外包服务。

二、电子物流的实现

电子物流的实现特点是前端服务与后端服务的集成。目前许多经销商都面临着如何将前端的顾客订单管理、客户管理与后端的库存、仓储、运输管理相结合的问题。而电子物流可以在这方面实现无缝的衔接：当顾客通过互联网下订单，电子物流系统能够迅速查询库存清单、查看存货状况，而这些信息又在需要时再实时地反馈给顾客。在整个过程中，订单管理系统需要同仓储系统、库存管理系统密切地协同工作。

电子物流的前端服务包括咨询服务（确认客户需求）、网站设计管理、客户集成方案实施等。这部分功能是用户经常见到的，在此不作详述。而电子物流的后端服务则包括订单管理、仓储、运输与送货、退货管理、客户服务及数据管理与分析等业务。

任务小结

本任务介绍了物流行业基本概况，电子商务对物流行业的促进作用。

分任务 1　介绍了京东商城的商业模式、管理模式、运营体系。

分任务 2　介绍了中国远洋运输（集团）的发展概况、发展战略。

分任务 3　介绍了广州宝供储运公司的发展概况、物流管理信息系统的优势。

任务12 化工行业电子商务应用分析

能力目标

通过完成本次任务，应该能够：了解化工行业特点，化工行业与电子商务的联系；熟悉任务案例中电子商务应用要点以及电子商务的管理理念；掌握电子商务在化工行业的应用状况、应用内容以及实现模式。

核心能力

掌握电子商务在化工行业的应用状况、应用内容、实现模式以及管理理念。

任务导入

如今，电子商务这个概念已不再陌生，其发展速度之快，是我们所始料不及的。电子商务的迅速发展，猛烈冲击着传统经济结构和贸易方式，冲击着企业的产、供、销等经济活动，成为主导国际贸易发展的重要因素。电子商务活动已经渗入到化工领域并将不断发展。

化工行业是一个全球性的巨大市场，客户和供应者之间的交易十分频繁而分散。在化工行业的经营领域，生产商既是供应商又是客户，化工产品大部分都是标准化的产品，而标准化产品就决定了一个合同可在不见面的情况下通过标准的质量数据来完成，包括合同细节部分。另外，化工行业的产品配送系统相对完善，这都为化工行业开展企业间电子商务带来了便利的条件。可以说化学工业是发展B to B电子商务的肥沃土地。

任务分解

分任务1　网盛科技的电子商务应用案例分析

分任务2　石油石化行业的电子商务应用案例分析

分任务3　伊士曼化工的电子商务案例分析

任务解析

浙江网盛科技股份有限公司定位于一家专业从事互联网信息服务、电子商务、专业搜索引擎和企业应用软件开发的高新企业，目前已发展成为国内最大的垂直专业网站开发商。公司创建并运营中国化工网、全球化工网、中国纺织网、国际纺织网、医药网等多个国内外知名的专业电子商务网站，以及国内最大的专业化工搜索引擎ChemIndex，形成了门户网站外的“第二阵线”，被媒体誉为“业界奇迹”。分任务1网盛科技的电子商务应用案例分析，介绍了网盛科技电子商务应用内容以及特点等内容。

目前，不少大型石化企业已建立起自己的电子商务平台，众多石油化工网络公司也应运而生。截至2006年年底，行业商务网站已经超过了2000家，其中涉及石油和化工业务的专业网站有近百家，其中影响力较大的有中石化电子商务网、中石油电子商务网、中国化工网、中国化工电子商务网、化工贸易网等。分任务2石油石化行业的电子商务应用案例分析，介绍了我国石油石化行业电子商务应用现状和模式等内容。

伊士曼化工公司是全球第一家提供高效快捷的在线电子商务和交易的化工公司，建立了化工行业电子商务的著名品牌。同时也是CIDEX（Chemical Industry Data Exchange）的重要成员，参与制定化工行业数据交换的标准。通过有效的安全链接及在线服务和工具，在美国和加拿大的伊士曼客户，能够全年每天 24 小时发布和修改订单，并且随时跟踪了解货物运输状况。分任务 3 伊士曼化工的电子商务案例分析，介绍了该公司电子商务应用的相应内容。

? 课堂讨论

1. 电子商务与化工行业的联系。
2. 电子商务在化工行业应用的案例。
3. 电子商务在化工行业中的管理设计理念。

12.1 网盛科技的电子商务应用案例分析

中国化工网是浙江网盛科技股份有限公司经营的一家专业化网站，浙江网盛科技股份有限公司是一家专业从事互联网信息服务、电子商务和企业应用软件开发的高科技企业，是国内最大的垂直专业网站开发商，国内专业 B to B 电子商务发展模式的标志性企业。2006 年 12 月 15 日，网盛科技在深交所正式挂牌上市，成为“国内互联网第一股”，创造了“A 股神话”。

网盛科技拥有由博士、硕士、学士组成的层次合理的技术开发队伍、市场开拓及服务队伍，现有员工 400 余人，平均年龄 26 岁，98%为大学本科以上学历。公司先后在中国北京、上海、广州、南京、济南、成都、沈阳，韩国首尔，美国西雅图等地设立了分支机构，形成遍布全国、辐射全球的市场及服务体系。

网盛科技创建并运营中国化工网（http：//china. chemnet. com/）、全球化工网、中国纺织网、国际纺织网、中国医药网等多个国内外知名的专业电子商务网站，以及国内最大的专业化工搜索引擎 ChemIndex，形成了门户网站外的“第二阵线”，被媒体誉为“业界奇迹”。

12.1.1 网盛科技电子商务应用内容

网盛科技是服务于化工、纺织、医药行业的电子商务服务提供商，其服务对象是这些行业的从业企业，特别是为数众多的中小企业。服务内容主要由三个方面组成：对企业的原料采购和产品销售提供信息和技术支持；对企业的经营决策提供行业信息和情报支持；以服务媒介方式对企业的日常运营提供商务服务支持。

在原料采购和产品销售方面，网盛科技提供了多个层次的服务，供各类企业选择。

① 数据库收录。业内企业的产品可以收录到网盛科技的产品数据库中，供上下游企业查询并订购。

② 网上产品展示。企业产品信息，包括图像等，可以发布到网盛科技的行业公共服务平台，供业内人士浏览，并可以在网上下订单。

③ 供求信息发布。企业可以自主地在网盛科技的行业公共服务平台上发布供需信息，供平台用户浏览及咨询。

④ 供需匹配。对有需求的客户会员，网盛科技提供计算机辅助的供需匹配服务，为客户提供增值服务。

⑤ 交易中心。对于有需求的用户，提供完整的双向网上洽谈的技术服务，或多向竞拍服务。经过多年积累，在网盛科技的中国化工网等平台上，已经积累了大量的相关资料。以中国化工网为例，收录的化工企业达数万家，涉及 100 多个国家和地区。

这些在业内著名行业公共服务平台上提供的面向产品供需的服务，对企业降低采购成本、扩大产品销路提供了重要渠道，特别是对于国内众多的中小企业，原本渠道能力有限，中国化工网等用户范围广泛的公共服务平台为企业的生存提供了巨大的帮助。

12.1.2 中国化工网栏目特色

(1) 化工 e 圈 “化工 e 圈”是以化工门户平台为中心系统，以数据库技术为纽带，将作为会员的化工站点链接成结构紧密、全球联动的“圈状”网站集群组织，从而加速信息交换频率、增强资源共享、促进国际商贸交流的全新化工信息化商务模式。

“化工 e 圈”具有以下显著特征。①革新现有信息化概念，充分整合企业内外部商业资源，将企业纳入全球化运作的新一代信息化模式。②将全球化工站点以“蜘蛛网状”连接起来，使任何两个网站之间都能直接进行信息交流。且进入其中任何一个站点，就一次找到了整个系统的所有网站。③具有高度的组织性、联动性和资源共享性，确保商务信息的真实性、时效性和全面性，真正体现了互联网的“Web 精神”。④高度的国际性和专业性，系“全球化工企业的互联网”，英语、汉语、法语、德语、日语、俄语、韩语等多语言化工商务网络体系。

“化工 e 圈”的作用主要有：提高网站专业访问率；加速企业信息化进程；加速信息交换频率，促进商贸交流；联动全球化工客商，开拓无限商机；树立国际形象，提高国际知名度。

(2) 专为化工行业定制的搜索平台 在信息检索方面，化工行业具有其行业的特殊性，如化工产品包含分子式、结构式、分子量、CAS、化学名称、别名、英文名称、化学反应式、化学特性、包装、用途，以及与这些产品相关的供应商、行业新闻等信息，是化工行业的特有的“有效信息”，而目前综合的搜索引擎无法有效地提供这些信息。

集化工产品、目录、网页为一体的专业化工搜索服务平台，将有效地解决现有搜索引擎出现的搜索瓶颈和缺陷，使化工搜索更精确、更专业、更快捷、更丰富，同时大大提高化工行业信息获取的效率，促进化工行业信息化建设的进程。

化工搜索服务平台是采用公司自主开发的先进超链技术、信息抓取技术、超链提取技术、数据检索技术、分布式数据库管理技术、智能分词技术等，具有精确、专业、快速等特点。

(3) 化工专家栏目 随着全球经济的日益一体化和中国正式加入 WTO，壁垒的逐步消除和新技术的广泛应用，使化工行业充满了更多的机遇和更艰巨的挑战。为更好地服务众多化工企业，中国化工网推出“化工专家”栏目。中国化工网在与企业、高校、科研机构等企事业单位的化工专家进行广泛沟通的基础上，汇集了国内化工行业各领域 500 多位专家信息，包括每位专家的简历、研究方向、最新成果等，为专家与专家、专家与相关单位之间提供了良好的在线交流通道。专家可以添加、修改自己的个人信息资料，可以公布自己的主要成果与最新科研项目，可以在专家论坛发表自己的见解等，并可优先享受中国化工网的相关服务。

(4) 国际合作 中国化工网已与韩国有关方面达成有效的合作协议，以广大的中国市场为后盾，出资 50%并实行了有效的品牌控制，国外发展前景良好。通过强强联合，中国化工网将在韩国市场内提升品牌知名度和影响力，同时将为客户提供更加优化的产品与推广组合。本次合作，为中国企业开拓韩国市场、了解韩国化工行业发展现状提供了良好的契机。

12.1.3 网盛科技信息采集介绍

在行业信息和情报方面，网盛科技通过与传统媒体合作、与同行合作、由业内人士供稿等多种途径，获取信息来源。经过富有行业经验的编辑人员审核、整理，这些信息通过网盛科技的行业公共服务平台，及时地传递给行业内的从业人士，为他们的经营决策提供参考依据。

网盛科技采集信息的范围包括行业发展的大环境，如政策法规、国内外产业形势等；包括对重要产品的跟踪报道，如产销情况、价格动态等。经过多年的积累，已经形成了较为完整的覆盖范围。

中国化工网等行业公共服务平台为行业信息的快速传递提供了便捷有效的传播平台。业内人士可以简单地通过访问平台网站，在第一时间获取所需要的信息。大部分信息免费地向所有业内人士开放，也有一小部分信息作为对客户的增值服务，通过网上订阅方式获得。

充分利用业界已经在中国化工网等行业公共服务平台上建立起来的凝聚力和客流量，向行业内企业提供多种商务服务或作为商务服务的中介。具体的服务项目随行业需求的变化而不断增加。但总体来说，这些服务涉及企业运营的多个方面，如人才招聘、技术转让、专家咨询、参加展会、广告宣传等。以广告宣传为例，随着互联网日益介入社会生活，在互联网上投放广告已经越来越被广大企业所接受并实施。网盛科技不仅在自己运营的行业平台上为企业提供广告服务，同时还作为中介机构，为企业在其他媒体做广告，包括网上的和传统的媒体，提供中介服务。在所涉及的媒体中，包括了海外的专业媒体。

12.1.4　网盛科技电子商务应用特点

在众多的开展电子商务应用的模式中，网盛科技的应用模式具有明确的特征。

(1) 充分利用以互联网技术为代表的当代通信手段　网盛科技的电子商务应用依托于以互联网技术为基础所建立起来的快速、高效、覆盖全球、使用方便的信息交换网络。不仅中国化工网等网上平台是建立在这一网络之上，而且网盛科技配套的业务实现系统也同样依赖于互联网。

(2) 注重行业积累，为行业发展服务　网盛科技的中国化工网、中国纺织网、中国医药网等平台，从创立开始，即有明确的行业服务目标。在这一目标下，经过了多年的资源和经验积累，使它们成为在行业内具有影响力的行业服务中心。

在服务项目选取上，网盛科技也特别注重于行业内具有普遍需求的项目，使平台资源得到最大限度的发挥和利用。

(3) 向行业内企业运营过程中的各个环节，提供多种多样的服务　帮助企业解决在经营过程中遇到的多种问题，是网盛科技定位于行业性服务中心的必然选择，也是网盛科技的服务平台被行业企业广泛接受的重要因素。

(4) 注重企业现实需求，务实地融入行业的电子商务体系　尽管可以有许多方式介入企业的电子商务，但网盛科技更注重于利用成熟的技术，满足行业内企业现实的、具有普遍性的需求，从而务实地引导企业利用并参与商务的电子化。

12.1.5　中国化工网对国内电子商务的启示

中国化工网是国内最早走与传统产业相结合道路的网站之一，中国化工网是与传统产业相结合，走产业化道路的成功范例。中国化工网依托于传统化工产业，根据行业特点有针对性地、分阶段为企业提供信息服务和电子商务服务，在2000年互联网产业普遍低迷的情况下率先摸索出了赢利模式，走出了中国专业电子商务网站发展的路子。电子商务与传统产业相结合，不但电子商务有了“立足之本”，而且有利于促进相关传统产业的发展。中国化工网给“专业网站”和“鼠标+传统产业”这两个概念提供了乐观的实例，并在一定程度上推动了“化工”和“网络”两个产业的互动发展。从中国化工网身上，中国的电子商务企业可以学到很多东西。

(1) 选择合适的行业启用B to B商业模式　实践表明，化工行业适合发展电子商务，这主要是由化工的行业特点决定的。化工行业与其他行业相比，具有适合发展电子商务的特点：一是产业链长，产品种类多，整个行业产品的关联性大；二是产业比较成熟，产品类别清晰，标准化程度高，容易描述；三是化工交易往往集中于企业之间，中间的过程比较简单。这些特点决定了化工行业非常适合发展电子商务，甚至有专家认为，如果电子商务不能在化工行业取得成功将是没有前途的。

(2) 提高供应链的效率　B to B在线市场可以通过改善供应链中交易各方的沟通效果和避免使用过多的中间环节而使物流变得更有效率。为了改进交易双方沟通的效果，B to B在线市场必须使用能够与不同的信息系统兼容的技术把供应链中的每个买方和卖方连接在一起，这是一大难题。目前亚洲还没有一个B to B在线市场能真正地做到这一点。

建立一个比传统商业流程成本更低、效率更高的在线市场是B to B商业模式取得成功的关键所在，这也就是说要对传统商业流程的价值链进行调整，必要时甚至重组价值链。如何使传统供应环节与互联网相配合，是目前我国、甚至全世界急需解决的问题。B to B在线市场能够通过电子手段为买卖双方牵线搭桥，从而促成交易。为了使这个策略取得成功，B to B在线市场必须为买方提供足够的供应商，使它们做出较好的选择，所以规模问题仍是我国B to B在线市场取得成功的“瓶颈”之一。从目前的实践来看，基于专业化市场的B to B商业网站富有远大的发展前景。

(3) 在降低门槛的同时保持核心竞争力　中国化工网的成功还让我们看到，电子商务应逐步推进，而不是一步到位。同时，电子商务门槛不能太高，由于电子商务长期以来“姿态”比较高，宣传概念性的东西比较多，以致很多企业尤其是中小企业把电子商务看得很神秘，觉得深不可测，这使得电子商务实际上与企业间存在很大的裂隙。让电子商务同企业的实际需求紧密结合起来，把电子商务落到实处，为企业提供实实在在的服务，这才是电子商务发展的根本。

在降低对企业的门槛的同时，网络企业应注重保持自己的核心竞争力。中国化工网已经逐步形成了具有自己优势的核心竞争力，主要体现在两个方面，一是专业品质，二是数千家稳定的客户群。中国化工网一直通过在专业方面做深、做精，不断完善服务体系、强化服务质量等措施强化这个核心竞争力，确保在行业内的领先地位。

12.2 石油石化行业的电子商务应用案例分析

12.2.1 我国石油石化行业电子商务模式的应用现状

我国石油石化行业信息化建设起步早，信息化基础设施已初具规模，我国一些大型石油石化公司已经建立起自己的电子商务平台，众多石油石化网络公司也应运而生。下面我们通过我国石油石化行业几个典型的电子商务网站的介绍，说明各种电子商务应用模式在我国的发展现状。

(1) 第三方网站　我国涉及石油石化的第三方电子商务网站数量很多，其中一种是行业性比较强的第三方网站，如由上海今日石油网络销售有限公司建立的中国石油销售网，是立足于国内外石油天然气企业、面向整个能源行业的、中立性的协同交易平台，主要业务是为石油工业的用户提供广泛的电子商务功能与服务，实现网上的实时交易。另外一种是汇聚各行业的综合性网站，比如慧聪网，其服务对象覆盖30多个行业，其中包括石油和化工行业，这类网站虽然整体规模比较大，但行业性不强。

(2) 企业自建网站　2000年8月15日开通的中国石油化工股份有限公司电子商务网站是中国石油化工集团自行投资建立的，其包括中国石化物资采购网和化工产品销售网。中国石化集团公司负责网站的运营管理，不对供应商收取任何费用。其物资采购网中采购规模达22个大类、84000多个品种，中国石化集团各油田、炼化和建设单位以及2500多家供应厂商在该网站进行交易，注册用户达5700个，截至2005年成交金额累计达1620.92亿元；而化工产品销售网上销售产品有7大类、1000多种，客户700多家，截至2004年成交金额累计达713.36亿元。

(3) 联合共建的能源一号网　能源一号网是由中国石油天然气集团公司、中国石油天然气股份有限公司、香港和记黄埔有限公司、高盛（亚洲）有限公司、中银国际投资有限公司、建行国际投资公司、中国工商银行（亚洲）有限公司等共同投资，于2001年在中国北京市成立。它为石油石化工业的用户提供广泛的电子商务功能与服务，实现网上的实时交易。能源一号网自运行以来，取得了较好的业绩并且呈逐年上升的趋势。截至2004年底，累计实现网上交易680亿元，网上电子采购540多亿元，节约采购成本超过27亿元，已有采购会员64家，供应商近3000家。

12.2.2 我国石油石化行业电子商务应用模式特点分析

(1) 模式选择特点　国外石油石化企业多数已选择联合共建的模式深入发展电子商务，但我国石油企业并没有盲目追从、一步到位，而是从起步阶段尝试摸索，这符合我国当前情况及企业现状。首先，我国石油石化行业开展电子商务的时间不长，缺乏经验，盲目的大搞容易偏离方向，导致资源的严重浪费。其次，我国电子商务方面的法规及信用体制还不健全，缺乏法律信用保障强制推行电子商务是有很大风险的。最后，石油石化是传统行业，其企业传统采购销售方式根深蒂固，不可能在短时间内接受巨大的改变，因此发展电子商务要循序渐进。

(2) 服务内容特点　我国石油石化行业能实现网上交易、业绩最突出的两大电子商务网站是能源一号和中石化电子商务网站，它们主要为企业采购服务，主要目的是节约企业的采购成本。这种以买方为主导的一对多的方式，虽然在国外会使买方在竞价上处于不利，但在我国却正好相反。这是因为中石油、中石化在国内处于行业垄断地位，它们都在全国各地拥有着几十家的分公司，通过各自的电子商务网站可以很好地整合各分公司的物资需求，将采购集中起来，从而有效降低价格及采购成本，使得电子商务效益突显。

(3) 第三方网站发展特点　我国的石油石化行业电子商务第三方网站在数量上并不算少，但能够达到一定规模并持续盈利的网站却不多，很难成为各大石油石化行业企业提供实质电子商务服务的共享平台。对于石油石化这种大企业为主的行业，不会依赖于这样的网站发展自己的电子商务，毕竟谁也不愿意将自己的利润与第三方分享。但它的存在也具有其必然性，因为价格信息、供求资讯、询价比价对于多数企业来讲是最有意义的功能。因此想要获得良好的发展，首先要求第三方网站拥有专业的信息及良好的服务，而且如果能与大型企业建立长久的合作关系，会使其盈利和发展上都获得有力保证。

(4) 企业自建网站尚需完善　中国石油化工集团公司作为全国石油石化行业的巨头之一，选择了企业自建网站的方式推行电子商务。虽然这种模式在国外已不被看好，但还是取得了不错的成绩。中石化企业内部信息系统也正处于建立与推行初期，因此网站更容易完成和内部系统的集成，实现供应链的集中管理。通过系统的集成优化，相信这种电子商务模式将会给中石化带来更大的效益。

(5) 联合共建网站发展方向　能源一号网由石油行业企业与网络技术企业和风险投资商共同建立，这就决定了其拥有强大的资金支持、技术支持及客户资源，其6年来出色的效益也证明了这一点。但存在的不足是，它在石油行业的投资者只有中国石油天然气集团公司及其他股份公司，并且也主要服务于中石油，没能成为各大石油石化企业共享的电子商务平台，这也就限制了它进一步扩大规模、获取利益。随着国际企业竞争压力的增强及合作的趋势，共享将成为能源一号网发展的必然方向。

12.2.3 石化行业基于电子商务管理的内容

中石化公司推出了具有自己特色的电子商务解决方案。其最大的特点是在于强调与供应链各个环节的集成：设计—原材料采购供应—制造—产品配送直到用户，也就是强调应用制造现场的实时数据来支持商务上的决策。中石化公司的电子商务的全面功能分为两个方向：内部的和外部的。内部的是一个放在公司防火墙内部的软件环境，称之为私有交易场所平台，它要满足公司内部的集成；外部的要满足与企业外其他伙伴企业的集成需要，称之为公共交易场所平台。

(1) 采购管理　石化企业的采购一般分为直接采购和间接采购。在传统模式下，石化系统物资采购成本较高，即使在降价阶段，采购成本也居高不下。通过电子商务系统的使用，可有效实现与供应商的信息共享和信息的快速传递。一方面，通过互联网与供应商交流供求信息，形成稳定高效的采购、供应体系；另一方面，通过网上采购招标等手段，扩大采购资源选择范围，减少采购人员，增强透明度，提高采购效率，有效降低采购成本，使核心企业与供应商之间的协商合理化。

中石化 2000 年 8 月正式开通了中国石化物资采购网站。其物资采购系统实现了规范业务流程、网上发布信息、商情交流和业务洽谈，开展有关报价、网上招竞标等活动，可降低采购成本、提高管理水平、堵塞漏洞、减少库存。截至2008年12月，网上采购累计成交金额5858.02亿元，8年来累计节约采购资金172亿元。

(2) 计划与生产 生产计划的制订取决于订货情况，中石化通过互联网在线操作以及ERP的使用，各部门及时反馈信息，生产部门可以根据各地区的自动补货单具体到产品的规格、数量、质量等级进行生产，不再盲目生产，达到了准确核算的目的。

生产过程中，供应链上的企业都需要产品运动的信息，以便对产品进行接收、跟踪、分拣、存贮、提货以及包装等。随着供应链上信息数量的增加，信息交互的频繁，对信息进行精确、可靠及快速地采集变得越来越重要。通过电子商务平台技术，以及条码、EDI、RFID等技术的应用，可实现降低信息交互成本、优化业务流程以及信息处理自动化。

(3) 销售管理 一般石化产品的销售采取传统销售模式和设立代销点。前者中间环节多，利润被中间商吃掉；后者需要大量的先期投入，如考察、办公地点的租用等。此外，由于在各地只是设立代销点，售后服务往往滞后，客户关系处理复杂。采用网上销售，可以减少中间环节，增加透明度，加强与客户间的联系。

中国石油化工股份有限公司电子商务网站的产品销售网站是对中石化有限公司所属的石化产品进行网上销售的专业网站。目前，该网站的主要内容包括信息发布、石化产品信息目录、网上产品交易、客户服务中心和统计分析等功能。主要实现化工产品规格、性能、用途及新产品开发等信息的网上发布；用户和石化企业直接联系，实现订单的收集、确认、处理和分发、转发；每日获取直属生产企业有关石化产品的产量、销量、库存和价格信息等功能。应用电子商务系统，核心企业的客户通过互联网可以非常方便地联络有关服务问题，通知并要求解决所发生的任何服务问题，而核心企业则通过互联网接受客户投诉，向客户提供技术服务，互发紧急通知等。这样一来，可以大大缩短对客户服务的响应时间，改善与客户间的双向通讯流，在保留住已有客户的同时，吸引更多的客户加入到供应链中来。

客户关系管理（CRM）是供应链管理中重要的一环。基于电子商务的供应链管理，直接沟通了供应链中企业与客户间的联系，并且在开放的公共网络上可以与最终消费者进行“零距离”接触，从而有利于满足客户的各种需求，保留住现有客户。

12.2.4 借鉴与建议

随着我国履行入世承诺，我国石油石化市场终将对国外全面开放，那时石油石化企业会面临更加激烈的国际竞争，那么应该如何把握电子商务的发展方向呢？

(1) 政府引导 我国电子商务的发展应遵循“市场导向、企业推进、政府监督”的原则。石油石化行业属于国家战略性行业，因此政府政策指引对于各大石油石化企业发展有着决定性的作用。一方面，政府不宜过多地直接干预石油石化企业的电子商务，而应让石油石化企业根据市场的需求，自主创新、自负盈亏地发展与我国国情相适应的多种多样的电子商务模式。另一方面，又要加强对电子商务政策的研究，积极参与有关电子商务的国际对话和有关规则的制定，借鉴其他国家、国际组织成功的经验，尽快建立一套既符合我国的具体情况又与国际接轨的法规、制度和办法，使我国电子商务的运作有章可循，有法可依。

(2) 扩大服务面 从企业自身方面，建议现有的电子商务网站能够尽量朝着全方位服务的方向发展，即企业采购与销售并重的双向服务，并且能够营造一个公平交易的共享平台，这样能够促进网站的交易量，从而形成规模经济，进一步节约采购资金，扩大销售渠道，降低销售成本，并且将采购与销售的全过程透明化公开化，让企业与供应商、客户更加紧密合作，从而在整个供应链中各个环节均获得利益，达到双赢，加速我国整个石油石化行业的发展。

(3) 加强合作 建议各大石油公司应该加强合作，有意识地发展联合共建方式的电子商务网站，这种电子商务网站具有充足的资金及广阔的渠道，风险共担，各种石油石化企业可以从中加强合作交流，获得利益，达到多赢互利，促进我国企业整体实力的提高。由世界石油大会中国国家委员会协同中国石油天然气集团公司、中国石油化工集团公司、中国海洋石油总公司和中国中化集团公司联合创办的《中国石油石化企业网络信息库》是个很好的开始，它是各大石油石化企业在电子商务方面的首次合作。

(4) 多元化发展 借鉴国外大型石油公司发展电子商务的经验，提倡我国企业发展多元化电子商务。如世界500强企业中排名第二的bp（英国石油公司）是世界最大型的上下游一体化综合石油公司之一，早在20世纪末就大力发展电子商务，不但投资多家各相关行业的第三方网站公司，同时发起筹建多家联合共建网站，从事多种石油石化产品、零售及期货等多种贸易。其在燃料营销尤其是海运燃料和航空燃料销量和毛利均通过电子商务取得很好的业绩。因此我们提倡国内大型石油石化企业参与多种电子商务模式，这样不但可以分散风险，扩大企业采购销售渠道选择，还可以推动我国石油行业电子商务的整体发展。

12.3 伊士曼化工的电子商务案例分析

12.3.1 伊士曼化工公司背景介绍

伊士曼化工公司由乔治·伊士曼先生创立于1920年，公司创立之初，作为伊士曼柯达公司的一部分，主要生产摄影用基本化学品。1994年1月1日，公司成为独立的上市公司，在全世界拥有数千家客户。2001年的销售额为54亿美元。

伊士曼向制造商供应数百万吨用于制造消费品的化学品、纤维和塑料制品。伊士曼产品能防止油漆和涂料开裂，并能延长食品的保质期。伊士曼产品被广泛用于更安全的医疗设备、更小型的电子装置薄膜及用于计算机的更高效电路板的制造过程中。

伊士曼产品能抑制动物饲料中霉菌的生长并用在能使花园水管柔软的增塑剂中。伊士曼的塑料原料产品被用于生产包括饮料、水、果汁、茶、酒类及运动型饮品等饮料的包装。其他使用伊士曼塑料原料生产并用于产品的包装的行业有食品、电子、化妆品、药物及家用产品。

伊士曼公司向以下产品提供塑料原料制品：交易卡、电气连接器、医疗设备、自动售货机、标牌、显示器、地毯纤维、汽车内部装饰及椅套用缝合纤维、重型运输打包及池塘取水装置、牙刷、工具手柄、运动设备、摄影产品、电影及X光片。数百种伊士曼特种化学产品被用作以下产品中的主要成分：世界各地的家居房屋、汽车、自行车、家具及电器用油漆和涂料、薯片袋、糖果包装和礼品包装上的印墨。

伊士曼公司能为以下产品的制造提供高效、低成本的基本化学品原料，并在该领域处于世界领先地位：人造甜味剂、止痛剂、洗涤剂中的漂白活性成分、安全玻璃、墙纸、药物、农用化学品、医疗装置、聚乙烯类地板、丙烯酸树脂漆、可降解手套和玩具中的增塑剂及其他难以计数的消费品。

伊士曼的精细化学品可被用于药物、农用和摄影产品中。伊士曼公司的功能性化学品可被用于地毯、铺路用沥青、计算机和手机中的硅片、抗氧化剂及光亮剂中。

12.3.2 领导电子商务浪潮

为了促进公司的长远发展，公司决定将电子商务战略作为目前伊士曼化工公司战略的基本构成部分。并期望在集中于为客户提供解决方案、投资于能给客户带来真正价值的新技术和能力、广泛的合作伙伴关系、创建“e品牌”以吸引客户、供应商和技术合作伙伴及充分使用知识资产、行业经验和客户基础等基本原则的指导下，达到以下战略目标：通过投资给客户带来新价值的技术使得客户更容易与伊士曼公司开展业务往来，从事真正体现伊士曼公司的以客户为中心的价值导向；充分利用“尚未开发的资产”、知识资产、行业经验、广泛的网络和可信的品牌及客户基础等资源，从而提高公司的运作效率；通过电子商务战略以适应网络经济的发展趋势，从而领导行业的变革等。具体而言，伊士曼公司的电子商务战略主要包括价值解决方案、在线业务、信息技术投资、业务流程数字化四个部分。

伊士曼化工公司是世界知名的应用电子商务来增强客户服务和解决方案的跨国企业，也是世界上第一家为客户提供这种快捷有效方式的化工公司。公司客户可以方便安全地获得信息，同时专家可以用便捷的方式为客户提供财务状况、产品信息及技术数据等方面的服务。作为基于互联网提供解决方案的倡导者，伊士曼正在利用其数字基础设施，努力开拓广阔的网络全球化能力，为伊士曼现有用户谋取利益，并逐渐吸引更多新用户的到来。

12.3.3　电子商务战略

随着网络等信息技术的快速发展并商业化，使得新的商务模式成为可能，并随之出现新的客户解决方案，大部分行业的市场领先者纷纷采取网络信息技术创建网站来宣传企业的形象、销售企业的产品、降低企业运营成本并节省流动资金，以提升企业的市场竞争力。伊士曼化工公司作为中型化工产品制造商，经过70多年的发展，已成为化工行业非常知名的企业之一，面对网络信息技术的冲击，公司也在20世纪90年代后期企业内部信息化的基础之上采取了电子商务战略，以改造传统经营方式，利用网络经济的优点，提升企业在网络时代的竞争能力。

12.3.4　伊士曼化工电子商务的应用组合

(1) 信息技术组织　伊士曼化工公司的信息服务组织称为EIS（E Information Services）。EIS的战略主要由两部分组成。

一是将EIS组织的信息服务与企业战略对应起来。具体包括：加强合作伙伴关系，与公司组织架构和职能相对应；对于项目组合的管理；集中于价值创造和/或价值捕捉。

二是提高信息服务的交付能力。具体包括：组织既要有能力又要保持灵活性；对于项目的管理；确保EIS服务的可靠性与稳定性；采用战略性的新技术；定位于服务提供上的模式。

(2) 信息技术基础架构　伊士曼化工在全球范围内统一公司所使用的计算机硬件和软件标准。采用租借方式，将资产转化为费用，为公司节省开支。有一个IT帮助桌面可以随时随地为所有雇员提供所需要的帮助：公司统一使用DELL的计算机和微软的软件产品；整个公司均使用统一的ERP产品；所有人力资源部的业务流程如雇员的福利信息、剩余假期以及一些表格等全部只能从网上获取：可以从网上获得标准化的培训服务；伊士曼大学有网上课程；公司自办的报纸、客户关系管理工具、流程管理工具、雇员网上工作区间也可以通过伊士曼内部门户网站获得。

公司运用由一家著名公司提供的共享服务软件作为公司的内容管理软件，通过它来对新开通的网站及客户中心进行管理：在与顾客联系方面，伊士曼与戴尔公司、UUNE公司及MCI-World公司共同协作，采取由伊士曼公司付费的形式来向顾客提供服务。伊士曼公司已选择一家著名公司作为公司服务器技术的合作伙伴；公司已为电子商务基础设施增加了一台服务器，以处理公司的信息系统与外界连接的查询信息。从服务器平台能够与其他支持安全互联网信息传送草案标准技术交换异步查询信息开始，伊士曼公司已建立起了能与其他像微软Biz talk Peregrine Extricity等平台进行交换查询文件的能力，而且目前正在建立能与Impress SeeBeyond&Haht等技术进行交换查询文件的能力。目前伊士曼公司有查询解决方案，包括采购订单、反馈、更改及取消等购买订单交易过程。其他先进的交易系统正在开发之中，包括船运通知、发票、厂商管理存货等。

(3) 价值系统解决方案

① 化工标准。伊士曼化工公司是CIDX（化工行业数据交换）的成员，在制定行业标准方面

起着积极的作用，这些都推动公司为制定行业标准等增值服务而努力，同时也把公司从事电子商务所获得的经验以收费形式向其他公司转让，从而真正成为行业标准的制定者。

② B to B集成。实践证明：公司之间采用电子交易方式进行业务往来能够提高业务过程的效率、提高公司的生产能力和降低业务过程的交易成本和生产成本等。而当公司的供应商与顾客等贸易伙伴采用电子渠道来管理其与合作伙伴之间的业务流程时，就形成了流线型的业务流程，即电子商务流程。由于预计最近几年化工产品的网上销售会大量增加，伊士曼公司期盼在用软件来自动化处理常规业务文件过程而不是通过人与人或人与计算机来完成直接交易。

(4) 物流、在线支付等配套服务系统　在物流方面，针对公司原有的物流现状，并且为了电子商务战略的实施，公司采取了第三方物流的方式，除中国外，公司把100%的物流全部外包给一家世界级物流公司，由其负责把公司产品送到顾客手中。对伊士曼公司而言，可以达到以下效果：提供价值链上的增值服务；更好地为客户服务；降低交易成本，改善供货时间和可靠性；显著降低物流计划时间；物流运输商的可见性和控制更容易；增强弹性；改善运输资产的利用率及优化目前的交易和流程。同时也与UPS、FEDEX等快递公司合作，以确保公司的售后服务质量得到保证。而受销售、交通运输等因素的影响，伊士曼在中国生产的外销产品，一般仍通过普通物流公司送到国外客户手中，同时也通过其把国外生产的产品送到我国口岸。在支付方面，针对目前在线支付技术的现状，公司采取多种支付方式。在线支付、银行汇款、上门收取等方式，由顾客自己选择。为了适应上述支付特点，公司也与不同的金融机构、信贷机构等合作。从而促进公司对整个业务流程进行重构，以提高各个环节的效率。

(5) 在线业务

① 全球网站。1995年伊士曼公司成立了第一个网站，它是客户解决方案的网上市场，为全球不同地区的不同客户提供同质化的服务。其主要内容包括关于伊士曼、服务、技术解决方案、客户中心、市场运用、产品信息、品牌、加工工艺、新闻中心、投资者信息、人才聘用、保密政策、网站检索、联系方式14个部分。涵盖了公司所有产品和服务，以差异化的服务吸引顾客。其功能除了宣传公司产品信息外，最主要的功能还包括公司的销售通过这个网站来进行，下载订单、购买产品、售后追踪等。同时通过开通客户中心，为顾客提供实时帮助，从而提高顾客对公司的满意度。

② 专业网站。伊士曼公司为了成为化工行业标准的制定者，采取了与其他实力强大、技术先进的公司进行合作的策略，通过与其在某些方面的有效合作，从而获取双赢的目的，进而提高公司在整个行业的竞争力。

③ 顾客中心。1999年7月在北美开通了顾客中心，在2000年中期，顾客中心向全球顾客开通，其主要内容包括在线产品手册、历史采购信息、定单输入及确认、订单状态、发货追踪、客户报告及客户信息等。公司公布的信息都是以顾客为中心的，从方便顾客获取、使用产品、市场及售后服务等方面来设置顾客中心的内容。

④ 协同工作，即公司与其他机构或公司共同协作来解决或研究某一问题，促进双方的共同发展。目前伊士曼用来进行协作的工具是Eroom。Eroom是公司与其他公司或机构之间进行协作工作的一种先进工具，通过在公司网站上创建一个项目空间来实现文档共享、进行小组讨论、把一些小组合作任务在网上发帖子或在聊天室讨论共同问题等，以提高协同工作的效率。其实质是一种虚拟的合作平台。当完成共同的目的后，这个平台就会结束其使命，从而大大节约了公司的成本。目前伊士曼公司的Eroom是与顾客中心集成在一起的，其主要内容包括网上会议、群体邮件或个别邮件、在线资料、在线成员、公告栏、创建文件夹、上传文档等。公告栏，可公告一些组员常遇到的问题、成员联系方式等信息，以便更好地协作；通过创建文件夹，可把每位成员所需要的信息放到里面，也可把成员的个人研究成果上传到这里，从而达到文件共享的目的；通过在线成员栏，可以知道当前网站上的在线成员，从而可进行方便的联系，共同讨论一些问题，

并通过发送信息栏向在线或不在线的成员发送信息；通过网上会议栏，可以把分散于各地的组员集中在一起讨论共同的话题等，从而实现了伊士曼通过网络与其合作伙伴进行交换信息，共同进行项目管理，以更低的成本达到公司的战略目标。

⑤ 技术向导（神奇精灵）。即通过在线交流服务方案，为客户提供周到的服务。电子商务对企业各个环节的改进，服务是重要的一环。但是，如何实现以用户为中心，让用户感觉使用方便、效果满意的服务，仍然是摆在众多企业面前的难题。伊士曼化工公司从ICQ聊天工具中得到启发，并和某公司合作开发了一种网上实时交流工具 Perceptirel SiteVision。经过一段时间的开发和试验，2002 年 4 月在伊士曼化工的中文网站上开始使用，主要用来向用户提供在线服务。当伊士曼化工中文网站的用户在浏览大部分页面时，如果不能从网上找到所需问题的答案，顾客可以选择和伊士曼公司的顾客服务人员通过文字进行在线交流，顾客服务人员回答用户的问题并且可以将相关网页直接传给用户，这种文字交流可以向用户提供比传统的语音交流更全面、更准确的信息。

⑥ 在线顾客服务。伊士曼化工为顾客提供全天候服务。通过技术精灵来向顾客提供各种技术解决方案，以更好地服务于公司的现有及潜在顾客。

知识加油站

一、化工品网络交易前景看好

目前，整个化工行业交易价值估计为 1.6 万亿美元，其中的 430 亿美元是通过 30 多个化工 B to B 电子商务网站的在线交易实现的。据调查预测，在线化工贸易额在未来几年将稳步上升，未来几十年会有突飞猛进的发展。随着电子商务的迅速发展，化学品网络交易的前景被看好。在线贸易对化工商务来说极具吸引力，因为客户可以同时浏览到全球范围的价格，并以最优惠的价格成交。

鉴于化学品电子商务的巨大商机，越来越多的专业化学品电子商务网站和传统化学品生产企业纷纷加大投入，进行开发。

而今，电子商务已不仅仅是一种企业上网交易的工具，而且它会带来整个管理观念的更新，促进经营模式发生深刻的变化。但电子商务在我国仍处于起步阶段，网络基础设施、支付方式还需要进一步完善，相关的法规亟待出台，目前我国企业间通过网络开展交易的还相对较少，很多企业还没有体会到网络给商贸活动所带来的巨大变革。随着网络技术的成熟发展和上网人数的增多，一个以 Internet/Intranet（互联网/内联网）网络为构架，以交易双方为主体，以银行在线支付和结算为手段，以客户数据为依托的全新的商业模式电子商务必然成为 21 世纪的商业模式发展方向。国内广大的化工企业已经认识到这一点，正在积极部署企业电子商务战略计划。中国化工电子商务蕴藏着巨大潜力。

二、新型电子商务应当与时俱进

1. 提高思想认识、员工素质，切实加强领导

通过培训使员工明确供应链管理的概念，理解电子商务与供应链管理的结合会给企业带来实际效益。另外，从国外大公司搞电子商务的经验来看，超过半数的公司都是由公司总裁亲自抓电子商务的，运用信息技术提升石化产业是从战略上的考虑，需要领导的高度重视才能有效促进电子商务活动的开展。

2. 建立一套适合营销人员操作的“傻瓜型”应用系统

电子商务，三分电子，七分商务，真正启动电子商务市场，还得靠企业的营销人员去操作。传统石化大企业里的营销人员，对微机、上网大多较陌生，因此，必须把软件设计得使普通营销人员都能轻松上网、操作自如，电子商务才能在企业中得以推广。

3. 健全石化领域电子商务的安全交易规则和系统标准

要保证交易的成功，必须做到交易信息的保密性、完整性和不可抵赖性，因此，必须从法律上和技术上健全石化领域电子商务的法规、交易环节的安全、交易规则和系统标准。只有这样，中国石化行业的电子商务才能健康发展。

4. 注意对新型电子商务技术的应用

信息技术的发展日新月异，要时刻关注技术趋势，找到符合自己企业特点的技术并加以应用，如“移动商街”的出现。移动商街是基于移动互联网，聚集消费者与商家的虚拟商业中心，以手机商务互动为概念，通过汇聚提供衣食住行及娱乐等服务的商家，使每个移动商街用户可通过手机获得及时、便利、有用的消费和生活服务信息。目前，移动商街正在为一大批制造企业提供移动商务服务，这些企业涉及机械制造、机电制造、化工制造、材料制造等重要领域。

三、化工行业进入电子商务迫在眉睫

以下我们从电子商务的作用入手加以探讨。

1. 从事电子商务可以获得更好的客户关系

电子商务在制造商与客户之间建立起较为固定的伙伴关系，一方面可以使客户满意程度及忠诚度增加，另一方面也使客户“跳槽”的代价增高。根据美国 CSC 咨询公司对 17 家销售额在 10 亿～105 亿美元的大型石化公司的调查，这方面的考虑占开展电子商务优先度的第一位。

2. 从事电子商务可以使供应链实现信息共享，大规模减少成本

通过供应链集成，从原料供应到产品送到最终用户手中，将信息流与物流贯通，使核心企业与供应商及重要客户之间实现无缝信息共享，这一方面可以使价值链增值，另一方面可以降低供应链总成本。

3. 从事电子商务可以提高经营效率以及经济效益

据估计，实施网络支持的供应链集成，可以取得以下经济效益：降低供应链成本（8%～35%）；库存下降（22%～85%）；供货业绩提高（12%～42%）；产能利用率提高（50%～62%）；资金周转量下降（17%～68%）；预测准确率提高（15%～65%）。

4. 从事电子商务可以增加竞争力

B to B 电子商务公司的出现带来一个显著特点，虚拟公司做大笔交易不必像传统制造厂商那样需要大量厂房设备和仓库设施，这些公司的存在直接威胁到传统的“砖头加水泥”型制造业的生存。

➡ 任务小结

本任务介绍了化工行业特点，提出了电子商务改变传统化学工业的理念。

分任务 1　介绍了网盛科技电子商务应用内容以及特点，网站特色栏目，信息采集，中国化工网对国内电子商务的启示。

分任务 2　介绍了我国石油石化行业电子商务模式的应用现状，我国石油石化行业电子商务应用模式特点分析，石化行业基于电子商务管理的内容，以及相关借鉴和建议。

分任务 3　介绍了伊士曼化工公司背景，电子商务战略，伊士曼化工电子商务的应用组合。

任务 13 移动电子商务案例分析

能力目标

通过完成本次任务，应该能够：了解我国移动电子商务的现状，移动电子商务发展的技术基础；熟悉移动电子商务的应用模式，无锡瑞尔高搜信息科技有限公司概况，移动在旅游中的应用概况，网络团购的可行性；掌握移动电子商务应用模式，营销创新，未来发展。

核心能力

掌握移动电子商务应用模式，营销创新，未来发展。

任务导入

随着移动通信技术的飞速发展，在原来的以计算机为载体的电子商务模式下，出现了新的电子商务模式，即移动电子商务。移动电子商务就是利用手机、PDA 及掌上电脑等无线终端进行的 B to B、B to C 或 C to C 的电子商务活动。

移动电子商务是移动信息服务和电子商务融合的产物，具有以下优势。其一，商务广泛性，移动电子商务的一个最大优势是用户可以及时获取信息，并能随时随地进行商务活动。其二，服务个性化，移动电子商务需要提供给用户个性化的商务服务，用户根据自己的需求和喜好来定制移动电子商务的子类服务和信息。其三，基于位置的服务，移动电子商务基于移动通信网，能获取和提供移动终端的位置信息，与位置相关的商务应用成为移动电子商务的一大亮点。其四，灵活多样的支付方式，用户可以根据不同情况通过多种方式进行付费——可直接转入银行、用户电话账单或者实时在专用预付账户上借记。

到 2012 年，我国的移动电子商务交易规模达到 108 亿元。加快移动电子商务的发展将对我国的经济发展产生重要的作用。

任务分解

分任务 1　无锡瑞尔高搜信息科技电子商务案例

分任务 2　移动电子商务在旅游中的应用案例

课堂讨论

1. 谈谈移动电子商务在人们生活中所起的作用。
2. 列举熟悉的移动电子商务企业名称。
3. 谈谈移动行业与电子商务的联系。

13.1 无锡瑞尔高搜信息科技电子商务案例

13.1.1 无锡瑞尔高搜信息科技有限公司简介

无锡瑞尔高搜信息科技有限公司是中国领先的以企业为核心的无线应用 B to B、B to C 服务提供商，拥有当今先进的无线数据应用技术和强大的数据管理体系，独特的双网并行电子商务理念处于全国领先的水平，旗下移动互联网商务平台高级搜索（以下简称高搜）通过1年的时间就取得了全国30个省的使用覆盖率。

高搜致力于为所有的中小型企业创建移动商务平台，在这个平台上，企业可以进行移动互联网上的B to B、B to C的电子商务交易，随时随地、方便快捷地开展移动电子商务营销活动，名副其实地把生意做到手机上。高搜人以“创新，和谐”为价值观，秉承“服务至上，合作共赢”的企业宗旨，帮助中小型企业在第一时间准确地与目标对象进行沟通，自由地驰骋于商务空间。

13.1.2　高搜移动电子商务发展现状

(1) 高搜的竞争对手　移动电子商务市场竞争日益激烈。高搜的竞争对手主要可分为以下四类：电信运营商主导的移动电子商务、传统电子商务提供商主导的移动电子商务、软件提供商主导的移动电子商务、同高搜一样由其他新兴移动电子提供商主导的移动电子商务。

电信运营商主导的移动电子商务。在整个移动电子商务的产业链中，电信运营商处于信息传递的核心位置，同时其拥有规模庞大的潜在用户，凭借自身的巨大优势，电信运营商搭建移动商务平台水到渠成。如中国移动提供的移动商城。

传统电子商务提供商主导的移动电子商务。如我们都很熟悉的手机淘宝和手机当当，其在传统互联网电子商务运营、管理经验的积累，以及商品渠道、物流仓储的实力储备，尤其是多年以来在广大网民中形成的品牌形象等这些都是其开展移动电子商务的优势。

软件提供商主导的移动电子商务。软件提供商主导的“软件＋服务”的移动电子商务服务模式，注重企业管理软件在移动电子商务活动中的重要作用，并力图为企业提供全程的移动电子商务软件服务。以用友软件为例，旗下的移动商街重点为中小型企业开展移动电子商务。

同高搜一样由其他新兴移动电子提供商主导的移动电子商务。同高搜一样，这些移动电子商务平台主导的模式以“专注＋创新”为主要特色，如中搜和宜搜。

(2) 高搜的产品现状　高搜目前主要是针对我国的中小型企业提供的一些移动应用服务。结合移动互联网的发展方向和企业所需，目前高搜为中小型企业量身打造的产品主要有：企业移动搜索引擎、企业商务标准型手机WAP网站，移动购物商城等。

① 企业移动搜索引擎　高搜的企业移动搜索引擎具有“随时、随地、随身、精炼、精准、信息全、速度快”的特点，与百度的竞价排名不同的是，高搜采用行业词汇位置先注先得的原则，如某企业在高搜的搜索平台上购买“机械”这一行业关键词5年，那么在接下来的5年里该企业会一直处于机械类信息的第一位，占据绝对优势。

② 企业商务标准型手机WAP网站　企业商务标准型手机WAP网站，以纵横向的方式展示：公司导航、公司信息、产品信息等。适用于中小型企业商务型网站建设或品牌性网站建设，有较高的交互性需求；较好的展示企业提供的各种产品或服务，能及时接受客户反馈，与客户实时沟通、为产品或服务提供技术支持；网站设计风格精致美观，商务性强、视觉冲击动感灵性、人性化用户体验；网站功能灵活、完善，帮助企业信息收集和整理，增加销售机会，改善售后服务，提高知名度，增强企业竞争力，提升品牌形象和商务服务。

企业中英文商务标准型：页面布局实现图文并茂，一个网站两种语言。以中英文两种语言为版本形式的网站内容，方便国际用户及海外客商游览网站，有效提升企业营销价值，帮助企业开拓海外市场。

行业门户商务型：是一款专为中小型企业打造的基于移动互联网的聚合式移动电子商务平台，它涵盖了行业资讯、公司信息、产品推广、商务活动，整合了移动互联网和互联网有效资源，全方位覆盖移动互联网及互联网营销与推广，能为企业提供行业门户建设、行业新媒体传播、移动商务运营等便捷的移动电子商务服务。

③ 移动购物商城　在高搜的移动购物商城的平台上，企业可以具体实现的功能有：公司介

绍、产品展示、企业咨询、在线留言、在线客服、在线呼叫、产品发布、在线订购、会员注册、会员管理等，不仅可以灵活地展示和宣传各种产品，还可以兼顾3.84亿传统互联网用户和2.33亿移动互联网的用户访问，抓住了WEB平台上的用户群的同时更重要的是抓住了用手机访问WAP网站的用户群，让企业产品信息可以一目了然地展现在任何人的手中。让所有的企业真正轻松自如地在3G移动互联网的浪潮中营销、盈利。同时也有助于企业更进一步地在3G移动互联网中做强做大。

(3) 高搜特色　高搜模式：高搜带来的移动营销模式只需在手机搜索引擎上输入相关产品或公司的关键词后，就会搜索出相关的公司信息，而且用户可利用24小时的在线客服系统，直接与商家联系，最终促成成交机会。与以往传统互联网到处撒网的推广方式不同，高搜的手机搜索技术可以达到“精准捕鱼”的效果。利用关键词的唯一性，直达目标客户信息库。

高搜首创了国内全新的营销模式——WAP＋WEB的完美结合。独特的企业搜索引擎和双网并行（WAP＋WEB）商务理念充分为企业商家赢得不同渠道的商业机会。在以传统互联网为强大的搜索优势的基础上，高搜的移动搜索为商家增加了自由度。商家可以不受固定终端的限制，使用移动终端随时随地地搜索自己需要的信息。移动搜索服务的出现，真正打破了地域、网络和硬件的局限性，满足了用户随时随地搜索服务需求。

13.1.3　高搜移动电子商务未来发展

(1) 对客户关系进行管理　鉴于公司的客户信息不够精确这个情况，公司可以设立客服人员等专门开拓和维护客户，这样就大大增加了谈判成功的可能性，分工明确，提高工作效率，这样有助于公司的长远发展。

针对客户购买时间不长这个问题，可以在谈判之前先了解一下已经成功的案例，公司通过合作已经起到的成效和直接产生的利益，这样有了事实依据，更加具有说服力。

由于手机总是一对一地对应着客户，因此，高搜可以通过手机来进行客户关系管理，可以高精度和稳定地同客户进行交流。利用手机号码建立客户资料数据库，并据此向客户提供新品资讯、售后管理和定制服务。及时“跟踪”已有客户发掘更多的潜在客户。

(2) 加大移动搜索研发力度　由于高搜的移动搜索引擎在一开始就定位于企业搜索引擎，即通过任何关键字搜索到的信息全部是企业的信息。准确把握用户需求是向用户提供高质量服务的前提。目前高搜的企业移动搜索包括站内搜索和站外搜索。站内搜索主要是高搜对自有的WAP网站内容进行搜索，站外搜索大多是传统互联网搜索的翻版，即通过一个编码转换器将传统互联网上的搜索结果展示在手机上。

丰富的内容库也是影响搜索结果的关键。成功的互联网搜索服务提供商如谷歌通过对互联网的更新内容进行快速抓取、缓存、索引，建立了庞大的内容库，从而实现对用户搜索请求的快速响应。而且使用大屏幕电脑进行传统互联网搜索时，用户对搜索结果的要求较低，对搜索结果的不准确较为宽容。但是移动搜索需要满足不同人群对贴身搜索和本地搜索的需求，对搜索结果的准确有效要求更高。因此高搜的内容库不仅要丰富，更要准确。高搜可以从多角度考虑：如准确识别自然语言、智能化语义分析、用户习惯匹配、终端适配、位置适配、品牌适配、针对手机屏幕对搜索结果的再加工处理、垃圾搜索结果管理等。

(3) 与竞争对手合作　高搜与竞争对手合作可以充分发挥合作双方在自身擅长领域的特点，减少不擅长领域的经营成本，达到共赢的局面。如运营商有移动通信网络的渠道和庞大的客户群，但缺少丰富的适合客户需求的内容，如新闻、产品、资讯等。而高搜有适合消费者的需求，偏向服务内容，但缺乏更多稳定的接触消费者的渠道。在信息资讯方面，高搜可以与电信运营商合作针对企业推出各种套餐，如服务商务套餐介绍股市等商务信息。

(4) 增加推广的手段　鉴于公司品牌知名度低等问题，公司应当适当增加一些网络推广手段，结合企业实际情况和现在网络推广的现状多方面因素的考虑，公司采取以下多种社区营销推广方式相结合的办法来进行公司网站的推广。一方面能使公司的推广费用降到最低，另一方面能使公司的网站达到最好的推广。

① 开通企业博客，并在新浪、搜狐等各大博客网站上发布一些具有价值的文章，并留下公司网站地址链接方式。用自己的技术特长写一些营销方面的独特见解等来吸引更多的潜在用户的关注。

② 网摘推广：网摘具有一个很好的优势，可以共享，通过不同的网友来分享自己的收藏。充分利用自己在论坛和社交网站结交的好友来分享自己的博客或网站上的文章。

③ 论坛推广：可以去一些热门的论坛发帖。譬如在机械设备论坛，但帖子要精而且信息同样又具有含金量，比如在产品营销过程中所遇到的一些专业技术问题的想法与应对措施。

④ 知识问答推广：百科的写作推广，比如中文维基、百度百科、百度知道、雅虎知识堂、新浪爱问等。

13.2 移动电子商务在旅游中的应用案例

13.2.1 移动电子商务应用到旅游领域概述

旅游产品是一种特殊的商品，它具有季节性、无形性、生产与消费的异地性等特点，因而也就决定了旅游产品生产与旅游消费需求之间不可避免地存在时间和空间上的差异。传统的旅游电子商务无法解决游客在旅游区域、在旅行途中临时产生的一些需求：如订餐、租车、购票、订房、更改旅游路线等。而移动电子商务则能随着移动的游客，提供无处不在的个性化、实时的贴心服务，解决以上诸多问题。

移动电子商务作为一种新型的电子商务方式，利用了移动无线网络的优点，是对传统电子商务的有益补充。尽管目前移动电子商务的开展还存在安全与带宽等很多问题，但是相比与传统的电子商务方式，移动电子商务具有诸多优势，得到了世界各国普遍重视，发展和普及速度很快。

13.2.2 移动电子商务在旅游中的应用模式

(1) 基于移动运营商的旅游移动电子商务模式　中国移动、联通等移动运营商具有强大的资金实力和技术基础，有覆盖面广的网络分布，能对移动电子商务活动提供较好的安全保障和成熟的认证支付体系，已经建立了一套成熟的客服系统，有完整的客户资料管理，最适宜于移动电子商务的开展。

大型旅游企业可以利用自身专业经验和内容优势，向移动运营商申请成为服务提供商，成为移动运营商的合作伙伴，建立基于移动运营商的移动旅游电子商务平台，开展旅游移动服务。

在这种模式的旅游移动电子商务中，移动运营商的主要工作在于移动网络建设和维护，为移动信息的发送提供信息传输载体。而旅游企业利用其丰富的专业经验，对各个景区、企业提供的信息素材进行全面的加工，完成信息整合的功能。

(2) 基于PDA的旅游移动电子商务模式　旅游景区是旅游者的旅游动机，对旅游者的来访起着一种激发和吸引作用。游客来到旅游景区，目的是从对其周围环境的认识和欣赏中得到满足和身心的放松。但是，旅游过程中的经历，使得不同游客对同一景观的感受可能截然相反。获得满足的游客，会对景区有好的评价，同时影响其周围的人群对该景区产生向往。相反，感到未获得满足感的游客也会把他的失望或不满转移给他周围的人，影响该旅游产品在这些人群中的声誉、形象，进而影响了该旅游景区的营销。

基于PDA的旅游移动电子商务是指PDA设备事先通过无线或有线下载景区旅游信息，游客在景区游玩过程中随时通过PDA运行相关软件获取所需信息；并且在无线网络覆盖的范围内，快捷地享受相关旅游服务。如旅游提供商可以通过文字、图片及音视频手段，把景区详细的地理位置、文化背景、自然景观分布、特色旅游商品等相关旅游信息实时传送给游客，并基于移动导航服务系统，满足游客个性化服务需求，增强旅游效果，树立良好的景区形象。同时，提供查找旅游线路、订餐、租车、订房等扩展增值服务。

(3) 基于短信平台的旅游移动电子商务模式　短信服务提供了手机用户之间文本信息交流方式，是目前最为成功、应用最为广泛的无线移动通信业务。在我国具有良好的用户基础。因此，对于资金、技术力量不足的中小旅游企业可以选择自建基于短信的旅游移动电子商务平台。

基于短信的旅游移动电子商务平台主要完成信息发布和接收，并实现与旅游企业的管理信息系统的无缝联接。其具体实现功能有：移动信息服务、基于行程的位置服务、安全救援服务、移动营销管理、移动的客户关系管理及移动的工作流管理等。

13.2.3　旅游的创新服务

(1) 旅游前创新服务　在旅游前，旅游者搜索、计划和预订旅程的每一部分，需要详尽的信息和交易服务。此时传统的旅游电子商务由于大屏幕连接高速的互联网，在预览旅游地景色、预订机票和酒店、设计行程等方面更胜一筹。然而，移动旅游电子商务却能提供更好的机会。如果旅游者在行前计划阶段对他所感兴趣的目的地信息做标注，那么在途中就可以通过移动设备随时查询这些内容。另外旅游企业也可以通过桌面互联网接入设备捕捉和整合某一个性化线路所需的旅行内容，并将这些信息同步传递给旅游者的移动设备中，扩展旅游代理商和旅游信息供应商对整个旅游行程的影响。

(2) 旅游中创新服务　首先，在旅途中，旅游者会发现传统旅游电子商务所提供的所有内容和便利全部消失了，而这阶段旅游者才真正需要了解飞机检票、离港起飞的时间以及始发和终点港口的情况。同时，旅游过程的每一个环节都可能导致旅游行程被中断或改变，由于天气原因飞机延误或取消、由于管理原因行李被误递、交通事故，以及旅游者主动改变行程等。旅游移动电子商务提供商能够帮助用户既节约时间又节省费用地处理这些旅途中的突发事件。

其次，旅游者在旅游活动过程中还需要各种与当前所处地理位置直接相关的服务内容，具体可概括为：安全救援服务、交通和导航服务、移动导游服务、移动广告服务、基于位置的信息查询服务等。

最后，旅游者在旅游活动过程中，可能产生一些事先未设想到的消费欲望，如更改旅游线路、增加旅游景点、获得额外的信息、服务等。传统的旅游电子商务无法解决这些费用的支付问题，游客可能不得不放弃，造成游客的意见或遗憾。而移动电子商务能随时随地完成支付过程，使得旅游活动更加完美。

(3) 旅游后创新服务　当旅游者拖着疲倦的身体返回时，旅游移动服务能让游客重温旅游中的美景，放松心情，减轻疲劳。另外，在旅游结束后，旅游移动服务能及时进行客户满意度调查，同时表达关切、友好之情，打消旅客由于各种原因在旅途中产生的疑虑。另外，通过对不满意的客户进行一定的补偿服务，重新得到这部分客户的认可。

在精度上移动电子商务要力争实现为每一位用户制定出完全符合个人兴趣的旅游方案。从走出家门，一直到机场、酒店、旅游景点，直至返回家中，一整套的方案均在网上完成，让用户享受称心如意的旅游服务。

与旅行社、旅游景点联合，建立一条龙的特色服务体系，从而实现双赢。旅行社、旅游景点可利用网站展示资料，发布信息以及利用BBS与用户加强沟通等。

加大技术投入，实现实时网络预订，增强用户界面的实用性。为顾客管理、信息搜寻提供良好的技术支持。网站要利用预订系统的客户端实现网站和企业管理信息系统的信息集成，加强维护商务信息和网络订单管理。

专业旅游移动电子商务发展需要有强大的专业产业资源做后盾，同时品牌、资本投入和支付方式的彻底解决也需要一个渐进的过程。在移动电子商务模式等方面，尚有大量工作要做。因此，旅游电子商务需要将以往“大而全”的模式转向专业细分的行业商务门户，将增值内容和商务平台紧密集成，充分发挥互联网在信息服务方面的优势，使旅游电子商务真正进入“以用户需求为中心”的实用阶段。

13.2.4　基于移动电子商务的旅游营销创新

旅游市场营销是一种持续地、有步骤地进行的管理过程。旅游企业经营者在此过程中通过市场调研，了解市场环境和顾客需要，通过市场细分，选择特定的市场，找准特定的位置，提供适合市场需要的产品和服务，使顾客满意、企业获利，而同时又保证社会利益。由于移动电子商务依赖的是特定的个人随身携带的移动设备而开展的商务活动，因而更容易实现个性化的营销，满足不同人的不同需要。基于移动的客户关系管理通过无线网络，更容易贴近客户，能主动地将关怀送给客户，并识别、记录、跟踪客户的个性化需求的变化，及时地帮助销售人员针对其提供个性化的旅游产品和服务。基于移动电子商务的旅游营销是速度最快的营销方式，可以提供最快、最广泛的个性化、自助式旅游服务，最终实现一系列创新性的旅游营销活动。

(1) 移动电子商务“推”(Push) 业务的能力能帮助旅游企业更好地开展促销活动　企业可将促销活动内容，如具体旅游景点信息、优惠活动信息、新旅游线路信息等，直接发给用户随身携带的移动设备，可以做到100%的命中目标群体、100%的阅读，使促销活动能更准确地定位到合适的人群中，节约了宣传费用。同时，有意向的客户可以立刻通过手机进行进一步了解和预订，减小了宣传活动与客户响应之间的时间差，避免了潜在客户的流失，提高了促销效果。

(2) 移动电子商务“拉”(Pull) 业务的能力特别适合于定制营销活动的开展　定制营销能使企业销售产品时变被动为主动，更好地迎合消费者需求，游客不再满足于参加旅行社规定的旅游线路，听导游千篇一律的解说，而是有更高层次的要求，其中一个非常明显的趋势便是从成团旅游向自助游发展。移动电子商务的定制营销，由旅游者按个人意愿选择出游的路线、费用支付的方式，在其希望的地点、时间，将其需要的内容、信息提供给他，充分满足个人的需求与期望，体现了移动电子商务“无处不在、无时不在”的巨大优势。

(3) 移动电子商务“交互式”(Interactive) 业务能力为旅游产品的营销提供了快捷有效的手段　在现代市场营销活动中，旅游产品营销渠道是否畅通，直接关系到旅游企业的生存与兴衰，是关系到企业发展的重大问题。旅游产品营销渠道是指旅游产品从旅游生产企业向旅游消费者转移过程中所经历的各个中间环节连接起来而形成的通道，包括旅游经营商、旅游代理商、顾客以及饭店、航空公司、酒店等。游客进行旅游活动的过程，也就是旅游产品的销售过程，在此过程中，游客随时有可能产生出新的需求，如订餐、租车、改变旅游路线等，传统的旅游电子商务活动很难满足游客这种个性化的要求，而移动电子商务就可以利用游客自身携带的手机等移动设备，向相关旅游服务机构发出请求，并及时得到应答和服务。

(4) 移动电子商务使旅游售后服务更到位　旅游者在完成旅游活动之后，一般会有三种感觉：满意、不满意或疑虑。每一种感觉都会影响到该旅游者以后的旅游购买行为，并对他周围的人群今后的旅游行为产生影响。在传统的旅游活动中，当游客从旅游地返回，旅游活动就算结束了，旅游企业难以对旅游者的旅游感觉进行详细了解，更别说进一步增进感情或弥补客户的失落感，这些稀缺的客户资源就有可能从此丧失。通过运用移动电子商务，可以在旅游返回后，及时进行客户满意度调查，同时表达关切、友好之情，往往能打消旅客的疑虑，通过对不满意的客户进行一定的补偿服务，重新赢得这部分客户的认同。

知识加油站

一、我国移动电子商务的现状

1. 政府大力支持

2007年6月，发改委、国务院资讯办印发《电子商务发展“十一五”规划》，规划提出要“发展小额支付服务、便民服务和商务资讯服务，探索面向不同层次消费者的新型服务模式”，规划明确提出要求建设移动电子商务试点工程。2008年2月，湖南成为首家“国际移动电子商务试点示范省”，这标志着国家移动电子商务的试点工程正式启动。2008年12月，工信部部长李毅中表示在未来的3年内，国家将投入2800亿元用于3G的网络建设，网络条件的改善，将直接带动移动电子商务的发展。2009年3月30日，由中国电子商务协会主办，与中国商业联合会合作的十大行业共推的“移动电子商务行业应用工程”在北京正式启动。移动电子商务在产业振兴中被寄予厚望。

2. 无线网络终端发展迅速

根据中国互联网络信息中心调查，截至2008年12月31日，中国网民规模达到2.98亿人，宽带网民规模达到2.7亿人。而根据中国工业和信息化部公布的数据显示，到2008年年底中国共有手机用户已超过6.4亿，其中用手机上网的用户数已经超过1.176亿，较2007年增长了一倍多。随着3G带来快速的传输速度，丰富网络内容更加刺激广大网民手机上网的欲望，手机上网用户将进一步激增。

3. 产业链各环节纷纷布局

移动电子商务的发展前景，吸引着越来越多的电信运营商、软件商、终端厂商、银行、服务提供商进入移动电子商务产业链中来。它们的加入推动着移动电子商务的向前发展。2005年年底，买麦网正式宣布推出国内首个基于无线与互联网双重应用的移动电子商务平台。2009年1月，互联网B to B服务提供商网盛公司对外宣布推行移动电子商务战略，计划与移动运营商合作，推出一款新的电子商务搜索工具“生意搜”。中国移动与商务部中国国际电子商务中心联合开发“商信通”，联通搭建如意商城。中国建行、农行、招行等多家银行都推出了手机钱包，手机银行业务，给用户的手机购物交易带来了方便。腾讯、优视动景等公司纷纷推出手机QQ、手机浏览器UCWEB、同花顺手机炒股软件等应用软件，极大地丰富了移动网络的应用。

4. 移动电子商务在生活中的应用越来越广泛

在我国，由于便携式电脑、手机、PDA等各种各样的移动终端的大量出现及网络条件的改善，移动电子商务将借助于短信、WAP和RFID（电子标签）等多种方式得以实现。人们最早接触的就是进行网上下载图片、铃声、游戏等简单的应用。再后来就出现手机钱包，即将手机号码和银行卡进行绑定，进行网上支付活动。2008年北京、上海等地利用无线射频技术推出了手机乘地铁等应用。

二、移动电子商务发展的技术基础

移动电子商务超越时间和空间的限制，只用一部手机或其他无线终端，使人们通过移动通信设备获得数据服务，通信内容包括语音、数字、文字、图片和图像等，在移动中进行电子商务。移动电子商务的发展主要取决于移动通信技术的空前发展，移动通信工具与因特网连接的无线上网技术以及因特网服务商所提供的无线上网服务已具备，通信能力的获取越来越便宜，更容易获得越来越高的带宽。

1. 无线通信协议标准WAP

就像TCP/IP是Internet网上信息互联和通信的协议标准，WAP（Wireless Application Protocol）技术是移动终端访问无线信息服务的全球主要标准，也是实现移动数据以及增值业务的技术基础。WAP协议定义了一种移动通信终端联接因特网的标准方式，提供了一套统一、开放的技术平台，使移动设备可以方便地访问以统一的内容格式表示的因特网及因特网的信息。它是目前大多数移动通信终端和设备制造商及部分无线通信服务商、基础设施提供商普遍采用的统一标准。

2. 通用分组无线业务（GPRS）

GPRS突破了GSM网只能提供电路交换的思维定式，将分组交换模式引入到GSM网络中。它通过仅仅增加相应的功能实体和对现有的基站系统进行部分改造来实现分组交换，从而提高资源的利用率。GPRS能快速建立连接，适用于频繁传送小数据量业务或非频繁传送大数据量业务。

3. 移动IP技术

移动IP技术通过在网络层改变IP协议，从而实现移动计算机在Internet中的无缝漫游。移动IP技术使得节点在从一条链路切换到另一条链路上时无需改变它的IP地址，也不必中断正在进行的通信。移动IP技术在一定程度上能够很好地支持移动电子商务的应用。

4. “蓝牙”（Bluetooth）技术

Bluetooth是由爱立信、IBM、诺基亚、英特尔和东芝共同推出的一项短程无线联接标准，旨在取代有线连接，实现数字设备间的无线互联，以便确保大多数常见的计算机和通信设备之间可方便地进行通信。“蓝牙”作为一种低成本、低功率、小范围的无线通信技术，可以使移动电话、个人电脑、个人数字助理（PDA）、便携式电脑、打印机及其他计算机设备在短距离内无需线缆即可进行通信。

5. 第三代（3G）移动通信系统

第三代移动通信（3G）包括一组支持无线网络的宽带语音、数据和多媒体通信的标准。IMT-2000作为ITU推出的3G标准，至少提供了五种多路接入途径：CDMA2000、WCMA、WCDMA的时分双工（Time Division Duplex）版本、136HS（基于IIWCC推荐）以及数字式增强型无绳电话（DECT），OGSM MAP通过“标准集”的支持与IS-41网络相互作用。也就是说，必须在WCDMA规范前提下，允许与IS-41的相互连接，通过CDMA 2000为GSMMAP提供接口。

6. 基于Wi-Fi和WiMAX的无线宽带技术

Wi-Fi是无线保真的意思，其核心是WLAN（Wi-Fi仅指802.11b，WLAN则可分别采用802.11b及802.11b+），这是一项全新的技术，它能重新激发经济增长，而且可以帮助任何人在任何地方以低成本接入互联网。只要将一个便宜的Wi-Fi基站（芯片加上收发器）与DSL、光缆调制解调器或T1线路等高速互联网接入设备相连，并将该基站放置在距用户两三百英尺的范围，这一范围内的所有用户都能通过带有廉价的Wi-Fi装置的个人电脑或PDA共享这一低价、高速的互联网接入，而无需分别支付专用DSL或光缆调制解调器较高的服务费用。另外，Wi-Fi能以低廉的价格轻而易举地将互联网互联互通的脉络延伸到任何社区，把信息流汇入高速光纤主干网络的各个端点。迄今为止全世界已经有超过400个城市（其中半数在美国）开始或正在建设无线宽带城域网络以满足公共接入、公共安全和公共服务的需要。建设无线宽带城域网络能在企业、学校、图书馆、医院与市民、外来访客和旅游者之间搭建一个能随时随地良性互动的和谐交互环境，提供方便快捷的、可支付得起的、丰富的、个性化的公共服务，并为城市经济发展提供新的商业机会。

三、移动电子商务的应用模式

将移动电子商务应用到企业中，由于各企业现有的电子商务运用水平和深度、企业的规模不同，经济技术实力等会有较大差别，应用模式也会千差万别。现阶段，移动电子商务系统构建模式主要有：基于移动运营商的移动电子商务模式，基于PDA的移动电子商务模式和基于短信平台的移动电子商务模式。

1. 基于移动运营商的移动电子商务模式

中国移动、联通等移动运营商具有强大的资金实力和技术基础，有覆盖面广的网络分布，能对移动电子商务活动提供较好的安全保障和成熟的认证支付体系，已经建立了一套成熟的客服系统，有完整的客户资料管理，最适宜于移动电子商务的开展。

2000年11月中国移动启动了“移动梦网”计划，2001年8月中国联通开始了“联通在线”，2002年7月中国电信推出“互联网星空计划”等，充分说明了移动运营商参与移动电子商务竞争、争夺移动电子商务市场的决心和实力。大型企业可以利用自身专业经验和内容优势，向移动运营商申请成为服务提供商，成为移动运营商的合作伙伴，建立基于移动运营商的移动电子商务平台，开展移动服务。

在这种模式的移动电子商务中，移动运营商的主要工作在于移动网络建设和维护，为移动信息的发送提供信息传输载体。而内容商利用其丰富的专业经验，对各个企业提供的信息素材进行全面的加工，完成信息整合的功能。

2. 基于PDA的移动电子商务模式

基于PDA的移动电子商务是指PDA设备事先通过无线或有线下载信息，用户在使用过程中随时通过PDA运行相关软件获取所需信息；并且在无线网络覆盖的范围内，快捷地享受相关服务。如内容提供商可以通过文字、图片及音视频手段，把产品相关信息实时传送给用户，并基于移动导航服务系统，满足用户个性化服务需求，增强体验效果。

3. 基于短信平台的移动电子商务模式

短信服务提供了手机用户之间文本信息交流方式，是目前最为成功、应用最为广泛的无线移动通信业务。在我国具有良好的用户基础。因此，对于资金、技术力量不足的中小企业可以选择自建基于短信的移动电子商务平台。

基于短信的移动电子商务平台主要完成信息发布和接收，并实现与企业的管理信息系统的无缝联接。其具体实现功能有：移动信息服务、基于行程的位置服务、安全救援服务、移动营销管理、移动的客户关系管理及移动的工作流管理等

四、未来移动电子商务的发展趋势及影响

互联网的技术在不断更新，电子商务也在不断成熟，人们的消费意识也在不断变化，移动电子商务的发展将会有一个良好的平台，同时也会带动很多经济结构的改变。

1. 移动电子商务的发展将对运营商和企业产生重大影响

移动运营商和通信设备制造商将围绕着移动互联网进行大肆宣传，因为它们已经在数据通信设备和运营许可证上投入了巨额资金。这些公司将倾尽全力唤醒用户的意识，并且使他们接纳这一通信方式。随着大批商业应用服务投入运营，可以预见移动通信运营商会将其业务的销售对象从终端消费者转向企业用户，而那些能成功实现这一策略转变的运营商不但可以赢得市场份额而且可以提高每个用户的收入。

2. 消费者使用移动设备主要是获取信息而不是进行事务处理和交易

对消费者来说，他们主要使用手机获取信息，如电子邮件、股票行情、天气、旅行路线和航班信息等。不过尽管这些服务并不代表直接的商业机会，但是在电子商务的引导下，这些业务有助于构建客户关系，并且创造间接商业机会。

3. 移动电子商务的技术发展

移动电话中将集成嵌入式条形码阅读器，这为移动商务带来新鲜的风气。智能手持设备的显示屏将有所改善，但是表格输入和原始数据输入依然成问题，分辨率较高的显示屏以及具有条形码阅读功能会使移动设备增加用户的友善性。移动安全性将成为一个热点问题，随着人们开始逐渐接受采用移动设备接入互联网，同时也开始日益关注类似于PC机的安全性问题。当采用移动通信设备进行数据共享，以及移动设备功能的不断增加，这种安全性顾虑更加突出。

4. 4G业务给移动电子商务创造了发展机遇

4G指的是第四代移动通信技术，按照ITU定义，4G技术需满足以下基本条件：静态传输速率达到每秒1000兆位，用户在高速移动状态下可以达到每秒100兆位。目前4G特色业务主

要有：

(1) 咪咕音乐　无线音乐俱乐部为俱乐部会员提供音乐下载、音乐共享、音乐传播、音乐交流等服务，让你更加畅快地享受到移动音乐的淋漓尽致。

(2) 云游戏　移动云游戏是中国移动游戏基地基于中国移动 4G LTE 无线高速网络和家庭高速宽带推出的创新游戏业务，无论多复杂，多耗性能的大型游戏，无需等待。

(3) 和 i 视界　“和 i 视界”是手机视频业务面向互联网领域的拓展，为用户提供以高品质电影为主，以互联网视频为切入点，以 PC、手机、电视多屏幕融合为主要特色的视频产品。

五、我国发展移动电子商务的对策

1. 完善移动电子商务法规，加强市场监管

(1) 借鉴国外的移动电子商务相关法律法规　移动电子商务在国外经过多年和发展，相关法律法规较为完善。我们应该借鉴吸收其成功经验，结合本国的国情，扬长避短，制定移动电子商务法律法规。

(2) 对现有的电子商务法律法规进行完善，使之适应移动电子商务发展的需要　移动电子商务是电子商务的延伸，相关法律如《电子签名法》《电子认证服务管理办法》等对移动电子商务具有指导意义。我们可以在移动电子商务相关法律里加入一些适合移动电子商务发展的条款，并对其中的相关条款进行修改，使之更加规范具体适用。

(3) 加强市场监管，规范移动电子商务秩序　依据移动电子商务相关法律法规，进一步规范企业行为，维护市场秩序，促进企业间相互协作和发展。明确政府相关部门、行业协会、企业及公众的职责与义务，加强对移动电子商务从业人员、企业及相关机构的管理，维护移动电子商务活动的正常秩序。研究制定移动电子商务监督管理规范，逐步建立虚拟货币、电子合同、网上产品与服务信息的监测体系，加大对网络经济活动的监管力度，防范移动电子商务各类经营风险。打击移动电子商务领域中虚假交易、网上诈骗等非法经营活动。

2. 加强移动电子商务的安全建设

(1) 完善对移动终端的设计　努力减少移动终端丢失的概率，并最小化移动终端丢失后带来的风险。通过技术手段实现身份认证，从而降低移动终端丢失后带来的损失。同时加快对 CDMA 手机系统的鉴权、数字格式、扩频处理等通话保护措施的研究，提供最佳的保密特性，防止通信过程中的盗听和手机密码的盗用。

(2) 加强移动商务安全规范管理　为了保证移动商务的正常运作、安全运作，必须建立起移动商务的安全规范，提升移动商务主体的安全意识，必须营造移动商务的整体诚信意识、风险营销意识和安全交易意识。通过移动商务安全规范的建设，完善管理体制，优化交易环境，加强基础网络设施建设，提高整体的安全交易环境和服务质量，建立整个交易过程的良性互动机制，促进移动电子商务的健康发展。

3. 降低费用，吸引用户

移动营运商在移动网络的发展过程中，应避免重复建设，要开源节流，降低营运成本，降低业务资费。同时针对不同的消费群体，推出不同的优惠套餐业务，吸引各层收入者使用。

降低终端成本，以手机为代表的终端产品不仅要加强功能设计，更要对客户市场进行细分，针对不同客户类型加强针对性业务功能的设计，而不是每款手机都“大而全”。

4. 培养移动电子商务人才

以就业为导向，适应社会发展的需要，构造移动电子商务人才培养体系和人才培养模式，优化学生知识结构，优化培养计划，深化教学过程和教学方法的改革。对移动电子商务专业人才的需求最主要来自企业，根据企业对移动电子商务人才的需求状况来确定移动电子商务专业人才的培养目标，即掌握现代信息技术、掌握现代商贸理论与实务的复合型人才。

校企联合，积极开展国内外的科研、教育、应用等多方的交流与合作。可以采取“内外结

合”的专业建设模式。对内以理论教学为主，强化对专业理论知识的掌握。对外通过与行业企业建立稳定的合作关系，为学生提供实习实训基地，使学生更多地了解企业，加深学生对电子商务的理性认识，并减少企业对学生进行再教育的成本。

积极努力地探索有中国特色的移动电子商务学科发展和人才培育之路。纵观国内外移动电子商务教育的现状，国外移动电子商务教育重在高层次人才的培养，而我国的电子商务仍处于初步发展阶段，理论和实践相对落后，与此相适应，我们的人才培养应充分考虑到社会经济发展的现实状况，科学定位培养目标，合理制订培养方案，打造系统的学科平台，创造良好的外部环境，走出一条有中国特色的电子商务学科发展和人才培育之路。

5. 形成一个开放、共赢、竞争的产业链

无论是资费的降低、终端的丰富和应用的精准化，都不是某个企业能够单独实现的，需要整个产业链的协作。运营商拥有最多的市场资源，所以具备最强大的产业链整合能力，但这种合力要以开放共赢的模式来体现，不能一厢情愿。要保证各方利益合理分配，调动设备商、终端商、软件商、内容服务商以及传统行业的合作积极性。当确定利润分配模式后，整合者可将主要精力放在平台建设和服务上，包括市场调研和推广、加速内部信息传递、建立协调机制等。整合者不可过多干涉移动互联网内容细节，应该将决定权交给竞争机制。

随着我国4G普及和应用，越来越多的企业开始尝试开展移动营销。在经济危机全球化的背景下，发展移动电子商务对加快我国相关产业的发展，扩大内需具有重要的作用。虽然目前移动电子商务面临各种待解决的问题，但是在技术更新与社会需求的交替推动下，移动电子商务必将成为不可阻挡的发展趋势。相信在不久的将来，移动电子商务必定会融入大家的日常生活当中，我们的生活也会因为移动电子商务而变得更精彩。

任务小结

分任务1　无锡瑞尔高搜信息科技电子商务案例，介绍了高搜信息科技电子商务现状以及运营模式。

分任务2　移动电子商务在旅游中的应用案例，介绍了移动电子商务在旅游中的应用模式、营销创新。

任务 14　服装、鞋帽业电子商务应用

能力目标

通过完成本次任务，应该能够：了解服装、鞋帽行业经典电商案例；熟悉服装、鞋帽行业电子商务应用现状、存在的问题及发展前景；掌握服装、鞋帽行业时下主流的电子商务模式。

核心能力

掌握服装行业主流电商模式的具体运营方式。

任务导入

我国是世界上最大的服装消费国之一，目前整个服装市场处在平稳增长，逐步活跃的上升时期。特别在入世后我国的服装行业机遇与挑战并存，总体来说机遇大于挑战。服装作为电子商务不可或缺的部分，近年来发展呈上升趋势。

到目前为止我国服装电子商务经历了五个阶段，即孕育期、起步期、发展期、成熟期和爆发期。

1. 孕育期

1994 年，中国服装研究所与美国 J. C. PANNY 建立了独立的网站，相关企业和部门通过该网站的海外终端，直接查询数据、了解行业情况，实现了无纸化办公和贸易。但当时真正从事电子商务的企业很少，电子商务模式主要以 B to B 为主。

2. 起步期

2003 年由于非典的爆发和淘宝网大量的广告效应，使得越来越多的人认识了网购并培养了大量的用户，服装服饰类产品成了网络热购的产品之一。这个阶段可以说是服装电子商务的起步期，C to C 电子商务得到了发展。

3. 发展期

2005 年之后，PPG 公司将传统服装零售与电子商务相结合，开创了 B to C 直销的电子商务模式。这一模式以独特的运作方式引起了资本市场的关注和认同，标志着我国服装电子商务进入了发展期。

4. 成熟期

从 2007 年开始，我国著名的网络服装品牌大幅度增加，其中规模较大的有凡客诚品、若缇诗、欧莎、裂帛、七格格、斯波帝卡、玛萨玛索、零男号、梦芭莎、螃蟹秘密和兰缪等。服装服饰类商品成为网络购物的第一大销售商品。我国服装电子商务由此步入了成熟期。

5. 爆发期

自 2011 年以来服装电商进入爆发期。这主要体现在传统服装企业纷纷拓展“线上渠道”，如李宁、红豆、美特斯邦威、以纯、GXG 等。预示着传统服装企业线上的“跑马圈地”愈加激烈。

当前，服装业的电子商务呈现前端 B to C 与后台 B to B 日益密切结合的结构形态，服装业可在多个层次上开展电子商务。

任务分解

分任务 1　中国服装网案例分析

分任务 2　凡客诚品电子商务模式分析

分任务 3　锐步运动鞋网上销售案例分析

课堂讨论

1. 了解典型垂直服装 B to C 网站发展情况，如中国服装网、凡客诚品、麦网等服装鞋帽业最简单的电子商务模式、网站功能等并举出 5 个实例。

2. 了解服饰品牌开通电子商务案例情况，如红豆、李宁等品牌服装的电子商务模式——生产企业直接面对最终用户，并举出 2 个实例。

14.1　中国服装网案例分析

14.1.1　中国服装网的基本情况及功能框架

(1) 基本情况　中国服装网（http：//www.efu.com.cn）成立于 2001 年 7 月，是领先的服装行业门户网站、主流网络媒体；提供专业的 B to B 电子商务、网络营销等互联网应用服务；创建网上虚拟服装产业链、在服装上下游产业之间搭建桥梁和纽带；主营网络营销推广、网络广告发布、电子商务交易、企业网站建设、诚信会员服务等五大业务。

中国服装网是我国最早成立、也是最大的服装电子商务网站，目前拥有注册会员 50 万名、日均页面访问量 520 万次、日均独立 IP 地址访问量 50 万，居服装行业网站之首。为包括 GUESS、卓凡妮·华伦天奴、梦特娇、英坦峡软件、格柏科技、杉杉、雅戈尔、庄吉、七匹狼、艾格、欧时力、高邦、美国 U 牌、哈根、波司登、帕兰朵、中捷缝纫机等在内的众多服装品牌、企业提供了专业的互联网应用服务，所取得的推广效果得到客户的广泛认可和好评。

自成立以来，中国服装网先后荣获 2003 年、2004 年、2005 年中国商业网站 100 强，浙江省电子商务十强网站，第二届上海市优秀电子商务网站等荣誉称号；先后同中国服装协会、中国服装设计师协会、香港贸易发展局、中国纺织出版社、中国流行色协会等行业组织建立了长期合作关系；是中国互联网协会会员单位、中国电子商务协会团体会员，在业界享有很高的声誉和广泛的影响力。

(2) 功能框架　中国服装网网站框架功能主要包括以下主要方面。

① 四大平台。

a. 商业资讯。面料、辅料、鞋帽、缝机、科技、企业、消费、展会、行情、统计、营销、政策、品牌、渠道、文化等方面关于服装的资讯。

b. 交易市场。商业机会、供应、代理、合作、招商、求购、外贸。

c. 人才市场。首页、企业招聘、个人求职、职场资讯、培训、考试、发布职位。

d. 服装论坛。注册信息后发帖。

② 五个专业数据库。

a. 商机数据库。主要模块有今日市场、供应信息、求购信息、品牌招商、我要代理、加工信息、库存信息、外贸信息、合作信息。

b. 品牌数据库。主要包括品牌招商、品牌传真、订货会、品牌专题、品牌推荐、品牌登陆，及各种各样的服装品牌。

c. 企业数据库。主要包括品牌企业、面料企业、辅料企业、缝制设备企业、加工批发企业、服务机构。

d. 产品数据库。主要包括品牌服装样品、服饰样品、面料样品、辅料样品、缝制设备样品、其他样品。

e. 人才数据库。主要包括人物首页、人物档案、人物专访、时尚势力、名模风采、设计师、明星衣秀。

中国服装网是中国服装行业的大型商务门户网站，通过打造服装行业的企业平台、市场平台和商场平台，全面打通服装行业上下游市场，让电子商务贯穿于行业的所有环节，积极构架网络分销渠道，开创了一种全新的服装行业电子商务模式。

14.1.2 中国服装网的商业模式

(1) 战略目标 中国服装网是我国最早成立、也是最大的服装电子商务网站，能够为企业提供全面的网络营销、在线广告、电子商务、人才招聘、企业上网等互联网解决方案；采用国际前沿的管理模式为广大服装品牌、企业设计鲜明的互联网形象，推动其实现快速、健康、可持续发展。中国服装网以“不断创新、优质服务”为宗旨。为了较好地为服装行业提供直接有效的服务，“中国服装网”和国家信息中心市场开发部合作推出服装市场调查统计报告，让服装企业、经销商、服装加盟代理商能适时把握服装市场动态和需求，并特别组建专家小组结合商业资源优势，为服装品牌进入市场提供全面的市场营销策划方案，为服装代理加盟商提供品牌市场咨询。此外，中国服装商网将结合自身地域及资源优势不断创新开发，不断深化完善栏目内容。以全方位的栏目组合、更权威快捷全面的信息、更周到的推广计划、更专业的行业团队为服装企业提供快捷、全面、优质的服务。

目标是将整个服装行业“整体”化，破除 B to B、B to C 和 C to C 的界限，打通服装产业流通链条，最终实现服装行业＋电子商务的双赢。

(2) 目标客户群 全球服装品牌公司、专业服装商店、服装零售商。

(3) 收入和利润主要来源 广告收入；商户入住费；旗下网站收入；顾客使用的流量费。

(4) 核心能力 我国零售市场的竞争日益激烈，发展连锁经营，进行规模扩张，是增强流通企业核心能力，持续发展的必由之路。

14.1.3 中国服装网的经营模式

(1) BBC 运营模式 与目前的服饰类商业、批发或者零售的模式不同，交易中心采取了多样化复合式经营模式，招商目标锁定中国本土中高端品牌，并且率先采用 BBC 运营模式运用到服装流通领域来，彻底打破现有中国服装零售和批发交易市场二元结构，引发一场中国服装流通领域的革命。

(2) 通过多元化的手段提升客户品牌价值

① 网站发展定位。时尚，服装网络第一媒体。

② 网站内容定位。报道行业资讯，提升品牌价值，引领时尚潮流。

③ 网站广告企业宣传定位。新传媒，新人类，新未来。中国服装网以“不断创新、优质服务”为宗旨，建立了商业资讯、交易市场、人才市场、服装论坛四大平台；并拥有商机数据库、品牌数据库、企业数据库、产品数据库、人才数据库等五个专业数据库；能够为企业提供全面的网络营销、在线广告、电子商务、人才招聘、企业上网等互联网解决方案；采用国际前沿的管理模式为广大服装品牌、企业设计鲜明的互联网形象，推动其实现快速、健康、可持续发展。

④ 商务通会员的条件和服务内容。随着互联网技术的不断进步和网络应用环境的不断改善，企业网络营销和电子商务已经成为中国服装企业的共识。与传统营销相比较，网络营销具有成本低、速度快、无空间与时间限制等明显优势。但作为一种全新的营销模式，对企业的应用能力形成了严峻的考验。根据以上情况，中国服装网充分地分析客户需求、整合网站资源，推出中国服装网商务通会员，为企业提供功能完善、合理、细致的网络营销与电子商务服务。

商务通会员是基于企业网络营销与电子商务应用的电子商务工具，会员系统集合了商业信息发布、产品展示、企业新闻发布、企业诚信认证、企业人才招聘等功能，能够基本满足企业的网络营销与电子商务应用。

⑤ 金牌会员的条件和服务内容。成功招商是品牌服装企业迅速构建全国营销网络、抢占市场份额、降低市场费用、提高营销效率的有效办法。在资讯日益发达、受众日益细分，特别是互联网异军突起之后，不论是广告招商、展会招商、DM定向直邮，还是企业自办招商会等招商方式，招商效果越来越有限，费用投入和招商回款严重不对称。为此，中国服装网充分利用自身访问量、受众、经销商、专业资讯等优势，整合网站资源，推出“金牌会员”服务，为企业提供低成本的高效招商渠道，开创网络招商新时代。金牌会员面向品牌服装企业，提供完善的网络招商解决方案。本产品主要包括小灵通招商广告、金牌会员形象展示、商机信息发布、信息反馈、经销商客户关系管理等，是品牌服装企业网络招商的有效工具。

14.1.4 中国服装网的技术模式

(1) 软件技术

① 新闻发布系统。目前许多企业及政府网站的新闻大多是静态的HTML页面，每次更新信息需要做一新页面，然后通过FTP上传，再修改页面链接，这样维护非常麻烦。为此，中国服装网开发了网站新闻发布系统，将网站上的需要经常变动的新闻信息的更新信息集中管理，并通过信息的某些共性进行分类，最后系统化、标准化发布到网站上。网站信息通过一个操作简单的界面加入数据库，然后通过已有的网页模板格式与审核流程发布到网站上。网站新闻发布系统大大减轻了网站更新维护的工作量，通过新闻后台维护程序在浏览器上只需录入文字和图片就可以快速实现新闻维护，从而大大加快了信息的传播速度，时时保持网站的活力和影响力。

② 产品展示系统。企业在网站上发布产品信息，是企业网站建设必需的也是最重要的。企业的产品数据会经常变化，以静态网页形式发布产品已经不适应这种变化需求。中国服装网特别开发的产品发布系统是一套基于数据库的即时发布系统，可用于各类产品的实时发布，前台用户可通过页面浏览查询，后台管理可以管理产品价格、简介、样图等多类信息。本系统具有管理功能强大、速度快、可扩充能力强等特点，网站中英文版可以共用一套系统。

③ 客户留言系统。客户留言是维系网站与访问者沟通的重要渠道，中国服装网开发的客户留言系统可以让访问方便快捷地对网站提出建议或者意见；在后台系统中，留言按时间排序，可分页浏览或查询；管理员可以回复、删除、编辑留言。

④ 论坛BBS系统。论坛是一个网站是否有活力的晴雨表，中国服装网企业在网上创建一个虚拟社区，以不同的论坛形式，供会员就相关话题交流意见并张贴发布。企业通过网上社区，可以增强网站凝聚力，并可吸纳更多意见供决策参考。

⑤ 网上商城系统。中国服装网“网上商城”系统通过互联网开展电子商务交易，拓展新的销售渠道，节约企业营销的成本，是开展完全电子商务的必备选择。中国服装网“网上商城”系统主要包括前台客户界面和后台管理系统两个部分。前台客户界面美观、友好；并采用了强力搜索，可以方便地查询并订购商品；同时设置有购物篮、暂存架、我的账户、订单生成和查询等多种功能，为客户提供全面的电子商务服务。后台管理系统包括商品发布和更新、订单处理、客户管理、代理商管理等多种功能，采用人性化管理，方便、高效。

⑥ 在线招聘系统。网上招聘系统可以帮助企业在最广泛的范围内迅速优选人才，并建立企业自身的后备人才库，而人才是一个企业成长的最宝贵财富，此系统为企业一级的招聘系统，其系统可以把招聘资料发布及分类管理，记录已发资料的时间及资料反馈情况。

(2) 安全技术 中国服装网实现了在线的网络安全和系统安全，具有多体系的网络病毒体系以及软件硬件的防火墙等系列，保证了产品的安全。

14.1.5　中国服装网的管理模式

(1) 服装 ERP 分销（连锁）管理软件

① 分散经营，集中管理。采用先进的 NET 技术开发，全新的互联网通信体系架构，数据实时传送，所有分支机构和总部的数据实时共享，符合“分散经营，集中管理”的发展趋势，并能为企业的经营决策者提供及时准确的数据支持。

以总部和分支机构为基本管理单元，全新设计软件的所有功能，区别于传统软件以单一公司整体为基本管理单元的设计思想，真正是针对有分支机构企业而开发，并且配合严谨的权限设置功能，充分体现出总部对分支机构的授权运作和监控管理。所有数据查询统计都能以分支机构、或全公司为单元，并且可以自动剔除内部对冲业务。强大的分销管理流程，可将总公司、加盟供应商、直营分销渠道（店）、加盟分销商（店）一网览尽，充分体现了总公司与分销渠道、供应商之间信息共享、流程顺畅、有效降低中间成本的运作模式。

② 速度快，数据更安全。引入先进的三层式软件分布体系结构（一般用于同类型的高端产品中，解决大中型企业网络数据存取量大的需求），大大提高软件在网络上的运行速度，在宽带网上的运行效果与本地局域网相差无几，而且数据比本地局域网或单机运行更安全可靠。支持 SQL Server 大型数据库系统，数据存取速度快、储存容量大而且安全可靠。

③ 实时通讯，提高效率。内置企业实时通讯软件，结合主动式业务通知功能，可以即时通知财务审核，即时通知仓库发货，即时通知分店收货，充分利用先进的互联网信息技术，协调整个企业的工作，消除企业在商务流程中管理和实施的延迟，提升企业的 RTE（实时企业）业务能力。

④ 功能强大，简单易用。业务流程设计清晰，各类业务之间的关联自动控制，并且独创根据操作员的业务角色引出导航图，使用者各就其位，软件功能强大而又操作简洁。单据和报表打印格式可以由用户自行调整，报表统计功能灵活、强大，综合性强，并且可以导出到 Excel 文件后再作调整输出，业务单据打印支持无表格线套打。当本月未结转下月前，仍可录入下月单据，以保证业务的连续性。采用动态 IP 自动跟踪技术，服务器端支持用户使用 ADSL 拨号上网，节省费用。

⑤ 技术服务，数据挖掘。软件内嵌有“即时服务请求/回复”功能，若在使用中遇到问题，可以立刻通过互联网，直接通知启网公司的技术人员，得到即时解答或在线技术服务。针对用户的管理需求、业务流程改变，可以长期提供软件二次开发业务、数据挖掘服务。

⑥ 多国语言版本技术。首推基于 NET 平台、UNICODE 内核字符集、XML 交换标准的多国语言版本同步发布技术，可以将软件以繁体中文、英文等语言界面发布，并且能随时同步最新版本。

(2) 依托于浙江网盛科技股份有限公司　中国服装网是浙江网盛科技股份有限公司并购的一家专业化网站，浙江网盛科技股份有限公司是一家专业从事互联网信息服务、电子商务和企业应用软件开发的高科技企业，是国内最大的垂直专业网站开发商，国内专业 B to B 电子商务发展模式的标志性企业。

14.1.6　中国服装网的资本模式

2001 年 7 月中国服装网成立，资金自筹。2006 年中国服装网主营业务收入 646.96 万元，净利润 22.75 万元。2007 年 6 月 5 日网盛科技公司与运营中国服装网的浙江中服网络科技有限公司及其股东签订《出资转让及增资协议》。协议约定，公司以 568.55 万元受让出资 177.67 万元；同时以 3.2：1 的比例增加出资 157.81 万元。受让出资并增资后，浙江中服注册资本由 500 万元增至 657.81 万元，其中公司出资额为 335.48 万元，占注册资本的 51%。网盛科技并购中国服装网，将拉开行业网站整合的序幕，是国内行业网站重新洗牌，由“分散”走向“合作”的一个信号，行业网站有望在“整合”中迎来全新的发展阶段。

“在公司的生产经营过程中，股票比人民币更管用。”股票是公司生产经营的一种重要支付工具。只有这样，资本的力量才真正得以发挥。“股票支付的好处就是不用担心公司的现金流，同时还可以捆绑被收购方的利益。”通过增发可以让对方一起来享受公司未来成长的成果。

14.2 凡客诚品电子商务模式分析

14.2.1 凡客诚品背景

凡客诚品，由原卓越网创始人陈年先生创立，国际顶尖风险投资巨资打造而成。

凡客诚品运营所属凡客诚品（北京）科技有限公司，以服装电子商务为主营业务，目前为国内最大的自有品牌服装电子商务企业。公司成立以来，业务迅速发展，在中国服装电子商务领域品牌影响力与日俱增，据艾瑞咨询机构 2009 第一季度数据，凡客诚品占据整个 B to C 市场的份额为 3.82%，位列京东商城、卓越亚马逊、当当之后，居于第四位。目前，其男装日出货量已跻身中国品牌男装前列，在男装直销品牌的细分市场名列前茅，已确立行业领导地位。

凡客诚品坚持国际一线品质，中产阶级合理价位。提倡简单得体的生活方式，希望跟别人打交道时是得体的，且在这个浮华远去回归真实的氛围里，VANCL 凡客诚品的品牌精神，更加默契于大势所趋。

14.2.2 凡客诚品发展历程

2007 年 10 月 18 日，陈年、雷军创办凡客诚品，2009 年凡客诚品从数万家企业中脱颖而出，与支付宝、天宇朗通、汉庭酒店等一同被推选为“2009 年最具成长性的新兴企业”。2009 年 12 月，凡客诚品曾获得“2009 年德勤高科技、高成长亚太区 500 强”第一名。2010 年 05 月 V+正式上线。2010 年 10 月获“清科 2010 年中国最具投资价值企业 50 强”企业。2010 年 2 月 16 日凡客诚品从 13 个主流业态的数千家候选企业中脱颖而出，荣膺“2010 年度北京十大商业品牌”，也是唯一获选的零售电子商务品牌。2011 年 2 月 21 日手机凡客网和手机客户端产品正式推出，正式拓展无线电子商务业务。

14.2.3 凡客诚品商业模式与盈利模式

（1）运营模式　作为一个成功的销售网站，凡客诚品的基本模式是 B to C 项目，采用网络直销方式。

其实，服装电子商务已有十多年的发展历史，之前一直不温不火，2007～2008 年，中国服装电子商务步入爆发式增长时期，服装服饰也成为网购的第一大类商品，交易额跃居各类商品首位。而凡客诚品正是借着这一股“东风”迅速崛起。其实在服装 B to C 这个行业，凡客诚品并不是最先进军市场的那一家，在凡客之前已有 PPG 等网站抢占先机，但是在短短 2 年里，凡客诚品却逐渐取代了 PPG 的位置，成为了服装 B to C 行业的第一。而相对 PPG，凡客诚品可以说是真正的互联网企业，并且为了保证服务的质量，凡客诚品将物流配送体系纳入到自己的管理范畴中，即自建物流配送体系，而不是像 PPG 一样外包给第三方。如图 14-1 所示。

① 网络直销的模式。网络及目录销售，所有商品信息在网站上一目了然，方便顾客选购。省去了实体店和经销商的相关费用，降低成本，保证了价格的优势。

② 轻资产模式。凡客公司一无厂房，二无设备，三无门店，只有市场部、设计部、呼叫中心及仓库。就是这样的一个公司，靠网络广告的大量投放和呼叫中心的拉动，迅速崛起了。不可思议的背后是轻资产的商业模式，甩掉庞大的、笨重的制造业务，专注于销售、产品品质监控和品牌建设，靠后端业务的拉动来促进公司及整个行业的发展。从模式来看，凡客公司根据客户未来或潜在的市场需求，开发了各种服装产品，然后客户通过呼叫中心或网络下订单，最后通过物

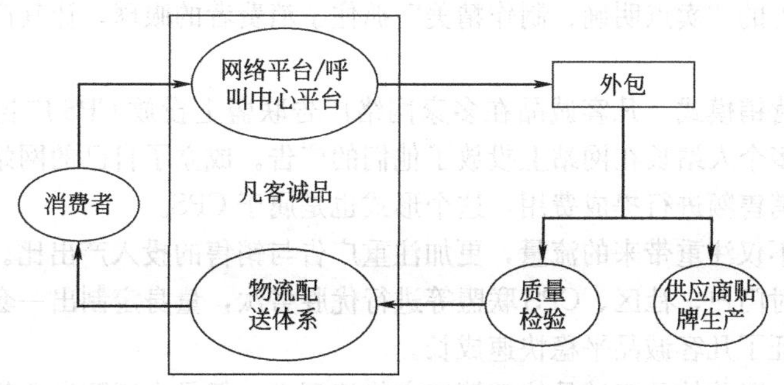

图 14-1　凡客诚品运营模式

流公司把产品送到客户手中，收取货款。这样，整个过程就完成了。凡客公司通过将现代电子商务模式与传统零售业进行创新性融合，以区别于传统的渠道分销模式，采用更优化的直销方式。与戴尔电脑的直销模式有很大的区别，戴尔不需要库存一定的产品，基本实现零库存，直接根据客户的要求进行生产，这样导致的周期就比较长；而凡客模式则有一定的库存产品，占压一定的资金。库存周期为 7 天。

③ 供应商——保证产品质量。服装网购企业凡客诚品公司与鲁泰纺织股份有限公司等多家国际顶级供应商合作。此举无疑打造了更完整的产业链，避免出现业内其他企业竞争带来的危机。鲁泰纺织股份有限公司是目前国内最大的高档衬衣色织面料生产厂商。传统纺织服装企业与电子商务企业的强强联手，标志着产业链边际的模糊，也预示着产业链的和谐与共赢。在当前经济低迷的困局下，这种合作无疑对于各自企业加速成长有着积极效应。

(2) 盈利模式　凡客是以男式系列服装为核心产品，通过将现代电子商务模式与传统零售业进行创新性融合，以现代化网络平台和呼叫中心为服务核心，以先进的直效营销理念，配合卓越的供应链管理的方式及高效完善的配送系统，为消费者提供高品质的服装产品与服务保障，通过对上游生产商成本控制，自我产业链管理，以高效物流体系来销售产品，赚取利润。

凡客从 2007 年至今，这些产品在逐渐增多。从衬衫，到 POLO 恤，再到男式内裤、休闲裤，到牛仔、卫浴用品，凡客诚品目前生产线已经扩充到十几条，包含了衬衫、裤子、T 恤和袜子等。凡客诚品在不断地扩展产品线，寻求其利润增长点。

14.2.4　凡客诚品的营销模式

(1) 目标用户　凡客诚品坚持国际一线品质，合理价位。实质上，凡客诚品在国内的目标客户定位分两个阶段：最初的定位是男装，但随着发展男装购买量不如女装，故开始大力发展女装品牌。

再有就是，凡客诚品并不标榜名牌，除了一些特殊的商品会有其他品牌的进入外，凡客诚品的产品基本上自己的，凡客诚品还有自己的设计师，凡客知道他们的顾客需要什么，并且致力于提供这些服务。

(2) 产品服务　定位于白领一族，提倡简单的生活方式。在凡客购物，你能体会到的最大的好处就是简单易选。一个商品子目录下是几个系列，系列下面就是直接可选的有限款式，只需要通过系列进入商品货架，就可以直接选定款式、颜色与尺寸。

凡客的购物系统提供了快速定位产品及预览产品的通道，聘请或高大帅气或气质大方的模特试穿展示，让人赏心悦目。

(3) 营销渠道　凡客诚品在新浪、腾讯、网易、搜狐等各大网站，以及迅雷等网络常用工具资讯条上，无处不见凡客诚品的销售踪影，其接触点之多超乎想象。

凡客诚品注重互联网上的推广，在网络投放的广告占所有广告投放的 60%以上。同时，凡客诚品利用网络的展示、接触和直接销售能力，实现了超过 PPG 的销售。

更重要的是广告的“卖点明确、制作精美”抓住了消费者的眼球，让其产品销售与品牌同步得到提升。

(4) CPS新的营销模式 凡客诚品在多家网络广告联盟上投放CPS广告，CPS是指按销售提成广告费用，许多个人站长在网站上投放了他们的广告。成立了自己的网站联盟，让广大站长和店长加入，根据销售额进行提成费用，这个形式也是属于CPS。

在媒体选择上不仅注重带来的流量，更加注重广告与销售的投入产出比。凡客发展出一套以ROI为考核标准，对门户、社区、CPS联盟等进行优胜劣汰，量身定制出一套完全符合凡客诚品整体营销策略，保证了凡客诚品平稳快速成长。

(5) 物流体系 以前的凡客诚品依赖第三方物流配送，但是由于配送不规范，送货时间不准时，货物被损坏的情况造成了不必要的纠纷，所以凡客诚品决心在北京、上海建立自己的物流公司，他们要在网购人群集中的一线城市，依靠“自己人”送货。

凡客诚品的物流配送流程是从下单开始，消费者在VANCL（凡客）网站上选择商品的款式、尺寸、颜色，下订单，然后支付，支付方式有在线支付、货到付款型等方式。最后形成有效订单。接下来是配送环节，凡客诚品使用了条形码技术，每一件衣服都会有一个相应的条形码，因此顾客下订单后，开始进入配送状态，订单转入“配送在途中”。收获过程中，会体会商品的包装过程，凡客的包装很好，外面有硬纸包装，里面还有一个专用的包装袋，打开就有一种名牌的享受，但价格真的比较平民。由于凡客诚品采取的是“拆箱试穿”的方法，所以为了保证服务质量以及业务的增长，凡客诚品为了提升配送的服务能力和质量，凡客诚品已经制订了更大规模的自建物流规划。2010年，VANCL自建物流覆盖城市将从之前的北京、上海拓展到杭州、成都等10个城市。

14.2.5 凡客诚品的技术模式

凡客诚品的技术研发主要针对的是前台页面展示、购物流程优化、订单处理、库房物流管理、呼叫中心管理等众多板块。各个板块通过技术改进，能有效实现产品、市场、仓储、物流、财务等公司核心部门间的统一协作，提高运营效率。

14.2.6 凡客诚品的管理模式

(1) 管理团队 陈年——凡客诚品（北京）科技有限公司创始人、董事长兼首席执行官。1969年4月生于山西省闻喜县。1994年来京，服务北京新闻文化界。1997年创办席殊好书俱乐部。1998年创办《书评周刊》。2000年，卓越网创始团队成员，执行副总裁。2004年9月，美国亚马逊以7500万美金收购卓越网。其作为卓越网的实际运营者，为股东创造了高达30倍的投资回报。因其对互联网用户文化消费的深刻理解，曾被誉为“能够挤出用户购买欲”的人。其在卓越网的实践，为中国B to C行业的市场启蒙、生存及创新，做出了突出贡献。

(2) 管理方式——亲情式管理 陈年将亲情这个观念融合在自己对公司的管理中。他坚信“不是一家人，不进一家门”的观点，在他的管理方法中甚至没有什么阶层观念。凡客的团队有一种家庭的感觉，像一个仿家族企业一样，只是大家没有血缘关系。这种亲情式的管理方式收到了很大的成效，凡客的核心员工有80%是陈年原来在卓越时的老部下，这正是源于大家的信任。

凡客诚品的资本模式

凡客诚品2007年10月获得第一轮融资，联创策源、IDG投资200万美元；2008年1月获得第二轮融资，软银赛富投资1000万美元；此后获得第三轮融资，启明创投、IDG等投资约3000万美元；2010年5月获得第四轮融资，老虎基金投资约5000万美元；第五轮则获得联创策源、IDG等投资1亿元美元，加上第六轮2.3亿美元，六轮融资，约4.2亿美元，折算成人员币约27亿元。2013年11月凡客诚品又一轮融资1亿美元，累计获得30多亿的融资。

14.2.7　总结与评价

凡客诚品一直都在实行低价策略，其整体策略就是先以低价格、高品质迅速占领市场，虽说以这样的价格推出，凡客诚品也是没亏本的，但是以这样的价格在市场上推出也是很低的，把大部分的利益空间都让利给消费者，凡客诚品这样做的目的是迅速扩充市场，先让消费者购买体验，这时消费者的数据已经进入了公司的数据库，凡客诚品再采取 QQ、邮件或者其他方式向消费者追加其他产品，这就是凡客诚品的前期策略，因此要实行这一个策略需要有好的品质做保障，凡客诚品在这样问题上面也解决的很好，凡客诚品与鲁泰纺织等其他几家国际顶级品牌的企业合作，力求把凡客诚品的质量都做到让消费者满意。

凡客诚品给大家最深刻的印象是它对轻资产模式的修正。首先，凡客诚品作为 PPG 的模仿者，它不是纯粹的模仿者，它在渠道策略上作出了调整，PPG 虽说是 B to C 电子商务企业，但是它主要的营销渠道是通过报纸、期刊。在这些媒体上投放广告，要花巨额的广告费。所以凡客调整了渠道策略，在互联网上投放广告。其次，就是凡客诚品的广告投放收费模式——“广告与销售投入产出比（ROI）”视等平面媒体，电视广告时间短、价格高，不利于公司的品牌塑造。凡客诚品在多家网络广告联盟上投放 CPS 广告，CPS 是指的按销售提成广告费用，许多个人站长在网站上投放了他们的广告。成立了自己的网站联盟，让广大站长和店长加入，根据销售额进行提成费用，这个形式也是属于 CPS 联盟形式。

在媒体选择上不仅注重带来的流量，更要注重广告与销售的投入产出比。凡客发展出一套以 ROI 为考核标准，对门户、社区、CPS 联盟等优胜劣汰，量身定制出一套完全符合凡客整体营销策略，保证了凡客诚品平稳快速成长。

凡客诚品采取的这两个策略在很大程度上节省了凡客诚品的营销成本，因此对凡客诚品的成功起着至关重要的作用。

14.3　锐步运动鞋网上销售案例分析

14.3.1　锐步跑鞋网上销售的基本框架和功能

(1) 基本情况　Reebok（锐步）的本义，是指非洲南部一种羚羊，它体态轻盈，擅长奔跑。锐步公司希冀消费者穿上锐步运动鞋，能像体态轻盈的羚羊一样，在广阔的天地纵横驰骋，享受运动的乐趣。

1895 年，锐步公司由英国短跑爱好者约瑟夫·威廉姆·福斯特在欧洲创建，并且在欧洲成功经营了 80 余年。到 1979 年，美国人保罗·佛尔曼获得锐步在北美的经营权，并逐渐将锐步经营成为国际上家喻户晓的品牌。1987 年，锐步成为全球运动鞋的第一品牌，它的品牌价值、舒适性、保护性、高科技质地以及丰富的款式，受到各国体育爱好者的青睐。

锐步（http：//www.reebok.com）致力于全世界范围的销售。为开拓中国市场，2003 年 10 月，锐步公司与效力于 NBA（美国职业篮球联盟）火箭队的中国中锋姚明，签订了一份为期 6 年的合同，价值 7000 万美元，希望借助姚明的巨大影响力使公司在 2008 年前拥有中国 20%的市场份额——大约价值 3 亿美元。

面对网络经济，2003 年，锐步在全球发动网络和其他媒体的广告攻势，促进产品销售。锐步的广告创意是与运动产品相关的“锐步侦探”，广告结合 4 位知名的篮球明星弗兰克斯、戴维斯、马丁、理查森进行。大致的内容是：一个杀手从天桥坠地而亡，掩盖了在市内运动场的一个谋杀案件。锐步的调查员怀疑上述 4 位明星中的一个有责任，并展开调查。这次广告也在电视体育赛事中播出，并鼓励人们到锐步的网站找答案。

世界广告巨头奥姆尼康（Omnicom）公司策划了这次的锐步广告，由洛杉矶的广告代理公司

Zugara实施。这次全球的广告攻势是支持锐步新款跑鞋下线，公司希望从高端产品市场中分得一定的市场份额。

"锐步神探"广告攻势鼓励消费者浏览锐步网站，使消费者融入企业的品牌和战略，以及产品的销售。在网站上，访问者可以成为锐步调查员，调查案件现场，找到嫌疑人。甚至可以采用邮件等书面形式，发表自己对案件的看法。答案正确的消费者，有机会获得奖励，得到2004年在美国丹佛市举办的NBA全明星大赛的入场券。新的广告战役使锐步扩大了公司品牌和销售的外延。

锐步大力的网络促销，使其在世界范围扩大了影响，其运动产品在市场上作为世界名牌产品保持了强有力的竞争地位。

（2）基本框架与功能结构图　围绕锐步跑鞋广告，涉及锐步、奥姆尼康、Zugara公司，以及锐步网站、网络广告和消费者。"锐步侦探"加强吸引访问者，提高网站的访问量，其基本框架与功能结构如图14-2所示。

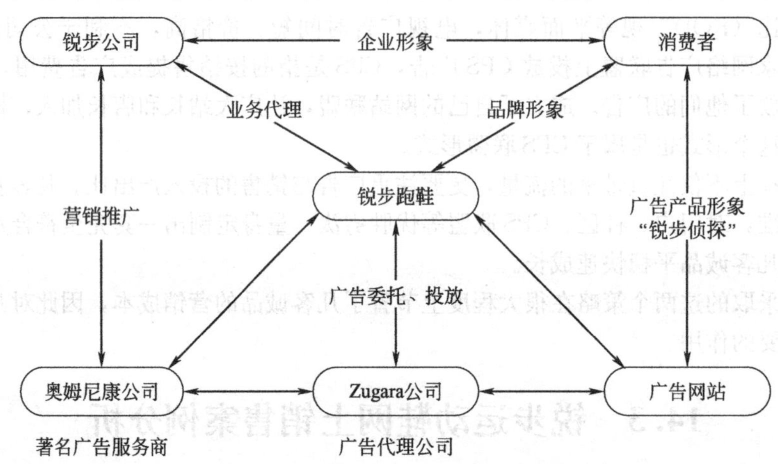

图14-2　锐步基本框架与功能结构图

14.3.2　商业模式

在中国，很少有人知道美国运动品牌锐步是以女性体育用品起家的。锐步2009年被阿迪达斯并购之后，在中国市场一直不确定它的定位，所以在2010年初到2010年9月，锐步减少了在中国的广告投放，知名度变得越来越小。在20世纪90年代后期和2000年初期，锐步在中国的国际体育品牌中排行第三或第四，与耐克、阿迪并排第一梯队的企业，在加入阿迪达斯集团之后，锐步每况愈下，截至2010年底品牌排名已经排在中国市场体育品牌的第四梯队，年销售额在10亿元之下。而对这种情况，锐步公司做出以下商业模式调整。

（1）进一步明确经营目标　锐步公司的目标，是不断向消费者提供新的产品和服务，加强竞争优势，以扩大自己的消费群体。锐步向消费者明确的问题如下。

① 产品特征。广告引入4位知名的篮球明星是力图在消费者心目中树立其跑鞋系列产品的功能和品牌特征，即运动类的强力、美观、优质、品位、时尚、信誉等。此独特的描述形成了在互联网上的广告攻势，必然扩大、加强消费者的认知和认同。

② 产品上市。锐步跑鞋系列产品上市与广告同步，用即时明星广告推广，对取得产品的市场先机、加强竞争有利。与耐克公司相比，锐步的鞋类产品在市场上还处于次要的地位，但其利用互联网积极竞争，也显示了实力。通过杀手、运动场谋杀案、案件调查等，"锐步神探"广告鼓励人们到锐步的网站找案件的答案，显然是引导消费者浏览锐步网站，扩大宣传效果。消费者因此而自然融入了企业的品牌攻势和发展战略。

③ 差异化服务。锐步跑鞋系列产品主要是针对体育爱好者的需求，其互联网广告强调了产品的特征，为目标消费者提供了适合选择。区别于耐克公司，锐步想建立篮球鞋和休闲运动鞋的品牌，这就是特色。有RAP明星签名的休闲鞋等，则是其所推出的有较大消费群体的特征产品。

④ 品牌形象。锐步公司的“锐步侦探”网络广告创意，把篮球明星弗兰克斯、戴维斯、马丁、理查森请入，加强了广告效应，强化了自己的品牌形象，广告由广告巨头奥姆尼康（Omnicom）公司策划，并由洛杉矶的广告代理公司Zugara实施，达到较高的专业水平。此全球范围的广告攻势支持锐步新款跑鞋下线，对在高端产品市场中树立品牌形象有显著的作用。广告鼓励人们到锐步的网站找答案，促使消费者浏览他们的新产品，也有利于在消费群体中树立品牌形象。

（2）明确目标客户　锐步主要的目标消费者是体育爱好者。此例是对消费者强调品牌形象，推广新产品，属于B to C电子商务。这次活动选择了一批适合的知名网站，结合网上网下的推广，由于产品和广告适合了目标消费者的特点和要求，使广告的影响范围扩大。除了中国，在亚洲的其他地区，锐步也已经制定好扩张开店的计划，如加速在印度的扩张脚步等。

（3）加强核心能力　锐步的核心能力是运动类产品的特色和服务能力，据此保持它长期的竞争优势。为适应电子商务的快节奏，锐步与其他公司结成联盟，依赖信息的广泛传播求发展。“锐步侦探”广告活动是一种具有改革意味的广告方式，带有激励性质的网络广告，体现了公司的营销策略，反映了公司实施电子商务的新尝试，对公司的能力是一种促进，其他公司难以模仿。公司的产品、信誉和广告攻势展示了它的核心能力。

14.3.3　经营模式

从经营的角度看，锐步采取利用明星和网络进行宣传促销的模式，是网络经济、电子商务的体现。“锐步侦探”活动内容和形式都体现出新潮、时尚、追星、刺激、活力、动感。通过“锐步侦探”活动，企业吸引和贴近了目标客户，即追求新潮、时尚、追星、刺激、活力和动感的运动爱好者和年轻消费者，扩大了企业和产品的知名度，加强了客户关系，扩大了潜在的客户，对推出锐步新产品起到了重要的促进。

锐步依据其质量和品牌价值，产品实行高端定位，其售价比普通企业的产品昂贵很多（读者可参阅锐步网站提供的价格）。在锐步公司的网站上，电子商务在线销售的特征很突出，它有公司全部产品、价格和服务的详细介绍，消费者关心的信息比较全面，也可以及时回复消费者的服务请求，能迅速找到常见问题的解答，并提供E-mail服务和在线订购。由于锐步重视网络销售，其产品市场得到了广泛延伸。2013年，公司销售很成功，业绩达86亿美元，其中在非美国市场，销售额达到9.8亿美元，年增长8%。

14.3.4　结论与建议

锐步在全球发动跨媒体广告攻势，显示了锐步的实力和决心。作为世界级的企业，其重点扩展网络销售，说明了网络销售的重要性。

现在，全世界的企业都在积极利用网络销售，一些世界级企业的促销活动和广告，在网络上随处可见。比如，日产丰田汽车公司的新休闲车的促销，可以看到精美的产品照片，为不同爱好的消费者提供丰富的消费选择，尽力迎合消费者。如果消费者希望进一步了解有关资料，也可以在网上查看，它同时为消费者提供了各地代理商的地址和电话，以便购车。

网络广告、网络销售一般都可以达到较好的效果。有能力的企业需要积极参与网络市场竞争，与网络广告、网络销售代理很好地合作，积极推广自己的品牌和产品。著名企业的网络销售模式值得普通企业借鉴。

14.3.5　案例总结

中国经济的腾飞，促使各行各业的竞争越来越激烈，服装行业更是如此。遍地开花的中、小服装企业不断发展，各个品牌企业不断地追求突破，从以前的生产能力竞争，到后来的渠道竞争，以及价格竞争，直到促销方面的竞争，竞争已经渗透到服装营销的各个方面。服装行业如此激烈的竞争态势，给服装信息化领域带来了重大的机遇和挑战，机遇是随着市场格局和竞争的变化，基于IT技术的管理模式被更多的服装企业重视起来，挑战是这些市场变化，带来了更多的个性化需求和领域。中国服装网是服装行业第一门户，具有广泛的影响力和强大的盈利能力，中国服装网以丰富的资讯为根本，以卓越的行销团体为主体，以诚信、优质的服务为保障，采用国际前沿的管理模式为广大服装类企业设计鲜明的互联网形象，使其有了一个快速、健康可持续发展的保证。

中国服装网是目前国内最大的服装行业专业商务服务网站。集ICP（互联网信息服务提供）、IPP（互联网系统平台提供）和ASP（互联网应用服务提供）为一体，为纺织、服装、鞋帽、箱包皮具、饰品类企业提供从面料到款式、成衣，从商业资讯到电子商务平台应用，从域名注册、主机空间、网站制作等网站建设基础服务和基于互联网的企业管理、客户服务、客户资源管理、产品分销及在线销售等多元化B to B电子商务系统的查询和实用服务。中国服装网汇聚了一批出色的高级网络技术人才和高级网络商务人才，聘请了一批服装界成功人士及资深商贸专家，随时从各个方面，不同层面上关注服装行业动态，对服装市场进行分析和策划，科学预测服装行业未来走向，投资方向的前景。中国服装网现已拥有注册会员10万余名，日访问量达60万人次，为众多的服装类企业提供了优质、高效的服务。

凡客诚品作为仅仅运营不到4年的新公司，是一个根植于互联网的服务品牌。在短短4年的时间内，消费者对于凡客的信任成长了数千倍，这种成长得益于技术领先、品牌文化立意及高性价比的产品和服务。

锐步代表的是鞋企运动品牌在中国的发展之路，美国运动品牌锐步进入中国以来，进行了不断扩展，期间也有过曾经的辉煌，今天我们仍然能看见锐步竖立在北京王府井的40英尺高的巨大姚明雕像。

知识加油站

一、我国发展服装电子商务的有利条件

网民数量和网购人数迅猛增加，网络零售企业规模不断扩大，伴随互联网的普及和广大用户传统支付观念的改变，使用电子支付的人越来越多。这些方面都为服装电子商务提供了良好的发展环境。

二、我国服装经营模式

中国电子商务研究中心认为，我国服装行业电商经营模式大致有九大类，分别是：

SPA模式（以快时尚为代表）；轻资产模式（以耐克为代表）；连锁模式（总部分销加盟）；联营模式（品牌出货加盟出店的模式）；网络品牌模式（包括凡客诚品、玛萨玛索为代表的独立网络品牌，及七格格、韩都衣舍、御泥坊为代表非独立网络品牌模式）；托管模式（以海澜之家为代表）；ITAT模式（匹配生产和商业地产资源）；O to O模式（以麦考林为代表的线上线下融合模式）；C to B模式（网店＋实体＋定制模式）。

三、服装电子商务的主要模式

(1) 自主式　企业自行设立团队，开发电子商务平台，自行供货和销售管理。如报喜鸟在上海专门设立命名为BONO的网络销售品牌。

(2) 外包式　企业将电子商务所有或主要事务进行外包，采取资源互补方式和代理公司进行合作。如新郎服饰与电子商务之父王峻涛的合作，李宁的半外包式。

(3) 供货式　厂家或商家向电子商务平台供货，销售管理由对方执行。如众多厂家向当当、卓越、衣服网的供货式合作。

四、服装 B to C 电商的主要模式

(1) 以天猫为代表的“商城模式”　即 B to C 厂商提供展示与交易平台，盈利模式上主要依靠收取店铺费、广告费以及佣金。

(2) 以凡客诚品为代表的“网络品牌”　轻资产、重渠道，走的是自建品牌的发展道路。

(3) 以李宁、红豆为代表的服装厂商的“网上商城”　依托原有厂商资源，自建电子商务公司，筹建立体的网购和实体店的销售渠道。

五、网购品类市场份额

据中国电子商务研究中心监测数据显示，以 2012 年中国网购品类市场份额来看，服饰鞋帽类占比 28%，位于第一；3C 家电占了 24%，名列第二。俨然服装已经成为国内网购的第一大品类，如图 14-3 所示。

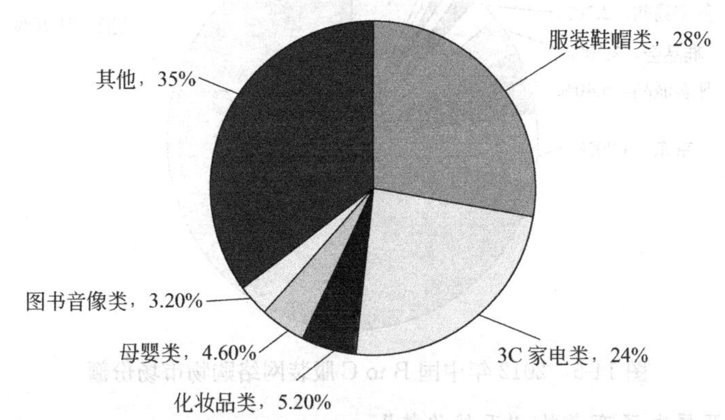

图 14-3　2012 年中国网络购物市场各商品品类份额

六、服装网络市场交易规模

自 2009 年起中国服装网络购物市场交易规模呈逐年增长趋势。其中 2010 年增长速度迅猛，增长率高达 100.8%。2012 年中国服装网络购物市场交易规模达 3050 亿元，同比增长 49.9%。由图 14-4 可看出服装电子商务在中国发展的巨大空间与潜力。

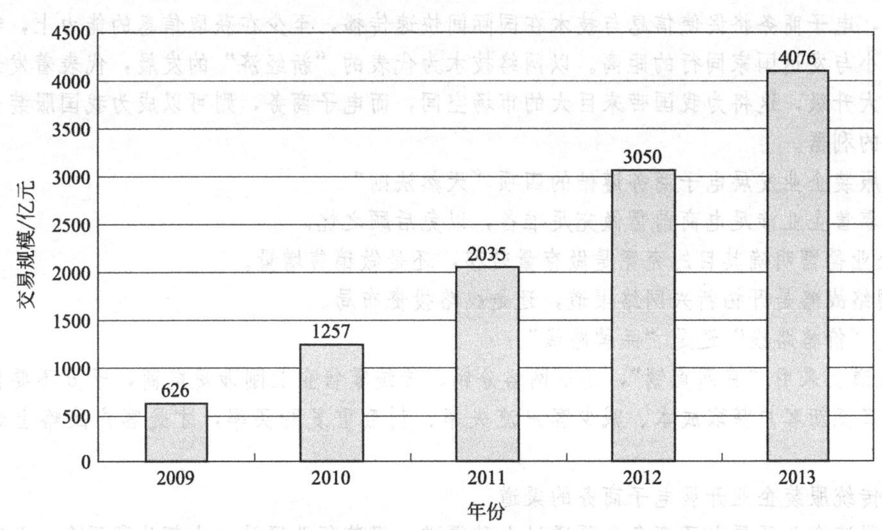

图 14-4　2009～2013 年中国服装网购市场交易规模

服装网络购物市场规模不断扩大的动力是服装作为日常消费品的重复购买率较高，需求产生的频率相对比较高。另一方面在于服装网购的渗透率还有很大的潜力。

七、B to C服装网购市场份额

据中国电子商务研究中心监测数据显示，B to C服装网购市场份额来看，天猫依然处于绝对的领先位置，占整个B to C服装网购市场的71.2%。排在第二、三位的分别是京东与凡客，占5.9%与5.4%。从2012年的整体情况看，综合类电商在服装网购市场中较为突出，老牌的服装垂直电商除凡客诚品还位于前三之外，其他表现平平。如图14-5所示。

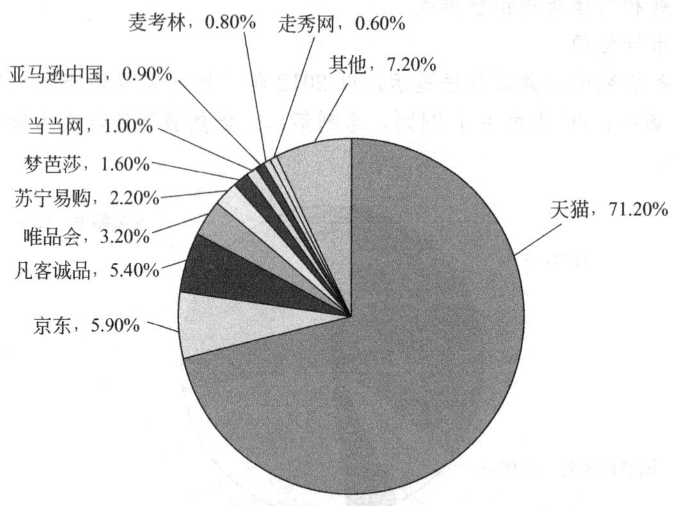

图14-5 2012年中国B to C服装网络购物市场份额

八、服装行业开展电子商务的“天然优势”

首先，对于服装生产企业可以通过开展电子商务降低成本、提高效率来获取利润。这是绝大多数公司开展电子商务的主要利润来源，特别是传统的国有大中型企业。

其次，时尚的变化要求服装企业实时跟踪市场行情，预见客户需求变化，迅速对客户要求做出反应；而电子商务通过对用户兴趣度的调查和客户反馈信息的搜集，恰恰为企业实现这一目标提供了低成本的技术手段。

最后，电子商务将促使信息与技术在国际间快速传播，至少在获取信息的能力上，我国服装企业将缩小与发达国家同行的距离。以网络技术为代表的“新经济”的发展，代表着发达国家又一次产业大升级，这将为我国带来巨大的市场空间，而电子商务，则可以成为我国服装企业进入这一市场的利器。

九、服装企业发展电子商务遵循的四项“天然法则”

传统零售企业涉足电商前需做充足准备，以免后顾之忧。

① 企业需需明确其目的究竟是做存量转移，还是做销售增量。

② 网络战略是开拓新兴网络渠道，还是战略投资布局。

③ 走“价格路线”还是“品牌路线”。

④ 渠道上采用“官网直销”，还是网络分销。传统零售企业刚涉足电商，千万不要指望能立马赚钱，降低新客户获取成本、减少客户流失率、刺激重复购买率，才是客户战略上最核心的事情。

十、传统服装企业开展电子商务的渠道

传统服装企业开展电子商务主要通过七种渠道：服装行业网站、小额外贸平台、入驻第三方B to C商城、借助网络分销渠道、创建网络服装品牌或自建B to C商城、B to C集市平台开设网店及网店进货，如图14-6所示。

十一、2012年中国服装电子商务运行特点

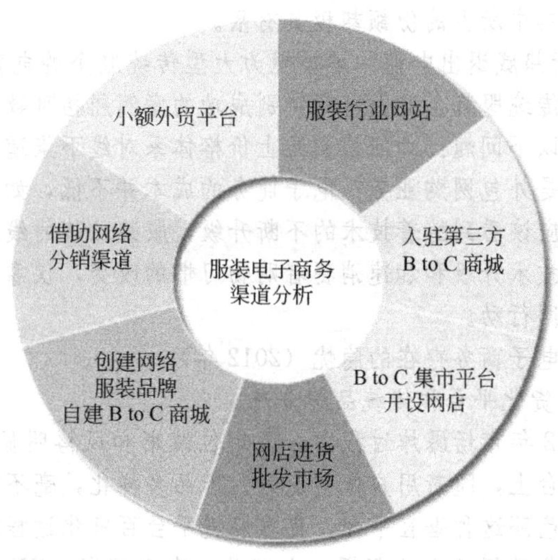

图 14-6　传统服装企业开展电子商务的渠道

中国电子商务研究中心分析认为，2012 年服装电商市场具有以下运行特征：清理库存被服装电商视为重要任务、2012 年成淘品品牌分水岭、传统品牌清库存电商渠道扩大、服装 B to C 整体表现不佳、传统服装企业电商路依然没走顺。

1. 特征一：清理库存被服装电商视为重要任务

无论品牌商还是渠道商都在借助电商疯狂清库存。电商模式可以帮助服装企业解决库存压力，甚至实现以销定产，做得好的话，产销率可以达到 95%。而在清库存过程中，绝大多数服装企业 2012 年电商渠道业绩出现 50%以上增长，而 17%的企业 2012 年电商业绩增长达到一倍或更多。

2. 特征二：2012 年成淘品牌分水岭

随着电商的迅猛发展，销售占比最大的服装行业借助淘宝平台，韩都衣舍、七格格、茵曼等多个网络女装品牌“黑马”先杀出重围。据中国电子商务研究中心监测数据显示：2012 年韩都衣舍公司业绩增幅达到 120%；2012 年茵曼在电子商务渠道同比增长 150%，客单价同比提高 75%；2012 年潮牌女装七格格较 2011 年约有 40%的增长。在这些淘品牌取得业绩增长的同时，也出现另外一些淘品牌走下坡路，如天使之城（淘品牌并购第一案：裂帛宣称收购天使之城）。淘品牌也向着两极化发展。

3. 特征三：传统品牌清库存电商渠道扩大

电商渠道扩大背后，有品牌商透露了传统品牌企业隐藏的惊人库存问题。很多服装品牌消化大部分现有库存至少需要 1 年时间，而真正彻底清完不排除 2～3 年时间。因此在库存高，企业全力清甩的同时，传统服装品牌也在思考如何将电商优势最大化。

2012 年经济环境不好导致传统零售和网上零售市场受到影响。企业应该把目光投向更有机会的地方，如移动端及 O to O 的连接。

4. 特征四：服装 B to C 整体表现不佳

2012 年的服装 B to C 整体表现不佳。主要原因有：投资的降温让行业领头羊市场动作变少、发展变慢；大量传统品牌商扎堆触网也在短时间内冲击了原先 B to C 的业务；本身因预估过量产生的库存压力严重影响现金流的正常运转；大平台的百货化扩张也在对服装 B to C 用户不断分流。2013 年随着电商整体环境的转变如投资回暖，服装 B to C 发展也需更加理性与健康。

5. 特征五：传统服装企业电商路依然没走顺

在凡客、淘宝等网购平台的带动下，传统服装品牌企业开始纷纷“触网”。服装行业金字塔顶尖的传统服装巨头们在其中所占的份额却极其有限。

特别是2011年美特斯邦威退出电商一举被视为大型传统服企的电商折戟，同时也打击了服装企业的电商之路。国内传统服装企业做电商特别成功的案例屈指可数，有人退出有人加入。传统企业服装触网也需注意以下问题：如何协调线上价格体系对线下渠道价格体系的冲击？涉足电子商务是自建销售平台还是外包网购业务？电子商务的成本并不低，如何处理线下业务与线上业务“打架”的问题？但也应该看到随着技术的不断升级，服装品牌的线上业务将成为企业一项越发重要的收入来源。推动技术升级和加速消费者购物习惯的改变，仅靠几个品牌的努力还远远不够，而是需要全行业的共同行动。

十二、当前中国服装电子商务存在的隐忧（2012年）

1. 隐忧一：用户被百货化平台和传统品牌分流

凡客、玛萨玛索在前2年市场爆炸过程中，因定位清晰和风格明显，迅速积累了很多用户，但天猫、京东等百货化平台上，随着用户体验变好、产品多样化，毫不客气地分流了这些互联网品牌用户。而麦考林、梦芭莎这种垂直平台，更难躲避平台百货化过程的侵略。据数据显示，传统品牌服装在淘宝网的销售数据已十分彪悍，七匹狼、杰克琼斯、GXG等销量大幅领先网络品牌。而在监测的男装品牌旗舰店数据中，优衣库、杰克琼斯、GXG、真维斯、美特斯邦威、诺奇、九牧王、千纸鹤、七匹狼等传统品牌也全部包揽了成交额前十席位。这样的现象已经足够反应，传统品牌正在挤破脑袋一般地涌入网络渠道，而且网络渠道在传统品牌商处的认识已经不单单只是一个清库存的工具。

所以，当这些传统品牌带着自己线下多年形成的品牌和做工扎堆进入互联网时，土生土长的互联网品牌一时间很难吃得消。而传统渠道的网络铺货路径，还主要以开设官方旗舰店和进驻大型百货平台为主，这也让梦芭莎、麦考林这样的二级平台遭遇了尴尬。

2. 隐忧二：市场超量库存导致服装B to C长期受压

据相关数据显示，截至2012年6月全国各大库存纺织布料市场约有亿吨面料库存，而完全消化这些库存需要1年多时间。很多服装企业的库存商品，即使2年不再开工生产，以现在的市场销售速度都很难完全消化。

造成服装业库存积压严重主要有几个原因：首先，为占领市场或上市的需要，企业自身疯狂扩张，这点尤其适合部分互联网服装企业；其次，国际大宗商品价格的大幅上涨，让企业预期原材料价格继续上涨，进而大量囤积原材料或扩大生产；最后，部分企业对今年市场预估过分乐观。

对互联网服装企业而言，不管库存是否积压严重，当面临这些传统品牌线上、线下

疯狂甩库存的时候，自己跟也不是，不跟更没销量，陷入两难。于是，一方面大量企业库存积压、资产负债率高，另一方面消费市场受经济环境影响持续萎缩，造成了服装市场的走弱。库存——无论是经销商还是品牌商都对此深恶痛绝。

3. 隐忧三：资金链压力大品牌广告投放下降

高库存其实也意味着企业资金的大量占用，极不利于企业现金的正常流动。对于服装企业而言，库存积压带来的商品折价反过来又牵制了其正常运转。其实，凡客诚品、梦芭莎、玛萨玛索等很大程度上是依靠一轮轮的风险投资在运营，当B to C面临长期高耗血运作而无法实现盈利时，资金链将越趋紧张。这也让这些B to C在每个月份都对自己的开支做着精打细算。对于广告投放的下滑，控制成本和理性增长已经成为国内电商的当务之急。保证更多的低成本营销方式以及更高的复购率对于品牌服饰来说尤为重要。与此同时，还要处理好库存周转速度，避免前期造成的库存积压，在后期难以消化，阻碍现金流的支配。

4. 隐忧四：经济疲软服装消费市场萎缩

2012年服装消费市场陷入不景气。这在一些主流商圈的卖货中就能发现，中低端服装打折

非常厉害，美特斯邦威“全场29元起”加高音喇叭叫卖打折，也难换消费者的买账，多数商圈卖场人流量减弱，收银处冷清，而高端卖场几乎没有什么生意。

这些现象其实正好源于经济的持续疲软。服装虽是必需品，但具有耐耗特性，服装类消费更多体现为“或有消费”。更多的购买动因在于求新、求变。当经济状况好、消费者可支配收入高时，服装消费情况自然较好；反之，则自然很差。

5. 隐忧五：服装产品的同质化问题电商需寻解决之道

很多线上服装B to C都遇到了这个问题：除了部分坚持自主设计的品牌外，很多以原创、时尚为特色的品牌，却在服装设计上没有一点原创能力。造成同质化的原因是：小品牌的自主研发能力有限，很多时候就只能把近期网络上比较红火的产品改动一下，在代工厂里批量生产出来。更有一些商家直接选择制作仿冒品，冒充其他品牌。同质化并不局限于产品本身，直接面向消费者的网站页面也千篇一律，基本没有特别照顾消费者自身体验的特点。网站的维护给予顾客的感受是直观的。顾客不会从一堆相似的页面里发现什么问题，但是一个舒适而且眼前一亮的页面一定会让他喜欢。归根结底，无论是产品还是消费者体验，雷同之所以存在的最大原因在于线上服装B to C对于品牌的意识不够强烈。在同质化面前，很多商家也正在积极寻找解决之道，不改变就要被淘汰。

任务小结

本部分介绍了服装、鞋帽行业电子商务应用情况，中国是人口大国，穿衣、吃饭是头等大事，随着我国电子商务的发展，服装、鞋帽类电子商务网站已经初步形成了规模。本任务重点分析了服装、鞋帽行业网站的运营模式、盈利模式。

分任务1　中国服装网案例分析，介绍了中国服装网发展历程，基本情况与功能框架，分析了中国服装网商业模式及盈利模式。

分任务2　凡客诚品电子商务模式分析，分析了纯电子商务品牌网站——凡客诚品网站的基本情况，分析凡客诚品网站的商业模式及运营模式。

分任务3　锐步运动鞋网上销售案例分析，分析了鞋业电子商务网站基本框架与功能，锐步跑鞋网上销售网站的商业模式及管理模式。

任务15　建筑装潢家居家装电子商务案例分析

能力目标

通过完成本次任务，应该能够：了解建筑装潢、家居家装领域电子商务的现状以及发展趋势；熟悉建筑装潢、家居家装领域电子商务主导产品以及相应特色；掌握建筑装潢、家居家装领域电子商务模式、实现途径以及设计理念。

核心能力

掌握建筑装潢、家居家装领域电子商务模式、实现途径以及设计理念。

任务导入

现阶段中国电子商务特别是B to C模式存在着人们购物方式单一、国内计算机网络运行不尽如人意、金融体系支撑不够、社会化信用体系刚刚建立等诸多问题，但相信会有很大的发展前景。而随着乡镇城市化、住宅产业化和装饰装修水平、人们的物质文化生活水平的不断提高，巨大的装饰材料市场不容忽视，建筑装饰装修材料电子商务也会充分发展，成为主流的营销方式。

近几年中，家居行业高速发展，众多家居品牌推陈出新，并且投入于互联网大潮，挖掘互联网的营销价值，纵观这些企业的品牌营销手段，其中不乏创意水平较高、推广力度较大、实现效果显著，家装行业网络营销步入新局面。

任务分解

分任务1　上海装潢热线网电子商务案例分析

分任务2　建筑装饰装修材料电子商务模式案例分析

分任务3　美乐乐家具网购平台电子商务案例分析

课堂讨论

1. 建筑装潢、家具业分别与电子商务的联系。
2. 列举熟悉的建筑装潢、家具业网站名称。
3. 谈谈电子商务在建筑装潢、家具业未来发展情况。

案例分析

15.1　上海装潢热线网电子商务案例分析

15.1.1　上海装潢热线网发展历程

上海装潢热线网成立于2004年8月，并且于2008年12月30日完成第二阶段的网站建设，是上海装潢装修、装饰设计、装修建材、装修家居、建材团购门户网站。网站以上海装潢质量监督为主线，为装修业主以及装修、建材等公司提供一站式以及更全面的装修解决方案。而今已初步形成了具有一定服务模式的网站服务频道。重点推出了学知识、看图片、选装修、挑公司、选材料以及论坛等栏目。

截至 2013 年底，网站已经陆续推出了改版后指导产品导购的“产品”频道，装潢监督的服务章程、协助购买的“交易中心”，以及其他数个频道。该网站通过这一发展为装修业主以及装修、建材等公司提供一站式以及更全面的装修解决方案。

15.1.2 上海装潢热线网的企业文化

装潢热线以装修行业服务为目标，旨在建立一个能真正让装修业主受益的专业装潢网络监督平台，以帮助客户获得更多装潢新见解，为客户获得更多的知识提高自身品牌为服务宗旨。

网站强调团队合作，坚信只有靠团队的力量，才能达到个人无法企及的成功；重视沟通，有效的沟通交流，可以让工作更好地完成；明确目标，有了目标，才能展望美好的未来；科学管理，是目标实现的有力保证。此外，网站十分重视团队的学习、专业知识的培养、怎样取得更好的效果、责任感的加强。

15.1.3 上海装潢热线网网站特色

(1) 提供的内容 该网站主要为装潢业主提供工程招标和查找装修公司等业务，首页的“我要装修”“我要设计”“我要招标”都用了色彩鲜明的颜色加以突出，装潢业主可以根据自身所需要的业务，准确而快速地找到需要的服务模块。

(2) 会员申请 当顾客直接发布装潢消息时，自动生成会员号，再根据提示进一步完善会员信息，便于网站核实信息的真实性和联系装潢业主。

(3) 客服热线 在线客服，随时为业主提供服务和为业主解答疑惑，快速掌握信息。

(4) 多元化选择 随着多元化时代元素渗入居民生活的点点滴滴，人们的选择也变得多元化，对于家居这样关系到整个家庭舒适度的问题，居民希望可以有更多的选择。网站为业主们提供大量的品牌信息、行业信息、不同类型风格的装饰、不同的装修团队、不同的设计、不同的方案等，力求满足居民的全方位要求。

还有最新的装潢潮流、装潢设计等，用以满足不同层次顾客的需求。

(5) 网站客户流量 经过调查，上海装潢热线网站日平均 IP 流量大约为 20400，日平均页面浏览量大约为 124440，平均每个访问者浏览的页面数为 6，每 100 万人中访问该站的人数为 27，访问量的综合排名为 54845。

(6) 网站经营模式 作为一个家居网站，实现盈利和发展壮大是它的首要目的。

① 提高流量。网站上发表了很多的专题文章和报道，提高了客户访问量，还开展了一些既符合网站发展需要，又受用户群体欢迎的活动和增加一些相关文章。例如首页上的“三分钟解答”活动，提高了业主与网站互动的概率，达到了互惠互利的效果。该网站还同 58 同城等平台网站进行合作，另有大量的广告如装潢公司、设计公司等，都在一定程度上增加搜索和访问的机会。

② 网站主要的销售模式是通过电话销售和一对一的客户服务咨询，主要的客户对象为装修公司、建材公司以及各类与装修公司相关的企业加盟。通过对装潢公司、设计公司和建材公司收取广告费用来达到盈利的目的。

③ 网站为装潢公司、设计公司提供业主发布的装修订单，每成交一笔收取相应的费用，根据装修价格的不等，收取不等的费用。网站还通过发布装潢公司、设计公司和装修建材的广告以达到盈利的目的。

(7) 网页 漂亮的页面、丰富的内容是吸引人们的第一要素，只有鲜活、有用的信息和服务才是吸引人们的最根本。

网站首页的导航为横向，分为四大模块，分别为首页、设计、装修、交流。紧接着导航的是广告，大部分为装修公司和设计公司的广告。在广告与导航中间，为广大装修业主提供发布信息的模块，直接发布信息可成为会员。

页面中间部分为公司的装修案例、团购活动、装修直通车、明星企业、招标业主等栏目。

点击“设计”、“装修”按钮都会进入家庭装修招标申请页面。

客户与网站的主要联系方式有四种：在线客服、服务热线电话、通过QQ与网站的服务人员进行沟通、发电子邮件到站长的邮箱。

15.2 建筑装饰装修材料电子商务模式案例分析

15.2.1 建筑装饰装修材料电子商务及其优势

目前国内建筑装饰装修材料销售模式有：批发和零售为主的摊位租赁型市场（招商制建材市场）、商场化建材市场、商店、专卖店、大型建材超市。其中，连锁式、仓储式建材超市在这几年发展迅猛，如中国的“东方家园”、英国的“百安居”等。建材超市所采用的统一经营、统一管理、统一服务的自主经营模式弥补了摊位制市场的诸多缺陷和不足，就像国内外零售业巨头所建大型超市的排挤使中小零售企业的客户不断流失一样，当前建材超市对建材商店以及建材大市场产生了很大的冲击，正处于上升势头。

然而，相对于上述建材行业传统的商务手段而言，全球性电子商务的发展，给建材营销提供了更为广阔的想象空间，建筑装饰装修材料电子商务在物流、商流、资金和信息流等方面，速度大幅提高，成本大幅降低，是一种更加先进的全新的营销方式，使建材经营者之间的竞争聚焦为建材供应链之间的竞争，被认为代表着未来的发展方向，具有不可比拟的优越性。

建筑装饰装修材料电子商务使生产、流通、使用各环节大都通过信息化电子化方式进行沟通，快捷方便。例如，使生产厂家降低企业的采购原材料和产品促销成本，获得更多的供求信息，增加商机；使供应商降低了采购分销库存成本，提高了利润增长空间；使服务商提高了服务水平；使终端用户改变了以往信息不对称的情况，增强了满意度等。

建筑材料行业具有明显的生产者市场特征，产品标准性和技术性强，一般具有明确统一的规格和质量，属于资源型、高能耗、劳动密集型产业，产品产量大、体积小、自重大、价格低、物流费用高，产品需求派生性强，弹性小，技术性强，价格相对较低，直接影响到运输和储存等分销费用。这些特点，使建材产品特别是装饰装修材料比较适合网上交易，给电子商务提升流通环节效率带来了较大的价值空间，从而网络营销显得尤其重要。

15.2.2 建筑装饰装修材料电子商务模式分析

装饰装修材料电子商务的运作模式之一，是以装饰装修材料电子商务运营商为核心，构建开展电子商务活动的服务平台，即创建商务网站，建立一个包括标准店、加盟店、专卖店在内的营销网络平台。一方面为建材生产流通企业提供网上商铺，提供第三方服务，有效整合生产者与消费者之间的供求信息；另一方面，以买断产品和代理产品相结合的方式，自主经营，开展叫作B to B to C的电子商务服务形式，建立起供应商—运营商—消费者之间的供应链系统。这种运作模式如图15-1所示。

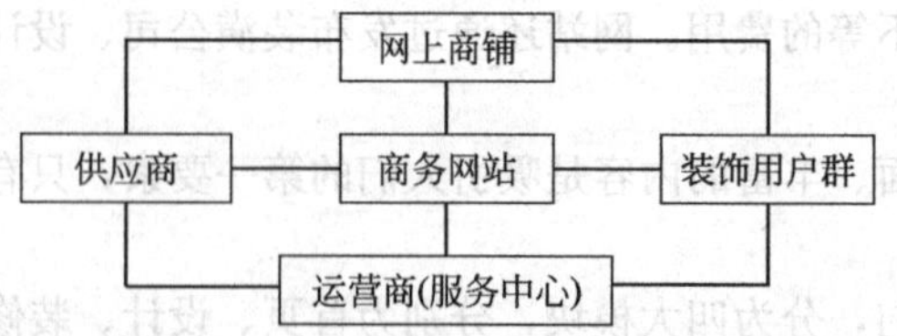

图15-1 装饰装修材料电子商务活动体系

较之于建材超市，这种电子商务模式更能体现出互动性、及时性、便利化、无形化的特征。

电子商务平台（装饰装修材料的电子商务市场）与交易各方相连，作为交易中心和信息中心，居于核心位置。这一虚拟的建材电子交易市场通过与真实的物流配送系统和区域结算系统相互协调运作，实现了装饰装修材料的高效流通。

改变了原有信息采集和流动的低效、无序状态，充分发挥网络信息完整性和及时性的特点，从而使信息流有序、透明，大大降低收集和处理商品信息的时间和成本。

将原来多层、分散、杂乱的供应商进行科学整合，集成覆盖整个区域的配送网络，彻底改变原有物流系统混乱无序、效率低下的状况，从而形成一个设施完善、技术先进、层次简单、运作高效的物流系统，实现物流系统扁平化，使困扰建材超市的大规模的库存和物流配送等问题，变得容易解决。

运营商既可以进行独立的分散采购，又可以进行集中的联合采购，兼顾个性化需求和降低成本的要求，且几乎可以进行实时采购，因而可以缩短采购和储存周期，减少库存，从而减少市场风险，增加经济效益。

在应用软件的支持下，各种装饰材料可以通过网络虚拟出各种实体的使用效果，以更好地吸引消费者，如利用客户端软件，提供材料 DIY 选配并获得相应的整体装饰效果，直观方便，这是实体营销难以做到的。为了进一步增强感性认识，可在线下建一个展厅，提供全部商品的陈列展示。

经营规模完全不受场地限制，这对于粗重散的建材产品、对于成千上万种装饰材料产品尤其合适。顾客可选择一站式购齐，按施工先后顺序配送，方便可行。全天候的服务时间也符合快节奏多元化的现代生活作息需求。

15.2.3 信用体系设计

电子商务作为计算机技术的热点，近年来其实际应用并不如人们预想的或期望的那样充分，阻碍其发展的瓶颈在于网络的普及率以及安全体系、信用体系及配送体系的不成熟等。对装饰材料电子商务相关技术如网站建设、物流供应链系统等内容，在此不作讨论，仅研究涉及身份验证和电子支付的信用体系建设。

装饰装修材料电子商务活动可由运营商进行会员制管理，但若采用简单的基于用户密码的机制，消费者每次登录输入用户名密码，既繁琐又容易被破解；而必要的网络下单、网上支付等敏感信息以明文传输，不符合现代电子商务发展的需要，并且也无法实现源抵赖和目的抵赖的防范。所以应采用加密和认证机制，以满足电子商务活动过程中基本的机密性、完整性、有效性和不可否认性要求。

我国成熟的 CA（Certificate Authority）市场还没有形成，对于装饰装修材料电子商务来说，其服务的区域性非常明显，认证中心若采用基于 X509 标准的 PKI/CA（Public Key Infrastructure）体系，技术难度大，占用资金多，且使用复杂，而自主构建相对简单的区域性企业 CA，可以满足建材电子商务活动的安全要求。

(1) CA 中心设计　构建从根 CA 直接到证书用户的单一层次的认证系统，业务流程为：用户申请—业务受理—注册—CA 服务器—安全服务—数据库存储—证书用户。系统结构示意图如图 15-2 所示。

(2) 设计说明

① CA 服务器体现 CA 基本职能，如数字证书的申请、发放、更新、撤销及验证等；安全服务器（密钥管理中心）为 CA 根密钥提供安全可靠的保护，负责用户密钥的产生、分发和查询，运行密钥的备份与恢复系统等；证书库是一种公共信息库，是证书的集中存放地，数据库系统必须确保证书库的完整性，防止被伪造和篡改。

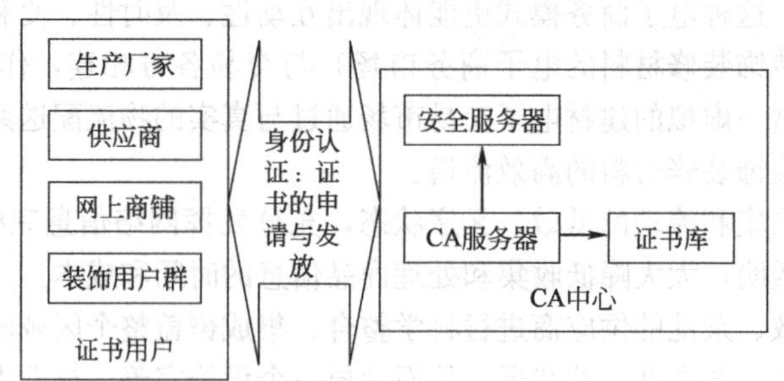

图 15-2 装饰装修材料电子商务认证体系

② 这种一级 CA 结构，商家和消费者的身份认证基于同一个根 CA，即 CA 用户直接与 CA 进行验证，避免了标准 PKI 体系中复杂的证书链确认和交叉认证，安全而且高效。电子商务平台运营商集 CA（证书管理机构）和 RA（注册登记机构）职责于一身，根 CA 证书自我签发。

③ 标准 PKI 的证书存储库是 LDAP 目录服务器，访问量大时查询速度快，但数据更新、插入、删除等操作性能较弱，且与应用系统环境异构，不易集成。这里选择使用基于关系型数据库系统，比较符合实际需求。

④ 系统使用 SSL（Secure Socket Layer）安全协议，尽管 SSL 协议的客户端认证是可选的，但考虑到防抵赖以及其他增值服务项目需要邮件加密和签名，建议用户申请 SSL 证书和 S-MIME 安全电子邮件证书。

⑤ 因为客户群主要是家庭装饰用户，直接面对的是普通网民，咨询—设计—装修—家居售后这样一个服务周期时间不算很长，故证书策略（CP）不必太复杂，但认证操作说明（CPS）必须详尽描述，也可在应用过程中随时增加或改变某些 CPS 内容，逐步形成稳定的 CP/CPS。

(3) Windows 系统平台实现 Windows 2003 Server 集成了综合的 PKI 系统，提供了一整套服务和管理工具用来创建、部署和管理一个电子商务安全认证平台的应用程序。其客户端工具，诸如 IE 浏览器内置了 SSL 协议，Outlook Express 内置了安全电子邮件协议 S/MIME，利用上述组件可快速创建一个企业 CA 系统，其基本步骤如下。

① CA 服务器建立。从“添加/删除 Windows 组件”中选取“安装证书服务”，完成后从“管理工具”中的“证书颁发机构”启动证书系统管理工具，配置建立起 CA 服务器。其中证书数据库及日志用关系数据库管理系统如 Visual Foxpro6.0 建立。

② WEB 服务器端证书安装。在 WEB 服务器上打开路径“管理工具/Internet 信息服务管理器/站点属性/目录安全性/安全通信”，点击“服务器证书”安装 WEB 服务器证书，再点击“编辑”设置指定交易 WEB 页面使用 SSL 的网页目录。

③ 客户端数字证书申请。客户机访问 CA 服务器的 CertSrv 目录（Certificate Services 组件），打开证书申请的 WEB 页面用来申请和获取证书。

④ 经过上述操作，即可在网站和各厂家商家客户之间以 SSL 协议为基础建立起加密认证的 WEB 方式沟通渠道。若要再实现安全电子邮件联系方式，可打开“Outlook Express/工具/账号/属性/安全”，安装申请的 S/MIME 数字证书，就可发送、接收经过加密和签名的电子邮件。

15.3 美乐乐家具网购平台电子商务案例分析

15.3.1 美乐乐家具网简介

美乐乐网站，是我国领先的集装修、建材、家居于一体的 O to O 网站，是我国家居领域最受消费者欢迎和最具行业影响力的电子商务网站之一。

美乐乐通过互联网为用户提供高质量的装修设计，优质的装修施工管理服务，以及家具建材等一整套的电子商务解决方案。2012 年美乐乐线下体验馆达到百余家，凭借线上线下的优势，力求为消费者实现“透明装修，居家无忧”的家居梦想。

从 2008 年到 2012 年，美乐乐从最初的个体经营到合伙制，五次搬家，这一路阶梯式发展见证了公司发展的荣耀历程。15 年的外贸品质检验，专业的售后服务，完善的维护及先进的工艺技术，强劲的续航能力，致力于让每一位国人都能享受外贸品质家具带来的高品质生活。到目前为止，美乐乐共服务超过 8000 万的家庭，覆盖了国内大部分网购人群，成为中国消费者网购家具的重要途径。如图 15-3 所示。

图 15-3　美乐乐家具网购平台主页

15. 3. 2　美乐乐家具网特色

（1）博客、微博　美乐乐家具网的官方博客主要用于发布新闻资讯以及相关的家具行业信息。将美乐乐的相关信息以及行业情况集中展示给关注美乐乐的用户以及合作的商家，并且利用大众化的平台缩短了美乐乐与顾客之间的距离。美乐乐官方微博的开启则看重的是与消费者的即时交流，力图用最简单、最快捷的方式与消费者达成互动。博客和微博是网络时代大众交流的产物，作为网购平台，了解大众的生活方式，采用大众最易接受的途径对于营销的推广尤为重要。

（2）媒体合作　美乐乐家具网十分重视媒体的口碑营销，因此特别关注传媒影响力。由于美乐乐在各方面都取得了不俗的成绩，因此各门户网站也竞相报道了相关的信息，这使得美乐乐的权威性和品牌度得到了大大的提升。

（3）论坛的改版突破　论坛在提升产品美誉度、口碑营销方面有着突出的效果，是网站流量的一个重要来源。经过改版，美乐乐的论坛不仅包括产品交流，同时还有装修经验、买家互动、家具知识等的板块。多元的内容整合了家具知识的多个方面，在提供给消费者更多交流空间的同时也吸引了大批的消费者互助交流。

（4）数据库和反馈机制的架构　美乐乐家具网深刻意识到数据库对于企业发展的重大意义，因此无论是推广还是销售，甚至包括员工的考核等都以翔实的数据来参考和评价，保证做到“动有所依”。同时客户的反馈也纳入了公司及时运作的重要方面，只有最快了解客户的需求、最迅速解决客户的困难，才能最大限度地争取到客户资源。合理的数据库和有效的反馈机制是美乐乐发展的坚实后盾，是美乐乐成功前行的依据和动力支持。

(5) 线下：体验馆规模打造 虽然线上的网络营销取得了巨大的成果，但是家具企业毕竟属于传统的行业，还面临着不可克服的售后与质量等的担忧问题，特别是现在很多人对于网购还抱有怀疑的态度以及消费者购买家具天生带有的谨慎观念，使得线下体验馆的建设成为了美乐乐打造的一个重点。如图 15-4 所示。

图 15-4 美乐乐北京体验馆介绍主页

线上与线下的模式是美乐乐针对营销推广而打造的系统策略，但绝不仅仅是各种推广方法的简单应用。只有摸清了企业自身的经营特点，同时把握住消费者的意愿，并采用综合立体的方式争取到最需要的客户，这样的营销策略才是高效的策略，才可以给企业带来实实在在的经济效益。

知识加油站

一、国内电子商务在建筑行业应用的实践现状

我国的建筑业中应用电子商务的情况总体上呈良性发展，其应用主体主要是政府和建筑企业。

在政府利用方面，各级行政建设部门大力推进办公室自动化和行政管理信息化。其中在我国“政府上网工程”推进中，我国各级建设主管部门网站设计取得了阶段性的成果：由建设部信息中心建立发布的国家建设部网站加快了我国政府建设管理和行业服务工作的信息化进程；很多城市在不同程度上都通过启动系统设置的工作来完成，最大限度避免了人为因素的干扰。

在建筑企业方面，国内有一定知名度的企业，无论是在信息技术基础设施还是有关专业领域方面，都取得令人欣喜的成绩。他们普遍建立了企业互联网站，电子邮件已经成为建筑行业信息交换的重要工具之一了。同时，通过运用相关高新技术，提升了企业本身的核心竞争力，提高其效率与质量。很多企业根据自身的特点不断地吸收国外优秀先进的网络技术，获得了一个又一个新的商机。

但无可置疑的是，我国的建筑行业中电子商务的应用仍处于初级起步阶段，很多电子商务的优势还没有完全发挥出来，其中存在着明显的局限性和不足，如，与国外缺少适当的生产与资讯的交流，较显落后（我国很多建筑企业依旧运用单机版软件为主，还没有实现信息的交流与互动）；国内缺少业务服务网站与展示平台（我国企业的电子商务还没有真正的发展起来，错误地认为网站就是其服务形式的最终表现，并将其作为企业业绩的展示台或发布信息的平台）；软件

开发缺乏系统性与实操性（政府缺少资金上的支持、企业又缺乏对软件开发和统筹安排的经验，导致软件低水平重复建设的开发）；网上结算不方便（缺少相关网点的支持，就算有也不完善，导致消费者不敢使用）；网络基础设施不够完备、网上安全技术不完善、网上缺乏安全认证、信息产业管理体制不健全等，都是需要相当长的时间去改善与提高的。

所以各企业就需要根据自身的情况，在确定企业电子商务发展战略的基础上，建立适合自己发展的电子商务架构，按照一定的流程建立起自己的电子商务系统，逐步走向成功。

二、电子商务是建筑行业信息化的必由之路

建筑行业发展电子商务不仅仅是时代发展的要求和必然趋势，更是由该行业的地位、自身的特点以及发展趋势所决定的。

1. 建筑行业是国民经济建设的支柱产业之一，对国民经济影响很大

建筑行业的任务主要是实现固定资产投资。我国的固定资产投资每年都有很大增长，改革开放后增长速度和幅度更大。我国1994年至2000年的固定资产投资中约60%是通过建筑行业实现的，而且工程建筑业的产值约占国民生产总值的30%，由此可见，建筑行业的发展状况对国民经济影响甚大，建筑行业的信息化发展必然影响到整个国民经济和社会信息化的发展。而社会信息化是我国产业优化升级和实现工业化、现代化的关键环节，是覆盖现代化建设全局的战略举措。所以，建筑行业应该首当其冲地发展电子商务，实现行业信息化。

2. 建筑行业的分散性

建筑行业本身具有分散的性质，并且随着越来越多国内建筑企业加入到国际竞争的行列，从事国际工程承包事业，更加充分地体现出“分散”的特点：一是可能需要横跨多个市场，在短时间内切换于不同的工程领域；二是往往在远离指挥中心的异地进行生产活动；三是具有复杂的物流，这些特点决定了它将比其他行业更加需要且更受益于电子商务，所以建筑业比其他任何行业都有更充分的理由发展电子商务。

3. 国际工程承包业务的日益增长以及WTO对我国建筑行业的冲击

自1985年以来，我国国际工程承包业务以年递增25%的速度实现了快速增长。随着加入WTO以及国际建筑业投资的加大，各国市场的开放度增强，会使国际工程承包市场规模进一步扩大，但同时也意味着我国建筑行业会面临更为激烈的竞争。目前国内建筑企业的综合竞争能力普遍低于国外同行，主要差距就在于管理，而电子商务就是弥补管理缺陷的一种重要手段。

三、家具电子商务网站推广

家具网站的推广是一个长期的过程，不宜操之过急，应该有步骤、分阶段地进行。主要可以从网络广告、网络推销、公共关系等方面进行。

1. 网络广告

网络广告可以突破时间与地域的限制，以无限的容量在顾客需要的地方进行网站宣传推广。关于广告前面已作过介绍，在此不再重复，需要说明的是在网站推广过程中，如果将网络广告与传统广告相结合，或许会收到意想不到的效果。

2. 网络推销

网络推销不仅是业务的推销，而且也是网站的推广，企业可以采取网上业务的发展，以优质的服务获得顾客的认可，让顾客铭记住本企业的网站。在产品地包装或外围打上企业网站及相关信息地标签，使客户或潜在客户能见到标签就想起企业网站极其业务。

3. 公共关系

公共关系也是企业进行有效推广的手段之一，它包括企业与同行业的关系、企业与客户的关系、企业与媒体地关系，企业与政府或组织的关系以及企业与社会的关系等。处好与同行业的关系，可以与他们的网站进行友情链接，以此来吸引更多的顾客；搞好与关客户的关系，可以利用他们作为传播的媒介，借助他们的口碑来推广本企业网站；与媒体关系的融洽则可以使企业在进

行宣传或推广时避免许多不必要的麻烦；政府或组织具有强制性或有一定的影响力，处理好与他们的关系，可以使企业顺利进行网站或业务的推广；而作为一个企业为社会负责则使其必须要考虑的，在进行网站推广时借助社会的力量可以使推广更加简单易行。

四、家具电子商务发展趋势

随着电子商务服务平台的丰富和不断完善，家具等传统贸易向线上交易的转变正在提速。中国网商大会组委会提供的《2013中国网商研究报告》表明，2013年以网络购物、团购为主的商务类应用保持较高的发展速度。2013年，中国网络购物用户规模达3.02亿，使用率达到48.9%，相比2012年增长6.0个百分点。在商务类应用中，团购市场的增长最为迅猛：2013年团购用户规模达1.41亿，团购的使用率为22.8%，相比2012年增长了8.0个百分点，使用率年增速达54.3%，成为商务类应用的最大亮点。

对比高速增长的网络购物和团购类商务应用，企业电子商务应用仍然存在提升空间。2013年，中国企业在线采购和在线销售的比例分别为23.5%和26.8%，利用互联网开展营销推广活动的企业比例为20.9%。不同行业的电子商务应用普及率差距较大，其中制造业、批发零售业电子商务应用化较为普遍。在企业电子商务应用的规模方面，与大中型企业相比，微型企业对电子商务的应用普及还需要进一步加强。

目前家具管理已经完整笼罩了我国全部贸易业态，这也形成了一度由多种形态组成的宏大的家具供应网络。任何货物，从生产线高到低，不超过1周，就能迅速进入我国的各个流通环节，进入老百姓消费视野。家具笼罩区域现在可以用“广”和“全”来形容。因此家具的竞争也从品种、价值、服务、促销等基本管理因素的竞争转向管理模式。

任务小结

本部分介绍了电子商务是建筑行业信息化的必由之路，家具电子商务网站推广。

分任务1　介绍了上海装潢热线网发展历程、主导产品、企业文化以及网站特色。

分任务2　介绍了建筑装饰装修材料电子商务模式、优势以及信用体系设计。

分任务3　介绍了美乐乐家具网购平台概况、发展历程、优势、网站特色。

任务16　电子商务法律案例分析

能力目标

通过完成本次任务，应该能够：了解电子商务其他方面的法律制度以及其他国家的电子商务法律的相关知识；熟悉电子商务合同法的相关内容；掌握电子商务知识产权保护法，特别是网上著作权保护和网上域名保护等方面的电子商务法规的灵活应用。

灵活应用网上著作权保护和网上域名保护。

任务导入

随着网络立法的不断完善以及新生事物的大量涌现，使得立法者面临新的挑战，像网络域名的纠纷、网络名誉权的纠纷、网络著作权的纠纷及电子商务安全问题的争议等，都是法律界的新课题。由于目前法律还没有明确的规定，因此网络社会的主体之间就完全凭自己的理解进行活动，自然就会产生大量的矛盾与纠纷，而落后的立法与互联网的飞速发展形成断层，使原有法律在高科技面前显得无能为力。大量的电子商务活动纠纷的出现，不仅给我们的生活带来不便，而且对电子商务本身的发展形成了极大的阻力。

任务分解

分任务1　电子合同效力的案例分析

分任务2　电子商务知识产权纠纷案例分析

分任务3　侵犯商标权、不正当竞争纠纷案案分析

分任务4　电子商务域名纠纷案例分析

课堂讨论

1. 电子合同是否有传统合同的法律效力？
2. 电子商务环境下如何保护自己的知识产权？
3. 如何保护自己的商标权，防止不正当竞争？
4. 如何认识网络域名的保护问题？

16.1　电子合同效力的案例分析

16.1.1　案件背景

2001年10月，易趣网网络信息服务（上海）有限公司将刘松亭起诉到上海市静安区人民法院，对刘松亭使用其网络平台服务而未支付相应费用提起诉讼。对于网络案件来说，一般都是个人告公司的案件，此案例是首例网络公司对个人提起的法律诉讼，也是我国首例电子商务电子合

同法律纠纷的案件。最后经法院审理，其判决结果是被告拖欠原告网络平台使用费用属于违约行为，应当及时付清上述费用并赔偿因此所付出的律师费和诉讼费。

16.1.2 案例简介

本案原告易趣网网络信息服务（上海）有限公司是国内从事电子商务的网络信息服务公司，其经营方式是提供网络交易平台，从中收取网络服务费用。2001 年 1 月 1 日，被告刘松亭以“本田一郎”为名在易趣网上注册了一个账号，2001 年 4 月 4 日又以“jaliseng”为名注册了另一个账号，自 2001 年 7 月 1 日起，按照双方服务的协议收取该网站的“商品登录费”，按照商品的价值划分档次，收取服务费，最低为 1 元，最高为 8 元。该收费标准和措施目前只对卖方用户实施。被告多次使用却不付费。至 2001 年 9 月 24 日止，拖欠原告的网络平台使用费共计人民币 4336.6 元。原告认为被告注册了两个用户名和拖欠服务费用的行为严重违反了双方基本服务协议，遂诉请法院判令被告支付网络平台使用费用人民币 4336 元，赔偿原告请律师费用 2000 元及为诉讼调查支出费用 4 元。

被告刘松亭认为：注册时原无收费要求，原告在网上的“基本服务协议”连附录一共是密密麻麻 15 页之多，只要稍微有电脑常识的人都会不假思所地选择“是”。自从微软的视窗 95 系统普及后，所有的标准软件安装之前都有类似的对话框，人们已经习惯选择“是”，因为选择“否”就无法进行下一步的操作。并且出现“愿意支付网上确认的成交商品的所有服务费”。因此，被告认为原告要求支付服务费用及所有诉讼相关费用是毫无道理。关于一人有两个用户之事，被告声称，“本田一郎”是其父亲在网上注册的用户名，“jaliseng”才是自己注册的用户名，而且没有任何法律规定一个家庭只允许注册使用一个用户名，所以原告所说的被告违反法律是不成立的。被告还认为自己是在事先没有接到任何书面账单或者电话的情况下直接被起诉的，而且原告在开庭之前未经被告同意就在各大媒体公布此案，严重影响了自己的正常生活及名誉。由此可见，易趣网网络信息服务（上海）有限公司此次诉讼的目的并非仅仅为了网络服务费，而是想借此事扩大影响。

法院经审理认为，虽然原告的电子合同有 15 页之多，但是还是可阅读的，双方是自愿的基础上达成协议的，且原告的协议中无违反法律禁止性规定，合同合法有效，依据合同法的规定，应当得到全面和及时的履行。因此，法院判决被告支付原告网络平台使用费用 1330 元，并承担律师费及相关的费用。

16.1.3 案例分析

（1）电子商务合同的法律效力 电子商务中的电子合同的法律效力是本案例的最大争议点之所在。在传统的交易活动中，对于合同，多是以书面形式订立。这样做可以达到三个目的：一是可以迫使签字双方对即将签字的合同三思而后行；二是要求双方在审查合同的每一条款上对自己的权利和义务特别加以小心，其小心程度远远大于口头上的承诺；三是鼓励留下记录（以便为将来取证之便）。电子商务的出现改变了交易的形式。当合同被记载在纸质媒体上时，合同是以文本的形式存在的。不论是从合同“字面上”去理解，还是从“字里行间”去发掘，合同文本都是合同内容完整的、权威的、终局的记录。然而，当合同是以电子形式出现的时候，合同具有了与传统合同记载极为不同的“超文本性”，即合同的很多内容并没有被完整地记录在合同的电子文本中，而是在电子文本中被提及。这样就容易引起对电子合同是否具有法律效力的争议。

《电子商务示范法》第 6 条规定：“如法律要求信息须采用书面形式，假如一次数据电文所含的信息可以备日后查用，即满足了该次要求。”这条规定相当于扩大了对“书面形式”的解释，将数据电文纳入了“书面形式”的范畴之内。另外我国《合同法》第 11 条规定：“书面形式，是指合同书、信件和数据电文（包括电报、电传、传真、电子数据交换和电子邮件）等可以有形地表现所载内容的形式。”这更直接地将电子数据交换看作是一种书面形式。也就表明了法律对电子合同效力的承认。当然，承认也是有条件的，那就是数据电文提及的条款能够被插入该数据电文的相应位置，并且应当真正为合同当事人知晓、接受。本案例中，原告所订立的服务协议虽然较长，但它等合于《合同法》里所定义的格式条款合同，且从实际出发来看，其条款没有违反法律规定，是有效的，而且双方都是在自愿的基础上签署了协议，也就表明其电子合同的成立受到法律的保护。

(2) 电子商务合同的订立　合同的订立，通常要有要约和承诺两个阶段，而无论是处于什么阶段，都是通过当事人表示的意思来完成的。在电子商务合同的订立过程中，合同缔约意思表示不像在传统交易合同中那样由当事人（自然人）做出，而是由商家采用的智能化交易系统（即电子“代理人”）做出。这些电子交易系统具有执行预定交易条款的功能，不仅可以发送、接收、确认数据、完成合同订立的全过程，而且在许多情况下自动履行合同，很少或不需要人工介入。在合同中，承诺生效时电子商务合同即成立，要约到达受要约人时电子商务合同即时生效。本案例中被告讲到原告在网上的“基本服务协议”连附录一共是密密麻麻的15页之多，只要稍微有电脑常识的人都会不假思索地选择“是”。这是因为从微软的视窗95系统普及后，所有的标准软件安装之前都有类似的对话框，人们已经习惯了选择“是”，因为选择“否”就无法进行下一步的操作。这也是电子“代理人”进行操作的结果。这与软件开发商有直接的关系。就本案例来看，该软件适用于原告与被告间的合同订立并未违背常规思维，而且被告作为受要约人，对要约已经做出承诺，《合同法》第16条规定“要约到达受要约人时生效”，即被视为同原告订立了电子商务合同，如不按照条款规定履行自己应履行的义务，就必须承担相应的法律责任。

(3) 电子商务合同的违约责任　在传统的合同法中，确立合同成立的时间具有重要意义，因为这涉及违约责任的承担。但是电子商务合同与传统合同的缔约订立过程有很大的不同。电子商务合同订立的许多工作是由计算机自动完成的，数据在网络中的传输速度极快，合同何时成立，在时间的确定上有很多困难，这也就为电子商务合同违约责任的认定增加了难度。现在在电子商务法中全面吸收缔约过失责任理论，把法律规范的重点放在契约关系的存在基础上，依据诚实信用原则，对于整个缔约过程，均适用于合同法。而且我们可看到传统法律的精髓就是“诚信”二字，有的法学专家就认为这足以解决网络争端。在本案例中，虽然原告订立的“基本服务协议”内容繁多，但其也是像其他网络服务商一样，拟定了内容极为详尽的格式条款，就目前的法律看，虽然现在网络上的协议多为网络服务商单方拟定，但是按照《合同法》的规定，原告详尽的格式条款正是为了避免在网上交易带来的风险的一种合法的规定，是受法律保护的。所以当涉及违约责任时，电子商务中的违约责任承担也同样适用现实社会中的法律方法进行解决。

16.2　电子商务知识产权纠纷案例分析

16.2.1　案例背景

王蒙、张洁、张抗抗、刘震云、毕淑敏、张承志是我国当代著名的六位作家，其作品在不知情的情况下，被北京世纪互联通讯技术有限公司自行转载，于是王蒙等六位作家分别将北京世纪互联通讯技术有限公司以侵犯自己的著作权和获取报酬权告上北京市海淀区人民法院。一审判决被告败诉，并对原告进行赔偿道歉和停止使用原告的作品。北京世纪互联通讯技术有限公司不服一审判决，向北京市中级人民法院提起上诉。二审结果还是上诉人败诉，维持原判决。这起关于网络著作权的纠纷不是我国的第一例，但是非常典型，经过这次几位作家分别对同一家公司的诉讼，真正掀起了一场轩然大波，人们好像这才真正意识到原来网络也有版权。

16.2.2　案例简介

(1) 起诉简介　王蒙等六位作家被转载的作品包括《坚硬的稀粥》(13018字)、《漫长的路》

(5140字)、《黑骏马》(45000字)、《北方的河》(63590字)、《一地鸡毛》(55000字)、《预约死亡》(48000字)、《白罂粟》(11250字)。1998年4月，北京世纪互联通讯技术有限公司成立了“灵波小组”，并在其网站上建立了“小说一族”栏目。其中王蒙、张洁、毕淑敏三位作家的作品是被“灵波小组”成员从其他网站上下载存储在计算机系统内的，张抗抗、刘震云、张承志三位作家作品是由他人以E-mail的方式提供到北京世纪互联通讯公司的网站上后，由“灵波小组”的成员组织存储在公司的网站上，然后通过服务器在国际互联网上进行传播的。只要联网主机用户通过拨号上网进入世纪互联通讯公司的主页（http：//www.bol.com.cn），再点击页面中“小说一族”后，进入“书香远飘”页面，在该页面下有如下的文字：“本站点内容皆从网上所得，如有不妥之处，望来信告知。”在“书香远飘”的页面中，点击“当代中国”页面后，再点击具体作者的作品名称，用户即可浏览或下载相应的作品内容。而且，作品均有作者的署名，作品内容完整。而被告的上述行为没有得到原告的许可。1999年5月31日，王蒙等六位作家以世纪互联公司侵犯著作权为由，分别向北京市海淀区人民法院起诉。原告认为，被告的行为侵犯了原告对其作品享有的使用权和获得报酬权，而被告则认为我国法律对在网络上使用作品没有相关规定；原告要求被告公司承担侵权责任，并要求赔偿原告精神损失费。

(2) 当事人诉辩主张　原告王蒙等人分别诉称，原告分别是上述作品的著作权人，世纪互联通讯公司未经许可，在其网站上传播使用了原告的作品，侵犯了原告对其作品享有的著作权和获得报酬权，请求法院判令世纪互联通讯公司停止侵权行为，公开赔礼道歉，分别赔偿原告经济损失3000元、31500元、3150元、3000元、21900元、12000元，精神损失费各赔偿5000元。并承担案件诉讼费及调查费。

被告世纪互联通讯公司辩称，我公司是国内最早从事国际互联网网上内容提供的服务商。因我国的法律对在国际互联网上传播他人作品是否需要取得作品著作权人的同意、怎样向著作权人支付使用作品的使用费用等问题，都没有做出任何规定，而我公司网站所刊载的原告的作品，是“灵波小组”从已在国际互联网上传播的信息中下载的，而不是我公司首先将原告的作品刊登到国际互联网上的。因此不知道网上刊载原告的作品还需要征得原告的同意。而且现在网站上有很多海量（不知道姓名的人）信息，如果都一一征得作者的意见，显然在实践中是很不现实的。原告提出诉讼后，我公司已从网站上及时删除了原告的作品。因此，我公司刊载原告作品的行为仅仅属于“使用他人作品未支付报酬”的问题。况且访问我公司的“小说一族”栏目的用户很少，没有任何经济收益，我公司在刊载原告的作品时，也没有侵害原告的著作人身权。因此原告主张的赔偿精神损失费是不能成立的。至于原告主张的经济损失，其没有提供相应的法律依据。因此，世纪互联通讯公司作为网络内容提供的服务商，其在国际互联网上将原告作品进行传播，并未侵犯原告的著作权。

(3) 一审法院判决　一审法院审理及判决：海淀法院经审理后认为，王蒙等人分别是案件涉及作品的著作权人。著作权人对其创作的作品在法定期限内享有专有权，除法律规定外，任何单位和个人未经著作权人的许可公开使用他人的作品，都构成对作者著作权的侵害。因此，世纪互联通讯公司作为网络内容提供的服务商，其在国际互联网上将原告作品进行传播，是一种侵权行为。虽然在国际互联的其他网站上已有涉及原告的作品的传播，但这与被告的行为是否构成侵权无关。同时，被告作为国际互联网内容提供服务商，其丰富网站内容目的是吸引用户访问其网站的经营行为，在经营活动中，是否盈利，只是衡量其经营业绩的标准之一，并不影响被告侵权行为的成立。科学技术的发展，必然对作品的表现形式、使用方式、传播手段等方面产生影响，一旦这些影响并不能构成否认作者对其创作作品所享有的专有权，那么，不经过合法的程序使用就是侵犯了他人的著作权。数字化作品是一种将文字、数值、图像等表现形式的作品通过计算机转化成机器识别的二进制编码的数字技术，这种转化不具有著作权法意义上的创造性，并没有形成新的作品。因此原作品著作权人在数字环境中对其作品依然享有著作权。

因此，本案被告在未经原告许可的情况下，就将原告作品在网上传播，侵害了原告对其作品享有的使用权和获得报酬权。因此，北京市海淀区人民法院依照《中华人民共和国著作权法》第十条以及第四十七条第（六）项、第（八）项的规定，于1999年9月18日分别做出判决：①自该判决生效之日起10日内，被告停止使用原告的作品；②自该判决生效之日起10日内，被告在其网站上分别向原告公开致歉，致歉内容须经法院核准，逾期不履行该义务，法院将根据判决书内容自行拟定一份公告刊登在一家全国发行的报刊的电子版主页上，有关的费用由被告承担；③自该判决生效之日起10日内，被告分别向原告赔偿经济损失费1680元、720元、1140元、5760元、4200元、13080元，以及诉讼支出的合理费用各166元；④驳回原告要求被告赔偿各自精神损失费5000元的要求。

（4）上诉简介　被告不服一审判决，向北京市第一中级人民法院提出上诉。其主要理由为：首先，一审法院对案件的事实的认定中，有两点未予指明，一是一审中原告提交的证据显示，世纪互联通讯公司“小说一族”栏目的网页上载明了如下内容：“本站点内容皆从网上所得，如有不妥之处，望来信告知”；二是上诉人证据显示，几乎所有其他小说网站均无权利授权声明或侵权警告一类的告示。以上两点事实对于认定世纪互联通讯公司无过错、不承担侵权责任有重要意义，一审判决侵权是不妥当的。其次，关于网络传播权等法律问题，应当通过著作权法的修正或司法解释来加以明确和规范，使各方面有法可依，在法律没有明文规定时，一审法院就文字作品著作权人的专有权力延伸扩展到网上传输，认定对已有的网络自愿的利用、转载已公开发表过的文字作品的数字化作品，也应征得著作权人的同意许可，否则就是侵权，这是对法律的扩大化解释，过分支持了著作权人的权利扩张，加重了网络传播者的责任。最后，关于上诉人的网上转载行为，著作权法第三条所列举的作品使用方式，是指传统的作品使用方式，不包括第四媒体——国际互联网络。国际互联网络的开放性和交互性，使上诉人对网友用E-mail传过来的数据信息难以控制，且上诉人已尽了告示义务，如一审判决那样，不将上传与下载相区分，不将下载与网友E-mail相区分，不将直接责任与间接责任相区分，仅用“等方式”来套用新情况，使网络内容的提供服务商承担了不应该承担的法律责任，会影响到我国新生的网络事业的发展，影响到公众（包括作家对网络资源的利用），影响到著作权人的实际利益，请求法院二审撤销一审判决的第一、二、三项，改判上诉人不承担侵权责任，一审、二审诉讼费用由被上诉人承担。

（5）二审判决　二审法院北京市第一中级人民法院审理认为：王蒙等六位作家依法对其创作的作品享有著作权和获取报酬权，所谓的著作权和获取报酬权是依据我国的著作权法第十条第（五）项指出：“以复制、表演、播放、展览、发行、摄制电影电视、录像或者改变、翻译、注释、编辑等方式使用作品的权利以及许可他人以上述方式，使用作品，并由此获得报酬的权利。”从此规定可看出，我国著作权法对于作品的使用方式采用的是概括式及列举式并用的立法模式。世纪互联通讯公司作为网络内容提供服务商（ICP），对其在网站向社会公众提供的内容是否侵犯他人著作权应负有责任与义务，且上诉人从技术上说完全有能力控制是否将作品下载到互联网上。因此，上诉人所称的其主观尚无过错的主张，不能成立。“灵波小组”成员从其他网站上下载的被上诉人的作品，虽然是以数字化的形式存在的，但其并不构成一部新作品，该作品的著作权仍归被上诉人享有。上诉人在网络上使用该作品时，应依法取得被上诉人的许可，就本案涉及的被上诉人的作品而言，不存在上诉人在上诉时所称的“海量”信息的问题。上诉人在使用该作品前，征得被上诉人的许可，是完全可以做到的。因为这几位作家都是当代很有名的，联系上他们并不是什么难事。但是上诉人并未依法取得被上诉人的许可，上诉人虽然在其网站上刊登“本站点内容皆从网上所得，如有不妥之处，望来信告之”的告示，但这并不能成为其不构成侵权和免责的合法理由。因为从法律上讲，上诉人在使用被上诉人的作品时，应征得被上诉人的许可。同样，其他小说网站刊登被上诉人的作品，亦不应作为其不构成侵权的合法抗辩理由，上诉人的其他上诉理由，如转载已公开发表被上诉人的作品，对法律扩大化的解释，以及网络服务商的承受能力有限等，于法无据，本院不予支持，上诉人在其使用网站上使用被上诉人的作品，未征得著作权人认可，而且该行为又不属于我国著作权法所规定的合理使用行为或法定许可行为，故该行为构成侵权行为，应承担的法律责任，包括停止刊登、公开道歉和赔偿损失等。

对于本案的赔偿金额问题，因现在网络付酬无明确规定，一审法院依据上诉人侵权的主观过错、侵权持续时间、侵权程度等因素所确定的金额，无不当之处。

北京市第一中级人民法院认为，被上诉人对其创作的文学作品享有专有使用权。虽然我国著作权法未明确网络上作品的使用问题，但并不意味着对在网络上使用他人作品的行为不进行规范。在网络上使用他人作品，也是作品的使用方式之一。最后，二审法院判决为：一审法院适用法律有误，予以纠正，驳回了被告上诉，维持原判。一、二审案件受理费共1470元，均由被告承担。

16.2.3 案例分析

(1) 数字化形式作品的著作权　在网络上直接实现的作品交易一般都是以数字化的形式存在的，其前提是将该作品以二进制数字编码的形式存在，即首先应对该作品进行数字转换，作品转换成数字信息后。就可以在互联网上传播。根据著作权法实施条例第二条规定，作品是指文学、艺术和科学领域内，具有独创性并能以某种有形形式复制的智力创作成果。根据这一定义，只要具有“独创性”和“可复制性”这两个实质特性的人类智力创作成果，就可以成为著作权法保护的客体。我国著作权法及其实施细则对于作品存在形式及载体并无任何具体要求。这就容易让人误解为网络作品的存在形式不受法律的保护。而实际上，网络数字化的作品与传统的作品的区别仅在于作品的存在形式和载体不同，而作品的表现形式不会因为数字化而有丝毫的改变，也不会因为数字化而丢失“独创性”和“可复制性”，传统作品被直接数字化以后，被改变的只是它的存在形式，并未对它的实质进行改变，所以应当受到著作权法的保护。在本案中，王蒙等六位作家享有其创作完成的作品的著作权，同享有传统的著作权一样，当然也享有网络上的著作权。

(2) 网络传播权　在本案例中，双方当事人争议的焦点问题主要是对王蒙等六位作家是否享有对网络上传播其作品的法律权利。而此问题的争议关键在于双方对著作权法第十条第（十二）项的理解，即该条款所规定的使用方式是否包括网络上传播作品。随着科技的进步，为适应科技的变化，1996年《世界知识产权组织版权条约》和《世界知识产权组织表演和唱片条约》增加了向公众传播权。本案例中，王蒙等六位作家有权决定其作品是否在国际互联网上进行传播，这与著作权法意义上的作品出版、发行、公开表演等传播方式虽有不同之处，但本质上都是为实现作品向社会公众的传播使用，使观众、听众了解到作品内容。作品传播方式的不同，并不影响著作权人对其作品传播的权利。

(3) 网络服务商的侵权责任　目前，网上刊载内容分为三种：直接由网络服务商提供；经由或可由网络服务商控制；由网友直接张贴，发布前不能由网络服务商控制。上述的三种情况所对应的责任也有所不同。对于第一种情况，网络服务商同一般的网民一样，如有违法使用行为，就必须承担相应的法律责任；对于第二种情况，网络服务商具有对刊载内容的审核义务，如发布的内容有侵权行为，网络服务商至少负有未尽审核义务的主观过失，承担相应的责任；对于第三种情况，因为在网友发布前网络服务商不能控制，所以不承担法律责任，但是如权利人告知后，网络服务商仍未采取措施，则属于侵权行为。本案例中，因为几位作家的作品均由世纪互联通讯技术有限公司的“灵波小组”整理而得，属于第一种情况，构成侵权。

(4) 网络上使用作品的付酬标准　纵观本案例可看出，本案例争议较大的一个问题是对于网络作品的付酬应依据什么标准。在一审判决中，基本上是以书籍稿酬为标准，进行适当提高的原则确定赔偿数额的，目前法律对网络上使用著作权人的作品付酬标准没有明文规定，双方当事人也没提出自己的计算方法，在这种情况下，按照文字作品稿酬的标准确定的赔偿数额应当说是解决本案例赔偿问题的一个比较妥当的方法。国外审判实践中的一种做法是以被告的网站上传播的原告的作品的访问次数作为计算依据，参考网络服务商每千次访问量收取用户广告费 30 美元的标准来计算侵权赔偿数额的。但是这就涉及多少访问量的控制问题，这有时候是很难实现的。许多人认为，定额赔偿不失为网络侵权案件最好的赔偿问题的解决方法，但这有待著作权法的修订或司法解释的尽早出台。

(5) **精神损害赔偿**　在本案例中，对精神损害没有进行赔偿。这是因为在现行的法律条款中，没有对网络著作权进行精神损害赔偿的规定。在现行的法律条款中，《中华人民共和国民法通则》中第一条规定了精神损害赔偿的范围："自然人因下列人格权力遭受非法侵害，向人民法院起诉请求精神赔偿的，人民法院应当依法予以受理。①生命权、健康权、身体权；②姓名权、肖像权、名誉权、荣誉权；③人格尊严权、人身自由权。"所以依据现行的法律而言，没有可以依据对六位作家进行精神损失赔偿的法律条文，故在本案的审理中，未对六位作家赔偿精神损失费用。

16.3　侵犯商标权、不正当竞争纠纷案例分析

16.3.1　案例背景

原告宝洁公司诉被告北京市天地电子集团（以下简称天地集团）侵犯商标权、不正当竞争纠纷一案，北京市第一中级人民法院于 2000 年 3 月 22 日受理后，依法组成合议庭，于 2000 年 10 月 16 日公开开庭进行了审理。原告宝洁公司的委托代理人郭克强、朱军，被告天地集团的委托代理人戴伟到庭参加了诉讼。

16.3.2　案例简介

(1) **起诉简介**　原告宝洁公司诉称：宝洁公司始建于 1905 年，是"Tide"注册商标的所有人。早在 1976 年，（瑞士）宝洁公司就在中国获准注册了"Tide"商标，核定使用商品为"香皂、肥皂、洗剂及擦亮制剂"。1992 年 8 月 10 日，该商标经核准转让于宝洁公司，经宝洁公司依法办理续展手续，注册有效期已续展至 2006 年 5 月 7 日。宝洁公司还获准注册了"Tide/汰渍"文字和图形组合商标，商标有效期至 2009 年 9 月 6 日。宝洁公司在中国投资组建了广州宝洁洗涤用品有限公司，并许可其使用上述"Tide"等商标。在宝洁公司与广州宝洁洗涤用品有限公司的努力下，使用"Tide"商标的产品在我国已经家喻户晓，拥有较高的市场份额和消费群体，享有很高的知名度和美誉度。宝洁公司还在世界上 160 多个国家和地区注册了 370 个"Tide"和"Tide 图形"商标。"Tide"不仅是中国著名的洗衣粉品牌，也是世界最大的洗衣粉品牌。宝洁公司和广州宝洁洗涤用品有限公司为宣传"Tide"商标品牌投入了巨额广告费用。"Tide"商标已经成为国内、国际市场上享有较高知名度和较高信誉、为广大消费者所熟知的驰名商标。在实践中，国家工商行政管理局商标局也将其作为全国重点商标进行保护。随着电子商务的崛起和网络资源的开发和利用，宝洁公司制定了网上营销计划，在国际互联网上注册了 http：//www. tide. com. cn/域名。但当宝洁公司想在中国互联网上以"Tide"注册时，发现被告已经抢先注册了城名 http：//www. tide. com. cn/。被告北京市天地电子集团明知"Tide"系宝洁公司享有商标专用权的驰名商标，却抢先注册了与其商标、商号或名称毫无联系的 http：//www. tide. com. cn/域名。其行为使宝洁公司无法在网络媒体上利用自己的驰名商标创造商机，降低了"Tide"商标的广告价值，导致消费者的混淆，淡化了"Tide"驰名商标在网络上表现与区别商品的能力，损害了宝洁公司的合法权益。被告的行为不仅侵犯了宝洁公司的商标权，而且是一种与我国民法通则规定的诚实信用原则相悖的恶意抢注行为和"搭便车"的不正当竞争行为。请求法院判令被告：立即停止商标侵权行为及不正当竞争行为，立即停止使用并撤销其已注

册使用的 http：//www. tide. com. cn/域名；承担本案全部诉讼费用。

（2）当事人诉辩主张 原告宝洁公司诉称：公司始建于 1905 年，是“Tide”注册商标的所有人。公司制订了网上营销计划，在国际互联网上注册了 http：//www. tide. com. cn/域名。但当公司想在中国互联网上以“Tide”注册时，发现被告已经抢先注册了城名 http：//www. tide. com. cn/。被告北京市天地电子集团明知“Tide”系宝洁公司享有商标专用权的驰名商标，却抢先注册了与其商标、商号或名称毫无联系的 http：//www. tide. com. cn/域名。其行为使宝洁公司无法在网络媒体上利用自己的驰名商标创造商机，降低了“Tide”商标的广告价值，导致消费者的混淆，淡化了“Tide”驰名商标在网络上表现与区别商品的能力，损害了公司的合法权益。应承担案件诉讼费及调查费。

被告天地集团辩称：我方无抢注域名的行为，原告诉我方不正当竞争不能成立。我方注册 tide 域名并不违反法律规定。首先，我方的产品涉及的是电子信息领域，而宝洁公司的产品涉及的是洗涤用品，属毫不相干的行业；其次，为方便对外交往和宣传，我方于 1994 年参照译音、译意合理的原则，采用了 Tide 英文名并广泛使用；再次，经我方多年努力，我方产品已有很高的市场占有率，“天地”在业界具有很大的影响力，根本无必要抢注宝洁公司的商标为域名，我方的域名与宝洁公司的商标相同纯系巧合，且系因互联网域名只能用英文注册造成的结果。因此原告的起诉不能成立，请求法院驳回原告宝洁公司的诉讼请求。

（3）经审理查明：

① 双方当事人对以下事实没有争议。

1976 年 5 月 10 日，普罗克特和甘布尔公司（瑞士）(PROCTER & CAMBLE AC) 经国家工商行政管理局商标局核准注册了“Tide”文字商标，注册号为 75402，核定使用商品是第 70 类，香皂、肥皂、洗涤和擦亮制剂，有效期自 1976 年 5 月 10 日起至 1986 年 5 月 9 日止，续展有效期至 1996 年 5 月 9 日止，续展注册在商品国际分类第 3 类。1992 年 8 月 10 日，该商标经核准转让于宝洁公司，经续展，该商标有效期至 2006 年 5 月 9 日止。

1996 年 6 月 14 日，宝洁公司经国家工商行政管理局商标局核准注册了“Tide”商标，注册号为 846154，核定使用商品是第 3 类洗衣用漂白剂和其他物料；清洁、抛光、擦亮和研磨制剂和材料；去垢剂；肥皂、香皂；香料、香精油、化妆品、洗发液、牙膏、牙粉。有效期自 1996 年 5 月 14 日起至 2006 年 5 月 13 日止。

1997 年 9 月 7 日，宝洁公司经国家工商行政管理局商标局核准注册了“Tide 和汰渍”文字与图形组合商标，注册号为 1092502，核定使用商品是第 3 类，洗衣用漂白剂和其他物料；清洁、抛光、擦亮和研磨制剂和材料；去垢剂；肥皂、香皂；香料、香精油、化妆品、洗发液、牙膏、牙粉。有效期自 1997 年 9 月 7 日起至 2007 年 9 月 6 日止。

此外宝洁公司还经国家工商行政管理局商标局核准注册了两个不同中文字体的“汰渍”文字商标。

宝洁公司许可广州宝洁洗涤用品有限公司在我国使用“Tide 和汰渍”文字与图形组合商标以及其他“Tide”、“汰渍”商标。在广州宝洁洗涤用品有限公司生产的汰渍牌洗衣粉的外包装袋上，使用了“Tide 和汰渍”文字和图形组合商标，“Tide”位于包装的显著位置。

1995 年 7 月 30 日，宝洁公司在国际互联网上注册了 tide. com 域名。

1988 年 8 月北京市天地电子技术开发公司成立，1997 年 10 月变更企业名称为北京市天地电子集团，主营计算机软硬件开发、制造、电子产品（除家用电子产品）、通讯设备、自动控制设备、仪器仪表的开发、咨询、服务，兼营销售开发后产品及电子元器件（除无线电发射设备）。天地集团负责管理北京市胜天地电子信息有限公司、北京市达成电子信息联合公司、北京金天地软件发展有限公司、北京天地电子集团深圳分公司、广州市天运电脑网络有限公司、上海天帝电子信息有限公司。

1998 年 4 月 9 日，天地集团在中国互联网络信息中心注册了 tide. com. cn 域名，并取得域名注册证，编号为 98409005002。在互联网上，通过网址 http：//www. tide. com. cn/可以进入天地集团的网页，其网页首页上记载了天地集团的结构、业务项目、目标、宗旨、联系地址、电话、传真等内容，该网页上还载明了天地集团的 E-mail 地址为 tiandi@public. bta. net. cn。

1999 年 10 月 14 日，宝洁（中国）有限公司致函天地集团，表示天地集团注册的域名 tide. com. cn 使用了宝洁公司的注册商标“Tide”，违反了《中国互联网络域名注册暂行管理办法》的规定，提议天地集团对其域名注册进行修改或予以注销。1999 年 11 月 9 日，天地集团回复称：愿意有偿退出该域名注册，退出的条件是：a. 补偿天地集团新域名注册费 300 元；b. 新域名与电报局链接修改费用 30 万元；c. 原域名中产品及企业介绍造成的损失 40 万元；d. E-mail 的更改费用及业务损失费用 30 万元；e. 新域名注册的人工费及其他费用 3000 元。1999 年 11 月 12 日，宝洁（中国）有限公司答复天地集团：不能接受其退出条件的第 3、4、5 项。

2000 年 3 月 2 日，宝洁公司向本院提起本案诉讼。

双方当事人对上述事实不持异议，且有国家工商行政管理局商标局商标档字（2000）第 84 号商标注册证明、第 75402 号商标注册证、第 846154 号商标注册证、第 1092502 号商标注册证、第 972554 号商标注册证、第 972555 号商标注册证、商标许可使用合同（2000）粤公证内字第 15426 号公证书、天地集团的营业执照和简介、域名注册证、（2000）粤公证内字第 07726 号公证书、宝洁中国有限公司与天地集团的往来传真及当事人陈述等证据在案佐证，北京市第一中级人民法院予以确认。

② 宝洁公司为证明 Tide 为驰名商标提供的证据。

宝洁公司及其全资子公司在世界各国已获得的“Tide”和“Tide 图形”商标注册清单及部分商标注册证，该清单载明：截至 1999 年 12 月宝洁公司及其子公司已在 160 多个国家和地区注册的 370 个“Tide”和“Tide”图形商标的基本情况。

获奖证书，载明：广州宝洁洗涤用品有限公司生产的汰渍牌洗衣粉于 1995 年 11 月荣获由国内贸易部、国家技术监督局、全国消费者协会等 7 个部门联合颁发的 1995 年“全国畅销国产商品金桥奖”。

《中国化妆品报》《文化报》等报，载明：1995 年 9 月至 1996 年 10 月，汰渍洗衣粉的市场占有率位列洗衣粉/液类产品前 10 名，其销售额在全国 50 家大、中型零售商场位列前 10 名。

全国百家亿元商场畅销商品及品牌资料，载 1997 年度全国百家亿元商场洗衣粉品牌销售量、销售额市场占有率及排序中，汰渍洗衣粉销售量、销售额、市场占有率均列同类产品的第二位。

中华全国商业信息中心关于 l998 年、1999 年全国畅销商品及品牌资料，载明：1998 年 1 月和 1999 年 4 月汰渍洗衣粉的市场统会占有率、市场销售量份额和市场覆盖面均位居同类产品首位。

全国电视台播出 Tide 广告的清单载明：宝洁公司在 1998 年在全国 300 个电视频道进行了广告宣传。

1996 年 10 月 18 日的《市场时报》，该报刊登了题为《国产品牌后劲不足》的文章，文中列明的洗涤用品排名中“汰渍”以 32.02%的市场占有率名列洗衣粉类商品第一。同年 12 月 13 日的《市场时报》又刊登了题为《洗涤化妆品牌众多垄断市场初见端倪》的文章，文中列明的洗涤用品排名中，“汰渍”以 32.02%的市场占有率名列 1996 年 7 月洗衣粉类商品第一，以 13.4%的市场占有率名列 1996 年 9 月洗衣粉类商品第三。

国内贸易部商业信息中心 1997 年发布的洗衣粉品牌监测资料，载明：“汰渍”洗衣粉为 1997 年洗衣粉全年被推荐的市场十大主导品牌之首，其以市场综合占有率 21.4%、市场销售量份额 19.1%和市场覆盖面 23%排名第一。

1998 年 1 月 6 日《中国商报》登载的《一九九七年十一月全国百家大型商场化妆品及清洁

洗涤剂市场畅销品牌市场占有率排行榜》中，“汰渍”以23.4%的占有率列洗衣粉类商品第一。

1998年12月14日的《中国商报》登载的《1998（第6次）全国市场产品竞争力调查结果》载明：洗衣粉类产品中，“汰渍”以25.821%和25.112%的比率分别名列“心目中理想品牌”“实际购买品牌”和“99年购物首选品牌”第一。

2000年3月26日的《中国商报》，该报登载的《中华全国商业信息中心中国商业统计学会1999年消费品市场信息发布》中，“汰渍”以17.1%的市场综合占有率名列“全国重点大型商场1999年商品品牌商场销售状况（前三名）”洗衣粉类商品第一。2000年4月5日的《中华工商时报》也刊登了同样内容的报道。

北京华通现代市场信息咨询有限公司于2000年4月19日提供的1996至1999年度汰渍认知度报告证明，载明：根据在广州、北京、成都、上海、武汉、西安、哈尔滨、南京等城市进行的汰渍认知度调查，对随机抽取的年龄18～65岁在家里负责购买家庭用品最多的女性进行了无记名入户访问，结果表明，对汰渍的认知度为1996年11月～12月91%；1997年10月～12月94%；1998年10月～11月97%；1999年9月98%，10月99%，11月99%，12月98%。

北京市精诚兴信息有限公司于2000年4月20日作出的“1997～2000年度汰渍认知度报告证明”，载明：根据1997年至2000年在全国30多个大中城市进行的汰渍认知度调查，对近万名随机抽取的年龄在18～65岁的女性进行了无记名访问，结果表明，多数城市被访问者对汰渍的认知度在95%以上。

技监局发（1997）196号国家技术监督局文件《关于下达第二批重点保护名优产品名单的通知》，其附件1载明：广州宝洁有限公司生产的宝洁系列洗发护发、洗涤产品被列入第二批重点保护范围的名优产品名单。

穗工商函［2000］169号广州市工商行政管理局向美国宝洁公司发送《关于对广州市重点商标保护企业实行打假承诺制的通知》，载明：将美国宝洁公司列入广州市重点商标保护企业。

商标（1999）13号国家工商行政管理局商标局文件《关于印发〈全国重点商标保护名录〉的通知》，载明：宝洁公司的汰渍/Tide牌洗涤用品被列入全国重点商标保护名录。

国家工商行政管理局商标局编制的《全国重点商标保护名录》（2000年6月调整），载明：宝洁公司的Tide/汰渍牌洗涤用品被列入全国重点商标保护名录。

大地集团对上述证据的真实性没有异议，但提出这些证据不能证明Tide为驰名商标，因为驰名商标应由国家有关行政管理部门进行认定。鉴于天地集团对上述证据的真实性表示认可，故北京市第一中级人民法院对上述证据载明的事实予以确认。对于是否可以由此认定Tide为驰名商标，将在北京市第一中级人民法院认为部分予以确定。

③ 天地集团为证明其使用Tide的情况以及天地集团在其业界的知名度提交的证据。

北京市天地电子技术开发公司天地集团简介，载明：北京市天地电子技术开发公司的英文名称为Beijing Tide Electronic Engineering Corporation；天地集团的英文名称为：Beijing Tide Electronic Group。该简介没有时间记载。

天地集团在1997年9月至2000年6月与外商交往的7份英文信函，载明：交往双方均以Tide作为天地集团的英文名称的一部分或英文简称。

天地集团在美国注册的INFOTIDE公司的股票单（1997年8月和1998年3月各一），载明：天地集团的英文名称为Beijing Tide Electronic Group。

2000年9月25日的《计算机世界》、2000年10月9日的《中国电子商情》，载明：北京胜天地电子信息有限公司的E-mail地址为：Market@tide. com. cn和Support@tide. com. cn；北京天地高科技有PK公司的E-mail地址为Market@tide. com. cn；成都市天地蓝电子信息有限责任公司的E-mail地址为cd@tide. com. cn。

1999年4月17日《华侨报》、1999年4月19日的《计算机世界》、1999年4月22日的《通信产业报》、1999 年 4 月 21 日的《金融时报》、1999 年 4 月 22 日的《中国计算机报》、1999 年 4 月 26 日的《互联网周刊》、1999 年 4 月 28 日的《世界计算机周刊》、1999 年 5 月 3 日的《计算机世界》，上述报纸均刊登了美国 ZOOM 公司与天地集团签订中国代理协议的有关报道。

根据被告天地集团的证据，不能得出其在宝洁公司注册“Tide”商标前已经使用“Tide”的事实，也不能证明其依法取得了“Tide”的企业名称权。新闻媒体就天地集团的有关报道，不能证明天地集团所持有的 tide. com. cn 域名已经获得一定的知名度。故天地集团提供的证据不能支持其主张的事实。本院不予认定。

16.3.3　案例分析

在本案中，原告指控被告注册和使用 tide. com. cn 域名的行为侵害原告的民事权利，构成侵犯商标专用权及不正当竞争，据此请求法院依法追究被告的民事侵权责任，故本案应适用我国的商标法和反不正当竞争法进行处理。宝洁公司系美国法人，我国与美国均属《保护工业产权巴黎公约》的成员国根据我国法律的有关规定，该公约的相关规定可以在本案中适用。

“Tide”文字商标早在 1976 年就在我国进行了注册，宝洁公司受让获得该商标。此后，宝洁公司又注册了“Tide 和汰渍”文字和图形的组合商标，宝洁公司对上述商标享有专用权，受我国商标法的保护。

根据审理查明的事实可以看出，宝洁公司为宣传 Tide/汰渍商标及使用该商标生产的洗衣粉产品自 1994 年至 2000 年投入了巨额广告费用在我国进行了长期、广泛、持续的广告宣传，使该产品在 1995 年就获得了“全国畅销国产商品金桥奖”。1995 年至 1997 年的产品销售量市场占有率及社会认知度呈逐年上升趋势。1997 年被推荐为洗衣粉的十大主导品牌之首，市场综合占有率、市场销售量及市场覆盖面均排名第一，并被国家技术监督局列入第二批重点保护范围的名优产品名单。1998 的认知度已经达到 97%。1999 年，Tide/汰渍牌洗涤用品被国家工商行政管理局商标局列入全国重点商标保护名录。同时，宝洁公司将“Tide”商标在 160 余个国家和地区进行了注册。通过宝洁公司及其子公司多年以来对该商标的广告宣传，以及使用该商标的商品良好的质量，使在显著位置使用了“Tide”商标的汰渍洗衣粉在被告将 tide 注册为域名前已经在我国得到了较高的认知度，占有了较大的市场份额。鉴于 Tide/汰渍商标已为我国相关公众所熟知的事实，宝洁公司在本案中关于 Tide/汰渍商标属驰名商标主张，本院予以支持。对于被告天地集团提出的驰名商标只能经过工商行政管理机关认定的主张，本院认为，一方面，商标权属于民事财产权的范畴，驰名商标的认定及保护属于该范畴的一部分，而对于因民事财产权产生的争议，人民法院均有司法管辖权；另一方面，由于商标是否驰名是一种客观事实的确认，因此人民法院有权就案件涉及的商标是否为驰名商标作出认定。故被告天地集团关于“Tide”商标未经行政认定程序，不属驰名商标的主张没有法律依据，本院不予支持。

《保护工业产权巴黎公约》确立了驰名商标的保护制度，要求各成员国为驰名商标提供强于普通注册商标的保护。根据这一原则，驰名商标应当受到在普通商标一般保护基础上的更高水平的特殊保护或扩大保护，这种保护应理解为可以将保护的客体扩大到与驰名商标所指定的商品或服务不相类似的商品或服务上。由于驰名商标具有极高的商业价值，即使在不相类似的商品或服务上使用也会引起混淆而导致消费者的误认，因此，禁止他人未经许可以任何形式对驰名商标做商业性使用是保护驰名商标的本质所在。随着科学技术的进步，互联网的应用得到了普及和发展，并且日益成为企业宣传自身形象和提供商业服务的工具。在互联网上给予驰名商标特殊保护，可以使驰名商标及其商誉价值免受损害。

域名作为互联网用户在网络中的名称和地址，其作用是确定网络地址，便于网络上的信息传递。由于域名具有识别性，有显著的区别功能，网络中的访问者可以凭借域名的识别性来区分信息服务的提供者，域名日益成为企业在互联网上的重要标志，因此往往被用作商业标识符号。域名的这一特性使其在商业领域具有重要的知识产权意义。企业往往尽可能使用其商标或商号作为域名的实质部分，使访问者可以通过域名识别网站创立人的信息和服务。使用驰名商标作为域名，还可以利用驰名商标的知名度和信誉进行商业宣传，以吸引客户，获得较高的访问率，具有更高的商业价值。因此，未经商标专用权人的许可，将他人的驰名商标注册为域名并使用该域名行为，必然损害商标专用权人的合法权益。

被告天地集团在明知“Tide”为原告宝洁公司的驰名商标的情况下，注册包含有宝洁公司驰名商标“Tide”的“tide. com. cn”域名在互联网上使用，足以导致公众误以为该域名的持有者与“Tide”商标存在某种联系，引起公众对其出处的混淆。尽管进入被告天地集团的网页后，访问者不会对天地集团与宝洁公司产生联系，但天地集团将 Tide 作为域名使用的行为使“Tide”的显著性降低，必然导致该商标的淡化。同时，被告注册“tide. com. cn”域名的行为，阻止了宝洁公司将其驰名商标以最简洁的方式用于域名注册，妨碍了宝洁公司在中国互联网上使用自己的商标进行商业活动，被告天地集团辩称其早于 1994 年即开始使用 Tide 作为企业名称，但未能提供证据支持这一主张，且不能说明该公司的名称、地址、简称、标志、业务或其他任何方面与“Tide”一词有关，不能证明其对“Tide”享有在先权利或注册该域名的正当理由。因此，被告天地集团注册和使用 Tide 域名的行为已构成对宝洁公司驰名商标专用权的侵犯，应承担相应的侵权责任。

同时，我国反不正当并争法明确规定，经营者应当遵循诚实信用的原则，遵守公认的商业道德，被告天地集团将原告宝洁公司的驰名商标注册为域名使用，无偿占有宝洁公司的商誉，误导欲访问宝洁公司网站的客户进入天地集团的网页，以增加其网站的访问率，为自己谋得不当利益；同时，该行为使宝洁公司无法在中国互联网上利用其已有的驰名商标“Tide”的知名度及商誉进行商业活动，降低了其驰名商标这一无形资产的价值。被告天地集团的行为违反了诚实信用原则，其行为亦构成了不正当竞争。

综上，被告天地集团将原告宝洁公司的“Tide”商标注册为域名使用的行为构成对原告宝洁公司商标专用权的侵犯和不正当竞争，应承担相应的法律责任。因此，对于原告宝洁公司的诉讼请求，本院予以支持。依照《中华人民共和国商标法》第三十八条第（四）项、《中华人民共和国反不正当竞争法》第二条第一款之规定，判决如下：

一、被告北京市天地电子集团于本判决生效之日起立即停止使用“tide. com. cn”域名。

二、被告北京市天地电子集团于本判决生效之日起 10 日内撤销其注册的“tide. com. cn”域名。

案件受理费 1000 元，由被告北京市天地电子集团负担（本判决生效后 7 日内交纳）。

如不服本判决，原告宝洁公司可在判决书送达之日起 30 日内，被告北京市天地电子集团可在判决书送达之日起 15 日内向本院递交上诉状及副本，并交纳上诉案件受理费 1000 元，上诉于北京市高级人民法院。如上诉期满后 7 日内未交纳案件受理费，按自动撤回上诉处理。

16.4 电子商务域名纠纷案例分析

16.4.1 案件背景

自 1992 年美国人提出建立信息高速公路以来，Internet 犹如飓风刮遍全世界。网络以最快的速度被世人所接纳。随着网络的发展，有些企业或个人别有用心地抢注本应属于别人的域名。随着抢注域名案件的逐渐增多，这一现象越来越得到社会各界的关注。

新经济条件下的商务活动，网络平台的建设是非常重要的一环，而拥有自己公司名称或驰名商标的域名也越为重要。这也是域名抢注的原因之一。域名抢注下不仅给权利人造成了损害，也给社会带来了混乱。例如网易花40多万买下了www.netease.net这个域名；海尔公司出资800万买回域名www.haier.com；麦当劳公司投入800万美元买回了自己的域名所有权。

互联网上的域名作为一种新的知识产权，无论是在国内还是在国际上，对其的保护都正处于探索阶段，尚无成型和成熟的先例可循。简单地借用专利权和商标权的方法进行保护是否可行，实在值得思考。域名作为一种新经济时代独特的知识产权，其自身的特点使之与其他已有知识产权迥然有异。首先，域名具有全球范围内的绝对排斥性特点。某一域名一经注册，任何行业、任何领域都不能再次注册使用。其次，域名具有转让性。再次，网络无国界的特性使得域名保护的国内法管辖往往鞭长莫及。最后，由于不同的国家、民族、文化的差异，对域名的文意理解存在着很大的分歧，而不像商标权、专利权可以通过确立文书进行明示和公定。

16.4.2　案例简介

本案原告为石家庄福兰德事业发展公司，被告为北京弥天嘉业技贸有限公司。原告于1995年申请注册了"PDA"商标，1997年3月取得注册商标证书，该商标核定使用商品为第9类(电子计算机及其外部设备、中英文电脑记事本等)，注册有效期为1997年3月至2007年3月。被告于1998年10月12日注册了"pda"域名，并获得中国互联网络信息中心（CNNIC）颁发的"pda.com.cn"的域名注册证。被告现网址为www.pda.com.cn，是主要介绍销售"掌上电脑"的网站。该网站网页上使用了"PDA"标志，该网站介绍及销售的产品均为其他厂家的掌上电脑产品。原告于1999年4月向北京市第一中级人民法院提起诉讼。

原告诉称，自己于1997年3月申请注册了"PDA"商标，该商标自己已使用2年，为公众所熟悉，已与原告的形象和产品紧密相连，原告准备申请与商标相同的名称"pda"为域名，但被告恶意抢先注册该域名，该域名和其公司或产品无任何直接关系。被告未经原告许可，使用原告注册商标为其产品进行网络宣传，已经构成商标侵权。请求判令被告停止使用互联网络域名"pda.com.cn"，停止对原告注册商标的侵权行为，并赔偿原告经济损失500元，承担本案诉讼费、律师代理费。原告起诉时的诉讼理由为侵犯商标权纠纷，在诉讼中又增加了不正当竞争。

被告辩称：互联网络域名是自己依法从CNNIC合法注册的，并拥有CNNIC颁发的域名注册证。"PDA"是原告注册商标前已存在的通用名称，原告对其不应享有专用权。原告无端指挥自己侵犯其注册商标，没有任何事实和法律依据，请求驳回原告起诉。

案件审理过程中，被告举出包括1997年出版的《标准英汉—汉英计算机详解辞典》《英汉微机小百科辞典》等证据，根据这些辞典的解释，"PDA"为Personal Digital Assistant（个人数据助理）的缩写，指一种轻便的掌中型计算机。原告没有对自己使用"PDA"商标的使用情况举证，亦没有为该商标的影响力及知名度提供充分证据。

诉讼中，原告举出《中国互联网络域名注册暂行管理方法》作为自己诉讼主张的根据。该《办法》于1997年5月30日，国务院信息化工作领导小组颁布。该《办法》第23条规定："……当某个三级域名与在我国境内注册的商标或者企业名称相同，并且注册域名不为注册商标或者企业名称持有方拥有时，……若注册商标或者企业名称提出异议，在确认其拥有注册商标权或企业名称权之日起，各级域名管理单位为域名持有方保留30日域名服务，30日后域名服务自动终止。"

北京市第一中级人民法院于1999年6月30日公开开庭审理了此案，经过约1.5小时的庭审，法院当庭做出判决，判决认为：被告将"pda"标志注册域名的行为，不属于商标法规定的在相同或类似产品上使用商标的侵权行为，故被告的行为不构成侵犯原告商标专用权；原告没有提供证据证明自己的"PDA"商标是有一定影响力和知名度的商标，没有使公众产行混淆，故被告的行为不构成不正当竞争。据此，判决驳回原告的诉讼请求。判决后，双方当事人均未上诉，该判决已生效。

16.4.3 案例分析

域名抢注是以知名工商企业或组织的名称或商标或标志语作为自己的域名抢先注册，致使原所有者不能以其名称或商标注册域名的行为。

本案石家庄福兰德公司告北京弥天嘉业技贸有限公司抢注域名案被告的行为是否是抢注应从以下几点分析。

(1) 被告的行为侵犯了原告的权益有没有法律依据　原告起诉时的诉讼理由为侵犯商标权纠纷。被告的行为是否构成商标侵权，应依照商标法的相关规定进行判断。原告的商标为产品商标，根据商标法第38条规定，在相同或类似商品上使用与其注册商标相同或者近似商标的，属于侵犯商标权的行为，因此，在相同或类似商品上使用注册商标，为商标侵犯的构成要件。将商标注册域名，明显不属于在相同或类似商品上使用商标。应该说，无论是商标法第38条，还是商标法实施细则第41条，对商标侵权行为的规定均是列举式的，并非开放式的，这就排除了可以从法律明确规定的侵权行为之外认定侵权的可能。法无明文不为罪，在法律上不能找到被告侵犯原告商标权的法律依据，也就不能认定被告的侵权行为。

(2) 案件审理过程中如何处理《中国互联网络域名注册暂行管理办法》的效力　《中国互联网络域名注册暂行管理办法》于1997年5月30日由国务院信息化工作领导小组所颁布。根据该《办法》，如果注册域名与他人先前商标发生冲突，该域名停止使用。该《办法》对域名注册管理单位在处理此类纠纷时产生效力。但在司法诉讼中，是否构成侵权，仍应根据相关的法律进行判断。本案原告所提诉讼为指控被告侵犯商标权和构成不正当竞争，案件的审理应按照商标法和反不正当竞争法的观点进行处理。

(3) 域名的优先权与先用权　域名注册的原则是“先注先得”，互联网上的域名由于其无国界、无行业限制的绝对排斥性特点，当某人或企业自身在商标权、专利权领域已获得保护时若提出优先权、先用权延伸保护申请，如果对这种申请一概承认，则限制了域名注册，另一方面，同名不同类商标的注册也必将使域名注册出现混乱。商标权、专利权具有使用权的地域限制性特点，这是与网络域名无地域性使用权根本不同的。本案被告北京弥天嘉业技贸有限公司注册www.pda.com.cn，主要为介绍销售“掌上电脑”的网站。原告于1995年申请注册了“PDA”商标，该商标核定使用商品为电子计算机及其外部设备、中英文电脑记事本等，也就是说原告属于产品生产企业。二者虽都采用了“pda”，但被告并不属于恶意抢注域名，当前国内司法领域判断域名抢注侵权标准主要是要满足三个要素：“是否恶意、是否会引起混淆、当事方能否对其域名做出合理解释。”被告北京弥天嘉业技贸有限公司既不存在恶意，也不会因为使用“pda”而产生混淆，况且www.pda.com.cn本身就是介绍“pda”产品的网站；同时，在电脑行业中，“PDA”为轻巧的掌上型计算机的代称，该标志不特指原告单位及产品。所以被告并不存在恶意抢注原告企业域名的行为。

从本案中我们的商务企业应该汲取一些经验教训，为了保护本企业的利益不受侵犯，应及早建立自己的网站，搭建自己的网络平台。为本公司发展电子商务打好网络基础的第一关。

知识加油站

一、电子商务的法律环境

电子商务实质是用先进的信息和通信技术改造传统商业模式的一次革命，它的健康发展需要良好的社会环境和健全的法律制度。电子商务立法是推动电子商务发展的前提和条件。电子商务的立法问题得到了有关国际性、地区性组织和许多国家政府的高度重视。迅猛发展的全球电子商务正在呼唤国际社会加快电子商务法制建设的步伐。

当前，互联网和电子商务中面临的众多法律问题，包括几个世纪以来法律上的争论开始在互联网上重现，权利和自由在新的环境中提出新的要求，政府和个人都在互联网上呼吁言论自由和保护个人隐私等，电子商务使得传统商务所适用的法规和政策受到了挑战。一方面，由于技术革新的高速发展，使得法律法规的更新显得相对缓慢，消除电子商务的法律屏障已成为一种严峻的挑战。电子商务的发展速度已经大大超过了一个国家适时地调整其法律框架的能力。即使试图对法律框架进行大的变革以适应电子商务的需求，也由于新的意想不到的问题的不断出现和变革速度上的悬殊差距，使得适时的法律调整总是跟不上电子商务高速发展的步伐。另一方面，在电子商务的法律框架缓慢成长的同时，一些非完全技术革新因素，例如技术与工业之间发展循环周期的缩短、因特网的网民数量剧增、一些国家率先进行一些电子商务方面的政策法规调整等，也引发了一种对跨领域规则的迫切而显著的需要。电子商务导致了一场在数字化市场中对法律框架的根本性反思。

电子商务涉及的法律问题非常多，如网络环境下著作权、域名、专利、税收、法律适用、隐私权、安全保密和合同等。随着时间的推移，电子商务中需要解决的问题正在变得清晰。

建立一个良好的法律环境是网上交易的前提和保障，是电子商务健康发展的关键。电子商务法律体系建立的目的是要营造一个有利于电子商务发展的内外环境，为下一个世纪经济发展和促进电子商务的发展提供坚实基础。

二、电子商务立法原则

面对飞速发展的电子商务，一些国家的政府和国际组织纷纷出台一系列文件和协议，以谋求制订统一的电子商务的“游戏规则”。1996年12月联合国国际贸易法委员会推出了《电子商务示范法》，为各国电子商务立法提供了一个范本。为了加快信息技术的发展，为更好地进入别国的市场创造条件，打破一些国家对信息技术市场的政策限制和市场垄断，1996年12月，与全球信息贸易交易83%的世界贸易组织28个签约方签署了第一个国际协议——《信息技术协议》。该协议要求各方在2000年前取消200种信息技术产品的关税。1997年2月，占全球电信服务收入95%的世贸组织的68个成员国达成《全球基础电信协议》，承诺从1998年1月起，取消对电信部门的垄断，在所有电信服务领域实现自由化。1997年4月欧盟出台了《欧洲电子商务会议》；同年7月美国推出了《全球电子商务框架》，框架展示了美国政府电子商务系统化政策和谋求国际规则主导权的企图，框架中提出的发展全球电子商务的基本原则和国际协作领域受到了发达国家的普遍支持，框架已经成为各国商讨全球电子商务政策法规问题的准则。

虽然一些国家和组织纷纷制定相关法律法规、起草电子商务框架、签署双边协定、出台各种指令性文件等手段来构筑电子商务的国际规则。但是电子商务在全球范围内的迅速普及，使得尽快通过国际合作和充分协商，建立一个国际社会普遍接受的电子商务国际框架，成为当务之急。1998年5月召开的世界贸易组织部长级会议签署了《关于电子商务的宣言》，其规定至少一年内免征互联网上所有贸易活动关税。

1998年10月召开了被称为“全球电子商务里程碑”的经济合作与发展组织的电子商务部长级会议，接着在1999年9月召开了被称为“全球企业界电子商务大聚会”的“电子商务全球商家对话”巴黎会议。这两个大会为推进全球电子商务法制建设制订了《全球电子商务行动计划》，描绘了未来全球电子商务法制建设的蓝图，系统地阐述了国际社会对电子商务建设的指导原则。巴黎会议上企业界对身份认证和安全等九大问题的关注，充分说明了国际企业界对电子商务的政策法规问题的关注已经超越了IT产业的范围，电子商务法制建设的重要性已经引起了国际传统企业界、银行界和流通业界的广泛关心。同时，企业界表明了在电子商务法制建设方面的原则立场，即主张企业自立和市场驱动的原则。并准备起草有关因特网和电子商务法律框架的建议。

电子商务既是全球经济一体化的产物，也是全球经济一体化发展的重要推动力，发达国家正在从战略发展的角度来规范和建立电子商务的法律规范。例如美国，它着眼于21世纪经济的持续增长，把发展电子商务作为政府的主要任务之一。从美国1997年以来发表的有关电子商务的政策性文件、基本框架原则以及美国和日本、欧盟、法国等签署的双边协议来看，美国的电子商务基本政策和原则框架已趋向成熟，并在某种意义上成为各国发展电子商务的先导。发达国家之所以纷纷制定相关法律法规、起草电子商务框架、签署双边协定、出台各种指令性文件等，其目的是为了在电子商务技术领域获得战略性竞争优势的同时，获得制定电子商务国际规则的主导权、辖制权。

虽然我国的电子商务才处在初级阶段，从提供一个和谐和规范的商务活动环境出发，由政府有关部门、法律工作者、信息技术专家和传统的企业界、银行界共同参与，来研究制定我国的电子商务法律规范，以保护公平竞争，保护消费者的权益，保护知识产权和个人隐私，打击网络犯罪的行为，促进我国电子商务的健康、有序发展是当务之急。制定电子商务法律法规时，首先需要考虑以下几个方面。

① 立法的指导思想。电子商务立法的出发点是为了营造一个公平交易、平等竞争的环境；其宗旨是维护电子商务参与各方的利益，保护网上知识产权、个人隐私不受侵犯，为此需要制订一整套鼓励监督、有助调解和打击犯罪的行之有效的方法；基于电子商务的全球性特点，立法时要充分考虑国内外的实际情况，建立一套与国际立法接轨的法律规范体系。其次，考虑到电子商务是发展中的事物，技术和规则方面均存在大量的不确定性因素，因此，适度规范、留有空间、行业自律、适时立法是立法者要遵循的原则；电子商务立法的目的是规范电子商务交易行为和建立一系列网络、商务活动的管理规范以达到推动电子商务健康发展。

② 传统商法的进一步完善与制定新法规并重。我国正处在计划经济向市场经济全面过渡的阶段，一切都处在变革之中，有关市场经济的法律法规很不完善。虽然我国颁布了合同法，2004年8月28日第十届全国人民代表大会常务委员会第十一次会议通过了《中华人民共和国电子签名法》，2005年4月1日起正式施行，《电信法》已经出台。但是有关银行、知识产权保护、隐私权保护方面的立法工作尚处在建立和完善之中。我国的电子商务正处在发展走向成熟时期，传统的贸易方式和电子贸易方式的长期共存，其间和谐与冲突同在，传统立法中的有关法律条文对于网上交易带来的一些新的问题有很多不相适应的地方。因此，在完善传统贸易方式相关立法的同时，要考虑到电子商务中出现的新问题，对传统立法做必要的调整或者另行立法，以保证网上贸易的顺利进行。对于网上交易，应建立统一的商业法典，重点是保护消费者利益，使电子签名合法化、确定化；建立清晰、有效的知识产权保护体系，研究网上著作权、专利权、商标权和域名的保护问题，包括防止盗版问题；互联网服务提供商的责任是一个非常复杂的问题，界定服务提供商在其用户储存非法信息或侵犯他人权利的事件中应负的责任，要解决好度和量的问题；个人隐私的保护，既要防止过度保护产生新的贸易壁垒，又要解决过度采集、二次利用和个人数据交易问题；网上的安全保密，主要针对商家、个人安全、公共安全、国家安全等，除了建立相应的工业标准，明确政府责任外，还要建立相应法规、加强国际合作；跨境交易中的税收和关税问题，包括是否免税、税收管辖、防止双重收税、税款流失等问题；电子支付中防止欺诈、伪造的发生；网上管制方面，主要是有关信息接入的国际合作问题、有关信息内容、外国信息内容的限制、广告内容限制以及互联网内容选择平台等要尊重各个国家的文化、语言、历史、传统，保护消费者不受低级、暴力、损害公共利益等方面的影响。这些都是需要研究和解决的问题。

③ 国内立法应和国际立法接轨。电子商务是全球性的商务活动，绝不是单纯的国内商务活动，因而它的所有运作都是在全球范围内进行的，所以，电子商务的法制规范既要考虑国内环境的问题，又要考虑到其他国家的法律法规问题。目前，一些国际组织和机构，如国际清算银行(BIS)、世界海关组织（WCO)、国际商会（ICC)、经济合作与发展组织（ECD)、联合国国际贸易法委员会（UNCIRTAL)、世界银行（WB)、世界贸易组织（WTO)、世界知识产权组织(WIPO)、欧盟（EU)、亚太经济合作组织（APEC）等，经常发布一些与电子商务有关的建议

和报告。他们的指令和建议很可能成为相关的法令和规则，我们一定要加以充分的关注。

电子商务活动的国际性决定了立法要和国际接轨，这是我们应该时刻注意的问题。因此，在我们制定自己的电子商务法律规范时，必须研究国外的电子商务发展和立法原则。可供借鉴基本原则概括起来有：为电子商务建立一个开放、公平竞争的环境；企业在电子商务发展中起主导作用；当需要促进国际化法律环境建立、公平分配匮乏资源的作用时，政府可以进行适当的干预，而且这种干预应该是透明的、少量的、重要的、有目标的、平等的，在技术上是中性的；企业介入电子商务政策的制定；电子商务交易应同使用非电子手段的税收概念相结合，应针对电子商务发展的特点重新审视并重新制定税收制度；电信设施建设应该使经营者在开放、公平的市场中竞争并逐步实现全球化；保护个人隐私和个人数据。

④ 构筑电子商务框架和细化问题。电子商务是一个全球范围内运作的、极其复杂的国际社会系统工程，它不仅涉及商务和技术领域，而且还作用于法律和公共政策、社会和行为、经济等方面。因此，需要考虑知识产权保护、隐私权保护、税收和贸易管理、出口管制、电子合同合法性等一系列法律法规问题，其涉及面广，内容复杂，关系到国内法、国际法、民法甚至刑法，除了要修改现行法规还要制定新的法规。

我国的电子商务发展应用时间较短，特别需要政府有关部门的规划指导和全社会的共同努力，做到国家、企业、消费者利益的协调统一。此外，我国电子商务的发展既要符合我国的国情，又要注意同全球的电子商务接轨。电子商务的政策制定和立法工作，目前在世界范围内，也还处于一个探索和试验的研究阶段。因此，我们应密切注意发展动向，研究、学习外国的有关法规和规范，并结合我国国情制定一套有中国特色的电子商务法规，以促进我国电子商务健康、有序的发展。重要的是，一定要处理好框架制定与细化的关系，就目前的现状而言，首先从制定有关电子商务立法的原则问题着手，进行有关电子商务定义、电子商务分类、网上交易统一的商业法典、电子支付、知识产权保护、国际私法、关税、个人隐私、安全保证、国民待遇、公共道德等问题的讨论和研究，尽快构筑电子商务框架，以指导电子商务的立法工作。对于个别急需解决的法律问题，如电子数字签名法可以专题研究，尽快处理是我们首要解决的问题。而探讨电子商务立法的主体、客体、权利、义务、诉讼程序、诉讼管辖等具体细节条款则可以按部就班地进行。

⑤ 企业界的积极参与。我国发展电子商务的方针政策是政府发挥宏观规划和指导作用，从示范工程入手，逐步引导，同时加强国际间的电子商务合作，借鉴先进的发展经验，以推动我国电子商务的健康发展。另一方面，要发挥企业在电子商务发展过程中的主体作用。客户和商家是电子商务中的重要角色，他们之间的交易通过网上交易中介完成，认证中心（CA）则负责交易的安全认证及监管，银行、金融机构负责资金流通。企业是电子商务中的主要参与方，是发展电子商务的主导力量。发展电子商务的关键是技术和规则，制定一些相关法律法规和网上安全保证措施等同样都需要企业的参与和配合。政府部门、法律工作者、信息技术人员和企业界共同研究法律、法规，制定相关标准、规则和政策，开展示范工程，宣传、普及电子商务知识，提高全民电子商务意识，营造一个有利于电子商务发展的内外环境，为下一个世纪经济发展和参与全球竞争打下基础。

三、电子合同知识

1. 电子合同的概念及种类

目前，没有国家或地区对电子合同给以明确的界定，但是根据联合国国际贸易法委员会第29届年会制定通过的《电子商务示范法》、美国统一州法委员会制定的《统一电子交易法》以及我国的合同法中的相关规定，电子合同是贸易双方通过信息网络系统以数据信息交换方式互递信息、签订合同、进行货物所有权转让或提供服务的合同形式。可见，电子合同的基本特征是订立方式的电子性，即电子合同应通过电子手段实施，具体可以通过电子数据交换、电子邮件、电报以及传真等方式展开。

通过网络订立合同从事交易，主要有两种形式：一种是完全依靠网络完成的合同交易，如利用网络进行软件买卖、提供有偿咨询等商业活动，并使用电子货币支付费用；另一种是将网络作为一种信息传递的手段，帮助完成合同的订立，随后的合同履行，如发运货物、收取货款等仍与网络相分离，采取与传统贸易相同的方式。在这种合同交易中，网络所起的作用实质上与电话、电报、电传等传统电子通信方式类似，只是更为便捷而已。但无论上述哪一种交易活动，由于其借助了网络这种现代的通信方式，使其与传统的以纸张为基础的商务活动有了较大的差异，同时也对适用于传统商务方式的现行法律提出了新的挑战。

2. 电子合同与传统合同之比较

虽然电子合同与传统合同有所不同，但其本质仍为合同，因此应当对两种合同进行比较、分析，从而对电子合同有一个更加清晰、准确地把握。合同的含义十分广泛，广义的合同是指作为平等主体的当事人之间设立、变更、终止民事关系的协议。传统合同主要有口头形式和书面形式两种。口头形式的合同是指当事人之间通过口头约定的方式达成的协议；书面形式的合同是指当事人通过书面形式明确双方意思表示的合同形式。与传统合同相比，电子合同的意义和作用并未发生实质性的变化，但是合同的形式却发生了较大的变化。

首先，合同的订立环境不同。传统合同的订立过程中，双方当事人一般通过面对面的接触，就合同内容达成一致的意见，然后订立合同。而交易双方在电子合同的订立中则一般没有面对面的接触，完全凭借数据信息的传递进行要约和承诺，从而最终订立合同。这样，为了保证交易的顺利完成，就要求合同的双方当事人具有较高的信誉并且存在证明其身份真实性的制度，于是电子签名、电子认证制度应运而生，随之产生了大量的相关法律问题。

其次，合同的履行和价款支付方式不同。由于电子合同的成立、变更、履行都是通过电子方式进行，这就使得电子合同的履行比传统合同更为复杂。与之相应的，也就产生了电子支付、电子银行以及对电子合同涉及的产品如何征税等法律问题。

最后，合同当事人的权利和义务有所不同。由于当事人双方在电子合同的订立过程中缺乏直接接触，所以对传统合同当事人较不重要的权利义务对电子合同的当事人却尤为重要。例如，当事人之间的信息披露义务、保护隐私权义务等。

总之，电子合同独有的特点使得现有传统法律体系难以应付由此而产生的大量问题，因此深入研究电子合同这一电子商务的主要表现形式，从而构筑电子商务法律框架，适应社会信息化发展的趋势是十分必要的。

3. 电子合同的履行

根据电子商务的具体实践，电子合同的履行方式主要有三种：一是在网上签订合同后，以常规方式履行合同（即离线付款、离线交货），如寄送所订购的商品并当时付款。这种情况下电子合同履行所涉及的法律问题与普通合同履行所涉及的法律问题并无差异，无须赘述。二是订立电子合同后，以常规方式交货，但通过电子方式支付货款（即在线付款、离线交货）。三是通过网络直接完成合同的全部履行过程（即在线付款、在线交货），如使用网络直接向软件购买者传送其购买的软件，而购买者直接通过网络进行电子资金支付。这种情况主要体现为有关信息产品电子合同的在线履行，具有一定的特殊性，因此下面就对这种电子合同的履行进行详细的分析。

(1) 合同履行中双方当事人的权利与义务　除了传统合同中当事人的付款交货义务外，信息产品电子合同还赋予当事人与该合同性质相配合的权利与义务。

① 信息交付的附随义务。此处的附随义务主要是指为了使交付的信息达到商业适用性，交付方所负有的为完成合同义务而必须履行的、并非出于合同规定的义务，以及接受方负有的合理提供技术设施从而接收交付行为的义务。美国《统一计算机信息交易法》第606条第2款规定："副本交付的履行，要求履行方提供并保持该有效的副本给对方支配，并且以合理的方式给对方必要的通知，使之能够访问、控制或处理该副本。如果适当的话，要求必须在合理的时间内提交

协议规定的访问材料或其他文件，接受履行的一方应合理地提供适合于接收履行的设施。”微软公司定期对其研制出售的软件进行更新，并允许用户通过网站下载最新版本即是附随义务履行的一种表现形式。

② 电子信息的检验。首先，当事人应当在电子合同中对电子信息的检验地点、时间和检验方法进行明确的约定。如果合同中没有约定的，则应当及时检验，以免事后发生争议。其次，由于电子信息的无形性，当事人在接收信息时只能对产品的许可权、规格、版本等表面情况进行检验。对于产品的真实品质，只能在其下载信息产品或进行安装后，才能判断产品的品质是否与合同中有关质量的条款规定相一致。如果上述下载是以接收人付款为前提，则其在付款前没有检验的机会。这样，应当规定接收人接受信息后的一段合理时间为检验期，在此期间，接受人如果发现信息产品有质量问题，可以请求退货、解除合同、返还货款并追究交付人的违约责任。

③ 电子信息控制与电子自我救助。电子信息控制是指电子信息开发商、供应商对信息利用所作的限制，其目的是为了保护电子信息或服务提供方的自身利益。美国《统一计算机信息交易法》对实施电子信息控制规定了明确的条件：“当事人有权对信息的使用实施限制，可以包括信息或副本中的自动限制，并在以下情况中使用：协议的条款授权限制的使用；该限制阻止对信息或副本与协议条款不相一致的使用；该限制阻止合同规定的有效期或次数届满后的使用；该限制阻止合同终止后的使用，而非规定的有效期或次数届满后的使用，并且许可人在进一步使用前发出了合理的通知。”

电子自我救助是指在被许可人侵权或违约的情况下，许可人依法定条件采取相应控制措施而进行自我保护的行为，具体体现为占有权与阻止权上。占有权是指在撤销合同时，许可人有权占有所有被许可人控制或占有的许可信息的副本，以及任何其他与该信息有关的根据合同应由被许可人退还或交付给许可人的材料。阻止权是指在撤销合同时，许可人有权阻止被许可人继续根据许可行使合同上或信息上的权利。

总之，信息产品特有的可重复使用性的特点决定了赋予许可人电子信息控制权和电子自我救助权是十分必要的。

(2) 电子合同的违约救济　根据我国合同法的理论，对违约行为追究责任适用严格责任原则，即只要合同当事人一方有违约行为，不论其是否有过错，都应承担违约责任。由于电子合同在本质上与传统合同并无二致，因此严格责任也应当适用于电子合同的违约救济中。同时，电子合同传输数据电文的特殊性，也使得电子合同的履行会遇到传统合同所未曾碰见的问题。因此，对由于不可抗力而造成的违约行为，则不要求当事人承担违约责任，即适用免责事由。根据电子合同的特殊性，不可抗力可以理解为：非因自己原因的网络中断，系统或文件感染病毒，非因自己原因引起的电子错误等。

根据我国《合同法》第 107 条的规定，当事人一方不履行合同义务或者履行合同义务不符合约定的，应当承担的违约责任包括继续履行、采取补救措施、赔偿损失等。根据电子合同的特点，对电子合同的违约救济应当有如下几种形式。

① 实际履行。由于电子信息产品的可复制性，使得实际履行切实可行，而且有助于帮助当事人实现合同正常履行时的利益。但是，对于由于履行内容不符合合同约定的，实际履行则不适用，当事人应当寻求其他救济方式。

② 停止使用。这种救济方式是针对被许可使用电子信息产品一方违约，许可方可以采取的措施。由于电子信息产品的可复制性，仅仅要求违约方交回被许可使用的电子信息产品并不能阻止其使用该产品。因此，应当要求违约方停止使用许可方的信息，同时交回其所占有和使用的许可方的信息及其所有复制件以及相关资料，这样才能真正保护许可方的利益。

③ 继续使用。这种救济方法是指赋予被许可方在许可方违约时仍旧可以继续使用许可方信息产品的权利。

④ 损害赔偿。损害赔偿是最常使用，同时也是最为有效的救济方式。在大多数违反电子合同的案例中，当事人都在请求上述救济中一种的同时，还请求损害赔偿这种最为直接的救济。

四、知识产权知识

1. 知识产权的概念和特征

从广义上来看，知识产权可以包括一切人类智力创作的成果，而狭义或者传统的知识产权则包括工业产权与版权（也称“著作权”）。其中，工业产权中又包含专利权、商标权等；著作权中则包括狭义的著作权与邻接权等。

知识产权有以下几个突出的特点。

(1) 知识产权是无形财产　知识产权是一种无形财产，这是知识产权最重要的一个特点。这一特点将它与其他一切有形财产相区别。一个有形财产的所有人不可能将他的财产同时卖给两个分别独立的买主，而知识产权的所有人则有可能把他的知识产权同时卖给两个或多个不同的买主。知识产权的这种特点给知识产权保护、知识产权侵权的认定等带来了比有形财产复杂得多的问题。

当然，知识产权的无形并非真的就无影无踪，不可捕捉。拿版权作品来说，除了口述作品以及某些尚未用乐谱固定下来的音乐作品的确是不能被人们视觉所感知，真正可以称得上是无形的以外，其他作品很难让人理解是无形的。文字作品有书，美术作品有画或者雕塑，这些都是可以看得到的、有形的东西。这里就要对知识产权客体本身和知识产权的载体进行区分。知识产权作为人类的智力成果是无形的，但记载知识产权的载体却可能是有形的。

(2) 知识产权具有专有性　有形财产权也具有专有性，但知识产权的专有性与之并不相同。例如，两人分别拥有两套完全相同的家具，这两人均有权互不干涉地转让、出租等；而两人分别研究出完全相同的发明，则在分别申请的情况下，只可能其中一个人获得专利权，获得专利权的人将有权排斥另一个人将自己研究出的发明许可或者转让给第三人。从这一点来讲，知识产权的专有权更具有排他性。即使是完全独立的人研究出相同的智力成果，权利人只能为其中一人。当然，知识产权的排他专有性这一特点也有例外，例如承认商业秘密属于知识产权的范畴，则相同商业秘密可以为多个人同时拥有。正因为知识产权具有专有性的这种特征，使得对它的处置比对有形财产的处置更加复杂。

知识产权的专有性特点将其与公有领域中的人类智力成果相区别。知识产权是人类智力成果中的一部分，但并非一切人类智力成果都是专有的。在人类历史的长河中，曾有过漫长的年代智力成果不受法律保护。即使在出现知识产权制度的今天，知识产权由于时间性而进入公共领域，就不再是由法律保护其专有性的智力成果了。

还应该注意的是，知识产权的专有性并不是绝对的，法律对各种知识产权都进行了必要的权利限制。这种限制是为了公共利益的需要，并不因此而否定知识产权的专有性。

(3) 知识产权具有地域性　知识产权的地域性是指知识产权只能依照一定国家的法律产生，并只在其依法产生的地域内有效。一项智力成果可能在某一个国家依照该国法律被否认为一项知识产权，而在另一个国家却因为法律制度的差异可能得不到该国法律的承认和保护。尽管现在世界很多国家正在参加制定意见统一的知识产权制度方面的国际公约或条约的活动，但在目前尚有很多国家在这方面存在众多分歧的情况下，知识产权的地域性就显得格外突出。

(4) 知识产权具有时间性　知识产权的时间性是指知识产权仅在法律规定的时间内有效，超过了法定期间，它们就不再属于知识产权制度保护的客体。知识产权的所有权在时间的可能性上与有形财产不同：有形财产的所有权可能随着有形财产的灭失而不复存在，但知识产权由于其无形的特点使得其所有权从一定意义上讲是永恒的。但法律将这种永恒的知识产权的所有权限定在一定时间内（如发明专利的保护期为20年、著作权的保护期为50年等），超过了一定期限，这些知识产权就进入了公共领域，这时对知识产权的使用就不用再顾虑原所有人了。这样的法律规定是为了对知识产权这种智力成果进行更好地利用。当然。知识产权中某些精神权利则不受时间性的约束，如作者的署名权等。

2. 知识产权的法律保护

(1) 知识产权的国内法律保护　我国当代对知识产权保护的法律制度起步于20世纪80年代初期。出于经济建设的需要，要建立起一套行之有效的法律制度，其中当然包括知识产权法律制度。从1982年起，我国开始大规模的知识产权立法工作，先后颁布了商标法（1982)、专利法(1984)、著作权法（1990)、反不正当竞争法（1993）等知识产权单行法律。与这些法律相配套的还有多部行政法规、条例和实施细则。

为了完善知识产权法律制度，我国从20世纪90年代起对主要知识产权法律法规开始进行修改，以调整中国法律与国际社会的距离，推动我国法律与国际接轨。20世纪90年代开始了对我国知识产权法律制度的第一轮修订。

对我国知识产权第一轮的修改还仅仅是局部调整和修正，进入21世纪后，随着我国加入WTO，为了承担我国作为世界贸易组织正式成员的相应义务，我国主要的知识产权法律被大规模地修订，主要法规被重新颁布，中国的知识产权法律制度进入了第二轮修订。

在著作权法方面，虽然1998年曾经提出过修改原有的著作权法，但由于种种原因一直没有修订。但为了与WTO的要求相一致，2001年10月27日第九届全国人民代表大会常务委员会第二十四次会议通过了《关于修改（中华人民共和国著作权法）的决定》，对著作权法进行了修正，该决定自公布之日起施行。2002年8月2日中华人民共和国国务院公布了《中华人民共和国著作权法实施条例》，该条例自2002年9月15日起施行，而1991年5月24日国务院批准、1991年5月30日国家版权局发布的《中华人民共和国著作权法实施条例》同时废止；2001年12月20日国务院公布了《计算机软件保护条例》，该条例自2002年1月1日起施行，而1991年6月4日国务院发布的《计算机软件保护条例》同时废止。除此之外，国务院也将公布其他与著作权法配套的法规。最高人民法院也公布了有关著作权案件法律适用的司法解释。

在专利法方面，2000年8月25日第九届全国人民代表大会常务委员会第十七次会议通过了《关于修改（中华人民共和国专利法）的决定》，对专利法进行了第二次修正，该决定自2001年7月1日起施行；2001年6月15日国务院公布了《中华人民共和国专利实施细则》，该细则自2001年7月1日起施行，与此同时，1992年12月12日国务院批准修订、1992年12月21日中国专利局发布的《中华人民共和国专利法实施细则》废止；2002年12月28日国务院公布了《关于修改（专利法实施细则）的决定》，该决定自2003年2月1日起施行。除此之外，国务院、国家知识产权局以及有关部委根据修订后的法律法规以及世界贸易组织《与贸易有关的知识产权协议》（即Trips协议）的要求制定相应的法规，最高人民法院也制定了对专利案件审理的有关司法解释。

在商标法方面，2001年10月27日第九届全国人民代表大会常务委员会第二十四次会议通过了《关于修改（中华人民共和国商标法）的决定》，对商标法进行了第二次修正，该决定自2001年12月1日起施行；2002年8月3日国务院公布了《中华人民共和国商标法实施条例》，该条例自2002年9月15日起施行，与此同时，1983年3月10日国务院发布、1988年1月3日国务院批准第一次修订、1993年7月15日国务院批准第二次修订的《中华人民共和国商标法实施细则》废止。除此之外，国务院、国家工商局还制定和颁布了相应的法规。最高人民法院也针对商标案件有关法律适用问题做出司法解释。

(2) 知识产权的国际法律保护　讲到知识产权的保护问题，一定不能回避的是知识产权的国际保护。有人说，知识产权既然具有地域性，那么知识产权的保护就只存在国内保护，而不存在国际保护问题。这种认识是将知识产权的地域性绝对化并且僵化理解了，其实说到底，知识产权国际保护的产生正是由于其地域性特点和技术知识国际化发展趋势的结果。

知识产权的特征之一是其地域性，即一国知识产权法律制度所保护的知识产权只在该国范围内有效，对其他国家不发生法律效力。但是，人类的智力成果不可能、也不应该仅仅局限于一国范围内使用，尤其是在现代社会，交通和通信异常发达，人员、知识、技术交流日趋频繁，为了人类的共同繁荣，应当鼓励这种国际交流。于是，原来仅限于在一国国内进行保护的知识产权就需要得到国际保护，在国家之间、洲际之间甚至是世界范围内建立有关知识产权方面的一些统一规则既有必要又有可能。先是国家与国家之间订立双边条约，或者两国之间采取互惠对等原则来实施保护，后来发展为多边甚至是世界性的国际公约。知识产权的国际保护正是通过这些国际条约的缔结来实现的。经过多年的努力，有关知识产权的双边条约、多边公约逐步增多。可以毫不夸张地说，任何一个国家如果打算与其他国家进行国际交往，对这些国际条约和公约不闻不问便寸步难行。知识产权的国际保护也成为各国知识产权法必须重视和研究的一个领域。

从现有的保护知识产权国际条约或公约来看，主要有以下三类：

第一，属于世界知识产权组织（WIPO）管理的一些国际公约。如《保护工业产权巴黎公约》(1883)、《保护文学艺术作品伯尔尼公约》（1886)、《商标国际注册马德里协定》（1891)、《保护原产地名称及其国际注册协定》(1958)、《专利合作条约》（1970)、《保护表演者、录音制品制作者与广播组织公约》(1961)、《WIPO 版权条约》（1996)、《WIPO 表演与录音制品条约》(1996）等。我国于 1980 年批准参加《建立世界知识产权组织公约》，成为该组织的成员国。我国也加入了世界知识产权组织管理的部分国际公约。

第二，属于世界贸易组织制定的保护知识产权协议，即《与贸易有关的知识产权协议》(Trips)。1994 年 4 月《马拉喀什宣言》宣布了要成立一个世界贸易组织代替原来的关贸总协定。1995 年 1 月 1 日世界贸易组织正式成立。世界贸易组织的 Trips 协议对世界各国尤其是成员国的知识产权法律制度产生了深刻的影响。Trips 是涵盖所有形式（包括版权、专利和保密信息，如贸易秘密和测试数据）的知识产权的最全面的协定。从此，另一个国际组织——世界贸易组织(在乌拉圭回合以后产生）在知识产权国际保护上的作用就不容忽视了。2001 年 12 月 11 日，我国历经十几年的坎坷，终于加入 WTO，成为世界贸易组织的成员国，从此以后，我国的知识产权立法、司法活动必然要受到作为世贸组织体系的三大支柱之一的 Trips 协议的重大影响。

第三，属于区域性的国际公约。如欧共体制定的一些保护知识产权条例，例如，《关于半导体产品外观结构法律保护的指令》(1986)、《计算机程序法律保护指令》(1991)、《农产品与食品地理及货源标记保护条例》(1992）等。又如北美自由贸易区包括美国、加拿大和墨西哥三国在其协定签订的保护知识产权条款等。还如比利时、荷兰、卢森堡三国缔结的《比荷卢商标公约》(1962)、《比荷卢外观设计公约》(1966)。

目前国际上对各国知识产权立法影响最大的为世界知识产权组织与世界贸易组织管理的知识产权国际公约。

3. 电子商务对知识产权制度提出的新问题

网络环境下的电子商务给传统知识产权制度所建立起来的矛盾平衡机制带来了巨大的冲击和挑战。

知识产权实质上是法律赋予个体对其智力成果享有的一定时期、一定范围内专有的权利，知识产权法律制度的建立旨在对智力成果的创造者给予保护，从而鼓励智力成果的创造、传播和使用，促进整个社会的科技文化进步。但是，创造者本人对其智力成果的运用是非常有限的，在智力成果产生之后，整个社会更广泛的人群对其的利用才是最大程度实现智力成果价值的方式。因此，知识产权法律制度的基本矛盾即智力成果创造者的个体利益和希望利用该智力成果的社会公众利益之间的矛盾就出现了。如果法律过分保护知识产权权利人的利益，一定程度上代表社会公众利益的知识产权利用人的成本不合理增加，会阻碍知识产权的利用；但如果法律过分强调社会公众利益，太多地限制知识产权权利人的权利，则会打击权利人进行智力创造的积极性，也会不利于社会进步。因此，知识产权法律制度正是试图在智力成果创造者的个体利益和希望利用该智力成果的社会公众利益之间建立一种平衡，以最终促进社会进步。

电子商务环境下，由于其所依托的网络技术手段的出现和飞速发展，使得知识产权制度中个人利益与社会公众利益之间的矛盾被加剧。如果说传统知识产权法律制度已经初建起一种在纸面复制速度背景下的智力成果创造者和公众使用者之间的平衡机制，那么，电子商务的出现，将打破传统知识产权法律制度所建立起来的平衡机制。因为网络技术的发展会导致新的智力成果类型出现、新的智力成果传播途径出现，网上侵犯他人知识产权也变得更为容易和更为隐蔽。网络科技技术给传统知识产权法律制度带来了极大的挑战，加剧了个体利益和社会利益之间的矛盾。一方面知识产权人非常渴望建立起能够满足网络时代要求的有效的著作权、专利、商标等法律制度，从而使自己的利益在网络环境下仍然能得以保护。但另一方面，网络作为一个开放环境，资源的共享性是它强大生命力的根源，如果对知识产权人的保护范围过于宽大，将可能妨碍网络的发展，也会阻碍对知识产权的合理利用。因此，研究并构筑一个适当的网络环境下的知识产权保护法律体系是值得研究的问题。电子商务及其依托的网络技术会影响到知识产权的各个领域，包括著作权、专利、商标等领域。

在网络环境下的知识产权领域中，著作权保护的问题就显得尤为突出。信息技术不但给版权制度保护客体带来了新的内容，而且对原有的版权权利内涵提出了新的挑战。数字化的作品应不应受到著作权法的保护，将作品上载到因特网上进行传播是否为著作权人的专有权利等，都需要法律给予解答或诠释。

在专利领域，网络技术也提出了新的问题。例如，计算机软件和电子商务的商业方法能否成为专利制度保护的客体；因特网的广泛性和开放性对专利的新颖性特点提出了挑战，发明人通过电子信箱与同事通信中，披露了自己的有关发明，这是否构成公开，是否影响该发明获得专利时应有的新颖性；还有在专利的电子申请方式中涉及的法律问题等。这些都是在网络环境中需要讨论和解决的问题。

在商标领域，也存在网络技术带来的新问题。自从网络出现和网络商业化以来，网上商标权保护问题就随之产生了。在目前的网络环境中，最为突出的是域名问题。现在，国际上已出现了使用其他厂商的名称乃至他人的注册商标作为自己的域名在国际网络中注册的现象。这种行为是否侵权，是否应当禁止，已是我们不能回避、不得不认真研究的问题了，传统的商标法应当做出相应的调整和规范，以便解决域名与在线商标权的问题。

➡ 任务小结

本部分介绍了很多涉及电子商务的法律问题，如网络环境下著作权、域名、专利、税收、法律适用、隐私权、安全保密和合同等等。随着时间的推移，电子商务中需要解决的问题正在变得越来越清晰。我们要学会用法律的武器保护自己各方面的权力，同时我们也严格遵守法律的规定，做一个诚实守信的网民。

分任务1　电子合同效力案例分析，通过易趣网网络信息服务（上海）有限公司在上海市静安区人民法院起诉刘松亭这一法律事件，分析电子合同是否具有传统合同的法律效力。

分任务2　电子商务知识产权纠纷分析，通过分析我国当代著名的六位作家：王蒙、张洁、张抗抗、刘震云、毕淑敏、张承志其作品在不知情的情况下，被北京世纪互联通讯技术有限公司自行转载，于是王蒙等六位作家分别将北京世纪互联通讯技术有限公司以侵犯自己的著作权和获取报酬权告上北京市海淀区人民法院，这一法律事件为案例，进行了电子商务时代知识产权保护问题分析。

分任务3　侵犯商标权、不正当竞争纠纷案分析，通过宝洁公司诉北京市天地电子集团法律案件的分析，强调互联网时代，一定要强调并保护好商标权，坚决反对不正当竞争。

分任务4　电子商务域名纠纷案例分析，通过分析福兰德公司告北京弥天嘉业技贸有限公司进行域名侵犯法律事件，提醒大众，互联网时代，网络域名的保护、变更等法律问题。

参 考 文 献

[1] 林萍．电子商务案例分析．北京：化学工业出版社，2007.
[2] 李琪．电子商务案例分析．重庆：重庆大学出版社，2004.
[3] 杨坚争．电子商务案例．北京：清华大学出版社，2004.
[4] 林丹明．电子商务案例．北京：中国财政经济出版社，2001.
[5] 曹彩杰，刘丽梅．电子商务案例分析．大连：大连理工大学出版社，2003.
[6] 濮小金．电子商务案例分析．北京：中国水利水电出版社．
[7] 姚国章，邵柏庆．新编电子商务案例．北京：北京大学出版社，2004.
[8] 李洪心．电子商务案例．北京：机械工业出版社，2010.
[9] 袁毅，汤莉萍．电子商务概论．北京：机械工业出版社，2013.
[10] 殷俊，汤莉萍．YouTube成为视频网站龙头［J］．中国广播影视，2006（10）．
[11] 殷俊，汤莉萍．播客在中国［J］．中国广播影视，2006（10）．
[12] 陈晓庆．由播客的兴起解读麦克卢汉媒介理论［J］．东南传播，2007（2）．
[13] 田景熙．电子商务案例分析．南京：东南大学出版社，2005.
[14] 陈建成，徐晋涛，田明华．中国林业技术经济理论与实践．北京：中国林业出版社，2006.
[15] 谭建辉，陈德宝．电子商务经典案例分析．北京：中国电力出版社，2009.
[16] 行俊．电子商务概论．北京：机械工业出版社，2010.
[17] 石玉萍，尼合迈提·霍嘉．电子商务在新疆特色林果业中的应用研究．经济研究导刊，2012年07期．
[18] 吴文斗，刘勇，周兵．畜牧业信息化平台建设探索．云南：云南畜牧兽医，2009.（2）．
[19] 胡天时．中国农产品电子商务模式研究．北京：中国农业科学院博士毕业论文，2005.
[20] 谭晓林，谢伟，李培馨．电子商务模式的分类、应用及其创新．北京：技术经济期刊，2010（10）．
[21] 盖锐．金融学概论．北京：清华大学出版社，2006.
[22] 冯文辉．电子商务案例分析．重庆：重庆大学出版社，2005.
[23] 才书训．电子商务案例分析．沈阳：东北大学出版社，2004.
[24] 司林胜．电子商务案例分析．重庆：重庆大学出版社，2004.
[25] 郭懿美．电子商务法律与实务．北京：科学出版社，2004.